PRINCIPES
DE
LA MORALE

LEUR CARACTÈRE RATIONNEL ET UNIVERSEL

LEUR APPLICATION

OUVRAGE COURONNÉ PAR L'INSTITUT
(Académie des Sciences morales et politiques)

PAR J. TISSOT

Professeur de Philosophie, Doyen de la Faculté des Lettres de Dijon.

PARIS
LIBRAIRIE PHILOSOPHIQUE DE LADRANGE
rue Saint-André-des-Arts, 41.

1866

PRINCIPES

DE

LA MORALE

DIJON, IMPRIMERIE J.-E. RABUTÔT, PLACE SAINT-JEAN.

AVERTISSEMENT

Le présent ouvrage a été couronné par l'Académie des Sciences morales et politiques, dans la séance du 7 août 1858.

Depuis huit ans bientôt qu'il a reçu cette honorable distinction, nous avons cherché à l'améliorer. Et, comme l'Académie impose à ses lauréats le devoir de signaler, lorsqu'ils impriment leurs mémoires, les changements essentiels qu'ils y ont apportés, nous devons dire ici qu'aucune partie du travail primitif n'a été supprimée; que la doctrine est restée ce qu'elle était; mais qu'elle a été corroborée en plusieurs points par des additions considérables. Les principales sont : l'introduction, une grande partie des livres II et III, les chapitres vi et vii du livre V.

Cet ouvrage fait partie d'un cours qui est le fruit de plus de trente-sept ans de lecture et de réflexion.

La *Psychologie* a déjà paru sous le titre de : *La vie dans l'homme, ses manifestations diverses,* etc.

La *Théorie de la connaissance* ou *Logique objective* ne

tardera pas à paraître, en même temps que la *Logique subjective* ou *Théorie du raisonnement*.

Une *Théologie rationnelle* ou philosophique terminera cette série d'études appropriées aux besoins de l'enseignement. Puissent-elles être de quelque utilité, ne fût-ce que comme moyen d'exciter la pensée et la réflexion, à des collaborateurs moins avancés dans la carrière de la vie et dans celle de l'instruction publique !

ERRATA.

P. 17,	lig. 10, en rem.,	*au lieu de :* encore bien,	*lisez :*	encore.
241,	dern.,	— pas nous,	—	pas de nous.
494,	3,	— affirmer ou nier,	—	d'affirmer ou de nier.
496,	pénult.,	*supprimez* elle-même.		

INTRODUCTION

Il y a deux sortes de principes : ceux qui s'induisent de l'expérience, et ceux qui procèdent de la raison pure.

Les premiers sont le fruit de l'observation, de la généralisation et de l'induction. Tels sont les principes de toutes les sciences physiques, et plus généralement de toutes les sciences de faits, que les faits soient de l'ordre corporel ou de l'ordre spirituel. Tels sont la physique, la chimie, la grammaire comparée, etc.

Les seconds sont le produit immédiat de la raison pure. Tels sont les principes *a priori* de toutes les sciences de l'ordre purement rationnel, les mathématiques, la logique comme théorie du raisonnement, la grammaire générale ou théorie de la parole d'après les seules lois de l'intelligence telles qu'on peut les connaître par l'étude abstraite de l'homme en général, etc.

La morale peut être envisagée à ce double point de vue.

Il y a donc une morale dont les lois sont moins des principes à proprement parler que des faits d'une généralité plus ou moins étendue. Tels sont les résultats fournis par la statistique en matière de mariages, de délits et de crimes de toute nature, de suicide, etc. Tel est, en général, tout ce qu'on appelle un trait de mœurs chez un peuple.

Il y a une autre morale dont les principes, s'ils existent, doivent avoir un caractère absolu, qui ne seraient pas sujets à varier suivant les temps, les lieux, les peuples, etc. Telle est cette maxime qu'on retrouve dans les écrits des sages de la Chine, de la Grèce et de Rome, comme dans nos Livres saints : Ne fais pas à autrui ce que tu ne voudrais pas qu'il te fût fait. Elle a pour base le principe de réciprocité, principe qui est le fondement de toute justice commutative, soit contractuelle, soit pénale, et qui suppose lui-même l'identité de la nature humaine.

La première espèce de morale, par cela seul qu'elle n'aboutit, comme science, qu'à des lois qui sont bien l'*expression* des mœurs, mais qui n'en sont pas la *règle*, n'est qu'une science de faits, comparable en ce point à toute autre science de même nature, mais qui est plus sujette aux exceptions qu'aucune autre science de faits, à cause du libre arbitre et des mille circonstances diverses qui peuvent impressionner les sujets.

Ce qu'on appelle, par extension, les mœurs des animaux tient une sorte de milieu entre les phénomènes physiques et les mœurs humaines. Encore est-il vrai de dire, comme nous le verrons tout-à-l'heure, que l'analogie est portée par l'esprit humain jusqu'à concevoir une sorte de mœurs aux plantes, et même aux simples éléments des choses matérielles.

Quoi qu'il en soit, les mœurs des animaux sont beaucoup plus constantes que celles des hommes, et les actes d'un animal déterminé plus faciles à prévoir que ceux d'un homme en particulier. Toutefois, il n'y a pas moins de caprice apparent et de diversité entre les excursions d'une abeille dans les campagnes fleuries, où elle butine en tous sens, et les courses d'une autre abeille, qu'entre les actes d'un homme et ceux d'un autre. Et si, comme on n'en peut douter, les mouvements de l'abeille ou de toute autre espèce animale ont leur mobile commun, de même les actes d'un homme et ceux d'un autre s'expliquent souvent par des principes communs à tous les membres de l'humanité. Quelques-uns même de ces principes ont la plus grande analogie avec les mobiles des animaux. Qui pourrait assurer qu'il n'y a rien là qui ne soit commun à l'homme et à la plante même?

On peut dire, en effet, mais dans un sens plus large qu'en parlant des animaux, que les plantes aussi ont des mœurs; que ces mœurs varient suivant les espèces, et dans chaque espèce suivant les variétés; qu'elles offrent même des différences d'individu à individu de même espèce. Ici encore, et malgré ces différences individuelles de variétés, d'espèces et de genres, on pourrait constater des lois de formation, de nutrition, de développement, de conservation, de dépérissement et de mort, qui se rattachent à des influences extérieures et à la constitution même des végétaux.

Ainsi, en s'élevant par degrés dans l'échelle des généralités, en cherchant les rapports de ressemblance qui unissent encore entre eux les degrés les plus éloignés, on trouve quelque chose d'analogue à des mœurs dans les lois de toute chose, aujourd'hui surtout que la matière est généralement considérée comme un ensemble de forces dont quelques-unes sont toujours en exercice. C'est ainsi que les lois qui régissent les plus grandes masses corporelles et les plus petits éléments dont ces masses se composent, embrassent l'indéfiniment grand et l'indéfiniment petit à travers l'immensité, et se rattachent d'un côté à ce qui prend le nom de passion, de sympathie et d'antipathie dans les mœurs humaines, et d'un autre côté par ce qu'il y a de mathématiquement précis et invariable, aux lois *a priori* qui s'imposent par la raison aux actes humains.

Je n'oublie assurément point les différences extrêmes qui séparent ces divers ordres de choses ; mais je ne crois pas non plus faire la moindre violence à la vérité en rappelant des analogies qui n'avaient pas échappé aux premiers sages de la Grèce, et que les savants de tous les pays laissent évidemment apercevoir dans leur esprit, lorsqu'ils disent, dans une langue ou dans une autre, que des substances en présence d'autres substances, et dans d'autres circonstances qu'ils déterminent, se *comportent* de telle ou telle manière, comme on le dirait déjà figurément d'un animal, et comme on le dit proprement de l'homme seul.

Ces rapprochements possibles, naturels même, puisque l'esprit humain les fait spontanément, prouvent la parenté qui existe entre tous ces ordres de faits. Tous ces phénomènes ont en effet cela de commun qu'ils sont des faits ; qu'ils sont rapportés dans chaque espèce à une force particulière ; qu'ils sont plus ou moins sujets à exception, mais que ceux qui le sont le moins n'ont absolument rien de nécessaire ou dont le contraire implique contradiction ; qu'ils sont tous soumis à des influences diverses, et peuvent varier en conséquence, quoique tous ne varient pas avec la même constance et dans la même mesure.

Ils forment donc, les uns et les autres, la matière de sciences descriptives qui aboutissent à des généralités qu'on appelle lois, mais qui ont d'autant moins de rigueur, d'unité et d'universalité qu'on se rapproche davantage des êtres libres.

Mais, dans les êtres libres eux-mêmes, les faits et les lois qui en résultent par voie de généralisation et d'induction sont l'objet d'une science particulière, l'Anthropologie pratique ou l'Ethographie. Est-ce là ce qu'on appelle les principes de la morale ? Non. Les principes qu'il s'agit de retrouver dans les faits moraux, tels que la nature humaine les présente, et par suite de les en dégager, sont les « principes constants et universels de la morale, » c'est-à-dire des principes régulateurs, qui donnent la loi aux faits moraux, loin de l'en recevoir. Or, de pareils principes ont aussi un caractère de nécessité pratique qui les met au-dessus de notre volonté, en ce sens qu'ils sont faits pour lui commander et nullement pour lui obéir.

Ces principes constants, universels, nécessaires, ont un quatrième caractère, antérieur et supérieur aux trois précédents qui en dérivent, celui d'être rationnels ou *a priori*.

La science dont ils sont l'objet est donc une science *a priori*, et doit être faite en consultant la conscience morale, la raison pratique, qui proclame ces principes avec les caractères qui leur sont propres.

Mais comme ces principes se manifestent au sein de la conscience, accompagnés de sentiments, de mobiles et de motifs divers, il s'agit de soumettre ce mélange naturel à une scrupuleuse analyse, de distinguer dans ce mélange l'élément empirique et l'élément rationnel, d'édifier avec les matériaux de cette dernière espèce une science propre, la science des mœurs, la morale.

Un premier livre aura donc pour objet de déterminer l'idée même de la morale comme science de la vie pratique. Un second fera connaître les raisons pour ainsi dire extrinsèques ou étrangères aux doctrines morales, mais tirées de fausses doctrines métaphysiques (théologiques ou psychologiques) qui ont fait révoquer en doute la possibilité d'une science qui soit la régulatrice suprême de la libre activité de l'homme. Dans un troisième livre, nous exposerons, en les examinant, les doctrines morales mêmes qui ont pu faire douter de la morale. Dans un quatrième, nous chercherons à dégager de tous les systèmes, et du sein même de notre nature, les principes d'une science suprême de la vie pratique ou de la destinée morale de l'homme. Nous poserons les règles les plus générales de la casuistique, c'est-à-dire les principes propres à diriger le jugement dans la solution des questions de morale pratique les plus circonstanciées. Enfin, dans un cinquième, nous montrerons l'accord des grands moralistes de l'antiquité dans l'application de ces principes aux différents espèces d'actes qui remplissent la vie, et nous ferons voir par l'histoire que la morale, et jusqu'à un certain point la moralité même, sont indépendantes des croyances religieuses, mais que la moralité est cependant plus assurée avec de saines croyances que sans elles.

PRINCIPES
DE LA MORALE

LIVRE PREMIER

Idée de la Morale comme science. — Ses rapports avec les sciences analogues.

CHAPITRE PREMIER

Objet de la Morale comme science. — Son importance. — Son utilité. — Possibilité de cette science. — Méthode à suivre pour la faire. — Sources accessoires où l'on peut puiser.

I. Une science est un ensemble de propositions générales, plus ou moins fécondes en conséquences, et qui forment entre elles un corps de doctrine où l'on distingue un commencement, un milieu et une fin, c'est-à-dire un enchaînement tel que ce qui suit dépend de ce qui précède.

Toute science vraiment une dans toutes ses parties est donc dominée par une idée supérieure et unique, qui est l'objet même de cette science, et la raison de son unité. De là encore, de cette idée, la dénomination de la science.

La science de la morale, la morale en un mot, est donc la science qui a pour objet la règle des mœurs, c'est-à-dire la conduite de la vie. La morale, en d'autres termes, est la science pratique de la vie.

Mais comme nous pouvons en agissant nous proposer des fins très diverses, suivant, par exemple, les différentes professions ou occupations auxquelles nous pouvons nous livrer, la morale a pour objet la fin suprême ou dernière de toutes nos actions, le but extrême auquel nous devons tendre, et les règles à suivre pour l'atteindre, ou du moins pour en approcher indéfiniment.

La morale n'est donc pas simplement la science pratique de la vie; elle en est de plus la science pratique en tant que la vie est appelée à être réglée par une idée supérieure, celle du bien par excellence, du bien absolu, appelé aussi bien moral.

De cette manière la morale, comme science pratique de la vie, se distingue de la science de la vie pratique ou de la science des mœurs. La première est la science de la vie active, telle qu'elle doit être, la seconde est la science de cette même vie, telle qu'elle est. La première est la science de la morale, la seconde est la science des mœurs : la première est une science d'idées ou *a priori*, déduite de la connaissance de la nature humaine et de sa destinée; la seconde est une science de faits, d'observation, une science *a posteriori* ou de faits, une science naturelle, où l'on décrit les actions des hommes, comme le naturaliste décrit les opérations des animaux, opérations qu'il appelle aussi, mais par analogie, des mœurs.

La morale est donc une science de *droit*, puisqu'elle enseigne *ce qui doit être fait;* la science des mœurs est au contraire une science de *fait*, puisqu'elle n'a d'autre objet que de bien voir et de bien décrire *ce qui se fait*.

La morale, comme science ou comme ensemble systématique de principes et de règles destinés à éclairer de haut et dans toute son étendue l'horizon de la vie, à diriger chacun de nous vers le but essentiel à atteindre, si nous voulons rester fidèles à notre dignité d'êtres raisonnables, en quoi, certes, nous ne sommes pas plus libres que nous ne le sommes d'être ou de n'être pas hommes. La morale ainsi entendue se distingue aussi du sens moral, c'est-à-dire de cette espèce d'instinct supérieur d'honnêteté et de justice qui est propre à l'homme, et en vertu duquel nous sentons que telle chose doit être faite ou omise.

Mais, qu'on ne s'y trompe point, cet instinct n'est déjà qu'une idée vague, sourde, mal démêlée d'avec les sentiments qui l'accompagnent dans la pratique. C'est parce que nous sommes des êtres naturellement capables de raison, que ces sortes d'idées se font jour en nous, sans qu'une étude spéciale vienne les dégager, les mettre en lumière, en faire ressortir nettement toute l'étendue et toute l'autorité.

Il faut cependant reconnaître que cet instinct qui précède en nous l'éducation morale, que l'instruction morale suppose, loin de le donner, ne se manifeste déjà au degré où nous le connaissons, qu'au sein des sociétés civilisées; il est bien moins saillant, moins puissant et moins pur chez les sauvages ou chez les peuples barbares. C'est que le contact perpétuel des hommes plus civilisés avec d'autres qui le sont moins, est pour ces derniers une école toujours ouverte, où ils profitent sans qu'ils s'en doutent.

Ajoutons que les religions, pour peu qu'elles ne soient pas indignes de ce nom, sont à elles seules tout un système d'éducation morale populaire. La religion chrétienne se distingue entre toutes par ce double caractère. Aussi le sens moral est-il plus ou moins vif et pur chez tous les peuples chrétiens; l'absence ou l'observation de ce sentiment y est un fait exceptionnel, malgré le trop peu d'empire qu'il exerce encore sur les mœurs.

Mais si vif et si net que puisse être déjà le sens moral, par le fait qu'il n'est pas encore parvenu à l'état d'idée abstraite, détachée de ses accessoires d'un autre ordre, de ses conditions expérimentales, de ses conséquences affectives ou de sentiment, de passion, d'émotion, d'intérêt; par le fait que cette idée naissante est encore enveloppée de phénomènes étrangers à son essence, elle ne peut être l'objet d'une vue abstraite et nette de l'esprit. Et dès lors elle manque de la pureté, de l'universalité, de l'invariabilité ou de la nécessité morale, et par conséquent de l'autorité, qui en sont les caractères. Les passions et l'intérêt la défigureront plus aisément. Ils pourront même parvenir à l'obscurcir, à la fausser, à le faire prendre pour elle. L'usage, l'autorité qui s'y attache, les lois positives, certaines prescriptions consacrées, alors encore que tout cela n'aurait pas un caractère moral parfaitement pur, parviendront facilement à se faire prendre pour la voix de la conscience.

De là l'importance d'une morale scientifique, c'est-à-dire d'un travail qui dégage méthodiquement les idées fondamentales destinées à diriger la vie et à servir de règle pour la juger, pour juger les doctrines morales elles-mêmes.

II. Il y a néanmoins des esprits très disposés à regarder une science morale comme entièrement superflue, par la raison, disent-ils, que le sentiment moral, naturel, inné, suffit; qu'il fait partie essentielle du sens commun, qui de sa nature est inné, infaillible, et ainsi mille fois plus sûr dans l'application que les tâtonnements systématiques ou raisonnés d'une science nécessairement incertaine, telle que la casuistique.

Si ces raisons pouvaient avoir quelque valeur contre la morale, elles seraient également bonnes contre toutes les autres sciences : ne sommes-nous pas aussi naturellement logiciens, métaphysiciens, psychologues, grammairiens, arithméticiens, géomètres, mécaniciens, etc.; les idées-mères de toutes ces sciences ne font-elles pas également partie du fonds primitif de notre intelligence ; et l'instruction a-t-elle autre chose à faire en tout cela qu'à cultiver un sol déjà tout ensemencé, des mains mêmes de la nature? La réflexion scientifique ou le travail le plus méthodique, le plus suivi et le plus profond de la pensée sur elle-même, sur les idées radicales qu'elle trouve au fond de l'intelligence a-t-elle d'autre but que de dégager ces idées, de les distinguer de tout ce qui n'est pas elles, de les élucider, de les abstraire, de les faire paraître à l'esprit dans toute leur pureté, dans toute leur universalité et toute leur fécondité ; de les combiner entre elles et avec d'autres idées dont elles sont comme la forme ; de faire naître de ces combinaisons des jugements, c'est-à-dire une foule d'autres idées ultérieures qui constituent, dans leurs rapports avec ces idées premières, toute une science?

Qui oserait prétendre maintenant que, malgré les erreurs auxquelles le logicien, le grammairien, le métaphysicien, le psychologue, etc., sont sujets encore dans leur spécialité même, ces erreurs soient plus nombreuses, à proportion du nombre de vérités qu'ils possèdent, que s'ils n'avaient étudié ni la théorie du raisonnement, ni celle de la grammaire générale, ni celle des notions fondamentales de toutes nos connaissances, ni les faits de conscience? Il faudrait donc que la vue de l'âme, toute différente de celle du corps, perdît de sa pénétration, de son étendue et de sa netteté, c'est-à-dire de sa force et de sa justesse en devenant volontaire, méthodique, attentive et suivie ! Il faudrait qu'en ouvrant les yeux purement et simplement on vît plus de choses et qu'on les vît mieux qu'en regardant, ou que l'attention et la réflexion dont les idées premières peuvent être l'objet, eussent la singulière vertu d'obscurcir, de restreindre, d'affaiblir et de fausser l'aperception spontanée que nous en avons, si mélangée, si impure, si enveloppée et cachée que puisse être l'idée à l'état primitif et concret.

Sans doute le sens commun est infaillible, mais dans sa sphère seulement. Restriction importante, destinée à sauvegarder tous les droits de la raison spontanée et à réserver tous ceux de la raison refléchie ou scientifique.

Une explication est d'autant plus nécessaire ici, qu'on a souvent abusé, dans ces derniers temps surtout, de l'autorité du sens commun, comme si cette vue spontanée de l'esprit était une faculté spéciale qui dût servir à contrôler toutes les opérations et tous les produits des autres facultés !

Le sens commun comprend, au contraire, toutes les facultés de connaître, considérées dans leur action spontanée; il n'en est donc pas distinct : il ne leur est donc pas supérieur en nature ou en qualité. Toute sa prérogative, s'il en a quelqu'une, c'est que, dans son action originelle, il fonctionne naturellement ; son jeu ne peut donc être faussé alors par une volonté mal éclairée; ses produits, les idées véritablement premières, ne peuvent être dénaturées par l'influence de préjugés ou de passions qui viennent modifier le point de vue, altérer le tableau, défigurer l'image.

Mais, qu'on y prenne garde, cette pureté, cette vérité n'est garantie qu'aux notions véritablement premières; tout jugement qui s'ensuit, jugement qui peut être spontané encore, n'est déjà plus à l'abri de l'illusion et de l'erreur, car les passions elles-mêmes, et toutes les autres causes de nos erreurs, telles que la paresse, l'inattention, la confusion, une généralisation précipitée, une induction mal motivée, une analogie forcée, une association vicieuse d'idées, toutes les espèces de paralogismes enfin, tout cela, disons-nous, peut être spontané encore, et néanmoins nous induire en erreur.

Cette fois, ce n'est plus la vérité qui est naturelle, c'est l'erreur. Mais cette erreur, toute naturelle qu'elle est, n'a rien de nécessaire; elle ne consiste que dans une apparence trompeuse que l'attention, surtout si elle est réfléchie et méthodiquement conduite, si elle est scientifique c'est-à-dire, peut toujours dissiper. Elle peut du moins mettre toujours en garde l'esprit contre la surprise, et le maintenir dans une réserve salutaire.

C'est donc la science cette fois qui est appelée à corriger les erreurs du sens commun, les erreurs populaires. C'est l'astronomie qui apprendra au sens commun à ne point juger sur les apparences, à ne plus affirmer que le soleil tourne autour de la terre, que la lune est plus grosse à l'horizon qu'au méridien, etc. C'est la métaphysique, de concert avec la logique, qui l'empêchera d'associer dynamiquement, ou suivant le rapport de cause et d'effets, deux choses qui apparaissent ensemble ou successivement. Sans doute, l'une peut être l'effet de l'autre ; mais l'une et l'autre peuvent aussi être l'objet d'une troisième.

Le sens commun ne peut donc être un critérium et un oracle qu'autant qu'il s'agit de notions ou de faits humains véritablement premiers. Le sens commun déjà ne peut décider de cette primordialité; si bien que lorsqu'il sert à quelque chose comme autorité, il n'est encore qu'un témoin qui dépose, mais qui ne juge pas. C'est la réflexion, la science qui est appelée à juger.

Telle idée, tel fait est-il dans l'humanité et de l'humanité? C'est ce que l'observation seule est appelée à constater. La réponse peut être affirmative ou négative. Si elle est négative, l'autorité du sens commun ne peut être invoquée.

Si elle est affirmative, il est vrai, sans doute, que le fait en question est bien un fait naturel, universel, un fait humain; mais comme il y a des jugements erronés qui sont dans ce cas, le sens commun n'est plus compétent pour juger si le fait dont il témoigne, comme étant le produit spontané de l'activité intellectuelle, est un fait primitif, irréductible, ou si ce n'est déjà qu'un fait consécutif où notre intelligence, toute spontanée qu'elle est encore, a pu être séduite par une trompeuse apparence.

Si le témoignage du sens commun a besoin d'être examiné par la réflexion, non pas pour être admis comme fait, mais pour pouvoir être reçu comme un jugement vrai ou fondé sur la nature des choses et non sur de fausses apparences, à plus forte raison le sens commun ne peut-il servir de contrôle, de critérium, lorsqu'il s'agit de questions scientifiques qu'il ne se pose point, sur lesquelles par conséquent il n'a aucune opinion, ni vraie ni fausse. Il n'est à cet égard qu'un aveugle, qui n'a rien de mieux à faire qu'à s'en rapporter à la science. Cette conduite de sa part sera d'autant plus sage après tout, que la science ou la réflexion scientifique n'est encore que la raison naturelle qui constitue le sens commun; mais cette raison se conduit cette fois avec circonspection, d'après des règles sûres, avec une attention, une patience et une persévérance qui doivent naturellement lui faire découvrir des vérités qu'autrement elle n'aurait jamais soupçonnées.

Seulement, et c'est ici que le sens commun reprend son autorité, un résultat de la réflexion ou de la science ne doit pas contredire un fait réellement primitif et fondamental; autrement il serait au moins suspect de fausseté.

Mais, qu'on ne s'y trompe pas, s'il s'agit de toute autre chose que du fait ou de l'idée fondamentale même, de son existence naturelle et universelle, s'il s'agit par exemple de son origine, de ses conditions, de sa nature, de sa valeur, de sa portée, etc., le sens commun n'est plus compétent pour en décider : ce sont là des questions scientifiques sur lesquelles il ne pense rien ou ne peut avoir que des préjugés, vrais ou faux assurément, mais sans qu'il puisse en décider lui-même.

Pour mieux comprendre l'utilité de la morale comme science, par opposition à la morale de sentiment ou de simple sens commun, restreignons la question à la notion capitale du devoir. Cette notion n'est certes pas de fabrique arbitraire, nous le verrons. Elle a ses antécédents chronologiques ou phénoménaux, ses conditions de sensibilité et de perception; elle a même son objet intelligible, le bien; mais elle forme avec le bien une synthèse rationnelle, primitive, dont elle est un élément premier lui-même dans son genre. Cette notion n'a donc pas d'antécédent logique, elle n'est pas dérivée; elle n'est pas le fruit du raisonnement. Elle n'éclôt, comme toute conception et toute idée, qu'à l'aide du jugement; mais le jugement qui l'engendre est un de ces jugements primitifs qui ne peuvent être erronés, parce qu'ils ne supposent aucun jugement antérieur, aucune apparence d'où ils puissent abusivement découler.

La notion de devoir est donc une notion de sens commun. Mais combien elle est faible, obscure, mal connue, tant qu'elle n'a pas été l'objet d'une étude spéciale, tant qu'elle ne donne qu'une vague conscience d'elle-même dans les cas seulement où la raison l'applique ! Ainsi mêlée à la matière du devoir, à l'idée de ce qui est à faire ou à ne pas faire dans telle ou telle situation de la vie, sans que l'intelligence vulgaire connaisse la raison de cette espèce d'instinct rationnel, de cet oracle moral; combien facilement elle peut être obscurcie, effacée par un instinct, une passion d'une autre nature ! Combien peu surtout elle est capable de résister au préjugé de l'exemple ou d'un usage contraire ! Elle succombera d'autant plus aisément, et sans que les réclamations de la conscience puissent se faire entendre, tant elles sont faibles, si même elles existent, que le devoir, pour la plupart des hommes, se traduit en préceptes, dont la volonté suprême ou dernière est la volonté d'un supérieur visible ou invisible. Il n'a donc plus de raison d'être en soi, dans la nature des choses ; il n'est encore qu'un commandement qui est parce qu'il est. Vienne donc une autre volonté, un autre commandement, il y aura un autre devoir, un devoir qui pourra différer beaucoup du premier. Point de critérium auquel on puisse éprouver l'un et l'autre, les comparer, les juger, et choisir entre eux.

En serait-il de même si la notion de devoir était bien connue en soi ; si la raison s'y était souvent complue comme dans son image la plus fidèle et la plus digne ; si elle avait dégagé cette expression, d'une énergie divine, de tout alliage étranger ; si elle en avait clairement reconnu l'origine, l'autorité, la sainteté, l'universalité et la nécessité ? Serait-il aussi facile alors de mettre à la place de cette autorité absolue, une volonté arbitraire quelconque ? Connaissant toute sa portée, pourrait-on aussi facilement lui enlever une partie de son domaine, soustraire à son empire, pour la transporter à je ne sais quelle domination étrangère et usurpée, la meilleure part de notre existence ? Si sa voix nous était plus familière, si nous l'avions entendue mille fois dans le silence des passions et des préjugés, lorsque nous étions tout entiers à l'écouter et à la recueillir dans toute sa pureté et toute sa force, pourrait-on nous donner aussi facilement pour ses oracles des décisions qu'elle ne connaît point ou qu'elle réprouve? Nos passions mêmes seraient-elles jamais assez puissantes pour nous faire oublier ses décrets, encore qu'elles eussent la force de nous les faire transgresser?

N'est-ce donc rien de conserver au dedans de soi une loi toujours sainement entendue, un juge toujours incorruptible? N'est-ce pas là plutôt une sûre garantie que le mal n'aura que sa mesure et son temps ; que, commis à regret et avec connaissance de cause, il ne sera qu'une faiblesse de peu de gravité et de durée, une faiblesse désavouée, qui ne nous emportera jamais tout entiers; qu'il ne sera ni un mobile sans contrepoids, ni un entraînement sans frein.

Non, tant que la conscience elle-même n'a pas fait naufrage, tant que la volonté seule est sortie de sa voie légitime, tant que la raison morale elle-même, comprimée ou facilement séduite, n'est pas devenue la complice ou l'esclave des appétits d'une aveugle sensibilité, le moral n'est point perdu, et la moralité elle-même peut se recouvrer. Elle se recouvrera même infailliblement si le temps, d'un si grand prix en toutes choses, mais d'un prix plus grand encore dans l'œuvre morale de la vie, ne fait point défaut.

Encore bien que tous ces avantages moraux, résultant d'une connaissance scientifique des règles de la vie, fussent aussi contestables qu'ils le sont peu, il faut nier ou la possibilité d'appliquer la réflexion aux notions premières de la morale, ou l'utilité de cette application au point de vue scientifique, ou ces notions elles-mêmes.

III. Il est facile, d'après cela, de comprendre toute l'importance de la morale. Cette science suprême de notre destinée, des règles de notre activité volontaire et libre, embrasse toute notre vie pratique ; elle la domine de toute la supériorité de l'absolu sur le relatif, du nécessaire sur le facultatif et l'arbitraire, de la fin sur les moyens. Mais cette importance naturelle, de tous les temps et de tous les lieux, est plus grande encore à certaines époques où la destinée principale de l'homme semble plus particulièrement tomber dans l'oubli, ou, ce qui est encore pis, être mise au-dessous d'autres fins pratiques auxquelles la nature des choses et la raison veulent qu'elle commande, loin de les servir. Je laisse à penser au lecteur si notre siècle ne serait pas un peu dans cet ordre de choses renversé ; si des organes de la religion, de la politique, de la science, de l'art, de l'industrie, prennent toujours et suffisamment conseil de la morale ; si elles en suivent bien fidèlement les nobles inspirations, et si, au lieu d'y subordonner leurs actes, toutes ces grandes directions de notre activité ne seraient pas plutôt disposées à s'en affranchir, ou, ce qui serait bien autrement déplorable, à ne plus voir dans la morale qu'un rôle à jouer pour surprendre plus aisément la confiance publique.

Mais ce scepticisme hypocrite, dernier degré peut-être de la corruption, ne saurait être général ; par cela seul qu'il y aurait encore des simples qu'on croirait pouvoir abuser par ces dehors menteurs, il y aurait aussi des hommes encore imbus des idées d'honnêteté et de devoir. Le plus grand danger n'est pas que l'homme soit jamais dépourvu de ces notions ; c'est qu'il les pervertisse par de faux enseignements, ou qu'il en néglige le développement par une étude sérieuse et attentive ; qu'il dédaigne de les féconder, de les rendre efficaces par un autre genre d'étude, celle du beau et du vrai en général, celle des nobles sentiments, en un mot, celle de l'humanité et de son perfectionnement dans les chefs-d'œuvre du génie aux époques de civilisation les plus avancées. En délaissant ces nobles occupations pour s'adonner un peu trop exclusivement peut-être aux sciences proprement dites et à l'industrie qui les applique, pour la plus grande satisfaction des commodités matérielles de la vie, on laisse en souffrance la culture du sens moral. Il perd ainsi de sa sûreté, de sa délicatesse, et surtout de son autorité et de sa force ; il semble oblitéré ou nul ; une barbarie partielle et relative s'étend de plus en plus dans la société, à mesure que des progrès d'une autre nature semblent cependant faire avancer la civilisation. Mais comme en réalité le premier et principal élément de la civilisation, l'élément moral, s'affaiblit, la civilisation, perdant plus d'un côté qu'elle ne gagne de l'autre, souffre un véritable déclin, et tout ce qu'on croirait sauvé est par là même menacé dans un lointain qui n'a rien d'impénétrable pour l'œil qui sait d'ailleurs apercevoir comment tous les arts, toutes les sciences, toutes les industries tiennent à la société, comment la société tient elle-même à la sociabilité, comment la sociabilité à son tour dépend de la moralité, comment enfin la moralité, mais une moralité efficace et vivante, tient à une profonde culture littéraire, morale et philosophique en général.

Et cependant la nature s'étant bornée à déposer dans notre âme le germe de la science des mœurs, comme celui de toutes les autres sciences et de tous les arts encore, elle veut évidemment que ce germe aussi soit cultivé par les moyens qu'elle a mis en notre pouvoir. Cette culture est d'autant plus nécessaire, que sans elle les semences du bien pourraient être étouffées ou dénaturées par le développement disproportionné d'autres germes, d'autres idées et d'autres sentiments ; par les préjugés, par un enseignement mal dirigé et mal inspiré, enfin par les passions, toujours si habiles à nous persuader ce qui leur plaît, et toujours si puissantes à nous le faire exécuter. Ce n'est pas trop, pour échapper à tant d'erreurs et de dangers, d'une connaissance certaine, étendue et approfondie, d'une connaissance acquise au sein d'un recueillement studieux, dans le calme et le silence des passions. Muni de ces résultats vrais, et qui ne pourront plus être obscurcis désormais par aucun préjugé, par aucune doctrine mensongère, par aucune passion même, le philosophe moraliste ne sera pas impeccable sans doute, mais le nombre de ses faiblesses et de ses fautes en sera certainement réduit, et, ce qui est d'un prix inestimable, il ne pourra plus faillir du moins sans se condamner au tribunal de sa propre conscience, et sans trouver dans cette sentence même des forces nouvelles contre sa faiblesse, et une garantie de résipiscence et d'amélioration morale indéfinie.

Ces avantages sont assez beaux sans doute pour être ambitionnés, et pour que l'étude de la morale mérite une partie de l'attention que nous accordons si volontiers à des sciences et à des occupations d'un intérêt bien inférieur.

Mais cette étude ne sera-t-elle pas vaine? la morale n'est-elle pas une science impossible?

IV. Nier les notions de bien et de mal, de droit et de devoir, de vice et de vertu, et bien d'autres du même genre, nous semble tout aussi faux que nier les notions de vérité et d'erreur, les notions de sujet, d'attribut, de leur rapport, et une multitude d'autres dont s'occupent les sciences diverses.

Or, quand il ne serait pas vrai, d'une vérité de fait et facile à constater, que la réflexion peut s'appliquer ici et là, comment disconvenir que, pouvant par cette voie créer une science du vrai, la logique, elle peut créer pareillement une science du bien, la morale? Aussi, cette dernière science, quoique peut-être moins achevée et moins parfaite que l'autre, moins universellement convenue, est-elle faite dans ses parties principales depuis des siècles. Qui donc pourrait contester que cette science, comme celle de la logique, ne fût un profit pour l'esprit humain? Ainsi, tout en supposant fort mal à propos que la morale soit inutile aux mœurs ou à la moralité, elle serait utile encore comme toute science ; elle formerait pour sa part le patrimoine commun de la civilisation, la richesse de l'esprit humain, le trésor de la vérité.

Nous devons dire maintenant de quelle manière la réflexion scientifique parvient à l'accroître dans l'ordre d'idées qui nous occupe, en montrant la méthode à suivre pour faire la science de la morale.

V. Suivant que la science à faire est une science de faits ou de raisonnement, ou, ce qui est très ordinaire, une science de faits et de raisonnement tout à la fois, la méthode est elle-même expérimentale ou rationnelle, ou tantôt expérimentale et tantôt rationnelle.

Or, comme il s'agit en morale de savoir s'il y a des idées pratiques et des règles qui s'imposent à nos actions, et quelles sont ces idées et ces règles, comment elles s'appliquent à la conduite, ce qu'elles demandent de nous, les obstacles que la volonté peut rencontrer, quels moyens nous pouvons employer pour les tourner ou les vaincre, il est évident qu'il s'agit de faits en tout cela, mais de faits internes, ou qui font partie du domaine de la conscience.

La méthode à suivre pour les constater et les bien connaître est donc la méthode expérimentale, la méthode psychologique.

Remarquons, en effet, que les idées purement rationnelles qui composent le domaine des sciences de ce nom, la science de la logique, de la grammaire, de la métaphysique, du droit, de la morale, des mathématiques mêmes, par cela seul qu'elles ne peuvent être étudiées dans leurs objets, qui, fussent-ils des réalités, ne nous sont cependant connus que par elles, ne sauraient être l'objet de notre attention qu'autant qu'on les envisage dans la conscience, où elles se manifestent. Considérées comme faits de conscience, elles sont donc du domaine de l'observation. Mais elles ne sont pas de simples déterminations du moi, à la façon, par exemple, des états purement passifs ou sensitifs ; comme elles ont un caractère intelligible et une valeur pratique qui en fait des idées d'un ordre rationnel particulier, leur étude ne peut se borner à une simple description, ou du moins cette description ne peut se borner à les représenter comme des états du moi : elle doit faire connaître encore leur nature, leur origine, leurs propriétés, leurs rapports entre elles et avec les idées et les faits d'un autre ordre. C'est ainsi, par exemple, que le mathématicien ne se borne pas à décrire les notions fondamentales des nombres ; il les combine, et, par ce rapprochement, fait ressortir d'autres notions qu'il constate également dans son esprit, et qu'il décrit encore, tout intelligibles qu'elles sont. Il en est de même de la géométrie, de la mécanique en tant qu'elle peut être faite *a priori*, quoique ses lois aient un caractère pratique ou d'application.

Nous insisterons d'autant moins sur cette question de méthode, qu'elle n'est qu'une conséquence d'un traité de la méthode en général, et que tout ce qui va suivre doit expliquer et confirmer les quelques propositions qu'on vient de lire.

VI. Quoique la conscience doive être consultée avant tout dans la composition d'un traité de morale, il ne s'en suit point que l'observateur moraliste ne puisse interroger qu'elle, ou plutôt qu'il doive se renfermer dans sa conscience individuelle. Il pourra, il devra même en sortir pour mieux comprendre la conscience humaine, pour mieux connaître la science propre, qu'il interrogera toujours, même sur le témoignage rendu par celle d'autrui. Ce contrôle de la conscience individuelle par la conscience du genre humain, de la conscience du genre humain par la conscience individuelle, n'est point un cercle vicieux; c'est une double lumière qui peut servir à faire mieux connaître ce qui est l'objet de notre étude; c'est un phénomène reproduit dans de plus ou moins grandes proportions, avec plus ou moins d'uniformité et de constance, et qu'il est dès lors plus facile de bien saisir et de bien rendre.

Mais où prendre ce spectacle de la conscience humaine? Dans tous les hommes qui nous entourent, dans leurs paroles, dans leurs actions, dans leurs écrits; dans les grands moralistes qui nous ont devancés; dans les différents systèmes de philosophie morale; dans les peintres de mœurs, dont la justesse de vue, la sagacité et le talent ont fait l'admiration de la postérité; dans l'histoire générale, qui est comme le théâtre où se joue en grand le drame de la destinée humaine; dans l'histoire des institutions civiles et religieuses surtout; en un mot, dans toutes les œuvres humaines, puisque toutes déposent de la pensée et des sentiments de l'homme.

Mais la morale n'étant pas la seule science pratique, n'étant, au contraire, qu'une espèce dans ce genre, il importe, avant d'aller plus loin, de la distinguer nettement des autres sciences avec lesquelles on pourrait plus facilement la confondre.

CHAPITRE II.

Rapports de la morale avec les sciences analogues : avec l'histoire,— le droit civil et politique. — l'économique. — l'esthétique, — et l'anthropologie pratique ou l'éthographie.

I. L'histoire, ayant pour objet les événements humains, comprend essentiellement les actes volontaires de quelque importance. L'histoire est donc une science morale.

Mais cette science a beaucoup moins à juger les faits humains qu'à les raconter. C'est donc une science des mœurs, une science descriptive ou expérimentale, et nullement une science rationnelle ou de l'intelligible, une science *a priori* ou de ce qui doit être.

Sans doute elle peut être un enseignement pour les particuliers comme pour les princes, pour les individus comme pour les nations; mais elle est comme les poètes et les oracles qui parlent divinement, qui sont inspirés, mais qui n'ont pas toujours le secret de leur sagesse. L'histoire fournira donc bien le fait instinctif, mais c'est la morale, ou la raison pratique appliquée à ce fait, qui en dégagera la leçon.

L'histoire, par elle-même, est tellement impuissante à rien enseigner de véritablement moral, qu'elle a le droit de s'abstenir de toute réflexion de ce genre; que si elle s'y livre, elle change pour ainsi dire de rôle; qu'elle a le sentiment de sortir par là de sa règle essentielle et propre, puisqu'il est convenu qu'elle doit être fort sobre de semblables retours.

Au nom de quoi, d'ailleurs, pourrait-elle flétrir le crime

et rendre hommage à la vertu? Est-ce au nom du fait encore? Mais en lui-même le fait n'est ni vertueux ni vicieux, ni bon ni mauvais moralement; il est. Et il est au même titre, c'est-à-dire comme humain, quelle qu'en soit la nature morale. C'est donc au nom de l'idée de ce qui doit être moralement que l'histoire peut administrer le blâme ou la louange. C'est donc en dépouillant momentanément son caractère d'impassible témoin des événements, et en s'inspirant de l'idée, de la morale, qu'elle peut jeter sur les faits qu'elle raconte le regard du moraliste.

Elle est si peu capable de juger par elle-même, ou sans sortir du domaine des faits, pour s'inspirer de l'idée, que le spectacle des choses humaines est peu propre à mettre en relief, pour des yeux inattentifs ou trop attachés à l'enchaînement immédiat des événements, l'existence d'un ordre véritablement moral dans le monde. Encore bien que le crime y soit souvent puni et la vertu récompensée, la récompense et le châtiment ne sont pas toujours visibles; souvent l'un et l'autre sont si longtemps à venir que le spectateur en oublie facilement la raison et ne sait plus voir ici et là que bonheur ou malheur. D'autres fois même le succès durable du crime, l'infortune persévérante de la vertu seraient on ne peut plus propres à troubler le sens moral de l'historien, à corrompre son jugement et sa conscience, s'il n'était muni de règles et de principes puisés à une source incomparablement plus claire et plus pure. C'est pour n'avoir pas consulté ces principes et ces règles, que des moralistes indignes de ce nom, que des historiens d'ailleurs éminents mais peu en garde contre les scandales incompris de l'histoire, ont été conduits à des théories aussi fausses que perverses.

Ce n'est pas tout : la morale ne donne pas seulement le droit et le devoir; elle en donne encore l'idéal; elle fait voir le bien et le mieux, l'obligatoire absolu ou qui ne peut être omis sans déchoir, l'obligatoire relatif ou de perfection. Elle signale un but de plus en plus digne de nos efforts, qui n'est jamais complétement atteint tant qu'il existe quelque chose à faire, c'est-à-dire tant que la vie n'est pas à son dernier moment. C'est ainsi qu'elle gradue l'existence, qu'elle fait ajouter un bien à un autre bien, un perfectionnement à un autre perfectionnement, et qu'elle est appelée à nous conduire au dernier terme de la carrière terrestre, comme à la consommation d'une œuvre d'un art sublime, exécutée et de plus en plus embellie de nos propres mains. L'histoire, au contraire, par cela qu'elle est une science de fait, une science purement descriptive, n'a point d'idéal : image fidèle d'événements qu'elle n'est pas appelée à régler, elle croit faire assez en les montrant tels qu'ils sont en eux-mêmes et dans leur enchaînement. Elle fera voir avec plus ou moins de sagacité les effets dans les causes, elle reliera un futur déjà passé à un passé antérieur encore ; mais elle se gardera de vouloir régler l'avenir sur un passé qui en est cependant la raison au moins partielle. Elle en sait assez pour ne pas ignorer que les événements offrent sans doute de grandes ressemblances de siècle en siècle ; mais elle ne peut ignorer davantage que ces ressemblances ne sont jamais entières ; que la nature, ici comme en toutes choses, et ici peut-être plus que partout ailleurs, à cause du libre arbitre et du développement progressif des idées humaines, la nature diversifie sans fin les œuvres mêmes où elle semble le plus assujettie aux lois qu'elle s'est tracée. L'unité dans la diversité ne peut être exclusive de la diversité dans l'unité ; la réciprocité est nécessaire. L'oubli de cette double loi, ou plutôt de cette loi unique, mais à double formule, a conduit à deux systèmes de morale et de politique qui déjà auraient eu le tort fort grave de fonder sur des faits des sciences pratiques, mais qui ont leur idéal par là même qu'elles sont des sciences. Ces deux systèmes, tout opposés, mais dont l'un est peut-être plus dangereux que l'autre, consistent à méconnaître soit l'unité, soit la diversité. Les partisans du premier, ne tenant aucun compte du passé, ne comptant pas du moins avec lui autant qu'il le faudrait, se jettent volontiers dans les révolutions, imaginant l'humanité comme une pâte molle qui peut être jetée dans tous les moules de l'utopie et en prendre aisément la forme. Les partisans du second, aussi oublieux de la diversité que les premiers pouvaient l'être de l'unité, ne savent point consentir aux changements, aux améliorations que la nature et l'idéal réclament également. Ne voulant pas même entendre parler des réformes les plus légitimes, ces empiriques obstinés, qui n'ont su lire dans les annales entières du genre humain qu'une seule page, qui n'y ont trouvé qu'une seule idée, semblent n'avoir qu'une préoccupation, celle d'arrêter ou de ralentir au moins la marche incessante des événements. De là des tiraillements, des secousses plus ou moins violentes, des écarts, des pas rétrogrades qui rendent quelquefois nécessaire le déploiement des plus grands efforts pour revenir simplement au point de départ, heureux encore quand la déviation ou le retour n'a pas dû être payé de trop de sang. C'est ainsi que les esprits qui se croient les plus sages, parce qu'ils sont les plus timides et les plus ennemis de tout mouvement, sont par le fait les plus grands fauteurs des révolutions qu'ils abhorrent. C'est ainsi que l'histoire mal comprise ou mal connue n'est pas moins dangereuse que l'histoire ignorée ; et que la connaissance de l'humanité, de sa nature et de ses lois, de ses lois pratiques, telles qu'elles sont écrites au livre de la raison, est un autre œil de l'histoire, sans lequel même cette science ne peut être qu'une vaine fantasmagorie ou qu'un préjugé funeste.

II. La morale ne doit pas non plus être confondue avec le droit, bien qu'elle comprenne la justice. Mais son domaine est beaucoup plus étendu que celui du droit. Le droit comprend tous les rapports juridiques possibles entre tous les membres d'une même société, entre les sociétés diverses, entre tous les hommes enfin. Telles sont les limites du droit : son domaine ne va pas plus loin ; et si des législations y ont fait entrer jusqu'aux actes de la vie privée, de la vie religieuse surtout, c'est par un abus déplorable.

Mais la morale revendique avec raison tout ce qui est domaine du juste et de l'injuste. Elle comprend donc le droit. Mais elle l'envisage sous un aspect qui lui est propre, celui du for intérieur ou de l'intention ; sans donc omettre complétement ce qui fait la matière ou l'objet du droit, ce qui concerne l'exécution des obligations, elle envisage par dessus tout les mobiles, les motifs et les volitions qui nous font agir en matière de justice.

Mais tandis que le droit s'attache au contraire tout spécialement à l'action extérieure, à ce qui se fait ou ne se fait pas, et qu'il prend pour règle de ce qui doit être fait la loi positive, et subsidiairement la loi naturelle ; tandis que la légalité est sa grande affaire, la morale s'attache de préférence à l'action interne, à l'intention, à ce qui doit être fait, à la légitimité absolue, suivant la loi naturelle et suprême de la justice.

Elle va plus loin encore dans le domaine des rapports pratiques qui relient les hommes entre eux : elle fait taire le droit strict devant l'équité, la légalité devant la légitimité ; ce que le droit ne peut pas toujours faire, alors surtout que celui qui le déclare, le magistrat ou le législateur lui-même ne prononce pas sur son droit propre, mais bien sur celui d'autres membres de la société. On peut bien, on doit même moralement sacrifier son droit strict à l'équité, toutes les fois qu'il y a désaccord entre ces deux choses, mais on ne pourrait disposer ainsi du droit d'autrui sans s'exposer à confondre la morale avec le droit, et à troubler profondément la société.

La morale, considérée dans l'agent qui est appelé à user de ses droits, ne demande pas seulement le sacrifice de ce qui est de droit strict à ce qui est équitable ; elle conseille en outre, comme œuvre meilleure et de perfection, de remplacer l'équité elle-même par la bienfaisance, le droit le plus large et le plus généreux par l'amour, par la charité, qui, tout en respectant la chose d'autrui, tout en considérant la propriété comme sacrée, conseille d'en partager l'usage.

Arrivée à ce point, la morale est tout entière hors du droit, sans néanmoins être opposée au droit. Elle est plus, elle est autre chose que du droit. Mais parce qu'elle n'agit ainsi que dans les limites de ses attributions, qu'elle use encore de son droit en l'immolant à la charité, elle n'est point en cela contre le droit. Elle commettrait au contraire un acte attentatoire au droit, si elle prétendait s'imposer à autrui, et substituer la bienfaisance à la justice.

Cette erreur, qui a séduit plus d'une âme généreuse, mais surtout des convoitises antisociales, demande peut-être une explication.

La justice est la règle commune et suprême des sociétés humaines, et tout pouvoir est établi pour la faire régner. Les lois la proclament, et les magistrats la font exécuter en veillant au respect des lois. Nul ne peut demander au magistrat, à la loi, au souverain, au-delà de son droit propre, au-delà de la justice ; prétendre autre chose qu'à la justice ; y prétendre en vertu de la justice même, ériger la charité, la solidarité, la communauté en droit, c'est tout confondre, c'est détrôner la justice elle-même et mettre à sa place l'injustice. En vain on la décorerait du grand nom de charité, de fraternité, elle ne serait jamais, si elle pouvait régner, que le triomphe de l'iniquité par la violence.

La justice est donc la loi suprême des sociétés, la seule sainte et sacrée, la seule que le souverain puisse imposer au peuple, la seule d'après laquelle il puisse régler les rapports des particuliers entre eux et avec l'Etat. Le précepte de la charité ne peut en aucune manière en tenir lieu ; et si excellent qu'il soit comme motif d'action personnel, si favorable qu'il soit alors à la société, à la parfaite union et au bonheur de ses membres, si supérieur qu'il puisse être alors encore à la justice elle-même, quels que soient enfin son mérite et ses titres au respect, à la reconnaissance et à l'admiration des hommes, il ne serait cependant qu'un principe antisocial, désorganisateur et désastreux s'il était mis par les lois à la place de la justice. Autant il est supérieur à cette vertu dans la libre pratique de chaque citoyen, autant il y serait inférieur et contraire s'il était la règle universelle et civilement obligée de nos rapports sociaux. Si les effets de l'institution connue sous le nom de charité légale sont déjà si funestes, combien ne le seraient pas davantage ceux d'une charité légale bien autrement large et profonde ? Si la charité libre elle-même doit être éclairée, se restreindre et choisir, sous peine de produire plus de mal physique et moral que de bien, quelles ne seraient pas les déplorables conséquences d'une législation dont le principe suprême emporterait la négation de la justice ou du droit sous le malheureux prétexte que la charité est supérieure à la justice, et que les institutions doivent tendre à la perfection?

Rien ne prouve mieux que la perfection est relative, et que ce qui est bon, excellent même, n'est tel qu'à sa place. La charité n'est donc bienfaisante, quelles que puissent être ses intentions, que dans les conditions où elle est appelée à s'exercer; c'est là seulement qu'elle peut faire plus de bien que la justice, et qu'elle lui est préférable. Partout ailleurs la justice est la vertu par excellence, vertu supérieure à la charité, et qui doit avoir le pas sur elle : la justice d'abord, la justice par dessus tout, la charité ensuite, et jamais au détriment de la justice ou du droit d'autrui.

Tel est l'ordre prescrit par la nature même des choses, et par son auteur; le renverser c'est le troubler; le troubler c'est le détruire.

En résumé donc : la justice est d'ordre public, la charité est d'ordre privé ; la justice est affaire de droit et de contrainte extérieure, la charité est affaire de morale privée personnelle et de liberté ; la justice est la condition nécessaire de la vie sociale, la charité bien entendue est une condition de son embellissement ; la justice est la vertu capitale du citoyen, la charité une perfection de l'homme, du particulier ; la justice est de précepte et de devoir strict ou défini, la charité est de conseil et de devoir large ou indéfini. On n'est assurément point parfait moralement pour n'être que juste, mais on est citoyen irréprochable. Les vertus sociales mêmes qui dépassent cette mesure ne sont pas du domaine de l'autorité civile; elle peut les désirer, y applaudir, s'y montrer favorable, les encourager, mais les exiger, jamais.

La morale dépasse encore le droit en ce qu'elle règle à elle seule les rapports de l'agent avec lui-même et avec les autres êtres qui ne sont pas ses semblables. Cette partie de son domaine propre ne s'est jamais bien trouvée des empiétements du droit ; la religion et les bonnes mœurs ne s'imposent point à coup de décrets ; la persuasion et le sentiment se révoltent à ces violences injustes ; ou si elles fléchissent, le caractère s'en trouve avili jusqu'à la fausseté et à l'hypocrisie. Beau profit, vraiment, pour la moralité publique ou privée, pour le bonheur des nations et des particuliers !

Avoir établi la différence qui sépare le droit de la morale, avoir montré l'injustice et les inconvénients qu'entraîne cette déplorable confusion, c'est avoir prouvé que la politique ou le pouvoir public n'a pour mission directe que de faire régner la justice. L'Etat s'abuse sur ses droits et ses devoirs, il se fait illusion sur l'efficacité de ses moyens, quand il s'imagine qu'il peut réglementer la vie privée et la vie religieuse comme la vie sociale. Il tyrannise ou avilit les citoyens sous prétexte de les rendre plus heureux et meilleurs.

Si nous avions à traiter ici du droit public, il nous serait aisé de montrer combien de pareilles prétentions sont injustes, inconséquentes et funestes. Mais il nous suffit, en morale, de rappeler que le législateur ne peut imposer des intentions ni les connaître, pas plus qu'il ne peut mettre ses volontés, ses préjugés ou ses convictions à la place des convictions, des préjugés et des volontés des citoyens. Et cependant la moralité et les croyances religieuses sont essentiellement une affaire d'intention, de sentiment et de persuasion. De quel droit d'ailleurs le législateur se poserait-il en autorité infaillible, et voudrait-il imposer à tous les citoyens le formulaire de sa foi ? Et encore que cette foi fût vraie, ce dont il ne peut être certain d'une certitude absolue, comment la faire partager si ce n'est en l'enseignant ? Comment cette instruction elle-même aura-t-elle toute l'autorité et toute l'influence qu'elle peut avoir, si elle n'est pas soumise à la plus libre et à la plus entière contradiction ; si le droit de prosélytisme n'est pas laissé à tous, et si le royaume de la vérité, comme celui du ciel, n'est abandonné « aux violents, » c'est-à-dire à la supériorité de raison? Autrement, il est fort à craindre que l'orgueil, l'esprit d'une injuste domination, un préjugé gouvernemental ou d'éducation religieuse, un zèle mal entendu, une conscience mal éclairée, faussée peut-être, le fanatisme enfin, n'usurpent les droits d'une saine conviction, et que la religion au triomphe de laquelle on se montre si intéressé ne soit pas la religion de la justice, ou qu'elle la compte pour peu de chose. Il est à craindre encore que cette foi, dont on parle si haut et si souvent, ne soit entachée d'une grave incrédulité, de cette incrédulité souveraine et impie, qui consiste à désespérer de la raison humaine, à s'imaginer que la vérité n'est pas faite pour elle, qu'en vain elle luirait plus claire que le jour; elle n'en serait point acceptée ; que toutes les sympathies de l'esprit humain sont au contraire acquises à l'erreur, et que proclamer la liberté de discussion, de conscience et de culte dans l'espoir de voir le règne de la vérité s'étendre pacifiquement et sans fin, c'est être dupe ou complice de l'esprit de mensonge, et qu'ainsi la propagation des saines doctrines et des croyances vraies ne peut être assurée que par la force et la violence.

Telle est en effet la pensée de scepticisme et d'incrédulité plus ou moins avouée d'un grand nombre de zélateurs fougueux qui prennent leurs intérêts et leurs passions pour une sainte ardeur, et qui dans les transports d'une haine impatiente, voudraient pouvoir effacer du front de l'homme le signe le plus éclatant de sa divine origine. Insensés dont la déraison et l'orgueil blessé ne peuvent souffrir ni la raison, ni l'exercice le plus consciencieux et le plus innocent de ses droits. Ils aboliraient volontiers toute intelligence dans l'homme pour l'abuser plus aisément et s'en faire un instrument plus docile.

La politique, bien loin d'être appelée à régler la morale, en subit au contraire la loi ; mais en ce sens seulement qu'elle ne peut rien faire librement contre les principes de l'honnêteté et de la justice. Sa règle suprême n'est donc ni celle de l'intérêt ni celle du succès, si toutefois un succès et un intérêt véritables étaient possibles en dehors de l'honnête et du juste. Elle peut assurément rechercher des avantages matériels, mais elle s'en rend indigne si elle les poursuit par des voies que réprouve la morale. C'est là, nous ne pouvons l'ignorer, un scrupule dont les gouvernements n'ont pas toujours tenu beaucoup de compte ; mais cet oubli ou ce mépris les condamne aux yeux de la conscience, et l'histoire dit assez qu'en sacrifiant le devoir à l'intérêt, ils ont très souvent payé de l'intérêt leur manquement au devoir. Mais ce qui n'est pas arrivé encore ne dût-il pas arriver un jour, et l'impunité dût-elle être éternelle, il n'en serait pas moins vrai qu'il y a une politique honnête et une politique qui ne l'est pas ; que la première seule est à l'usage des gouvernements qui se respectent, et pour qui l'humanité est autre chose qu'un vain mot.

III. Si les gouvernements eux-mêmes n'ont pas le droit de rechercher les avantages matériels de l'Etat, en dehors de la justice ; si la politique est réglée au moins négativement, c'est-à-dire limitée par la morale, à plus forte raison les particuliers ne peuvent être dispensés de s'y soumettre, et l'économie politique, considérée comme la science de la chrématistique, trouve aussi ses règles négatives ou d'abstention, ses limites dans la science pratique de la vie. La pragmatique est donc circonscrite et dominée par l'éthique.

La morale veut plus encore de notre activité industrielle ; elle ne lui demande pas seulement de ne s'exercer que dans les limites de l'honnête et du juste ; elle entend aussi qu'elle s'y exerce en réalité, qu'elle s'y développe, qu'elle crée des moyens de bien-être, qu'elle les multiplie, les répande et les consomme de la manière la plus utile. Si elle connaît les dangers du luxe, si elle condamne la corruption des mœurs qui en est la conséquence presque inévitable, elle sait aussi que la misère est mauvaise conseillère, qu'elle dégrade l'homme et le corrompt à sa manière, qu'elle est sujette aux préjugés et aux sentiments antisociaux, qu'elle a ses injustices matérielles, ses convoitises coupables, ses maximes subversives, ses moments d'audace et de fureurs criminelles.

La morale intervient donc dans l'économie sociale ou domestique, aussi bien que dans la politique proprement dite, à ce double titre : elle signale les limites à respecter, et dans ces limites elle commande le travail, l'épargne, et encourage le progrès. Nulle incompatibilité donc entre ces différentes espèces de sciences pratiques ; bien loin de là : en suivant le précepte de la morale, l'économique et la politique n'atteindront que plus sûrement chacune le but qui leur est propre ; leurs bienfaits seront purs d'un mélange de mal moral qui les rendrait pernicieux.

On peut même dire, et l'on a dit en effet, que la probité peut valoir le meilleur des calculs, et qu'elle n'est pas le moins sûr des moyens de s'enrichir. C'est là une juste et naturelle récompense de la morale. Mais elle serait surprise plutôt que méritée, si elle n'était pas moins dans les sentiments que dans les actes, si elle n'était pratiquée qu'à titre de moyen pour un succès matériel ambitionné, et non pour elle-même. Pour qu'elle ait un caractère et un mérite moral véritable, il faut qu'elle ne soit animée d'aucun autre intérêt que celui qui s'attache au bien moral lui-même. D'autres motifs peuvent encore être licites, mais celui-là seul est méritoire. Toute autre considération tendrait donc à la convertir en un moyen pour une fin qui vaut moins qu'elle, qui la déclasse dans l'ordre des biens, et ainsi la rabaisse et la dégrade.

En résumé : la morale se distingue encore plus profondément de l'économie politique que du droit. L'économique n'a proprement qu'un but, l'utile, de même que le droit a pour objet le juste, et la morale le bien. La science de l'utile, la chrématistique proprement dite, ou la science des richesses et de leur usage productif, n'est qu'une science secondaire ou de moyens, qui est par là même essentiellement subordonnée dans la pratique à la science du juste et de l'honnête. C'est donc profondément méconnaître l'homme, le mettre à l'écart dans ce qu'il a de plus élevé, de plus noble et de plus sacré, que d'en oublier les grandes fins pour ne s'attacher qu'aux moyens, de faire de ces moyens une fin dernière et absolue, ou de convertir ce qui est fin en moyen. En d'autres termes : c'est se tromper de la manière la plus ignoble et la plus déplorable que d'oublier que nous sommes des êtres intelligents et moraux, dont la fin par excellence est le bien moral ou la vertu, d'oublier que tout le reste, la richesse, les arts, les sciences mêmes doivent être subordonnées au bien moral comme autant de moyens destinés à rendre l'homme meilleur et plus parfait. Le bien moral, précisément parce qu'il est au-dessus de tout le reste, parce qu'il en est le but, en est aussi la règle suprême. C'est l'idée morale qui donne à toutes nos actions leur mesure, leur direction ; c'est elle qui fait tourner à notre plus grand avantage les autres moyens de bonheur qui sont en notre pouvoir. La morale est donc comme le sel qui empêche l'industrie, l'art, la science, la politique, la religion elle-même de se corrompre. Elle ne peut être un instant oubliée sans le plus grand risque de s'égarer dans les voies fantastiques de l'imagination, faculté peu réglée par elle-même, et si facile à égarer par une autre faculté plus aveugle encore et plus facilement désordonnée.

IV. Le bien moral est tel qu'il veut être pratiqué pour lui-même, et préféré à tout autre. C'est là son caractère, son essence, ce qui fait qu'il est tel, en un mot tel qu'il est. C'est ainsi que le conçoit la raison. Elle n'est pas libre de le concevoir autrement.

Il y a plus, une fois qu'elle l'a conçue de la sorte, elle n'est pas libre non plus de ne pas le concevoir obligatoire, ou comme devant être réalisé dans nos actes. Elle l'impose donc logiquement à la volonté, tout en la laissant dynamiquement libre de faire ce qui est jugé nécessaire moralement.

Cette nécessité pratique est donc aussi un des caractères qui distinguent le bien moral de tout autre bien, c'est-à-dire du bien physique, du bien pragmatique, du bien esthétique, ou en d'autres termes de l'agréable, de l'utile et du beau. Nous ne nous concevons pas tenus en effet de nous rendre heureux, en ce sens que le bonheur soit par lui-même obligatoire. Nous ne sommes pas davantage obligés de réaliser des biens matériels par la seule considération de ces biens. Enfin les arts eux-mêmes ne s'imposent pas comme tels à la volonté humaine ; on les cultive ou on ne les cultive pas ; on les cultive à un degré ou à un autre, avec plus ou moins d'habileté, sans que la satisfaction d'une bonne conscience ou le remords d'une mauvaise se fasse sentir en nous.

V. L'ordre de faits avec lesquels la morale est plus ordinairement confondue, sont les mœurs. On prend volontiers ce qui se fait pour ce qui doit se faire. Cette erreur tient à cinq causes : à l'esprit d'imitation naturel à l'homme, à la défiance de nos vues personnelles, à l'empire du nombre sur l'individu ou à la disposition où nous sommes tenus de nous incliner devant la commune manière de voir, à la sophistique naturelle des passions, enfin à la paresse de notre esprit.

Les trois premières causes tiennent à un instinct commun qui leur est supérieur, l'instinct de sociabilité. La quatrième à la satisfaction secrète que nous éprouvons de voir dans tout le monde un complice de nos passions. La cinquième, au sentiment de ce qu'il en coûte pour sortir de l'ignorance, du doute, de l'erreur peut-être, et au découragement fort naturel en présence de l'inutilité probable de nos efforts.

Mais plus répandue et accréditée est l'erreur que nous signalons, plus il importe de distinguer la morale et l'anthropologie pratique.

Si l'on entend provisoirement par morale la science de la vie pratique, la morale comprendra tout à la fois et les *mœurs* et la *moralité*; c'est-à-dire la connaissance de la conduite, et l'appréciation de cette conduite au point de vue de l'intérêt, de l'opinion et de la raison ou de la conscience.

C'est là en effet un triple aspect sous lequel nos actions peuvent être appréciées. Souvent, il est vrai, l'intérêt et la passion sont d'accord avec la raison, mais souvent aussi ces trois points de vue donnent naissance à des différences. Mais l'opinion se résout généralement dans l'intérêt ou la raison, parce qu'elle prononce, ou comme spectatrice intéressée, ou comme spectatrice désintéressée.

L'intérêt privé aveugle plus l'agent que l'intérêt public

n'aveugle l'opinion ; c'est-à-dire que l'opinion est généralement plus près de la raison que l'intérêt privé.

Mais encore bien que l'intérêt privé fût toujours d'accord avec la raison, par suite d'une sagacité infaillible dans le discernement du plus grand avantage de l'agent, et de la vue nette et vive de cet avantage, prochain ou éloigné, jamais cependant l'*intérêt* ne se résoudrait dans le *devoir*, pas plus que la sensibilité ne peut être ramenée à la raison, ou le sentiment à l'idée.

Il y a donc en nous deux grands principes d'action : les principes intéressés et ceux qui ne le sont pas, c'est-à-dire les *mobiles* et les *motifs*. Les premiers dérivent de la sensibilité, les autres de la raison.

Ces deux sortes de principes d'action se trouvent cependant réunis autant qu'ils peuvent l'être dans le sentiment de plaisir attaché à la pratique du bien : la sensibilité morale, très différente de la sensibilité physique, se trouve ici en parfait accord avec la raison ; le sentiment qui l'affecte n'en est même qu'une conséquence.

C'est parce que nous sommes doués tout à la fois de sensibilité et de raison qu'il y a lieu de distinguer en nous l'*action faite* et l'*action à faire*. Souvent l'action faite est celle qui devait être faite, et alors le fait est conforme au droit ; mais trop souvent aussi ce qui est fait ou omis devait être ou omis ou fait autrement, et alors il y a désaccord entre le fait et le droit : le droit ou la règle violée est là pour accuser l'omission ou l'action qui lui est contraire.

La science des actions humaines comme science de simples faits est la science des *mœurs*, et l'exposition de cette science est une pure description de mœurs, une ethographie. Les faits moraux sont très variés ; ils comprennent les émotions, les passions, les caractères, les défauts et les qualités, les vices et les vertus comme actions, mais non comme vices et vertus. En effet, pour juger qu'une action est vertueuse ou vicieuse, il faut autre chose que des yeux pour l'observer, de l'intelligence pour l'analyser et la décrire ; il faut une raison morale pour la juger par rapport à la règle absolue du devoir.

La possibilité de suivre la sensibilité ou la raison, lorsque la voix de l'une n'est pas d'accord avec la voix de l'autre, prouve en nous une troisième faculté, une puissance, celle de la liberté. Si notre volonté ne pouvait obéir qu'à l'une ou à l'autre, nous ne serions point libres. Si ces deux natures morales, avec triomphe tantôt de l'une tantôt de l'autre, ne prouvent pas la liberté de la volonté elles prouvent du moins que notre volonté n'est point exclusivement asservie soit à la sensibilité physique, soit à la raison, puisqu'elle suit tantôt les suggestions de l'une, tantôt les commandements de l'autre. Il y a cette différence en effet entre les mobiles et les motifs, que les premiers suggèrent, conseillent, insinuent, persuadent, et que les seconds commandent, ordonnent et convainquent. Là est l'attrait, ici l'autorité ; là est le plaisir, ici le devoir ; là est la bête, ici l'homme ou l'ange : singulier mélange, mais indubitable, et qui explique suffisamment les contradictions de notre nature.

La morale est une science d'observation, en ce sens d'abord que les mœurs ne sont connues qu'à la condition d'être observées, et que les principes qui servent à l'appréciation des faits moraux veulent aussi être constatés. Mais il y a cette différence entre l'observation ici et là, que les mœurs portent et sur des faits internes et sur des faits externes ; que l'observation, dans la description des mœurs, n'est point restreinte à l'interne, tandis qu'elle ne peut en sortir en matière de principes. L'enseignement externe des préceptes moraux ne peut être compris et goûté que par un retour sur soi-même; c'est la conscience ou la raison personnelle qui donne à la parole du dehors son autorité et sa force, loin de la recevoir de cette source. A la vérité, l'enseignement externe peut aider à la réflexion, favoriser le développement de l'idée morale, en donner une conscience et plus nette et plus vive; mais la produire immédiatement, jamais.

C'est donc une erreur et une légèreté tout à la fois d'avoir pris cette cause occasionnelle de l'idée morale, pour sa cause efficiente, comme l'ont fait systématiquement quelques-uns. Il n'y a pas moins de scepticisme que de mysticisme au fond de cette doctrine superficielle et fausse, puisqu'elle n'irait à rien de moins qu'à nier la spontanéité de la raison au point de vue moral, la possibilité même de la moralité naturelle dans l'homme, notre caractère d'être raisonnable à cet égard.

Mais alors d'où viendrait cette nature? comment la raison morale serait-elle entrée dans le monde? comment les premiers hommes, sans enseignement moral antérieur, auraient-ils pu avoir des idées de cet ordre? comment même, sans la présence de ces idées au fond de leur intelligence, auraient-ils pu comprendre un enseignement qui eût été sans écho dans leur pensée, qui n'eût pu s'y constater? Nous n'apprenons, en fait d'idées, que celles que nous avons déjà; c'est-à-dire que l'enseignement n'a d'autre but et d'autre pouvoir que de nous faire apercevoir d'une manière plus lucide et plus vive les idées qui sont naturellement en nous, ou d'exciter plus fortement la raison à les produire, et la réflexion à les saisir. Dieu lui-même ne pourrait nous enseigner qu'à cette condition; et si déjà nous ne savions ou ne pouvions savoir naturellement ce qu'il nous révèle, il parlerait sans être entendu, ou devrait, pour être compris, commencer par refondre notre âme, et lui donner des idées ou une aptitude naturelle à les produire qui lui aurait manqué d'abord.

Une autre différence entre la science des mœurs et la science de la morale, c'est que la première est toute descriptive, tandis que la seconde veut être appliquée. On peut tirer, il est vrai, certaines maximes de prudence, de la peinture de tel ou tel caractère, de telle ou telle passion, mais ces maximes sont entièrement étrangères au cadre des faits qui semblent les produire : c'est encore la raison, en s'appliquant aux faits, qui en déduit, au profit de la sensibilité, certaines règles ou moralités pratiques, qui n'ont d'ailleurs rien d'absolument obligatoire ; bien différentes en cela des règles morales qui constituent les principes de l'éthique.

Si donc la science des mœurs et de la morale sont toutes deux expérimentales au début, si elles se ressemblent au point de départ, elles diffèrent tout d'abord en ce que l'objet de l'observation n'est point de même nature ici et là. En matière de mœurs le fait observé n'est qu'un pur phénomène, un simple fait, un acte interne ou externe ; en matière de morale c'est une idée, une idée pratique. C'est donc quelque chose de plus qu'un phénomène ; c'est une règle, et même une règle absolue.

On pourrait faire la description la plus complète des mœurs tout en restant étranger à la morale, comme on pourrait faire la morale, c'est-à-dire en déterminer les principes et les applications, sans s'occuper des mœurs, sans même les connaître. Nouvelle preuve de la profonde différence qui sépare ces deux manières d'envisager l'activité humaine. Et ces deux points de vue sont également naturels et vrais.

Mais il vaut mieux dire que si les mœurs peuvent s'exposer indépendamment de la morale, elles ne peuvent être appréciées sans elle au point de vue du vice et de la vertu ; de même si la morale peut se formuler tout entière sans prendre les mœurs en considération, le mérite et le démérite, l'imputabilité qui en est la condition, ne peuvent être sainement appréciés sans passer par les mœurs. L'application de la science de la morale à la conduite de la vie dans des cas déterminés ne peut donc faire abstraction des faits qui constituent la situation interne et externe des caractères. Il en est de même dans l'application des règles générales de l'éducation, dans la direction de soi-même et d'autrui. La connaissance de soi-même, si recommandée par les sages de tous les temps, est donc indispensable dans la pratique.

La morale suppose donc la psychologie dans l'application de ses principes, comme dans leur détermination. Quant à la science tout expérimentale des mœurs, elle n'est en réalité que de la psychologie, mais de cette psychologie qui se borne aux faits moraux et concrets, qui n'en recherche ni les éléments derniers, ni les lois fondamentales. Elle diffère de la psychologie générale à peu près comme la physiologie diffère de l'anatomie ; elle suppose donc à certains égards cette anatomie de faits internes, de même que la physiologie suppose celle des parties constitutives des corps vivants dont elle décrit les fonctions.

La différence qui distingue la morale comme science des devoirs, de la morale comme science des mœurs, de l'anthropologie pratique, n'est donc pas moins claire que celle que nous avons plus haut signalée entre la morale d'une part, l'histoire, le droit, l'économie politique et l'esthétique d'une autre part. Mais si la morale seule donne des règles, et des règles obligatoires pour les mœurs, tout le reste néanmoins, par cela seul qu'il fait partie de la vie pratique, tombe dans le domaine de la morale, et veut être réglé par elle. C'est un devoir large, en effet, de ne point se rendre follement malheureux, d'employer utilement pour soi et pour autrui les forces dont la nature nous a doués, et de faire de nos facultés supérieures l'usage le plus régulier, le plus digne d'être approuvé par la saine raison et par le bon goût.

Quoique la morale ait son objet propre, sa méthode et ses moyens, des esprits faciles à troubler se montrent peu disposés à croire à une science des mœurs ; ils croient voir trop de morales dans l'homme, dans le monde et dans les livres, pour qu'il y ait une morale, c'est-à-dire des principes d'action vraiment universels. Or, pas d'universalité en fait de principes régulateurs des actions, pas de principes ; pas de principes, pas de déduction ; pas de déduction, pas d'application ; pas d'application, pas de science pratique des mœurs ; pas de science pratique, pas de morale.

Il importe donc au plus haut degré d'examiner la valeur de ces difficultés.

LIVRE II

Du Pyrrhonisme en morale : sa nature et ses fondements.

CHAPITRE PREMIER.

En quoi consiste le Pyrrhonisme en matière de morale.

Le pyrrhonisme est en général un doute excessif dans son objet, systématique dans son principe. Il faut le distinguer du dogmatisme négatif.

A la vérité, soutenir qu'on ne peut nier ni affirmer quoi que ce soit, est encore dogmatiser ; tant il est vrai que le dogmatisme est au fond de tout système.

Au surplus, nous n'avons pas besoin de cette distinction pour traiter la question qui nous occupe. Nier la morale ou en douter, c'est se mettre également, quoique à des degrés divers, en opposition avec la raison. Nous aurons répondu au doute et à la négation tout à la fois si nous parvenons à établir que la morale, malgré les apparences contraires, est une science qui, à tous ses degrés de formation, sous toutes ses manifestations diverses, tend à l'unité, c'est-à-dire à des principes identiques et par suite à une science unique et universelle par son objet.

Quelles peuvent donc être les raisons qui portent à la

négation de la morale, et quelle en est la valeur. Telle est la première question qui nous est posée.

Nous distinguons trois sortes de systèmes suivant lesquels la morale serait logiquement impossible; les uns ont un caractère plus particulièrement métaphysique, les autres sont plutôt psychologiques, les troisièmes se rattachent plus spécialement aux faits moraux eux-mêmes.

Nous comptons entre les premiers : le panthéisme, le mysticisme, le fatalisme, l'occasionnalisme et l'harmonie préétablie. Tous ces systèmes ne sont exclusifs de la morale que parce qu'ils sont incompatibles avec l'existence propre de l'homme ou avec son activité libre.

Nous ne considérons pas le matérialisme, l'athéisme ou le déisme comme destructifs de la morale; ils l'énervent, sans doute, mais ils ne la rendent pas inconcevable ou logiquement impossible. Que je sois matière ou non, que je doive périr tout entier à ma mort, ou qu'une partie de mon être doive survivre à la destruction de l'autre, il n'en reste pas moins vrai que je pense, que j'ai telles idées pratiques, que j'agis et que je le fais avec une certaine liberté. Je ne prétends pas que le matérialiste comprenne bien les rapports de tout cela avec la matière; mais il suffit que je ne sache pas plus que lui ce qu'est la matière en soi, pour que j'affranchisse la morale de ce système. Je n'ignore pas qu'on a plus d'une fois essayé de prouver que l'activité, à plus forte raison l'activité volontaire et libre, la pensée, le sentiment, en un mot tous les états spirituels, sont incompatibles avec la matière. Mais je sais aussi que cette métaphysique ne reposait que sur une définition hypothétique, aujourd'hui démontrée fausse, de la matière, et qu'ainsi toute cette argumentation ne pouvait avoir qu'une force relative, *ad hominem*. C'est quelque chose, c'est beaucoup assurément. Mais comme c'est une tâche accomplie, nous n'aurons pas le tort de la reprendre. Nous procédons plus radicalement et plus simplement avec le matérialisme : nous lui demandons de se définir, de nous donner une idée de la matière qui puisse être considérée comme adéquate, et qui ne soit point en opposition avec tout ce que nous savons des phénomènes spirituels. Rien de tout cela n'étant fait, nous n'avons nous-mêmes rien à faire.

Nous sommes à peu près dans la même position à l'égard de l'athéisme : nous attendons ses preuves. Elles ne peuvent être expérimentales. Il est donc nécessaire qu'elles soient *a priori*. Il faut donc, ou renoncer à l'athéisme, à un athéisme positif, ou démontrer que Dieu n'est pas, parce qu'il est impossible qu'il soit. Cette impossibilité, personne ne l'a établie. Et comment le ferait-on si l'idée de Dieu n'est pas adéquate, ou si, adéquate, elle ne répugne pas, si elle ne renferme pas une contradiction dans ses propres éléments ?

Si donc l'idée qu'on donne de Dieu n'est pas la vraie, toute la contradiction qu'on prétend y trouver ne prouve absolument rien.

Si cette idée est la vraie, si elle est adéquate, elle est vraie par là même, et Dieu se trouve démontré. S'il est démontré, il est impossible qu'il y ait contradiction dans les éléments qui en constituent l'idée.

Je veux bien toutefois, pour un instant, que l'athéisme soit une thèse établie : s'il existe une loi morale et des devoirs en conséquence, des mérites et des démérites, ces idées ne seront pas moins dans notre nature ; elles ne feront pas moins partie de l'essence de l'individu ; elles ne seront pas moins la condition des sociétés humaines. Elles auront la même autorité, sinon la même force ; elles seront également vraies et sacrées, quoique moins obéies sans doute ; le mérite et le démérite auront la même réalité, quoique la récompense et la peine doivent être infiniment moins assurées. L'athée a beau nier Dieu, il ne peut nier l'homme ni le transformer.

Le théisme, système théologico-philosophique suivant lequel on admet un Dieu, mais un Dieu non provident, ni par conséquent moral, par opposition au déisme qui reconnaît un Dieu moral et provident ; le théisme, disons-nous, n'exclut évidemment pas plus la possibilité de la morale que l'athéisme, et n'entre par conséquent pas davantage dans le nombre des systèmes métaphysiques dont nous avons à parler.

Les systèmes psychologiques qui ne laissent aucune place à la morale sont : le sensualisme, le scepticisme et le fatalisme. Les deux premiers rendent toute loi impossible ; le second n'en saurait admettre l'accomplissement obligatoire, libre, et servant de principe au mérite et au démérite.

Enfin les systèmes de philosophie pratique incompatibles avec la morale ou qui tendent à la fausser, sont ceux qui, confondant la règle et les mobiles de l'activité, ne tiennent compte que des seconds, et y ramènent la loi morale elle-même. Tels sont les systèmes qui donnent pour but suprême à notre activité le bien physique de l'agent, celui d'une communauté, fût-elle le genre humain, l'amour du bien, de l'ordre, de Dieu même.

Tel est encore, et très particulièrement, le système qui, prenant le fait pour le droit, ce qui est pour ce qui doit être, prétend déduire des mœurs elles-mêmes, bien plus que de leur esprit, la loi qui doit leur servir de règle, on nie l'existence d'une pareille loi, puisqu'elle ne se montre ni toujours ni partout, et qu'elle manque ainsi des caractères essentiels de toute loi vraiment naturelle, la constance et l'universalité.

Nous avons donc à considérer dans leurs rapports avec l'activité pratique :

1. Le panthéisme,
2. Le mysticisme,
3. L'occasionnalisme,
4. L'harmonie préétablie,
5. Le sensualisme,
6. Le scepticisme,
7. Le fatalisme,
8. L'empirisme,
9. L'eudémonisme,
10. Le sentimentalisme,

Avant d'examiner ces différents systèmes dans leurs rapports avec les lois absolues de la morale, s'il en existe de semblables, nous devons dire que cette partie de notre tâche se trouve singulièrement abrégée par l'excellent travail de Jouffroy sur les mêmes questions. Nous le tenons pour très bien fait. Nous nous garderons donc de le reprendre ou même de l'analyser. Il nous suffira d'établir aussi brièvement que possible la partie essentielle de la question.

CHAPITRE II.

De l'impossibilité de la morale dans le panthéisme, le mysticisme, l'occasionnalisme et l'harmonie préétablie.

I. Le panthéisme n'admettant qu'une seule réalité substantielle, un seul être, une seule force proprement dite, un agent unique et universel, condamne nécessairement toutes les autres réalités à n'être que des apparences, des réalités mensongères. En dehors de l'être unique, absolu, tout n'est que phénomène, détermination mobile et passagère d'une réalité immanente, indivisible dans son universalité même.

Et si l'être absolu n'est point personnel, c'est-à-dire s'il s'ignore, s'il n'a ni dessein ni volonté, s'il est en mouvement plutôt qu'en activité ; alors ses mouvements s'accomplissent suivant qu'il est dans sa nature essentiellement mobile et aveugle de les exécuter. Tout ce qui en résulte, l'homme ou plutôt son apparence comme tout le reste, est un état produit, un état contingent, qui n'est point en soi, pas plus qu'il n'est par soi, et qui, dès lors, n'est qu'un effet, sans qu'il puisse absolument être cause.

II. Le mysticisme pratique, très proche parent du panthéisme, subordonne tellement la créature au créateur, l'homme à Dieu, qu'il lui donne l'être plutôt de nom que de fait. Cet être en effet reste à chaque instant dans la dépendance de sa cause, non pas simplement en ce sens qu'il tient d'elle tout ce qu'il est, qu'il lui est soumis, qu'il peut en un instant perdre tout ce qu'il a reçu ; mais en cet autre sens qu'il ne peut être sans une assistance continuelle, sans un acte incessant de création. De là cette maxime fameuse : La conservation n'est qu'une création continuée.

Ainsi, la réalité que nous sommes à chaque instant est à chaque instant produite par un acte créateur. Notre permanence n'est que la permanence même de cet acte.

Notre action, elle aussi, n'est point nôtre ; nous ne sommes, de nous seuls, que privation, négation, néant ; ce qui est positif en nous n'est point de nous et n'en peut pas plus être que nous ne pouvons être par nous-mêmes ou de nous-mêmes, ou que l'être en soi, absolu, indivisible, nécessairement un et identique, ne peut cesser d'être tel. Le repos du néant, voilà ce qui nous appartient en fait d'activité. Nous ne sommes donc que des instruments, des ombres de réalité toutes passives dans nos actes en apparence les plus personnels, dans nos volitions les plus immédiates. Plus on pénètre dans les profondeurs de la phénoménalité humaine, plus on croit approcher du foyer de l'activité propre, plus en réalité on approche de la force qui n'est pas nous, quoiqu'en nous. Le moi n'est qu'à la surface de la vie intérieure ; au fond, il ne se rencontre plus ; l'action ne lui appartient plus ; il n'en est lui-même qu'un effet, bien loin d'en être cause. Ce qui a mouvement et vie au fond de l'être que nous appelons nôtre, que nous appelons moi, n'est point, ne peut pas être nous, le moi, autrement le moi serait sa propre cause, ou n'en aurait aucune. Or, il ne procède point de lui-même, pas plus qu'il n'est indépendant quant à son origine. Il est tout entier effet, alors encore qu'il croit être cause ; il n'est encore que passif quand il s'imagine être actif ; il n'est rien, ici comme là, quand il croit être quelque chose, quelque chose de réel, de vivant et d'agissant.

Il est trop visible qu'un pareil système, qui a son côté

spécieux pourtant, ne permet pas de concevoir le libre arbitre, ni par conséquent l'imputabilité.

III. Il en est de même de l'occasionnalisme où Dieu fait en nous tout ce qui s'y fait, soit dans l'âme à la suite de ce qui se passe dans le corps, soit dans le corps à la suite de ce qui se passe dans l'âme.

Dans ce système, Dieu, je puis le dire, s'appelle et se répond. La vie n'y est qu'un dialogue où Dieu a certainement l'initiative, et où il ne fait une chose que parce qu'il en a fait une autre ; où par conséquent il n'a fait la première qu'en vue de la seconde, à moins qu'il n'ait agi d'abord sans prévision et sans esprit de suite. Ce qui ne peut s'admettre.

IV. Il faut voir quelque chose d'analogue dans l'harmonie préétablie, où le corps et l'âme cessent de former un système unique, n'ayant qu'un seul moteur. Le corps est une machine qui a son mobile à elle. Il a été monté pour faire tout ce qu'il fait ou semble faire pour passer par toutes les phases de développements et d'accidents qui s'observent en lui, sans cependant qu'il y ait la moindre action de l'âme sur lui. Cette machine, mue par un ressort dont la longueur détermine la mesure même de la vie, cessera de marcher quand la spirale sera complétement déroulée. Les accidents divers qui donnent à la marche de cette machine sa physionomie propre ou individuelle, ne sont encore que le résultat de la forme et de l'agencement des différents rouages qui la composent.

Il en est de même de l'âme. Toute simple qu'elle est, c'est aussi à sa manière un mécanisme où le présent sort fatalement du passé ; où les états successifs, si variés qu'ils puissent être, s'engendrent aussi infailliblement les uns les autres qu'ils se succèdent fatalement.

Faite pour un corps donné, une âme déterminée est à

son tour construite de telle façon, que tous les phénomènes spirituels qui doivent se dérouler dans sa condition présente, se manifestent chacun en son temps avec une précision et une mesure qui n'auraient absolument rien de plus exact ni de plus rigoureusement corrélatif si l'âme dépendait du corps ou s'il agissait sur lui, comme le vulgaire l'imagine.

L'harmonie est donc parfaite; mais elle n'est point une résultante de l'action et de la réaction combinées de l'âme sur le corps et du corps sur l'âme. Elle n'est point consécutive; elle est primitive. Tout y est prédéterminé, préétabli; rien n'y est laissé au hasard ou à l'arbitraire de l'homme. L'âme n'est sous la dépendance ni du corps, ni du monde, quoique faite pour le corps et pour le monde. Elle porte donc en elle-même et en elle seule la raison de tous ses rapports. Et cette raison n'est pas une simple capacité ou virtualité; c'est une activité tellement réglée dans son expression, qu'elle ne peut faire le plus léger écart. Quoique spontanée en apparence, elle n'est en réalité dans son jeu qu'une force faite pour exécuter avec une rigoureuse ponctualité ce qui a été préétabli.

Il ne faut pas confondre en effet l'acte de *prévoir* avec l'acte de *préétablir*. Dieu, dans les croyances ordinaires, n'a pas préétabli, d'une manière rigoureuse et immédiate en quelque sorte, tous les actes libres de l'homme; mais il a fait l'homme capable de ces actes, et il les prévoit sans les avoir préétablis; il les voit comme des effets possibles, certains d'une certitude consécutive ou de fait, dans les facultés qu'il a mises en nous et dans le libre usage que nous devons en faire. Dans le système de l'harmonie préétablie, tout est au contraire non seulement prévu, mais encore prédéterminé avec une précision qui ne doit rien laisser à la liberté de l'agent; « car chaque âme (ou monade) exprime à sa manière, dit Leibniz, ce qui se passe au dehors et ne peut l'avoir par aucune influence des autres êtres particuliers, ou plutôt doit tirer cette expression du propre fonds de sa nature. »

Ainsi c'est l'univers entier que l'âme représente, auquel elle doit correspondre dans tous ses mouvements comme dans toutes ses perceptions et conceptions; c'est, disons-nous, cet univers qui asservit l'âme, qui l'assujettit avec une précision mathématique à tel acte ou à tel autre, dans telle mesure ou dans telle autre. Et si elle n'en reçoit pas les influences, elle est du moins tellement enchaînée par les lois consécutives de son être à tout ce qui n'est pas elle, qu'elle ne peut pas plus s'en affranchir que si elle était fatalement déterminée par l'action relativement toute-puissante et fatale de l'univers sur elle.

Si l'âme est libre, ce n'est donc pas, à coup sûr, de faire autre chose que ce qui entre dans cet arrangement universel. Mais la fatalité qui l'asservit à ce point peut-elle donc s'appeler liberté? Leibniz le croyait. On est à peu près unanime dans la pensée contraire, et cette opinion est aussi la nôtre. C'est ce qui nous a fait ranger le système de l'harmonie préétablie parmi ceux qui ne remplissent point les conditions nécessaires à la morale comme science.

Mais remarquons que si la morale est impossible comme science dans les systèmes de théologie métaphysique que nous venons de passer en revue, c'est qu'il y a dans ces systèmes un vice que la théologie philosophique est appelée à signaler et à combattre. A elle aussi de montrer par quels côtés vrais, mais exagérés ou faussés, des esprits d'une grande portée d'ailleurs ont pu être séduits et entraînés dans des erreurs spéculatives qui n'ont rien de vulgaire. Nous donnerions donc à ce travail une étendue qu'il ne doit pas avoir en nous engageant dans ces discussions. Mais nous pouvions, nous devions même, dans l'intérêt de notre sujet, donner l'esquisse complète des causes du pyrrhonisme en morale, sauf à n'insister que sur celles qui se rattachent plus particulièrement à la morale elle-même, en ce sens qu'elles proviennent pour ainsi dire de son propre fonds, qu'elles en sont comme des produits artificiels ou forcés.

Ces observations s'appliquent encore, quoique à un moindre degré peut-être, aux causes du scepticisme moral qui tiennent à des erreurs de psychologie spéculative, telles qu'une fausse théorie de nos connaissances, de la certitude et du libre arbitre.

CHAPITRE III

De l'impossibilité de la morale dans les systèmes exclusifs du sensualisme du scepticisme et du fatalisme.

Suivant qu'on se fait telle ou telle idée des trois facultés fondamentales de l'âme humaine, la morale est possible ou ne l'est pas.

I. Ainsi n'admettre que des idées d'origine sensible, c'est n'admettre que des idées expérimentales, contingentes, qui n'ont pour matière que des phénomènes, qui manquent par conséquent des caractères d'universalité et de nécessité, c'est-à-dire en un mot du caractère de rationalité que doit avoir une véritable loi morale.

Les faits, les phénomènes, ceux de l'ordre moral même, si constants qu'ils puissent être, n'indiquent que ce qui est, jamais ce qui doit être.

Il y a plus, en supposant que ce qui est en matière de mœurs fût ce qui doit être, ou que le fait fût entièrement conforme au droit, on n'en pourrait absolument rien savoir en ne consultant que le fait seul, ou en supposant que nous n'avons en morale que des idées sensibles. Il faut, pour qu'il y ait lieu de distinguer entre le droit et le fait, entre la règle de l'action et les actions elles-mêmes, un idéal, c'est-à-dire une conception toute de raison pure, touchant ce qui doit être.

Or, cette conception est impossible dans le système du sensualisme.

II. Elle ne l'est pas moins, elle l'est un peu plus même, si faire se peut, dans un système qui n'accorderait aucune foi, aucune autorité à la raison.

Celui-là d'ailleurs se mettrait en contradiction flagrante avec les faits, puisqu'il méconnaîtrait le caractère absolu des idées qui servent de fondement à la morale.

III. Enfin, soutenir que l'homme n'est qu'un jouet entre les mains de je ne sais quelle destinée ; qu'il n'est pas plus libre dans l'ensemble des choses universelles dont il fait partie que le rouage d'un mécanisme qui est commandé par un moteur, et qui transmet fatalement l'impulsion reçue à une autre partie de l'ensemble systématique auquel l'âme ou la puissance motrice est étrangère ; soutenir une telle opinion, c'est professer le fatalisme.

Toutefois on peut distinguer plusieurs espèces de fatalisme, suivant qu'on place la force impulsive des actions dans l'homme même, ou dans le monde, ou en dehors du monde, ou dans toutes ces choses à la fois.

Nous n'avons pas plus à réfuter ici le fatalisme que les autres systèmes que nous venons d'esquisser. Tous ces systèmes métaphysiques et psychologiques trouveront leur réfutation indirecte dans l'exposition de la vraie doctrine morale avec laquelle ils sont incompatibles. Une marche contraire nous aurait entraîné dans des longueurs et des répétitions que nous devions éviter. L'essentiel était de montrer ici que la loi morale et l'activité libre sont impossibles dans les systèmes dont il s'agit.

Il n'en est pas de même des systèmes qu'il nous reste à passer en revue, par la raison qu'ils appartiennent proprement à la morale, et qu'un compte plus sévère nous en est demandé.

Nous distinguons ces systèmes en trois classes, suivant qu'il s'agit de la négation de la loi morale en mettant les mœurs, les coutumes et les lois civiles à la place même de la loi dont elles ne devraient être que l'expression constante et uniforme. C'est le système que nous appelons *empirique*.

Il en est un second qui consiste à prendre les mobiles passionnés de nos actions pour règle souveraine de notre activité : C'est l'*eudémonisme*.

Enfin le troisième, que nous croyons pouvoir intituler le *sentimentalisme*, a le tort encore de prendre pour la loi morale des sentiments précieux qui peuvent être d'excellents mobiles à l'appui de la loi morale, mais qui ne sont cependant pas cette loi, et qu'il importe par conséquent de ne point confondre avec elle.

Avant de passer à l'examen de ces derniers systèmes, nous devons faire une remarque qui tempère singulièrement ce qu'il y a de vicieux et d'incompatible avec la morale dans les systèmes psychologiques que nous venons de rappeler. C'est que le sensualisme, le scepticisme et le fatalisme n'ont cet inconvénient moral qu'autant qu'ils sont absolus ou mal conçus. Qu'il y ait une part à faire à la sensibilité dans nos connaissances ; qu'il faille douter souvent, savoir ignorer même ; qu'enfin notre liberté ait ses limites, sa sphère d'action, c'est ce que personne ne saurait contester. L'erreur ne consiste donc que dans l'exagération de ces faits. Mais encore cette exagération pourrait être plus dans les mots que dans les choses, ou bien encore dans une fausse interprétation des faits, puisqu'en réalité les sensualistes ont, comme d'autres, des idées rationnelles ; puisque ceux qui s'imaginent que rien n'est certain ont une pleine foi, pratique au moins, à une multitude de choses, et qu'enfin les fatalistes se comportent comme s'ils étaient libres, croient pratiquement à leur libre arbitre et à celui des autres.

Le désaccord en tout ceci est donc beaucoup plus apparent que réel, plus dans les mots que dans les choses, plus affaire de spéculation systématique et de jeu d'esprit que de persuasion naturelle, et peut-être même de conviction, à moins qu'il n'y ait vice ou défaut d'analyse, et par suite confusion et malentendu.

CHAPITRE IV

Impossibilité de la morale dans le système de l'empirisme ; — examen de ce système.

§ I.

Contrariété apparente des mœurs chez les différentes nations. — Jusqu'où s'étend cette contrariété. — Comment elle s'explique ou se dissipe.

Il est certain qu'en parcourant d'un regard superficiel la suite des temps et l'ensemble des lieux, on est d'autant plus frappé de la diversité des usages et des lois qui régissent les différents peuples, que cette diversité va souvent jusqu'à la contrariété la plus frappante. Belle occasion pour un misanthrope ou un sceptique de crier au scandale, à la contradiction et à l'impuissance radicale de la raison humaine. Il y a plus : si Pascal a trouvé dans ce conflit de la raison humaine l'occasion de l'une de ces amères ironies qu'il inflige si volontiers à notre orgueil, si des penseurs systématiques moins aigris par la douleur et l'esprit de secte religieuse n'ont vu qu'un argument de plus en faveur d'un système philosophique qui leur était cher, si peu vrai et si peu élevé que puisse être le sensualisme ; d'autres philosophes, moins superficiels, moins passionnés, à sentiments plus nobles, sinon plus généreux, ont soutenu avec la même ardeur l'absence de toute loi morale. Locke, par un esprit d'hostilité contre le système des idées innées mal compris, n'hésitera pas à soutenir qu'il n'y a pas de loi morale nécessaire et universelle. Il tiendra le langage que l'indifférence, le scepticisme ou l'amour du paradoxe et du piquant avait fait prendre à Montaigne, qu'Helvétius a reproduit, et que le matérialisme de nos jours a répété.

Je me garderai bien de reprendre un à un tous ces arguments, tous ces faits d'une authenticité parfois douteuse. Je laisserai donc en paix Montaigne, Helvétius et Locke. Je ne m'arrêterai un instant à Büchner que pour résumer par son organe les difficultés que nous avons à examiner, les erreurs que nous entreprenons de combattre. C'est bien moins dans leurs détails que dans leur ensemble que nous les attaquerons. Mais encore faut-il faire voir que cet ensemble comprend bien tous les détails. Nous affirmons donc qu'il n'en est aucun de quelque importance aux yeux des adversaires de la loi morale, que nous ayons sciemment omis. Et pour rendre la vérification plus facile, nous suivrons la marche même de l'auteur, si désordonnée qu'elle soit.

Büchner, qui a dû prendre tout ce qu'il a trouvé de plus favorable à sa thèse chez ses devanciers, et y ajouter les faits que l'histoire et l'éthnographie modernes lui ont appris, nous dit donc que la loi morale n'est qu'une chimère; qu'il n'y a d'autre bien et d'autre mal que le bien et le mal physique; que le surplus n'est qu'affaire d'opinion, de temps, de lieux, de position et d'intérêt. Comme ses prédécesseurs, les matérialistes ou les sensualistes, ou d'un seul nom les empiriques, il accumule les faits, s'imaginant sans doute que c'est ici affaire de nombre plutôt qu'affaire d'analyse et d'intelligence des situations.

Le vol, habilement exécuté, dit-il, est regardé par les Indiens comme l'action la plus méritoire.

Les Nouveaux-Calédoniens partagent ce qu'ils possèdent avec le premier venu qui en a besoin.

On sait le peu de scrupule des Chinois en matière de propriété.

Ne voit-on pas aux Indes des associations d'assassins (les Thugs)?

La polygamie et l'inceste semblent naturels aux Damaras, de l'Afrique tropicale.

Les nègres du Soudan oriental considèrent la fraude, le vol et le meurtre comme des actions très dignes de l'homme. Le mensonge et la tromperie sont pour eux le plus beau témoignage d'une supériorité intellectuelle.

Les Somalis, habitants d'un canton méridional de l'Aden, font métier de fourberie; c'est une profession en honneur.

Verser le sang à la guerre ou par trahison, fût-ce celui d'une femme ou d'un enfant, est une action glorieuse pour les Fidschis. La réputation de meurtrier est l'ambition de ces insulaires. Les enfants tuent sans remords leurs parents, et les parents leurs enfants. Ils n'ont pas le sentiment du bienfait; aussi l'ingratitude n'est-elle pas sans exemple parmi eux.

Les Bogos ne distinguent pas le bien et le mal moral de l'utile et du nuisible. L'intrépidité, la vengeance, la dissimulation, la politesse, la fierté, la paresse, le mépris, l'amour du faste, la prudence sont leurs vertus.

Tel est le bilan moral des sauvages et des barbares. Il convient de l'examiner d'abord. Les peuples civilisés auront leur tour.

Il faut remarquer, avant tout, que l'homme, être essentiellement et indéfiniment progressif, ne se forme pas en un jour. L'éducation du genre humain est l'œuvre de siècles accumulés. Elle marche plus rapidement ici ou là, suivant les races, les lieux et les circonstances. Et dans le sein d'une même race, d'une même nation, d'un même peuple, la différence des situations laisse voir de profondes différences encore. Pourquoi cela? C'est que nous naissons tous à l'état d'ignorance et de sauvagerie. Il y a bien, je le crois sans trop craindre d'être démenti par les anthropologistes, par ceux-là même qui s'attachent plus particulièrement aux caractères physiques, il y a bien des vertus et sans doute aussi des vices qui passent de génération en génération chez un peuple, comme la configuration de leurs os, comme la forme et le développement du crâne; mais cette loi héréditaire n'est pas telle qu'il ne fût sans doute plus facile de faire d'un enfant de civilisé un sauvage en l'élevant dans quelques tribus indiennes, que de faire d'un enfant de sauvage un civilisé en l'élevant au sein de nos sociétés européennes. Tous donc nous naissons sauvages; l'éducation seule, c'est-à-dire l'influence du milieu social et une culture pénible et soutenue depuis nos premières années, fait de nous des hommes civilisés.

Il faut remarquer encore que les idées de l'ordre moral

et juridique, quoique susceptibles de devenir la matière d'une théorie, d'une science, quoique naturelles ou innées, ne se dégagent des instincts, des sentiments passionnés ou autres auxquels elles sont mêlées dans l'âme humaine ; qu'elles ne sont contemplées abstractivement dans toute leur pureté ; qu'elles ne sont traitées scientifiquement que par une réflexion puissante, habituée de longue main à ces sortes de travaux. La morale, et par conséquent les idées mères qui en sont la matière essentielle et propre, est déjà dans les bons sentiments qu'on retrouve chez les sauvages : sentiments de famille, sentiments de tribu, sentiments de courage, de dignité, d'humanité, d'hospitalité, de fidélité à la parole donnée, de justice dans la vengeance même. Elle se retrouve à un degré de pureté et d'élévation plus marquées dans les sentences des sages de la Grèce. Elle devient un enseignement plus rapproché encore d'une théorie scientifique sous la plume des sages de la Chine antique, quoique l'idée et le sentiment restent encore mêlés. Mais dans la bouche de Socrate le besoin de cette dernière abstraction est vivement senti. L'aspiration à la contemplation de l'idée pure, à la possession de cette idée dans toute son étendue et toute sa force, c'est-à-dire avec intelligence réfléchie de son universalité et de sa nécessité, est la tendance constante de Socrate et de Platon. Enfin Aristote, le moderne par excellence de l'antiquité, le créateur de la méthode et celui qui l'applique à toutes les branches des connaissances humaines, vient enfin donner à la morale une première forme scientifique, en dégageant l'élément rationnel, l'idée pure, de tout ingrédient étranger, et en l'appliquant avec règle à tous les actes qu'il est appelé à régir.

Il faut remarquer en troisième lieu qu'il en est des idées morales, et de la théorie dont elles sont susceptibles, comme des idées logiques et des idées de quantité. Nul n'invente les unes pas plus que les autres ; elles font toutes partie du fonds naturel de l'intelligence humaine ; tout homme les possède en germe, dans une certaine mesure ; tout homme les applique à un certain degré ; sans ce fonds naturel et commun, la science n'en serait pas possible, même au plus puissant génie. Quelle différence néanmoins entre la logique naturelle, la mathématique naturelle, telles qu'on peut remarquer l'une et l'autre dans des enfants, dans des hommes incultes, chez des sauvages, et telles qu'elles ont été constituées par un Pythagore, un Platon, un Aristote, un Euclide ! Et pourtant, Euclide, Aristote, Platon et Pythagore avaient commencé par n'être pas plus géomètres ou logiciens que l'enfant quelconque qui vient de naître. Aujourd'hui même ceux qui, héritiers des travaux de ces maîtres de l'humanité et de ceux qui en ont été les premiers et heureux disciples, sont de force à faire avancer la science, ont dû faire tout le chemin qui les sépare des premiers pas dans la carrière. Mais combien leur marche a été rendue facile et prompte ! La route était pour eux tracée de manière à leur épargner le temps et la fatigue. Ils n'ont eu qu'à la suivre : leurs devanciers ont dû en chercher la place possible à travers mille obstacles. Autres difficultés à vaincre pour la tracer, pour aplanir le sol, pour le consolider, etc.

Que prouve tout cela ? Une chose évidemment : c'est qu'il n'est pas moins naturel de faire fausse route en morale, au début, en matière spéculative, que dans toute autre science d'idées pures. Quant à l'application, l'erreur est plus facile encore, puisque la sensibilité, la passion a d'autant plus d'empire que l'intelligence est plus mal éclairée et plus faible. Mais il n'est pas plus logique de conclure de ces égarements spéculatifs ou pratiques contre la science morale, qu'il ne le serait de nier la science du raisonnement, celle des nombres, celle de la mécanique et de l'astronomie, parce que la plupart de ces sciences sont faibles, remplies de vains tâtonnements, d'imaginations fausses, superstitieuses et ridicules dans l'origine.

L'homme, par suite même de la supériorité de sa nature, devant se conduire par intelligence et non par instinct, devant faire lui-même les sciences pratiques comme les sciences spéculatives pures, n'a reçu de la nature que les matériaux informes et impurs qui doivent entrer dans ses constructions scientifiques, et la faculté de les épurer, de les préparer, de les mettre en œuvre d'après des plans plus ou moins heureux qu'il peut remanier indéfiniment, et rapprocher sans cesse d'un idéal qui s'élève et se perfectionne à mesure que l'exécution elle-même s'améliore. L'œuvre monte ainsi comme appuyée sur l'idée, et l'idée elle-même s'élève en prenant un nouveau point de départ et d'appui dans l'œuvre même, et toujours ainsi.

Une autre faculté que l'homme a reçue de la nature, c'est de faire passer ses conceptions pratiques à l'état d'application, sous forme de coutumes ou de lois, du sein des communautés civiles qu'il est de sa nature de former encore. Ces coutumes et ces lois, qui sont aussi des constructions, suivent deux espèces de progrès, celui des idées dans ces sortes de conceptions, et celui de la moralité individuelle. Le citoyen est à lui seul, par le nombre et la diversité de ses facultés, toute une république. Platon l'avait déjà conçu de la sorte. Plus cette république individuelle, intérieure est ordonnée sagement, plus aussi la république collective ou du dehors est facile à régler, plus la constitution peut en être libérale. Le despotisme n'est jamais que la suite naturelle ou nécessaire de l'incurie, de la lâcheté ou des passions antisociales des citoyens.

CHAPITRE IV. — L'EMPIRISME EXCLUT LA MORALE.

Il est facile maintenant d'apprécier à leur valeur les objections qu'on nous oppose.

Considérons d'abord la propriété, sa constitution et les vices dont elle peut être l'occasion.

Rien de plus facile à concevoir que la non-existence de la propriété foncière chez les peuples pasteurs ou nomades ; elle ne devient nécessaire que sous le régime de l'industrie agricole. Encore cette nécessité n'est-elle qu'un perfectionnement relatif. Il ne répugne nullement à la justice, ni même au bien-être d'une population établie sur un territoire d'une étendue convenable de le cultiver par association. Il y a plus, c'est la meilleure manière d'en tirer tous les avantages possibles, avec le plus d'économie, de travail et de moyens d'exploitation possible. Il suffirait, pour que la communauté de la terre qui a été le début nécessaire et imparfait des premières sociétés agricoles, en devînt le terme le plus achevé, d'un peu de bon sens et de bonne foi de la part de tous les membres de l'association.

Quant à la communauté mobilière, elle souffre plus de difficultés ; elle a même une limite nécessaire physiquement et moralement. On conçoit au surplus qu'au sein d'un groupe d'insulaires qui vivent de chasse, de pêche, de cueillette, qui n'ont pour abri que des cabanes ouvertes, et dont l'ameublement est des plus simples, soient très disposés à partager entre eux tout ce que la fortune met chaque jour à leur disposition : le service qu'ils rendent aujourd'hui, ils l'ont reçu hier, ils l'attendent pour le lendemain. La vie est intime entre eux ; leur existence tient à une solidarité d'autant plus grande, qu'ils sont plus faibles, exposés à plus de dangers, que les ressources sont moins assurées, que l'assistance mutuelle leur est plus nécessaire pour suffire aux besoins les plus impérieux. A chaque instant ils sont entre la vie et la mort : l'assistance obtenue, c'est la vie; l'assistance refusée serait la mort. De là aussi chez celui qui est fortuitement en possession, le sentiment prononcé de la nécessité de donner, non seulement pour avoir à son tour le droit de demander et de recevoir, mais aussi pour échapper à un ressentiment qui pourrait devenir une inimitié capitale. Le droit, le devoir, l'intérêt, les sentiments de bienveillance, d'amitié et de compassion, tout ici concourt à expliquer un fait qui dès lors est profondément naturel, bien loin d'être incompatible avec les fondements de la morale.

En supposant les moyens d'existence prodigués par la nature et la vie d'une extrême facilité, on comprendrait également ce qu'on nous raconte du désintéressement des Nouveaux-Calédoniens.

Il n'est pas plus difficile d'expliquer le vol et le brigandage entre tribus ennemies et la considération qu'il obtient. Les temps ne sont pas encore très éloignés où l'on regardait comme licite de faire à l'ennemi le plus de mal possible, par la raison qu'il était ennemi, et comme le plus sûr moyen de le vaincre et d'arriver à la paix. Il n'est donc pas étonnant que des peuplades de sauvages n'aient pas des idées beaucoup plus avancées. Mais ce qui serait surprenant jusqu'à l'incompréhensible, jusqu'à la contradiction et à l'impossibilité, c'est qu'ils honorassent le vol commis à leur préjudice, encore bien qu'ils puissent admirer la force ou l'adresse qu'a demandée la perpétration du délit. Cette admiration a son objet propre et sa raison d'être, car l'habileté et la force sont par elles-mêmes d'excellentes choses.

Le talent de persuader, d'imposer, de s'insinuer dans l'esprit et le cœur d'autrui, de faire partager ses pensées et ses sentiments propres, de s'emparer d'une âme étrangère, de se la soumettre librement, de subordonner une autre volonté à sa volonté personnelle; tout cela est puissance, valeur intellectuelle, et mérite également estime, respect, quelquefois même admiration. Quand ces moyens sont au service de l'injustice, ils ne cessent point d'être bons en eux-mêmes, l'usage seul en est condamnable.

Reste à savoir maintenant si, en dehors de l'intérêt personnel ou de tribu, le vol, le brigandage, la guerre, l'extermination seraient encore estimés des biens, des vertus. Certes, dans l'état de guerre, celui-là pense exercer un droit, accomplir un devoir, qui défend sa vie et celle des siens avec courage et habileté. Le sentiment d'approbation de la part de ceux qu'il enrichit et protége ne peut lui faire défaut. Entre ennemis mortels, qu'est-ce que la passion peut avoir à reprendre en fait de mauvais traitements? Que n'approuvera-t-elle pas? Les nègres du Soudan, les Somatis et les Fischis, ne font donc rien jusque-là qui ne se soit fait dans tous les temps et partout. La loi morale est destinée à commander aux mauvaises passions, il est vrai, mais elle n'est point appelée à les détruire. Elles sont, comme elle, dans la nature humaine. Tout ce qu'on peut nous dire de l'excès des unes n'implique en rien l'absence ou la négation de l'autre, alors surtout qu'on nous parle d'hommes encore dans l'enfance de la civilisation, chez lesquels par conséquent la sensibilité a beaucoup plus d'empire que la raison. On oublie que l'efficace, l'universelle et indéfectible autorité de la raison sur les passions est un idéal, et que le problème de l'éducation du genre humain, sans cesse résolu et sans cesse à résoudre, est précisément de réaliser cet idéal en le faisant passer dans la pratique des individus et des nations.

Pour en finir d'un seul coup avec les sophismes qui nous occupent, nous les résumons en cette simple question : Y a-t-il un seul exemple bien compris et bien authentique, je ne dis pas d'un peuple, mais d'un individu quelque peu digne du nom d'homme par le développement et la justesse de son intelligence, qui puisse considérer comme un bien moral de lui faire endurer de mauvais traitements, ou comme un mal moral de le combler de biens? Y a-t-il un seul homme dont l'idiotie ne soit pas reconnue ou facile à reconnaître, qui ne soit capable de généraliser au point de voir des semblables dans d'autres hommes, et de leur concevoir en conséquence les mêmes droits à son égard et de sa part envers eux les mêmes devoirs?

Un individu qui serait dans le premier de ces cas serait à coup sûr un monstre intellectuel, un monstre tellement étrange même qu'on n'en cite aucun exemple. Ses idées seraient diamétralement opposées à celles que professe le sens commun et qu'attestent toutes les langues, tous les usages, toutes les institutions.

Et quand même un pareil phénomène moral se rencontrerait ici ou là, chez une peuplade de sauvages ou chez une autre, qu'en pourrait-on conclure contre la nature et le développement normal de l'humanité? De quel droit l'exception aurait-elle ici la vertu de détruire la règle?

Un individu qui, pouvant généraliser et généralisant dans la faible mesure supposée au second cas, concevrait deux justices et deux morales, l'une à son unique profit, l'autre contre le droit et les intérêts de tout le reste du genre humain; un pareil individu serait aussi monstrueux en fait de jugement que celui que nous venons de supposer le serait en fait d'idées. Nous l'estimons donc tout aussi impossible. Et si la nature dans ses jeux extrêmes avait un jour réalisé quelque chose d'approchant, nous l'écarterions encore comme une exception absolument sans valeur contre la règle.

Il nous est donc fort permis de penser que les Bagos eux-mêmes, lorsqu'ils y sont intéressés surtout, appellent

CHAPITRE IV. — L'EMPIRISME EXCLUT LA MORALE. 69

mal moral dans les actions d'autrui ce qui leur est nuisible, et qu'ils ne peuvent en avoir une autre idée quand ils se permettent semblables actes à l'égard d'êtres avec lesquels ils se considèrent comme en communauté de nature.

Je sais cependant que la communauté sociale fait aisément oublier la communauté de nature et ses droits, aussi facilement que la communauté domestique fait oublier les droits de la communauté civile, aussi facilement encore que l'intérêt personnel bien ou mal entendu fait oublier les droits des membres de la famille. Mais qu'est-ce que tout cela, sinon la passion qui entraîne la volonté, malgré la raison? Est-il nécessaire de sortir des sociétés les plus civilisées pour trouver des exemples des vices et des crimes, et chez ceux-là même qui sont les plus pénétrés de l'existence d'une loi morale, qui en ont la conviction la plus entière, la conscience la plus vive?

Que prouvent alors les faits reprochés à la civilisation, par exemple « de ne pouvoir définir ce qu'on entend par les mots bien et mal, sous prétexte qu'on n'entend rien par là; l'avortement facultatif chez les Romains (on aurait pu ajouter les Grecs et bien d'autres); la haine de l'ennemi glorifiée dans tout le paganisme ; le désaccord de l'opinion et de la loi sur certaines actions considérées par l'une comme héroïques et punies par l'autre comme criminelles ; la valeur purement relative de l'idée du bien, puisqu'elle dépend des rapports extérieurs sans lesquels il n'y aurait ni droit, ni morale à cet égard ; les opinions successives et fort différentes suivant les temps et les lieux en matière de vice et de vertu, de droit et d'obligation ; le droit dépendant de la loi, et la loi indépendante d'un droit objectif ou en soi, qui serait le même partout et pour tous; l'ignorance où sont les enfants du *mien* et du *tien*, où la faible et confuse idée qu'ils en ont; l'ignorance où ils sont du tort occasionné par le mensonge et par le vol; l'absence en eux de ce sentiment de pudeur qui se manifeste plus tard avec tant de puissance? »

Il suffit presque d'énoncer de semblables griefs pour en faire sentir la vanité et la faiblesse. Rien de plus superficiel et de plus banal; rien surtout de moindre portée contre la loi et le droit naturel.

L'auteur que nous analysons ignore-t-il donc qu'on ne définir rigoureusement qu'en mathématiques? qu'en physique on décrit plutôt qu'on ne définit? qu'en matière d'idées primitives, expérimentales ou rationnelles, alors surtout qu'elles sont incomplexes, toute définition est absolument impossible? Nous croirions tomber dans une faute de pédantisme en le prouvant; qu'il nous suffise de renvoyer à la première logique venue, pourvu du moins que le titre ne soit pas trop menteur.

Le droit du chef de famille sur les membres qui la composent, l'autorité paternelle par conséquent, ont été, dans le principe, absolus. Trois raisons expliquent ce droit de vie et de mort laissé par des sociétés antiques au père sur ses enfants: la certitude que les sentiments de tendresse paternelle s'opposeraient efficacement à l'abus d'un tel droit; la reconnaissance dans le père de l'autorité judiciaire et du pouvoir exécutif comme chef de la société domestique, autorité et pouvoir que l'Etat n'a ressaisis sur les familles qu'après avoir pris la force, la lumière et l'impartialité nécessaires pour les exercer; enfin la charge laissée au père de famille de nourrir et d'élever les enfants qu'il viendrait à procréer. Or cette charge, si elle était estimée absolument impossible à porter dans des circonstances données, la mort n'était-elle pas encore un acte de miséricorde? Si nos sociétés chrétiennes interdisent l'avortement délibéré, systématique, c'est qu'au nom de la charité, plus encore qu'au nom de la justice, elles se chargent de nourrir les enfants que des parents dénaturés, imprudents ou malheureux ne peuvent élever ; c'est qu'elles regardent l'enfant, même à naître, comme un citoyen, et le citoyen comme un élément de la force et de la richesse publique. Les positions sont donc bien différentes, et avec les positions les points de vue, et par suite nécessaire les déclarations de la loi et du droit. Changez les faits, les situations, vous changez les applications du droit, mais le droit en soi reste le même. Il faut dire de l'immutabilité de la justice dans la mutabilité même des situations ce que Platon disait déjà de l'égalité dans la justice distributive : L'égalité consiste à traiter inégalement des êtres inégaux. La justice consiste dans le respect du droit, tel que le font les positions diverses des parties. C'est se montrer fort peu intelligent que de ne pas apercevoir ce qu'il y a de constant dans cette variabilité même. En veut-on un exemple extrême, décisif : c'est d'une part le parricide en usage, disent les historiens, chez quelque peuplade vivant avec peine du produit incertain d'une chasse difficile, et d'autre part le respect naturel ou obligé des enfants pour les parents, par l'opinion, les mœurs ou la loi. Quelle contradiction au premier abord ! quelle plus grande dissonance ! quelle accusation plus accablante de l'arbitraire, de l'incertitude, de l'absence même de toute loi et de tout droit naturels ! Et pourtant c'est de part et d'autre le même sentiment de piété filiale, le même droit, la même justice. Rends-moi, dit le vieillard accablé d'années, incapable de pourvoir à sa subsistance, et dont l'existence prolongée compromettrait désormais celle de ses enfants ; rends-moi le service que j'ai rendu à mon père. » Et le fils, qui par piété aurait nourri indéfiniment son père dans des conditions d'existence plus faciles ou moins impérieuses, par piété met fin à des jours qu'il eût été heureux de prolonger. Celui qui tue son père et le mange, et celui qui nourrit le sien dans des situations si contraires et lui accorde les honneurs d'une autre sépulture, font également ce que leurs pères estiment un bien pour eux-mêmes. Ils ont donc la même piété, et remplissent le même devoir.

Ce qu'on raconte des Peaux-Rouges ne peut que confirmer notre interprétation. Lorsque la tribu est sur le point d'émigrer, les parents et les amis d'un vieillard infirme et qui doit être abandonné, parce qu'il ne peut ni marcher ni monter à cheval, se réunissent pour lui faire leurs adieux; puis ils déposent à côté de lui un vase plein d'eau, de la viande, et du bois pour entretenir le feu auprès duquel il est couché. « Mes enfants, leur dit-il, je suis trop faible et trop vieux pour marcher; notre nation est pauvre, et il faut que vous alliez dans le pays où vous trouverez à manger. Mes jours sont comptés, et je suis un fardeau pour vous. Je ne puis pas vous suivre, et je désire mourir : gardez vos cœurs courageux et ne pensez pas à moi, car je ne suis plus bon à rien, et je vais partir pour le pays des ombres, rejoindre mes pères et attendre mes enfants. » Après avoir entendu ces paroles touchantes, chacun prend congé du vieillard délaissé en lui serrant la main. Le pauvre abandonné ne tarde pas à mourir de faim, et son corps devient la pâture des oiseaux de proie (1).

Les différents aspects sous lesquels sont envisagés les faits par l'opinion et par l'Etat expliquent également la différence dans la manière d'apprécier les actions, leur condamnation et leur glorification.

---

(1) Emm. Domenech, *Revue contemporaine.*

Il ne faut pas oublier ici, pas plus qu'ailleurs, l'influence des passions. Elles doivent toujours compter dans les appréciations des opinions et des actions humaines, parce qu'elles sont toujours présentes, toujours agissantes et trop souvent en lutte avec la raison et les sentiments qu'elle fait naître chez ceux-là même qui en entendent le plus distinctement les oracles.

Nous dirions encore, si déjà nous n'avions été suffisamment explicite sur ce point, que la civilisation n'est pas l'affaire d'un jour. Si l'éducation d'un homme, d'un peuple, est si difficile et si longue à faire, comment la civilisation, qui est l'éducation de l'humanité, s'accomplirait-elle en un instant? Qui ne voit au contraire qu'elle doit avoir ses degrés, ses incertitudes, ses tâtonnements, ses défaillances, ses erreurs même! Tout cela est éminemment humain. C'est le contraire qui ne le serait point.

Et c'est pourtant le plus bas degré de la vie sociale qu'on prend pour terme de comparaison et pour règle quand il s'agit de juger des degrés supérieurs! C'est au nom de l'ignorance, de l'intérêt aveugle, des passions désordonnées qu'on prétend faire le procès à la science, à la justice, à la raison! C'est l'enfant à peine éloigné de quelques années de sa naissance, qui doit servir à comprendre et à juger l'homme fait. Et parce que le premier n'aurait pas l'intelligence du *mien* et du *tien*, parce qu'il ne comprendrait point les suites fâcheuses du mensonge et du vol, parce qu'il n'aurait aucun sentiment de pudeur, l'homme fait serait dans le faux et l'arbitraire en établissant la propriété, en condamnant le mensonge et le vol, et, proclamant la nécessité morale du respect de soi-même et d'autrui, en se croyant tenu à quelque chose de plus que l'animal à l'égard des instincts les plus bas, les plus humiliants et les plus dangereux! Tout cela fût-il incontestable en fait, il ne prouverait qu'une chose, à savoir que l'enfant n'est qu'un enfant, et que l'homme est un homme, qu'il n'est point un animal destiné à se gouverner tout d'abord et toujours par l'immuable loi de l'instinct.

§ II.

La diversité des mœurs et des lois.— Comment elle s'explique.— Ne prouve absolument rien contre l'existence d'une loi morale universelle et nécessaire.

Les mœurs d'un peuple ne sont que l'expression du mélange confus de ses idées, de ses sentiments, de ses besoins et de ses passions. C'est une sorte de résultante, qui est bien l'expression de tous les ferments qui travaillent une masse d'hommes, et qui, mise en regard de l'échelle de la civilisation, peut bien servir à faire connaître le degré de perfection ou d'imperfection morale d'un peuple, mais qui, prise isolément, est sans aucune signification possible de ce genre.

Il faut donc, pour juger des mœurs quelconques, une unité de mesure, un idéal, qui puisse accuser sûrement la nature et le degré du bien et du mal dans les faits moraux.

Toute discussion qui ne partirait pas de là serait sans objet ; elle n'aurait ni prémisses ni conclusions possibles.

Il est clair en effet que si je ne sais de mœurs données que ce qu'elles sont, sans pouvoir les comparer à autre chose, je ne pourrai dire que les unes sont préférables aux autres : comme fait, elles se valent toutes, puisque toutes sont également un ensemble de faits moraux.

S'il s'agit de les apprécier par le bien et par le mal physique qu'elles produisent, c'est déjà un terme de comparaison, sans doute, mais dont l'idée est fort difficile à déterminer, puisqu'elle est expérimentale et non rationnelle ou *a priori* ; puisque ce bien et ce mal sont répartis entre tous les membres de la société ; puisqu'ils peuvent en être appréciés fort diversement par chacun d'eux ; puisqu'enfin le bien peut être tout entier d'un côté, le mal tout entier de l'autre, ou que si le bien et le mal sont également partagés, la somme du bien peut être inférieure, et la somme du mal supérieure à ce que seraient l'une et l'autre dans un système d'inégalité. Une aristocratie généreuse, pas trop oppressive, mais qui néanmoins prend la meilleure part dans la graisse de la terre, peut être plus heureuse, et la plèbe qui vit dans le servage moins malheureuse, que ne seraient ces deux parties d'une population dans une démocratie turbulente et toujours agitée.

Mais accordons que le bien physique soit la mesure des mœurs vraiment humaines. La conséquence extrême, et par suite la plus propre à mettre à l'épreuve cette hypothèse, c'est qu'un peuple à l'engrais, qui aurait à profusion tous les moyens de subsistance propres à satisfaire ses appétits les plus désordonnés comme les plus naturels et les plus légitimes, serait le peuple à mœurs modèles, puisqu'il serait par son fait le plus heureux de ce bonheur matériel qui est l'idéal supposé.

C'est-à-dire que les meilleures mœurs seraient celles qui rapprocheraient le plus l'homme de la bête, celles qui seraient, en un sens, les moins humaines, les plus contraires à notre nature et à notre destinée d'homme. Que deviendraient à ce compte la dignité, la liberté, les besoins de l'intelligence et du sentiment ? Que deviendrait en un mot l'humanité dans cette société de pourceaux à figure d'homme ?

Rend-on au contraire à l'homme toute sa nature, toutes

ses facultés, tous ses besoins supérieurs d'être raisonnable : il faut alors consentir à ce qu'il se conçoive une félicité plus large, où toutes ses tendances supérieures soient satisfaites. Et alors reparaissent les exigences pratiques de la raison, la nécessité du respect de soi-même, le droit d'autrui ; le nôtre, qui n'en diffère point ; l'obligation pour tous de la justice envers chacun et pour chacun de la même justice envers tous.

Il faut distinguer, au surplus, trois sortes d'usages, suivant qu'ils sont ou une affaire de caprice, de fantaisie et de mode où la morale et le droit n'ont rien à voir, ou suivant que la morale seule, et encore la morale de conseil et de perfectionnement plutôt que la morale de précepte y est seule intéressée, ou bien enfin suivant qu'ils tiennent essentiellement au droit.

Il est évident que la première espèce d'usages dépend du goût, et que le goût seul, qui a ses développements, ses degrés et jusqu'à ses licences, est ici souverain.

La seconde espèce d'usages est moins indifférente. Mais on serait cependant excessif, si l'on prétendait condamner au nom du droit naturel ce qui ne peut l'être qu'au nom de la morale, et même avec des circonstances atténuantes dépendant des climats, et de tout un ensemble de mœurs, dans certains cas même d'une nécessité de circonstances. Telle est la polygamie et les mariages entre proches parents.

La troisième espèce d'usages, où le droit se trouve proprement intéressé, doit être appréciée du point de vue des origines, et de celui des peuples où elle s'est établie et a pris force de loi. Quand, par exemple, des peuples sont d'accord sur ce point, que le vainqueur a droit de vie et de mort sur le vaincu ; quand celui qui subit cette loi reconnaît que si la fortune des armes lui avait été favorable, il se serait cru le droit d'imposer le joug qu'il subit, ne reconnaît-il pas chez ses dominateurs le droit d'esclavage? n'en accepte-t-il pas pour son compte et pour celui de sa descendance les affreuses conditions? Et d'un autre côté n'est-ce pas une maxime du droit des peuples les plus éclairés, du droit naturel le plus strict, le plus à l'épreuve de toute critique, le plus absolu enfin, qu'on a le droit de disposer de ses droits; ce que les Romains ont rendu, par cette formule d'une admirable simplicité : *Nemini volenti fit injuria?*

Or, en faisant toutes les réserves commandées par la morale, qui se distingue ici du droit, je dis que l'esclavage, qui est de toutes les institutions celle qui semble le plus opposée à la justice, peut avoir une raison de justice relative, peut être fondé en droit, et se rattacher, par les circonstances qui l'ont fait naître, à une maxime de droit universel.

Pourquoi n'en serait-il pas de même d'une infinité d'autres usages, d'autres lois où l'idée de la justice, prise abstractivement, ne se reconnaît point? Pourquoi ne ferait-on pas pour le surplus la part qui revient toujours soit à l'ignorance, soit aux passions, et souvent, il faut le dire, à ces deux choses à la fois?

L'opinion, qui est bien, comme on l'a dit, la reine du monde, qui fait les usages, est-elle donc à l'abri de l'erreur et des mauvais sentiments? Ne suffit-elle pas pour expliquer en très grande partie ce qu'il y a de défectueux dans les usages?

Mais n'est-il pas aussi démontré par là même qu'elle n'en peut être l'idéal ou la règle absolue? Mais aussi, par le fait qu'elle est changeante, il est prouvé qu'elle cherche à se rapprocher de plus en plus d'un mieux indéterminé, d'un idéal qu'elle n'est point elle-même.

Il faut dire des lois ce que nous avons dit des usages, des coutumes et de l'opinion. Leur contrariété a sa raison d'être dans les différences de situations, tant internes qu'externes. Elles sont l'expression d'un besoin ou d'une nécessité présente, qui peut tenir aux lieux et aux temps, et, par suite, l'expression des idées et des sentiments que fait naître cette nécessité ou ce besoin. Œuvres des hommes, faites par des hommes et pour eux, les lois, comme le langage, comme les religions, comme tout ce qui sort de la nature humaine, sont la représentation de l'un des aspects très nombreux quant aux espèces, et plus nombreux encore quant aux formes, sous lesquels l'humanité apparaît dans le cours des siècles.

Mais par cela seul qu'elles se transforment, elles accusent un jugement qui les contrôle, une tendance vers une amélioration indéfinie, vers un idéal indéterminé. En vain on nous objecterait les changements vicieux qu'elles peuvent subir, une sorte de décadence. Ces aberrations ne sont jamais que passagères. Un peuple qui pense est un peuple qui remue, qui marche, qui se croit un but à atteindre, ou du moins une direction à prendre, à suivre, et qui s'organise en conséquence.

Je dis un peuple qui pense. Or, un peuple ne pense guère qu'autant qu'il est libre. Sous un régime despotique, le peuple n'agit que par les révolutions, parce que, suivant Montesquieu et la vérité, le despotisme n'aime pas ce qui remue. Or, ce qui fait remuer le corps c'est l'âme, c'est la pensée. Ce qui met en mouvement les masses, c'est la pensée encore, mais la pensée passionnée. Une législation qui n'est pas l'œuvre d'un peuple, l'expression de sa pensée ; qui n'est à la lettre que la manifestation de la volonté, ou même, pour me servir de l'expression consacrée, *du bon plaisir* du prince, semble n'avoir qu'une signification personnelle, et ne devrait compter qu'à ce titre s'il fallait prendre au sens strict la formule d'un insolent orgueil. Mais il n'en est rien : un prince absolu, à moins d'être fou de la folie d'un Caligula, est toujours porté, en matière de législation, à procéder avec quelque raison ; il met dans ce genre de volontés moins de fantaisie, de caprice, d'arbitraire ou de bon plaisir qu'il ne voudrait le faire croire.

Il se gardera donc bien, son intérêt propre lui en ferait une loi, de se mettre trop ouvertement en contradiction avec les préjugés, les intérêts, les passions du peuple. Il pourra bien, comme Néron, être la terreur d'une classe, de l'aristocratie, par exemple ; mais il comprendra la nécessité de se faire un appui dans les classes inférieures. Il pourra croire, comme un autre prince, qu'il est prudent de diviser pour régner, mais il ne divisera d'un côté que pour unir plus fortement de l'autre. Il serait sans doute plus prudent de tout unir, ou plutôt de s'unir à tout, dans la mesure du possible.

Quoi qu'il en soit, l'égoïsme de la souveraineté, à moins qu'il ne fût poussé jusqu'à la démence, n'irait jamais jusqu'à prendre au mot les principes de Hobbes. Il ne croira pas aisément qu'il n'y a dans les sociétés humaines ni bien ni mal moral ; qu'il n'y a point de justice naturelle, point d'équité, et que le législateur a le pouvoir inconcevable de faire qu'une chose soit bien par cela seul qu'il la commande, ou qu'elle soit mal par le simple fait qu'il la défend (1). On ne conçoit pas même en Dieu une pareille vertu dans l'arbitraire ; ce qui a fait dire à Bossuet, après

---

(1) Regulas boni et mali... esse leges civiles; ideoque quod legislator præceperit, id pro bono; quod vetuerit, id pro malo habendum. (*De Cive*, III, § 1.)

bien d'autres, que Dieu veut une chose parce qu'elle est bien, mais qu'elle n'est pas bien parce qu'il la veut. La volonté divine a donc sa propre loi ; une loi qu'elle ne fait pas, mais qu'elle subit, comme si la justice était au-dessus de Dieu, plus divine et plus sainte que lui-même.

Et cependant le même publiciste, Hobbes, a osé dire que le prince n'est pas même obligé de tenir sa parole, et que, comme souverain, le législateur ne relève que de lui-même, qu'il n'a d'autre loi que son bon plaisir (1).

On pense bien, à ce compte, que les peuples entre eux ne sont pas tenus à grand'chose, et que la supériorité de la force pourrait bien être le seul code des nations entre elles. Aussi le philosophe anglais n'hésite-t-il pas à dire que l'état naturel des peuples entre eux, c'est la guerre. Tel est aussi l'état naturel qu'il conçoit entre les hommes considérés comme individus. De même donc que la force peut seule mettre la paix entre les nations, de même la force est appelée à mettre l'accord entre les individus. On peut sans doute garder une mesure dans l'usage de la force ; mais ce n'est là qu'un calcul. Ce n'est pas l'injustice de la cruauté qu'on veut éviter, c'est l'odieux renom d'avoir été cruel (2).

---

(1) Neque ergo monarcha ullis se pactis cuiquam ob receptum imperium obstringet... Ostensum est... eos qui summum imperium in civitate adepti sunt, nullis cuiquam pactis obligari. Sequitur eosdem nullam civibus posse facere injuriam. (*De Cive*, VII, § 11, 12, 14.) — Reges igitur legitimi, quæ imperant justa faciunt imperando, quæ vetant injusta vetando. (*Leviath.*, XII, § 1.)

(2) Tritum est inter arma silere leges ; et verum est, non modo de legibus civilibus, sed etiam de lege naturali, si non ad animum, sed ad actiones referatur, et bellum tale intelligatur ut sit omnium contra omnes. Qualis es status naturæ meræ, quanquam in bello nationis contra nationem modus quidam custodiri solebat... Quod tamen non est ita accipiendum, tanquam ad id adstringerentur lege naturæ, sed quod gloriæ suæ consulerent, et ne nimia crudelitate metus arguerentur. (*De Cive*, V, § 2.)

Concluons en général sur les systèmes empiriques : 1° leur diversité n'est pas aussi réelle qu'elle le paraît au premier abord ; 2° elle s'explique également par la différence même des circonstances du dehors ou du dedans, c'est-à-dire par les faits ; 3° les idées et les principes sont généralement les mêmes ; 4° les différences s'expliquent par la différence des progrès dans la civilisation ou par l'ignorance, les erreurs ou les passions dont l'humanité n'est jamais exempte ; 5° la diversité et la mobilité même des mœurs et des lois sont une preuve de l'existence dans l'humanité d'un idéal indéterminé et du besoin d'en approcher indéfiniment ; 6° cet idéal ne peut être tel qu'à la condition de revêtir le double caractère d'universalité et de nécessité.

LIVRE III

Désaccord des écoles philosophiques sur les points les plus importants de la morale.

CHAPITRE PREMIER.

Désaccord des philosophes sur les principes d'action.

§ I.

Des principes d'action en général, — leurs espèces diverses.

I. On entend généralement par principes d'action ce qui porte à agir. L'École écossaise s'en est beaucoup occupée. Notre intention n'est pas cependant d'examiner la théorie que Reid et Dugald-Stewart surtout en ont donnée. Notre revue critique procédera d'une manière plus large. C'est à la nature humaine principalement qu'elle demandera les matériaux de ce travail et leur arrangement; mais elle ne perdra pas un instant de vue l'histoire des doctrines.

Après avoir énuméré et classé les principales causes de nos actions, nous aurons à les apprécier, à nous assurer si elles sont toutes et toujours également légitimes; s'il en est au contraire de principales et d'autres qui ne seraient qu'accessoires; si les unes ne seraient pas plus spécialement régulatrices, et d'autres plus spécialement motrices de la volonté ; enfin, quelle harmonie doit exister entre elles toutes.

II. On peut distinguer les principes d'action en deux grandes classes, suivant qu'ils se rapportent plus particulièrement à la sensibilité ou à la raison, et qu'ils ont par là même un caractère de plus en plus impersonnel.

Nous appelons plus particulièrement *mobiles* les principes d'action qui ont leur source dans la sensibilité, et *motifs* ceux qui sont pris de la raison.

Il y a, du reste, une sensibilité égoïste qui tend à relâcher le lien social, à le briser même, et une sensibilité sympathique, aussi favorable à la sociabilité que l'autre y est contraire. Il convient donc d'établir deux grandes classes de mobiles, les uns *personnels*, les autres *impersonnels*.

§ II.

Des mobiles d'action.

I.

Des mobiles personnels, ou du plaisir et de l'utile, et accessoirement du bonheur.

1°

Des instincts, des inclinations, des passions, ou DU PLAISIR.

Le mobile le plus bas, celui qui tend à nous rapprocher le plus de la condition animale, c'est l'appétit des jouissances corporelles.

S'il était possible que le sentiment moral se tût constamment en face du plaisir, et que l'intelligence fût tout entière au service de la sensibilité organique, l'homme ne différerait de l'animal que par un peu plus d'industrie à se procurer des jouissances brutales. Il n'admettrait ni vice, ni vertu. Et s'il ne formait société avec son semblable que dans la vue de satisfaire plus sûrement ses besoins physiques, il tomberait même par ce côté-là au-dessous des animaux qui vivent en troupe et qui tiennent à leurs semblables par une sorte d'affection.

Mais l'homme le plus livré à la sensualité est rarement dénaturé à ce point : s'il finit quelquefois par là, c'est qu'il est tombé dans l'abrutissement. Mais il faudrait, pour qu'il pût commencer ainsi, qu'il fût né dans des conditions exceptionnelles, qu'il fût privé originellement de la meilleure partie de la nature humaine.

Ce que la nature ne fait pas, l'homme le tente quelquefois par ses systèmes. On l'a vu aspirer à descendre à ce point, de porter envie à l'animal, et de regretter pour ainsi dire de n'être pas réduit comme lui à l'instinct et à l'espèce de passion qui en est la suite. On a mis du moins en principe que la sagesse de la brute est supérieure à celle de l'homme, que la bête doit nous servir de modèle, et qu'une morale toute bestiale est ce qu'il y a de mieux pour tous. Sans parler des indignes mais conséquents disciples d'Epicure, ne sait-on pas que dans les temps modernes, de nos jours même, la passion avec tous ses appétits déréglés a été vantée, glorifiée, comme la règle par excellence de toutes les actions? Loin de lui imputer la plus grande partie des maux dont souffrent les hommes, n'est-on pas allé jusqu'à soutenir que ces souffrances et ces infortunes n'étaient que la conséquence de la violence faite aux passions, et qu'il suffirait pour s'en délivrer de renoncer à mettre un frein à ces mobiles désordonnés? Cette morale est un produit légitime de la doctrine qui met la sensibilité à la tête de toutes nos facultés, qui en fait la source de toutes nos connaissances, le principe de toutes nos actions. Si toutes les conséquences de ce système n'avaient pas été déduites dans le siècle dernier par Helvétius, d'Holbach, Saint-Lambert, Morellet, Mandeville, Schmaus, et bien d'autres qui professaient les mêmes principes, ce n'est pas la faute de la logique.

Ce serait outrager l'honnêteté et le bon sens publics que de s'arrêter plus longtemps à un système qui prend ses principes d'action si bas, qui détruit ou renverse la constitution de l'homme en niant la raison ou en la soumettant aux plus ignobles appétits. Elevons-nous donc un peu plus haut,

2°
De l'intérêt plus ou moins bien entendu, ou DE L'UTILE.

Le système qui fait du plaisir actuel le mobile unique, ou tout ou moins le mobile principal de nos actions, ne pouvait séduire que les âmes les plus basses ; et encore devaient-elles se faire illusion en croyant descendre jusque-là : non, il n'est pas donné à l'homme de se faire si bête.

On dut par conséquent calculer les jouissances, préférer celles qui ne devaient pas entraîner de vives ou de longues douleurs, ou celles qui, pour être tardives, n'en seraient que plus durables ou plus douces.

L'intelligence appliquée à la supputation des chances du plaisir, à la comparaison des plaisirs entre eux, aux moyens les plus propres à les procurer, modifie profondément le sensualisme moral, mais il n'en change pas le caractère : c'est toujours le bien-être qui est la fin de toutes nos actions ; c'est toujours en vue de satisfaire la sensibilité que nous devons agir. Tout moyen propre à conduire à ce résultat est légitime. C'est le système de l'utilité personnelle.

L'agent peut être plus ou moins clairvoyant dans ses intérêts ; il peut déployer plus ou moins d'habileté dans le choix de ses moyens ; il peut s'apercevoir que son bien-être est étroitement lié à celui de ses semblables, et que le meilleur des calculs est encore de respecter leurs intérêts et surtout leurs droits ; il peut même éprouver les sentiments les plus généreux et s'y livrer ; mais son système n'en exclut pas moins la justice et la bienfaisance pour elles-mêmes. S'il est juste et bon, c'est en vertu de sa nature et en dépit de ses principes. Il se condamne théoriquement à l'égoïsme. Si sa conduite dément sa doctrine, c'est que le cœur en lui vaut mieux que la tête, les sentiments mieux que les idées, l'instinct mieux que la réflexion.

Il aura beau dire que l'utilité, telle qu'il la conçoit, est l'utilité bien entendue, celle qui tient compte de toutes nos capacités, de toutes nos aspirations, des plus nobles et des plus sympathiques en particulier ; on pourra le féliciter d'être si heureusement né, mais on ne pourrait assurément le blâmer à son point de vue, s'il n'éprouvait pas ces nobles besoins, et si même il n'agissait pas en conséquence. Dès là qu'il n'y trouve point son avantage, son utilité, il n'en doit logiquement tenir aucun compte.

Et tout en supposant qu'il éprouvât ces sentiments d'honnêteté et de probité dont il se flatte, comme ce sont de purs sentiments, c'est-à-dire des besoins qui le sollicitent ou une satisfaction qu'il goûte, il n'est obligé par rien au monde à suivre les uns et à se procurer l'autre. La notion d'obligation n'existe point pour lui, sans quoi l'utilité ne serait pas son principe suprême d'action. La sensibilité seule est juge souveraine de ce qui lui est plus ou moins agréable, de ce qu'elle doit prendre et laisser, en un mot de ses intérêts.

Si donc, par une raison ou par une autre, elle préfère une manière de se satisfaire moins d'accord avec les sentiments sympathiques, élevés et délicats, nul doute qu'elle n'ait le droit de choisir en conséquence. Elle l'a si bien qu'il n'y a plus ni droit ni devoir dans ce système; ce sont là des idées qui ne peuvent éclore de la sensibilité. Elle fournira bien à l'entendement l'occasion de former les notions de plaisir et de peine, de bien et de mal physique, de bonheur et de malheur, de calcul plus ou moins juste; mais jamais elle ne lui donnera, dans ce système, l'occasion de commander ou de défendre, d'absoudre ou de condamner. Si le contraire semble parfois nous apparaître, c'est que nous sortons de l'hypothèse pour rentrer, ou plutôt pour rester dans les données complètes de la nature.

En vain encore on voudrait, pour purger ce système de son venin, résoudre l'intérêt privé dans l'intérêt public : rien n'y peut obliger; rien autre du moins que l'intérêt privé lui-même. Si donc l'intérêt public n'est pas conçu comme un moyen pour l'intérêt privé, c'en est fait de ce mobile supérieur. De quel droit, en effet, immoler ses avantages personnels aux avantages de la société? y aurait-il d'ailleurs le moindre bon sens à ce que tous les citoyens se privassent de certaines commodités dans l'intérêt de tous? qui donc recueillerait le fruit de ces sacrifices? Et si tous ne devaient pas en profiter, mais un certain nombre, la plupart, ou quelques-uns seulement, peu importe, quelle serait la raison d'un sacrifice sans retour? Et s'il y a retour, compensation suffisante même, que devient cet intérêt public dont on parle tant? n'est-ce pas toujours l'intérêt privé qui, cette fois, fait un échange où toujours il pense pouvoir gagner? Car s'il n'y trouvait aucun profit possible, l'opération serait pour le moins inutile.

Ainsi, le système de l'utilité est condamné à l'égoïsme ou à l'inconséquence. Qu'il se déguise tant qu'il voudra, qu'il cherche à se rendre un peu plus acceptable en élargissant l'intérêt privé, en l'élevant, en le rattachant à l'intérêt public, il ne cesse pas d'être un système sensualiste, égoïste, d'un égoïsme plus ou moins bénin, mais qui n'a pas de raisons morales ou de droit de l'être moins, et qui est par conséquent libre de toute liberté morale de descendre au niveau de l'égoïsme le plus insociable et le plus brutal.

Epicure peut être aussi modéré qu'il voudra ; son système ne lui en fait pas un devoir. Il peut avoir toutes les vertus de l'homme privé et de l'homme public : il peut être un excellent ami; il peut même fuir les voluptés dans l'intérêt de la volupté; bien plus, il peut, comme le stoïcien, mettre son bonheur dans l'indépendance, dans la force d'âme, et se trouver ou se dire heureux jusque dans le taureau de Phalaris : tout cela n'est qu'une affaire pour ainsi dire de constitution personnelle et de goût, deux choses qui n'ont rien à démêler avec le plaisir ou l'utile, considéré comme souverain bien ou comme principe suprême d'action. Aristippe, quoique moins retenu qu'Epicure, n'est pas moins fidèle à leur principe commun. Et si plus tard les disciples de l'un et de l'autre sont devenus les complices d'un Catilina, ils ne pouvaient passer à leurs propres yeux pour plus coupables que s'ils avaient eu les vertus privées d'un Atticus. Les premiers non moins que les seconds, pareils aux sophistes grecs, aux Protagoras, aux Gorgias et aux Carnéade subordonnaient toute chose et toute idée à la sensibilité individuelle. Plus de loi naturelle et universelle tenant à tous un langage uniforme d'autorité ; plus d'autre règle et d'autre mobile que l'intérêt individuel, ou cet intérêt collectif qui n'est respecté lui-même que parce qu'on ne peut en recueillir autrement le fruit; tout le reste est absurde. Le bien et le mal sont donc une affaire de circonstance (1).

Epicure aura beau me vanter la justice au nom de la prudence, dès qu'il me recommande la prudence elle-même au nom de mon bonheur, il me met au-dessus de la prudence et des vertus qu'il lui subordonne. J'ai le *droit* de renoncer à mon bonheur, de le dédaigner si bon me semble : c'est mon bien ; j'en puis disposer. Je ferai acte de folie peut-être, mais la sagesse n'est pas obligatoire; bien plus, si je trouve mon plus grand bien dans la folie, dans le mépris de la prudence, au nom de quoi me ferait-on un devoir de la justice et des autres vertus (2)? Il en sera évidemment de ces vertus comme de l'amitié, qui n'a de raison d'être que dans les avantages qu'elle rapporte (3). Le système de l'intérêt ne peut, sans une double contradiction, faire de l'intérêt un devoir. Ce devoir serait alors au-dessus de l'intérêt, et on n'aurait plus le droit de l'entendre et d'en disposer à volonté.

Les contrats les plus saints n'ayant plus d'autre base que l'intérêt, n'obligeront donc qu'autant qu'ils procureront quelque avantage. Il suffira d'être le plus fort pour les fouler aux pieds, si l'on cesse d'y trouver un gain. C'est donc avec raison que Hobbes, partant de l'utilité, proclame le droit de la force, au mépris de tous les autres droits, c'est-à-dire en réalité la négation de toute espèce de droit (4). Car la force d'aujourd'hui peut être la faiblesse

---

(1) Ἀνδρὶ δὲ τυράννῳ ἢ πόλει ἀρχὴν ἐχούσῃ οὐδὲν ἄλογον ὅ τι ξυμφέρον,.. πρὸς ἕκαστα δὲ ἐδεῖ ἢ ἐχθρὸν ἢ φίλον μετὰ καιροῦ γίγνεσθαι. (Thucyd.,VI,85.)
(2) Diog. Laërt., X. *Epic. Epist. ad Menœc.*
(3) Id., *ibid.*, Τὴν φιλίαν διὰ τῆς χρείας.
(4) *De la nature humaine*, 7-10.

de demain. Rien de plus conséquent. Et alors il faut également nier avec Spinoza et Rousseau le droit de propriété, ou dire, ce qui revient au même, que tous les hommes ont un droit naturel sur toutes choses (1), que les fruits sont à tout le monde et la terre à personne (2). Il faut encore soutenir avec Hobbes que le bien moral n'est que la cause du plaisir, la bonne conscience que la satisfaction d'avoir bien calculé ses moyens, le remords que le regret d'avoir manqué le profit cherché.

Les noms illustres de Gassendi, de La Rochefoucault, de Buffier, de Locke, de Jean Clarke, de Shaftesbury, de Bentham, et d'une foule d'autres, ne peuvent donc rien pour un système de morale irrévocablement condamné par son propre principe; et peut-être avons-nous eu tort de ne pas nous en tenir à la réfutation qu'en avaient déjà donnée nos maîtres, puisqu'il n'y avait rien à dire après eux; aussi n'avons-nous pas prétendu refaire leur ouvrage, pas même le résumer. Nous avons seulement voulu donner à comprendre que le principe de l'utilité, comme celui du plaisir, rend toute morale impossible; qu'il la rabaisse aux goûts, aux fantaisies et aux caprices individuels; que l'utilité publique ne peut, sans inconséquence, être érigée en devoir, alors surtout qu'elle se trouve contraire à l'utilité personnelle de l'agent; que si l'utile a sa place légitime dans un système de morale complet, il ne peut, sans grand dommage, usurper les rôles qu'il n'est point destiné à remplir.

Nous ne pouvons cependant quitter ce sujet sans rechercher quel est le rapport du bien moral à l'utile.

Cette assertion, qu'il n'y a d'utile que le bien, que le

---

(1) *Tractatus theologico-politicus*, II, sect. 3.
(2) *Discours sur l'inégalité des conditions.*

bien et l'utile ne doivent pas être distingués, que tout ce qui est véritablement utile est donc bien comme tout ce qui est bien est utile, est un des points obscurs et controversables d'un très beau livre d'ailleurs, du *Traité des Devoirs,* par Cicéron.

Cette erreur, car nous croyons que c'en est une, devient encore plus dangereuse, lors qu'avec William Paley et Mackintosh, on juge du bien par l'utile, ou qu'on donne l'utile comme critérium du bien moral.

Il est certain d'abord que l'utile et le bien ne sont pas du même ressort ; la faculté d'après laquelle s'estime l'un n'est pas celle qui sert à juger de l'autre : est utile ce qui peut contribuer de près ou de loin à gratifier la sensibilité. Est bon moralement ce qui est conforme à la loi ou à l'ordre moral.

Il n'est pas douteux, d'autre part, qu'un grand nombre de jouissances ne peuvent être approuvées de la raison ni absolument, ni relativement : il en est qu'elle condamne sans conditions, comme il en est qu'elle ne défend qu'à certains égards. Tout ce qui conviendrait à la sensibilité ne peut donc pas être du goût de la raison. On pourrait donc se tromper très aisément et retomber dans le système qui subordonne le bien à l'utile, en jugeant de la légitimité d'une action d'après le bien qu'elle peut procurer.

Inutile de distinguer entre le bien apparent et le bien réel, entre la jouissance du moment et la satisfaction ultérieure : la sensibilité n'en sait pas si long ; elle appète à chaque instant ce qui peut la flatter dans le moment même, et n'est pas volontiers d'avis d'ajourner ses jouissances ou d'en sacrifier une moindre, mais présente, pour une plus grande, mais à venir.

Est-il d'ailleurs toujours facile de démêler les conséquences dernières et plus ou moins éloignées d'une action? Que de fois ne semble-t-il pas, à la passion surtout, qu'un plaisir actuel ne peut se convertir en peine, ou qu'il n'est pas même besoin d'une grande précaution pour échapper aux suites plus ou moins fâcheuses qu'il pourrait avoir?

S'il ne faut pas séparer l'utile du bien, et s'il fallait surtout juger du second par le premier, ne pourrait-on pas encore rejeter comme mauvais ce qui ne serait pas utile? Que deviendraient alors les sacrifices à faire à la vertu? Il est incontestable, en effet, que la raison exige souvent que nos commodités, nos avantages matériels ou moraux soient immolés au respect du devoir. Le devoir n'est donc pas plus nécessairement suivi de l'utilité, que l'utilité n'est infailliblement accompagnée du devoir. On ne peut donc pas plus juger de l'utile par le bien qu'on ne peut juger du bien par l'utile. Ce sont deux ordres de choses qui, pour être souvent d'accord, ne laissent pas toujours, tant s'en faut, apercevoir la liaison qui doit, au fond, exister entre eux.

Sans doute, la vertu doit à la fin recueillir le fruit de ses efforts et de ses sacrifices ; sans doute, le vice et le crime doivent tôt ou tard porter leur peine. Mais qu'est-ce qui tient en nous ce langage? est-ce la sensibilité ou la raison? L'expérience même réfléchie de la vie nous donne-t-elle cette assurance de manière à bien nous convaincre que la justice qui ne serait qu'un calcul serait encore le meilleur qu'on pût faire ? que de situations nullement chimériques dans la vie où le plus avantageux de ces calculs ne serait assurément pas celui de la probité et du respect de soi-même, et où par conséquent la vertu a besoin d'un autre guide et d'un autre appui que l'utile?

A tout prendre, c'est-à-dire en faisant entrer en ligne de compte les chances d'une vie future dans les calculs de la vie présente, il est très vrai de dire qu'il n'y a d'utile que le bien, et que tout bien est définitivement utile ; que le mal, quels que puissent être ses avantages apparents et momentanés, ne peut manquer d'être suivi d'inconvénients qui nous feront regretter notre imprévoyance et notre légèreté. Mais ce sont là des considérations religieuses qui n'entraient guère dans la pensée de Cicéron ; c'est là un genre d'utilité, celle de la vie future, qui, par le fait qu'elle n'est pas actuelle, ne peut servir de critérium du bien moral : il faut au contraire se prononcer sur ce bien comme sur son opposé pour pouvoir affirmer qu'il y aura plus tard et en conséquence bien ou mal physique.

C'est donc l'utilité présente qu'on nous donne comme caractère infaillible du bien. Or, nous nions cette fidèle concomitance ; nous nions qu'alors même qu'elle existerait elle fût toujours visible ; nous affirmons l'extrême et très prochain danger, avec un pareil système, de subordonner le bien moral au bien physique, de méconnaître le premier partout où le second ne sera pas manifeste, de croire même au mal moral partout où pourrait se rencontrer le mal physique, et réciproquement.

Combien il est plus simple et plus sûr de juger immédiatement du bien et du mal moral par les inspirations de la conscience, par le coup d'œil plus ou moins exercé de la raison ! Laissons donc la sensibilité se comporter suivant ses propres lois en ce qui concerne l'agréable et l'utile, et gardons-nous d'en rien conclure sur la légitimité absolue de ce qui lui plaît ou la sert. Laissons surtout à la raison morale ou à la conscience de décider de l'honnête et du juste ; et ne nous inquiétons point des conséquences de ses décrets : bonnes ou mauvaises pour la sensibilité, elles ne peuvent rien changer au caractère moral des actions faites ou à faire.

Il serait certes très désirable qu'on pût établir démonstrativement que la vertu est toujours utile et le vice toujours nuisible; mais comme cette preuve, encore qu'elle fût absolument possible, est d'une subtilité qui dépasse l'intelligence commune, « on doit appréhender, dit fort bien Louis de Sacy (1), qu'au lieu de convaincre les hommes que tout ce qui est honnête est nécessairement utile, on ne les induise dans la tentation de s'imaginer que tout ce qui est utile est nécessairement honnête. En effet, si on leur permet une fois de supposer que l'utile est inséparable de l'honnête, ils laisseront les philosophes disputer sur ce qui est honnête, et, persuadés qu'ils ne peuvent trouver leur utilité que dans ce qui est honnête, partout où ils verront leur utilité ils croiront voir l'honnête, et par là leur intérêt deviendra le principe et la seule règle de toutes leurs actions. En vain on s'attendrait à les ramener d'une erreur si dangereuse, en leur faisant comprendre qu'ils se trompent, en ce qu'ils croient utile ce qui ne l'est pas. Le plus stupide ne manquerait pas de prétendre que personne n'est meilleur juge de ce qui lui convient que lui-même; que sur toute autre chose il est prêt à déférer aux lumières de plus sages que lui, mais que sur ce point il est plus éclairé que tous ceux qui voudraient se mêler de lui donner des conseils. Après cela, sans attention sur les raisonnements les plus solides, il se contenterait de les traiter de vaines subtilités et de s'en moquer (1). »

Si l'agréable et l'utile sont les éléments du bonheur, il ne paraît pas douteux que tout ce qu'on vient de dire contre le plaisir et l'utilité, considérés comme principe suprême d'action, ne puisse s'appliquer au bonheur, envisagé du même point de vue. Cependant, le bonheur ayant été donné

---

(1) *Traité de la gloire*, p. 240 et 245, édit. 1810.

comme la raison suprême de toutes nos actions par les plus beaux génies, surtout par les philosophes chrétiens, il n'est pas inutile d'y insister quelque peu.

Les partisans honnêtes et pieux de ce système ne séparent point la vertu comme moyen d'avec le bonheur comme fin. Il faut dire encore à leur décharge qu'ils entendent surtout par bonheur la félicité de la vie future. Leur bonheur est donc aussi honnête que celui des stoïciens qui le faisaient consister dans la pratique de la vertu. Mais il importe de voir cette doctrine du bonheur comme la voit le sens commun auquel on s'adresse, c'est-à-dire d'un regard un peu plus simple et pour ainsi dire moins oblique : elle a des côtés faibles qui se révèleront alors comme d'eux-mêmes.

· 3·

DU BONHEUR, comme principe suprême d'action.

« L'homme, dit Bossuet, doit désirer son bonheur, et ne peut désirer autre chose, si ce n'est comme moyen d'y parvenir (1). »

Donc, si la vertu n'était pas ce moyen, l'homme n'aurait pas à la désirer, ni par conséquent à la pratiquer, à moins qu'il ne l'aimât pour elle-même, et qu'il ne trouvât son bonheur dans cet attachement, comme le stoïcien s'en flattait.

Il est assurément très bon d'intéresser la sensibilité à la pratique du juste et de l'honnête, et de faire voir aux hommes que le meilleur moyen d'être heureux est encore la vertu : ce langage pourra les persuader plus sûrement

---

(1) *Œuvres complètes*, t. VIII, p. 80.

que des considérations plus élevées ; mais il n'en est pas moins vrai qu'elles ne doivent figurer qu'en seconde ligne dans un enseignement qui se pique de quelque rigueur. Qu'on y insiste tant qu'on voudra, beaucoup plus même que sur le reste, puisque ce moyen sera peut-être le seul efficace; mais qu'on n'oublie jamais de rappeler que le bien doit être pratiqué pour lui-même, parce qu'il est bien, et qu'il en devrait encore être ainsi alors même qu'il n'aurait pas pour conséquence le bonheur. La doctrine contraire assurerait en vain une plus grande moralité matérielle ; elle rabaisserait la morale dans les esprits et dans les cœurs ; elle la ferait descendre au niveau d'un certain épicurisme qui, pour être très pur et très mystique, ne serait pas exempt de dangers véritables (1).

Tout en faisant la part des nécessités de l'enseignement populaire, tout en sacrifiant à la nécessité imposée par la *dura cervix,* qui est un défaut commun à tous les peuples, il faut tâcher d'élever insensiblement les cœurs au-dessus de cet état de matérialisme, et en vertu de l'esprit chrétien lui-même, qui recommande cette élévation de pensée et de sentiments, de faire comprendre qu'il ne suffirait pas d'être désintéressé à l'endroit de la longévité pour être dispensé d'honorer son père et sa mère. N'eût-on pas à attendre une vie plus heureuse et bien autrement longue que la plus longue et la plus belle qu'il fut donné d'espérer aux premiers descendants des patriarches, le respect filial ne serait pas moins sacré.

Peut-être n'est-il pas donné au commun des hommes de rester insensibles aux heureuses conséquences que la raison et la foi s'accordent à donner à la pratique de la vertu ;

---

(1) V. Gervinus, *Gesch. d. poet. Nationalit.*, B. II, p. 304.

peut-être y aurait-il une rigueur excessive et une grave imprudence à faire un crime à l'humaine faiblesse de chercher de la force dans la pensée des biens et des maux qui, sous l'empire d'une providence aussi clairvoyante qu'impeccable, doivent s'attacher à la vertu et au vice ; mais il ne peut être ni mauvais ni faux d'enseigner que le bien mérite par lui-même notre amour, et qu'il convient du moins de faire tous ses efforts pour en comprendre la beauté, la sainteté, et pour que le respect qu'il doit nous inspirer soit toujours le motif dominant de nos actions.

C'est là un tempérament entre la pratique du devoir par devoir seul et cette même pratique par des considérations purement intéressées. Cette conciliation se retrouve dans le plus autorisé des docteurs chrétiens, dans saint Thomas. En son commentaire sur la question du troisième livre des *Sentences* : « Si Dieu doit être aimé sans avoir égard à quelque récompense » (1), il répond que Dieu étant toute notre récompense.... non seulement la charité ne peut exclure cette considération, mais qu'elle y attire naturellement les regards (2).

Plus tard, lors de la fameuse querelle de l'amour désintéressé ou non, Leibniz insinua un tempérament qui s'applique plutôt aux affections dont les hommes sont l'objet qu'à la charité, qui est proprement l'amour de Dieu. Mais il est certain que la définition de l'amour par Leibniz fait très bien voir la différence qui existe entre l'amour et l'égoïsme, et maintient heureusement la différence que les partisans de l'amour de soi ou de l'égoïsme en tout et par-

---

(1) Dist. XXIX, quæst. 1, art. 4, utrum in dilectione Dei possit haberi respectus ad aliquam mercedem.

(2) Nihil aliud est merces nostra quam perfrui Deo... Ergo charitas non solum non excludit, sed etiam facit habere oculum ad mercedem. (*Thom. Oper.*, t. IX, p. 324.)

tout cherchent à faire disparaître : « Aimer, c'est être heureux du bonheur d'autrui, en faire le sien propre (1). » Mais il est certain, quoi qu'en dise Leibniz, que la question de l'amour en théologie n'est point résolue par là : d'abord parce que nous ne pouvons contribuer en rien à la félicité divine, comme il nous est donné d'aider à celle de nos semblables ; parce que cette félicité est tellement assurée, nécessaire, qu'il n'y a pas plus de raison de s'en réjouir et d'en être heureux que d'être heureux de l'existence de Dieu même ; parce que la félicité divine nous est d'ailleurs très peu compréhensible, à moins qu'elle ne résulte du sentiment de la souveraine perfection ; enfin parce que c'est bien moins la félicité divine qui provoque en nous l'amour de Dieu que l'ensemble de ses attributs, et surtout sa conduite envers nous. Et alors le côté intéressé de notre amour apparaît. Mais qui oserait condamner le sentiment de la gratitude, même envers Dieu, qui cependant ne peut pas plus en jouir qu'il ne peut souffrir du sentiment contraire ? C'est que ce sentiment est dans la nature et dans l'ordre, et que l'ordre veut être respecté pour lui-même.

Si Fénelon et Malebranche permettaient à la faiblesse humaine de mêler à l'amour de l'ordre des considérations inférieures, mais irréprochables en soi d'ailleurs, mélange qui n'empêche point cet amour plus élevé et qui contribue parfois à le faire triompher, leur morale n'aurait rien de trop rigoureux. Il faut convenir toutefois avec le célèbre Père de l'Oratoire « qu'il n'y a qu'une vertu mère, l'a-

---

(2) Amare sive diligere est felicitate alterius delectari, vel quod eodem redit, felicitatem alienam adsciscere in suam. Unde difficilis nodus solvitur magni etiam in Theologia momenti, quomodo amor mercenarius detur, etc. (*Codex juris gentium*, præf., p. 294, Hanov., 1693.)

mour de l'ordre, que la vertu consiste dans la pureté des intentions et des dispositions de l'âme, sans laquelle les actions, quoique régulières, ne sont pas véritablement morales (1). » Seulement, il ne faudrait pas aller jusqu'à dire que par cela seul qu'il manquerait à certaines actions un caractère de bien moral positif, elles seraient frappées d'un caractère moral contraire : il y a un milieu entre le bien et le mal ; c'est un état neutre.

Telle est la vraie doctrine morale quant au bonheur considéré comme mobile de nos actions. Nous ne pouvons donc mettre la considération du bonheur, soit présent, soit futur, soit temporel, soit spirituel, en première ligne dans les motifs appelés à régler nos actions et à déterminer notre volonté. Nous ne pouvons donc pas plus approuver la morale de Paley ou de Brown en ce point que celle de Bentham ou de tout autre utilitaire. Tous, à des degrés divers, édifient sur la fausse et dangereuse base, trop étroite et trop peu solide des mobiles sensitifs et personnels, et par là compromettent la morale, la rendent même impossible comme science.

4°

L'Eudémonisme, cause du scepticisme en morale. — Inconséquence de ceux qui le professent.

Dès qu'on donne pour principe suprême des actions l'agréable, l'utile, le bien physique en général, on ne peut logiquement reconnaître une loi qui condamne souvent les passions, qui en demande le sacrifice.

Il faut donc ou soutenir qu'il y a toujours parfait accord entre nos goûts, nos instincts, nos inclinations, nos pen-

(1) *Traité de morale.*

chants, nos passions et la loi morale, ou reconnaître le désaccord fréquent qui survient entre ces deux sortes de lois, et par suite la nécessité de donner à l'une l'avantage ou l'autorité sur l'autre.

Pour soutenir que l'accord existe, il faut reconnaître les deux lois, celle de l'appétit ou de la sensibilité, et celle de la raison.

Mais si elles sont reconnues l'une et l'autre, si l'*homo duplex*, la double nature humaine est par là posée, il est impossible à l'observateur de soi-même le plus superficiel de trouver toujours en parfait accord dans sa personne l'ange et la bête, et nul ne peut être reçu à le dire.

On n'écouterait pas davantage celui qui nierait en nous soit l'ange, soit la bête ; celui-là ne serait pas homme qui ne serait que l'un ou l'autre. Il n'aurait pas droit de prendre part à nos débats. Il nous faut donc la double nature, et avec elle ses luttes secrètes, ses guerres intestines, ses contradictions amères et ses déchirements.

Et alors il n'y a plus qu'un parti à prendre, ou soutenir l'égale autorité de ces deux lois de notre nature, ou reconnaître l'autorité de l'une sur l'autre. Si elles sont égales en autorité, elles sont respectivement indépendantes. Si elles sont inégales en ce point, il est nécessaire, dans l'être indivisible que nous sommes, n'ayant qu'une volonté, qu'une destinée, il est nécessaire que le conflit soit vidé par l'option. Quel sera le choix, quel devra-t-il être ?

Je ne vois point dans les animaux cette discorde intérieure : ils ne sont qu'un, il vont droit à leur fin, qui dès lors est une, la satisfaction du besoin présent, le plaisir du moment.

Nous, au contraire, doublés que nous sommes par la raison de l'animalité, par l'animalité de la raison, un pourtant malgré cette dualité, il s'agit évidemment de la concilier, en faisant à chaque tendance sa part.

Si je sacrifie complétement la raison à la sensibilité, je me dédouble, je me dénature, je me tue spirituellement; si je sacrifie la sensibilité tout entière à la raison, je jette également le trouble dans l'économie de mon être, je me dénature, je m'amoindris encore en voulant m'accroître. En d'autres termes, ou je me mutile ou me tue physiquement, ou ce qui est pis, « en voulant faire l'ange, je fais la bête. » De là les écarts parfois monstrueux d'un mysticisme excessif.

Que faire donc? S'admettre tout d'abord et complétement; laisser ensuite à chaque chose sa place et son rang; reconnaître dans la nature animale ses tendances, ses lois, sa destinée, mais une destinée qui ne peut être déterminée que dans ses rapports avec la nature raisonnable. Il faut pareillement reconnaître à la nature raisonnable son but et ses droits; mais par rapport à une destinée qui l'associe à l'animalité.

Un conflit s'élève-t-il entre ces deux tendances, il convient de reconnaître que l'une nous attire en bas quand l'autre voudrait nous élever, et que pareilles aux deux coursiers si poétiquement imaginés par Platon, l'une nous entraînerait à une perte certaine si ses mouvements n'étaient contrariés par l'autre; mais que celle-ci, à son tour, malgré la sublimité de ses aspirations, doit encore avoir sa mesure.

Il est des cas cependant où elle doit évidemment rester maîtresse absolue : c'est quand son antagoniste voudrait nous faire descendre plus bas qu'il ne convient au salut de la raison ; c'est-à-dire quand l'honnête, le juste et le bien sont compromis.

Mais quel sera le juge de la situation? Evidemment la

faculté qui juge, la faculté génératrice de ces sublimes notions. C'est à sa garde qu'elles sont remises. C'est elle qui en impose le respect à la volonté ; c'est elle qui la proclame sainte et sacrée contre les tendances ennemies ; c'est elle donc, elle seule qui a toute autorité en pareil cas.

Qu'il s'agisse de l'intérêt matériel d'un seul, ou de plusieurs, ou de tous même, la loi n'est point différente ; quand la santé ou la vie spirituelle et morale est menacée, la conscience réclame, et quelquefois assez haut, pour mettre l'agent en contradiction avec ses propres théories. C'est ainsi que les partisans de l'épicurisme, à commencer par Epicure lui-même, ont généralement mieux valu que leur système. C'est que leur système n'était qu'une abstraction qui ne tenait compte que d'un élément de la nature humaine, tandis que cette nature, tout entière en eux comme dans les autres hommes, y fonctionnait par sentiment, par instinct, bien plus que par principe.

C'est encore ainsi que des stoïciens et des mystiques, tout en élevant ou en croyant élever leur sage et leur saint bien au-dessus de l'humanité, restaient généralement au niveau du commun des sages, ou n'en sortaient guère que par l'extravagance et le fanatisme.

Ainsi, ceux-là même qui ne veulent d'autre motif à nos actions que le bien physique, le plus grand bien de l'individu, de la nation, de l'humanité, ou se contredisent spéculativement, faisant entrer à leur insu dans leur bien physique le bien moral, ou condamnent leur système par leur propre conduite, ou donnent dans des excès qui les rendent insociables, et les fait souvent retrancher de la vie commune. Quelle plus éclatante réfutation de leur système ! Quelle confirmation plus puissante du système contraire !

Nous portons donc en nous d'autres principes d'action que ceux qui viennent d'être examinés, d'autres mobiles sensitifs même, mais impersonnels dans leur objet, tels que la sympathie ou la bienveillance universelle, l'intérêt général, et par là même celui de l'agent, l'amour de Dieu, l'amour du bien, l'amour de Dieu et du bien comme identiques l'un à l'autre, et pour tout dire en un mot, le sentiment moral. Il s'agit d'en faire l'examen et de voir si nous y trouverons le principe suprême que nous cherchons.

II.

Des mobiles impersonnels, ou de l'amour des hommes, de Dieu et du bien, comme principes suprêmes d'action.

Les mobiles dont il s'agit ici ont cela de commun, qu'ils consistent dans l'amour, et que cet amour a pour objet, à la différence des précédents, autre chose que soi ou son propre bonheur.

Ils sont donc impersonnels par leur objet, mais ils touchent aux mobiles personnels par le plaisir même qui est attaché à l'amour, et surtout par celui qui le provoque. Aimer Dieu, aimer le bien, aimer les hommes, aimer quoi que ce soit, c'est donc encore céder à l'entraînement de la sensibilité, aller à son bonheur. Par ce côté-là les mobiles impersonnels rentrent dans les personnels, ou du moins ne s'en distinguent qu'imparfaitement.

L'amour a cet autre défaut, qui l'empêche de servir de principe universel d'action, qu'il est affectif, c'est-à-dire indépendant de notre volonté : nous aimons ou nous n'aimons pas, suivant que l'objet d'un amour possible nous plaît ou ne nous plaît pas. Qu'il n'ait pas ce qui serait propre à nous porter vers lui par l'amour, qu'il manque de quelque chose capable de flatter notre goût, notre sensibilité, ou qu'au contraire nous manquions du sens propre à le goûter et à en jouir, peu importe : si l'une de ces conditions fait défaut, c'en est fait de l'amour.

L'amour est un mouvement fatal, ou tout au moins spontané de l'âme, en présence ou à l'idée d'un objet qui flatte notre sensibilité. Il est aussi impossible que nous n'aimions pas ce qui nous plaît, qu'il est impossible que nous aimions ce qui nous déplaît ou ce qui ne nous plaît point. Il y a seulement cette différence dans le non-amour, que nous ne haïssons pas plus que nous n'aimons ce qui ne nous occasionne ni plaisir ni peine, tandis que nous éprouvons de l'éloignement, de l'aversion pour ce qui nous est désagréable.

Tous ces sentiments sont naturels, inévitables : négatifs, positifs, indifférents, tous ont leur raison d'être dans le rapport de notre nature à la nature des choses.

L'amour, quel qu'en puisse être l'objet, par cela seul qu'il tient à la sensibilité, qu'il en dépend, que nous sommes passifs dans ce mouvement de l'âme, ne conviendrait déjà pas comme principe universel d'action, puisqu'il pourrait faire défaut quand il faudrait agir, ou porter à l'action quand il faudrait s'abstenir. Il est naturellement aussi aveugle que la sensibilité qui le conduit. Et quand on pense qu'il l'est fatalement, il ne peut plus être question d'en faire le principe de tous les actes libres dont nous sommes capables.

Un autre défaut de l'amour, c'est son inconstance, ses défaillances. La vertu peut-elle donc être subordonnée à la versatilité de nos sentiments ? Faudra-t-il donc aussi que les actes de malveillance succèdent à des actes de bienveillance dans le cas où la haine viendrait à prendre la place de l'amour ? Pourquoi mettre en principe l'amour à l'exclusion de son contraire, la haine? Ces deux sentiments ne sont-ils pas dans la nature au même titre? ne sont-ils pas également fondés? ne les voyons-nous pas également suivis par les hommes qui écoutent plutôt la passion que la raison? Dire que l'amour est bon et la haine mauvaise, c'est les juger au point de vue d'une troisième chose dont on ne parle pas; c'est sortir des passions pour les apprécier. En restant dans leur domaine on trouve la haine aussi naturelle que l'amour, et par conséquent aussi légitime et aussi bonne à cet égard. Il y a donc inconséquence à ne parler que de l'amour comme principe suprême d'action.

Un dernier vice de ce système, et ce n'est pas le moindre, c'est qu'alors même qu'on aurait des raisons suffisantes de n'ériger en principe d'action que l'amour, ce sentiment ne rendrait jamais la notion de devoir qu'il ne renferme pas. Il faudrait donc, pour que l'amour fût obligatoire, si d'ailleurs la chose était possible, ce qui n'est point, sortir de l'amour même, s'élever à des idées qui n'ont rien de commun avec cette passion, pour en faire un devoir, pour l'éclairer et la régler, ce qui serait contradictoire.

En vain dirait-on que nous ne parlons ici que de l'amour comme sentiment, et qu'il s'agit, lorsqu'on en fait un principe d'action, d'un amour raisonné et raisonnable, et surtout de l'action qui doit être, que l'amour l'inspire ou qu'il l'en détourne. On supposerait alors que des actes de bienveillance peuvent être faits sans amour, comme on peut s'abstenir d'autres actes que la haine sollicite. Nous sommes loin de le nier; mais nous soutenons que ces actes n'ont plus alors pour raison l'amour, et qu'on sort ainsi du principe qu'on voulait établir pour lui en substituer un autre plus sûr et meilleur, le principe du bien moral ou du devoir.

1°
De la bienveillance universelle.

On est bienveillant ou on ne l'est pas. On l'est pour celui-ci et pour celui-là, ou pour l'un d'eux seulement. Et quand on aime plusieurs personnes, on peut les aimer à des degrés divers, et souvent en dépit du bon sens.

Me voilà donc dispensé des devoirs de l'humanité envers tout le monde si j'ai le cœur dur, insensible. Bien plus : si je suis égoïste, me voilà autorisé à sacrifier les intérêts, les droits mêmes d'autrui à mon ambition.

Mais supposons que je sois un peu moins mal né ; j'aime les uns et n'aime pas les autres ; et ceux que j'affectionne sont les moins dignes. Me voilà suffisamment autorisé encore à suivre dans le bien que je fais ou que je ne fais pas, dans le mal que la haine peut m'inspirer, les préférences les moins fondées en raison.

Hobbes ne faisait pas un devoir de la haine ; mais quand il voyait les intérêts, les amours-propres et les égoïsmes en présence ; quand il trouvait là une sorte d'état de guerre naturel et permanent, il constatait un fait. Il en tirait une conséquence en proclamant la nécessité de la force ou le despotisme pour faire vivre l'homme en société dans un état de paix. Ne s'élevant pas jusqu'aux notions fondamentales de la science pratique de la vie, restant comme enveloppé dans le tourbillon des passions, il ne pouvait y retrouver l'ordre et le calme que par une compression violente. Il était conséquent.

Mais l'honnête publiciste qui l'a réfuté avec le plus d'étendue, sinon de solidité, Cumberland, ne s'est point élevé aux vues propres à assurer son triomphe. Comme son adversaire, il reste dans le domaine des passions. Mais il lui plaît de n'en voir qu'une, la bienveillance ; il l'étend à tous les hommes, il en fait la source du plus grand bonheur possible, le principe suprême de la morale enfin (1).

Hume ne s'élève pas plus haut, et n'est par conséquent pas plus heureux avec la sympathie : on ne change pas de principe en changeant de mots. Le mot sympathie aurait cependant cet avantage sur le mot bienveillance, qu'il ferait mieux voir encore que c'est là un sentiment pur et simple, un état passif où la liberté et le devoir n'ont que faire. Hume le montre bien encore lorsqu'il appelle la sympathie, un intérêt inné au bonheur des autres, et qui nous fait prendre plaisir à toutes les actions propres à contribuer à l'utilité générale (2).

Adam Smith, qui professait la même doctrine, sentit néanmoins ce qu'elle avait d'incertain. Il vit à merveille que la passion avait ainsi la haute main sur la morale. Il essaya de soustraire la règle des mœurs à l'inconstance parfois orageuse et souvent très mal éclairée des mouvements du cœur, en soumettant la sympathie à un spectateur impartial qu'il cherche à créer au dedans de chacun de nous. Ainsi ce n'est plus la sympathie universelle dans son mouvement primitif et spontané qui doit servir de règle, mais bien cette sympathie contrôlée par la réflexion, par le sang-froid d'une raison calme, appelée à décider si la sympathie est bien ou mal placée, si elle est trop faible ou trop forte, en un mot si elle est ce qu'elle doit être.

Mais en admettant qu'il soit aussi facile que le suppose Adam Smith d'agir toujours par sympathie, et cependant de sortir de soi pour se rendre spectateur et juge impartial de ses propres actions, ou plutôt des mobiles qui les in-

---

(1) *De legibus nat.*, I, 12.
(2) *Essays and Treatises*, vol. II, p. 68.

spirent, il n'en est pas moins vrai que c'est ce juge intérieur qui prononce, et que le rôle de la sympathie n'est plus que secondaire. C'est un mobile, ce n'est plus un principe ou une règle.

La position véritable, dégagée de toute fiction et de toute contradiction, est donc celle-ci : c'est à la raison de régler nos actions et de juger de la légitimité et de la juste mesure de nos passions. Mais il fallait, en subordonnant la passion à la raison, faire mieux connaître quelle est cette raison, quelle est sa règle ou sa maxime souveraine en morale. C'est même retirer d'une main ce qu'on donne de l'autre, ou tomber dans un cercle vicieux qui ne ressemble pas mal à une contradiction, que de faire jouer à la sympathie un rôle plus ou moins considérable dans l'approbation morale (1). Il s'agissait précisément d'éclairer la sympathie, de la guider, de la stimuler ou de la contenir par la froide raison, et voilà que cette sympathie elle-même est appelée à exercer sur les jugements de la raison une influence propre à la surprendre, à la tromper et à la corrompre ! Que souvent il en soit ainsi, c'est ce qu'on ne peut nier ; mais il serait désirable qu'il en fût autrement. Il ne fallait pas nous donner ce qui est pour ce qui devrait être.

C'est donc par une inconséquence et un détour rendre à la sympathie l'autorité qu'on avait justement accordée à la raison.

Mais alors la morale retombe sans contre-poids sous l'empire de la passion, et ne peut pas plus avoir de règle obligatoire que les mouvements passionnés eux-mêmes.

---

(1) *Theory of mor. sentiments*, II, p. 245, 304.

Notons en outre que la bienveillance, fût-elle universelle, est loin de comprendre tous nos devoirs. Qu'a-t-elle à dire en effet sur les obligations envers l'agent lui-même, sur le respect de notre propre personne, sur la part à faire à l'amour de nous-même dans nos rapports avec nos semblables ?

Jonathan Edwards semble avoir senti quelques-unes de ces difficultés, lorsqu'il veut que l'amour soit proportionné au degré d'être de l'objet aimé. Mais outre que cette règle a sa raison dans une mauvaise métaphysique, puisque l'être est indivisible, elle pécherait encore par cet autre côté, que l'amour est un sentiment qui se règle bien moins sur la valeur ou le mérite absolu de son objet que sur la jouissance que cet objet lui donne ou lui promet. Ainsi, un être très imparfait, mais connu bien ou mal, senti plutôt, pourra beaucoup plus enflammer le cœur que l'être le plus parfait, mais dont la perfection est en dehors de nos sens et de notre compréhension.

Qu'on ne dise pas, encore une fois, qu'il ne s'agit pas ici de l'amour esthétique ou de sentiment, mais de l'amour pratique ; car outre que celui-ci est naturellement la conséquence de celui-là, on ne peut opposer l'amour pratique à l'amour esthétique qu'à la condition de reconnaître un troisième principe qui commande à la volonté indépendamment des passions. Or, admettre cet autre principe, c'est subordonner l'amour, c'est le faire descendre, du premier rang qu'on lui avait assigné, au second ; c'est rendre à la raison la place qu'on avait laissé usurper à la passion ; c'est se contredire ou ne pas s'entendre.

Le principe de la sympathie, de la bienveillance universelle, ou, comme l'appelle Grotius, de la sociabilité, ne peut donc occuper la première place en morale.

2°
De l'intérêt général.

Le bien public peut être plus ou moins général; c'est celui de la famille, de la commune, de la cité, de la province, de la nation, de la race, de l'humanité. Plus il est étendu, plus il est respectable; mais l'amour en est d'autant moins vif ou moins intense.

D'où il suit que les âmes intelligentes et généreuses seront seules touchées par la considération d'un intérêt public très étendu, et que le bien, les droits mêmes de l'humanité seront aisément sacrifiés aux intérêts d'une race, les droits d'une race aux intérêts d'une nation, les droits d'une nation à ceux d'une province, les droits d'une province à ceux d'une cité et ainsi de suite, jusqu'à ce que tout intérêt public disparaisse devant l'intérêt privé.

Aussi les partisans de l'intérêt public, comme principe universel d'action, comprenant la faiblesse de ce mobile chez la plupart des hommes, ont soin d'ajouter, comme Hartley, qu'il n'a généralement d'empire sur les volontés qu'autant qu'il renferme visiblement l'intérêt privé, et que les particuliers comprennent que leur bonheur dépend de leur attachement à la chose publique.

Mais qu'arrivera-t-il si l'intérêt public exige des particuliers des sacrifices qui dépassent les avantages qu'ils peuvent en espérer, ou si les individus n'aperçoivent pas les liens souvent assez profondément cachés qui rattachent l'intérêt privé à l'intérêt général? De quel droit reprendra-t-on celui qui, voyant ces rapports, préférera cependant son avantage à l'utilité publique?

On lui parle d'intérêt privé, d'intérêt public, de rapport

de l'un à l'autre, de l'amour de celui-ci, de celui-là, c'est vrai; mais comme il n'y a rien en tout cela qui ressemble à un devoir, il reste libre aux yeux de sa conscience de donner la préférence à son intérêt personnel sur celui de la patrie. En vain on lui représentera qu'en amoindrissant la chose publique, en s'en détachant, il compromet son intérêt propre : il répondra que, ne tenant à l'intérêt public, n'y devant tenir même d'après le principe proclamé, qu'à cause de son intérêt personnel, il est libre de faire de l'intérêt public un moyen pour l'intérêt privé ; que l'important pour lui c'est d'accumuler ses moyens de jouissance, de s'engraisser même aux dépens de ses concitoyens ; qu'il pourrait arriver, sans doute, si tout le monde raisonnait comme lui et se trouvait en position de s'arrondir au détriment de la communauté dont il fait partie, que mal en advînt à tous les membres qui la composent; mais que, d'abord, il n'est pas donné à tous de s'enrichir aux dépens de la fortune publique, et qu'en tout cas le pays vivra bien autant que lui ; que dussent-ils périr ensemble et l'un par l'autre, il préfère cette manière de finir après avoir joui largement, à une vie mesquine, de privations et de gênes ; que si par là il s'expose à perdre à la fin plus qu'il n'aura gagné d'abord, c'est son affaire; que la manière de juger et de conduire ses intérêts le regarde, qu'il en est maître absolu ; qu'il reconnaît à tous ses concitoyens le même droit et la même liberté; que tous ces grands mots d'intérêt commun, de bien public ne sont que de vaines, de fastueuses et hypocrites déclamations ; que c'est la nécessité qui force les hommes à vivre en société, mais qu'ils s'y font encore une guerre sourde et incessante, et que celui qui ne tire pas à soi le plus qu'il peut des avantages de la communauté n'est qu'un imbécile et une dupe.

Que répondre au citoyen qui ne se sent pas autrement

épris du bien public, lorsqu'on ne lui en prêche le respect qu'au nom de l'intérêt qui lui en revient ou de l'amour qu'il peut en éprouver? Son intérêt! il saurait, au besoin, en faire le sacrifice, s'il s'était trompé dans ses calculs. Son amour! il n'en a pas, ou il en a peu. On n'aime ni ce qu'on veut, ni comme on veut : il faut se contenter du peu ou du point comme du beaucoup. Mais personne, à coup sûr, ne peut faire un mérite ou un crime d'aimer ou de n'aimer pas, d'aimer beaucoup ou d'aimer peu, ni même de haïr, lors surtout qu'on ne met au-dessus de l'amour, de l'indifférence ou de la haine, rien qui soit de nature à servir de règle et de frein à la volonté. La passion une fois érigée en souveraine, on n'en peut blâmer les inspirations, quelles qu'elles puissent être, que par une révolte ouverte et une contradiction. Nous sommes donc obligé de repousser comme insuffisant, à titre de principe suprême de la morale, l'instinct social, qu'on l'appelle amour du bien public, intérêt privé bien entendu, ou désir d'être utile à ses semblables. Les doctrines de Puffendorf, de Cumberland, de Hutcheson, de Samuel Clarke, d'Adam Smith, nous paraissent encore trop proches parentes de celles de Bentham et de Hobbes, pour n'être pas entachées de la même erreur fondamentale, malgré les sentiments honnêtes de ceux qui les ont professées.

Nous verrons dans la suite l'impossibilité de résoudre le bien moral dans le bien général. Il suffisait pour le moment de prouver que l'intérêt public, si grand et si large qu'il soit, ne peut servir de règle suprême des actions.

3°
De l'amour de Dieu.

Quelque imposant que puisse paraître ce principe, tant par lui-même que par le nombre et l'autorité des noms qui le proclament le dernier mot de la morale, nous ne pouvons le laisser passer sans examen. On sait d'ailleurs que plus d'une erreur et d'un abus y ont pris leur origine. Par cela seul qu'il est susceptible d'être entendu très diversement, il est nécessaire de s'expliquer.

Qu'entend-on par amour de Dieu comme principe suprême de la morale? Est-ce l'amour du bien, comme le concevrait Platon, identifiant ainsi Dieu et le bien? Est-ce la réalisation du bien pratique d'après l'exemplaire du bien idéal dont le prototype est en Dieu, l'imitation de Dieu, comme disait encore Platon? Est-ce au contraire l'obéissance à la loi morale qu'il a mise en nous, et dont chaque homme est illuminé à un degré ou à un autre? Est-ce l'obéissance à quelque loi promulguée extérieurement, qui confirme et précise la première en l'expliquant?

Voilà un certain nombre de manières assez différentes d'entendre l'amour de Dieu. Nous écartons les deux dernières, puisqu'elles doivent se reproduire à notre examen en lieu plus convenable. Nous ne retiendrons pour le moment que les trois premières.

Si tout dans nos actions devait revenir à cet amour, et qu'il fallût entendre par là le sentiment qui s'attache au bien moral et qui porte à le réaliser, nous retomberions dans le principe qui doit être examiné à la suite de celui qui nous occupe. Nous devons donc écarter encore cette interprétation.

S'agit-il au contraire d'un amour qui ne s'attacherait au bien que parce qu'il croirait voir en Dieu, dans l'idée qu'on s'en fait, et parce qu'il prendrait à tâche de réaliser suivant la mesure du pouvoir donné à l'homme, tout le bien moral dont nous concevrions ainsi l'idée, et d'imiter par là Dieu lui-même à un double titre : et comme exemplaire du bien, et comme cause créatrice de quelque chose de bon ? Telle est l'explication provisoire que nous croyons pouvoir donner à cet amour pratique. Toute autre, à part celles que nous avons réservées, se réduirait à une contemplation mystique bien plus propre à paralyser l'activité humaine qu'à la diriger suivant la destinée commune.

Or, cet amour de Dieu, doublement pratique, nous semble sujet aux plus graves difficultés :

1° Il est accessible à peu d'intelligences et peut-être à un plus petit nombre de cœurs encore.

2° Ce sentiment et cette idée ne se commandent point : et l'orthodoxie elle-même enseigne qu'en ceci, l'amour au moins est un don de Dieu, une vertu surnaturelle.

3° L'amour de Dieu lui-même, quand cet amour existe, échauffe, embrase, emporte ; mais il n'agit en tout cela que comme sentiment, comme passion dont l'objet ne peut être plus élevé et plus noble ; mais il ne renferme pas plus qu'aucun autre la notion de devoir : il existe ou n'existe pas ; il existe à un degré ou à un autre ; il délecte l'âme, la ravit dans la contemplation mystique, ou développe en elle une activité féconde en bienfaits, suivant les dispositions personnelles de celui qui l'éprouve. Voilà tout.

4° Cette identité prétendue entre l'idée du bien, le bien lui-même, et Dieu, n'est qu'un réalisme mystique fort éloigné d'être évident pour tous les esprits.

5° L'idée du bien pratique n'est pas l'idée du bien en général ; et cette dernière même est essentiellement une notion de rapport, qui n'a par conséquent pas d'objet substantiel à elle propre ou adéquate.

6° Enfin, si cette idée avait non seulement son siége et son prototype dans les idées divines, mais encore son objet tout réalisé, dans la nature même de Dieu, réalisé à l'infini comme tout ce qui est d'essence divine, que resterait-il à faire à l'activité humaine ? Rien, absolument rien. Cette réponse est trop grave pour qu'elle n'exige pas une démonstration ; nous la donnerons plus à propos sous la rubrique de l'identité de Dieu et du bien.

L'amour de Dieu, entendu comme on vient de le faire, ne peut donc pas plus servir de base à la morale que l'amour de l'humanité, que l'amour de soi. Reste à savoir si l'amour du bien ne nous donnera pas ce que nous cherchons.

4°

De l'amour du bien.

Le bien pratique, considéré abstractivement, n'est pas autre chose que l'ordre moral, l'idéal et la règle de nos actions. Tant qu'il n'est pas passé en acte, il n'est qu'une idée, mais une idée sainte qu'une autre idée qui s'y associe naturellement, suivant une loi fondamentale de la raison humaine, impose à notre volonté.

Nous conformons d'autant plus sûrement notre vie à cet idéal obligatoire que nous sommes plus sensibles à sa beauté ou que nous l'aimons davantage. Mais sa nécessité morale ne dépend point de l'attrait plus ou moins puissant qui peut nous porter vers lui : là n'est pas son autorité et sa force ; autrement, elle dépendrait de nos dispositions personnelles, dont elle est affranchie.

Si donc nous distinguons en tout ceci trois choses, comme

on doit le faire, l'idée du bien ou plus simplement le bien, le devoir qui le consacre, l'amour qui en assure l'empire, sans toutefois en être le fondement, nous comprendrons sans peine que le bien séparé du devoir n'a plus d'autorité, et que l'amour, qui n'est qu'un sentiment incertain et variable, ne peut tenir lieu de cette dernière notion.

L'amour du bien est assurément très désirable, et toute bonne éducation morale a pour but essentiel d'échauffer le cœur en éclairant l'esprit, d'assurer le triomphe de la raison en lui donnant la sensibilité pour auxiliaire, de développer le goût du bien après l'avoir fait connaître, et, s'il est possible, d'en élever le sentiment jusqu'au ton même de la passion.

Mais on peut se demander si Dieu et le bien ne sont pas une même chose, ou si, différents, ils ne formeraient pas dans leur union le principe le plus élevé et le plus puissant de la moralité humaine.

5°

Si le bien moral est Dieu même, ou s'il en diffère? Conséquence de l'opinion de l'identité.

Au simple énoncé de la question, combien de gens croiraient la comprendre parfaitement, et n'hésiteraient point à la résoudre par l'affirmative ! C'est précisément parce que c'est là une opinion très répandue, même chez d'excellents esprits, que nous croyons devoir l'examiner.

Mais en demandant la permission de le faire, comme s'il y avait doute possible, nous devons en même temps demander grâce pour la fermeté avec laquelle nous ferons ressortir les absurdités sans nombre dont cette ontologie mystique est remplie.

Il est vrai que nous la prendrons à la lettre, ne sachant

pas lui donner un autre sens, un seul excepté, mais qui serait si malheureusement rendu par les expressions : Dieu est le bien moral, ou le bien moral est Dieu, que nous ne pouvons supposer que telle soit précisément la pensée de cette espèce de mysticisme.

L'importance et la difficulté du sujet nous serviront sans doute d'excuse pour la forme dialectique un peu scolaire que nous allons employer.

Suivant une certaine manière de concevoir, manière réaliste et très voisine du panthéisme, toutes nos idées de l'ordre rationnel pur ont un objet, une entité ou réalité propre qui leur correspond, et cet objet, que les métaphysiciens auxquels nous faisons allusion appellent intelligible, par opposition à ce qui est sensible, est tout entier en Dieu. Ainsi la vérité, la beauté, la bonté, sont en Dieu, sont Dieu même.

Sans vouloir ici discuter à fond ce point d'ontologie, nous demanderons cependant pourquoi on ne met pas aussi en Dieu toutes les autres idées de la raison pure, celles de l'être, de la substance, de l'infini, de la cause, de l'espace, du temps, du mouvement, etc., etc. Pourquoi dès lors Dieu ne serait-il pas également l'objet des conceptions contraires, de celles de non-être, d'accident, de fini, d'effet, de phénomène, de repos, etc.? Pourquoi Dieu ne serait-il pas sous les rapports imaginables l'ici et le là, le dehors et le dedans, le bas et le haut, la droite et la gauche, le loin et le près, le passé et le futur, le grand et le petit, le droit et le courbe, la vitesse et la lenteur, le fini et l'infini, l'être et le néant, etc., etc.?

Il faut donc : ou nier que l'esprit humain ait toutes ces idées et une infinité d'autres de nature également rationnelle, ou convenir que ces idées, tout idées et tout intelligibles qu'elles sont, n'ont pas d'objets propres, pas d'entités correspondantes, et qu'il n'y a dès lors aucune nécessité à ce que Dieu soit le siège d'objets purement intelligibles qui n'existent pas, qui ne peuvent pas même exister.

Si l'on prétend que, de ces idées les unes sont positives et ont seules un objet, que les autres sont négatives et sont par conséquent sans objet, nous demanderons à notre tour : 1° si les unes sont moins des idées que les autres ; 2° si le caractère de positif ou de négatif est une preuve suffisante que les idées dites positives ont un objet, et si cette prétention est à elle-même sa preuve ou si elle n'aurait pas besoin d'être établie, et comment on s'y prend pour le faire ; 3° si par hasard les conceptions même de positif et de négatif, par exemple, ne seraient pas de celles que nous appelons rationnelles pures, intelligibles pures, et si dès lors elles auraient un objet propre et respectif, la positivité et la négativité ?

Il nous serait on ne peut plus facile de pousser à outrance jusqu'aux limites mêmes de l'absurdité la plus palpable, l'hypothèse mystico-réaliste que nous signalons. Nous nous bornerons à faire remarquer :

1° Que cette hypothèse donne gain de cause aux systèmes les plus extravagants que l'Allemagne a produits dans ces derniers temps, puisqu'elle permet, puisqu'elle oblige de confondre l'être et le non-être, de donner un objet à l'un et à l'autre, et de convertir ce monstrueux réalisme en la divinité même ;

2° Qu'elle remet en crédit les entités les plus dérisoires des réalistes du moyen âge, les *eccéités*, les *quiddités*, les *pétréites*, etc.;

3° Que ces aberrations, dont on désavoue les conséquences, ont leur raison dans une ontologie défectueuse ou nulle, et en dernière analyse dans une fausse théorie des idées en psychologie ;

4° Que le remède à ces erreurs est donc le retour à l'étude approfondie de la formation des idées ;

5° Que l'idéologie, quoi qu'on en puisse dire ou penser, est de la plus haute importance dans toutes les sciences, particulièrement en théologie et en morale.

La preuve de cette assertion, c'est précisément ce que nous tenons à établir d'une manière toute particulière dans ce chapitre, à savoir, que si Dieu était le bien moral, il n'y aurait pas de morale réelle, ni même de morale possible ; que ce mysticisme, malgré son apparence de piété, n'est qu'une impiété déguisée ; ou, ce qui est beaucoup plus probable, un tissu de paroles creuses, d'un assemblage sans vérité, et par conséquent sans valeur scientifique. C'est ce qu'il faut prouver, et cette preuve ne sera ni longue à donner, ni, je l'espère, difficile à saisir.

On conviendra sans doute que le bien moral, en tant qu'il est à pratiquer, est un bien qui n'est pas encore, et qui, par sa réalisation ou son passage de l'état virtuel à l'état actuel, doit ajouter à la somme du bien moral accompli déjà par la masse des humains.

On conviendra sans doute aussi que l'accomplissement du bien moral n'est que l'émission d'un acte, et nullement la création d'une substance ou d'une entité ; c'est une modification que nous nous donnons à nous-mêmes, car l'acte moral est surtout, comme l'a dit Kant, une bonne volonté, ou plutôt une bonne volition, et une bonne volition aussi efficace que possible. Là est l'essence et l'excellence du bien moral.

On conviendra vraisemblablement encore, du moins de ce côté-ci du Rhin, que Dieu n'a pas besoin de l'homme pour être, et même pour être complet, parfait, absolu.

Or, s'il est ainsi, et si néanmoins le bien est en Dieu, s'il est Dieu, essence de Dieu, être de Dieu, il s'ensuit :

1° Que tous les hommes, pris ensemble, fussent-ils des saints accomplis, ne pourraient pas réaliser le moindre bien moral, parce qu'en effet ce bien, dans l'hypothèse, est substantiel, et que l'homme ne peut rien faire de semblable ; parce que ce bien est en Dieu, et que l'homme ne peut sortir de soi pour agir en Dieu ; parce que ce bien moral en Dieu est passé à la souveraine perfection, et que l'homme, pût-il faire le bien, n'ajouterait absolument rien au bien déjà tout réalisé. A cet égard, tout le bien moral qu'il pourrait faire serait égal à zéro. Il serait donc absolument indifférent, en raisonnant toujours du même point de vue, qu'il fît bien ou qu'il fît mal ; le bien n'en pourrait souffrir la plus légère atteinte.

Conséquence dernière et résumée de l'hypothèse : impossibilité absolue pour l'homme de faire le bien ; inutilité absolue d'y travailler, encore qu'il le pût.

Donc, anéantissement complet de la morale par la résolution du bien en Dieu, du bien considéré comme matière ou objet du devoir.

2° Si par bien on entend la forme du devoir, l'obligation, je prouve avec la même facilité et la même force que ce système, ainsi entendu, est également destructeur de toute morale. En effet, par cela seul que le bien (entendons par là l'obligation, et pour plus de clarté substituons ce mot à celui qu'il traduit) serait en Dieu, et en Dieu seul, qu'il ferait partie de son être, de sa substance ; Dieu seul serait obligé s'il pouvait l'être. Mais comme l'obligation serait un fait, une entité même, l'essence divine, elle serait tout entière à ce titre ; elle n'aurait rien à démêler avec le possible, le futur, le contingent, l'acte à venir, toutes choses qui pourraient d'ailleurs bien être des non-sens par rapport à Dieu. Ainsi, Dieu, en qui serait toute obligation, ne pourrait pas même être obligé. Il n'y aurait donc ni règle d'action divine, ni règle d'action humaine ; la morale tout entière y succomberait encore.

La chose est évidente en ce qui regarde Dieu. Elle ne l'est pas moins pour ce qui est de l'homme. En effet, de ce que l'obligation, comme forme du bien moral, est tout entière en Dieu, elle ne peut être dans l'homme, à moins que Dieu et l'homme ne soient qu'un être unique.

Mais encore, bien que Dieu et l'homme ne fussent qu'un, par cela seul que Dieu ne pourrait être obligé, l'homme échapperait, lui aussi, à toute obligation.

De plus, si l'obligation pouvait être une entité, par cela qu'elle serait un être, et non plus une notion, une conception pure et simple, elle perdrait toute vertu obligatoire. Indépendamment de ce qu'il y a d'inconcevable, d'absurde à donner à la notion d'obligation une entité pour objet, un objet substantiel propre, une réalité propre, au lieu d'un acte à réaliser par un être intelligent, moral, et libre ; cette entité, qui n'obligerait néanmoins dans l'hypothèse que nous combattons que parce qu'elle serait une entité et une entité divine, que parce qu'elle serait Dieu, n'aurait pas en réalité plus de vertu obligatoire, plus d'autorité, qu'aucune autre réalité quelconque. Il est impossible, en effet, de faire sortir, par voie d'analyse, la notion d'obligation de la notion d'être. On ne peut pas davantage l'y rattacher par voie de synthèse *à priori*, comme on rattache à la notion de cause celle d'effet, à la notion de substance celle de mode, et ainsi de suite. Ces synthèses sont naturelles, les éléments qui les constituent sont respectivement faits l'un pour l'autre ; ils forment un système, un tout naturel, dont l'un n'est concevable que par l'autre, dont l'un est par conséquent la condition de l'autre dans l'esprit de l'homme.

Or, puisque la notion d'obligation ne peut se déduire de

celle d'être, ni s'y rapporter, comme partie d'un tout naturel et primitif, elle n'y peut être rattachée que d'une façon tout arbitraire, contre nature même, et dès lors cette proposition synthétique : « L'être divin est obligatoire, » est aussi vaine et aussi fausse, aussi absurde que cette autre : « Le Mont-Blanc est obligatoire. » La circonstance tirée de la nature spécifique d'un être, c'est-à-dire qu'il soit divin ou non, ne change absolument rien à l'impuissance essentielle où est la notion d'être de rendre à l'analyse la notion d'obligation ou de l'avoir pour corrélative, synthétiquement et *à priori*.

Bien plus : si cette synthèse ou cette analyse était possible, il n'y aurait pas de morale possible encore pour l'homme, puisqu'alors la notion d'obligation serait une notion ontologique, et qu'elle serait ainsi de l'ordre de celles qui s'entendent des réalités, comme celles de mode, de fini, de nombre, etc., et nullement de celles qui sont appelées à régler les actes possibles des êtres intelligents et libres. Elle aurait un objet réel en propre, ou bien elle se rapporterait à quelque objet de ce genre, mais elle n'aurait et ne pourrait avoir hors de là aucune vertu pratique.

Ainsi les moralistes qui résolvent le bien moral en Dieu, qui en font soit la substance divine, soit un mode de cette substance, rendent toute morale impossible, inconcevable, soit en Dieu, soit en l'homme.

Mais, diront-ils peut-être, « vous abusez de nos paroles, vous nous entendez mal, ce n'est pas là ce que nous voulons dire. » — C'est, répondrons-nous, ce que vous dites : Si vos paroles ont un autre sens, un sens figuré, quittez le ton mystique, le ton de l'inspiré, du poëte, et traduisez-nous votre pensée dans le langage ferme et net de la science ; alors nous verrons quand le philosophe aura dépouillé le poëte, quand l'imagination aura fait place à la raison, la métaphore à l'abstraction, l'enthousiasme à la réflexion ; nous verrons si la doctrine est plus acceptable : en attendant, nous la prenons telle qu'elle nous est donnée. C'est notre droit ; c'est même notre devoir.

Mais qu'on y prenne garde, si, en se traduisant, on transformait sa pensée au point de vouloir dire seulement, ou que l'idée divine et la volonté qui en est la conséquence sont la suprême autorité morale pour l'homme ; ou tout simplement que la loi morale proclamée par la raison humaine est divine, en ce sens qu'elle émane de Dieu ; on ne serait pas encore à l'abri de toute difficulté ; voici pourquoi.

1° Par le fait qu'on renoncerait à un langage inintelligible et faux, on avouerait qu'on avait eu tort de s'en servir, et que nous avons eu raison d'en montrer la vanité et le danger. Il n'y aurait donc plus moyen de défendre un système qui tombe nécessairement avec le langage destiné à le formuler : plus donc de bien moral à considérer comme une entité et à résoudre en Dieu.

2° En résolvant le bien moral dans l'idée qui peut en exister en Dieu, il arrive l'une de ces deux choses : ou l'on identifie la raison morale de Dieu et celle de l'homme, ou on les considère comme différentes. Dans le premier cas, la conduite de Dieu serait soumise aux mêmes règles que celle de l'homme, et bon nombre d'événements humains se concilieraient très difficilement avec la justice ou la sainteté divine.

De plus, si le bien moral était une idée divine, mais exclusivement divine, l'homme en étant dépourvu dans l'hypothèse, ne serait pas un être moral. Et par le fait, cependant, il ne reconnaît et ne peut reconnaître en Dieu des attributs moraux que parce qu'il est lui-même un être moral. Toute l'autorité morale qu'il donne à Dieu, c'est sa raison qui la lui fait concevoir ainsi. Loin donc que l'homme se conçoive *obligé* à la pratique du *bien*, parce qu'il conçoit Dieu comme une intelligence souveraine qui lui en fait une loi, il ne conçoit au contraire cette intelligence et cette volonté morales en Dieu, que parce qu'il porte l'une et l'autre au dedans de lui. Si donc la loi morale n'était tout entière et manifeste dans la raison humaine, elle ne pourrait être conçue en Dieu.

A certains égards, c'est donc l'idée morale de l'homme qui passe pour ainsi dire en Dieu, et qui fait de Dieu un être moral aux yeux de l'homme, et non l'idée morale en Dieu qui illumine l'homme et en fait un être moral.

On comprend, du reste, qu'il ne s'agit pas ici de l'ordre présumé de création, mais uniquement de l'ordre de connaissance, et que ce langage qui serait aussi faux qu'impie dans l'un de ces points de vue, est aussi vrai que profondément religieux dans l'autre.

Dans le second cas, c'est-à-dire dans le cas où l'idée du bien moral, et celle d'obligation qui s'y rattache, seraient essentiellement différentes dans Dieu et dans l'homme, l'une de ces idées ne permettrait pas de conclure à l'autre. On saurait que Dieu a sa raison d'agir, sa loi morale, mais on ne saurait point quelle est cette loi. On ne pourrait donc en déduire autrement celle de l'homme qu'en disant qu'elle émane de Dieu, et c'est ce que nous reconnaissons sans peine. On aurait dépouillé tout le mysticisme d'où l'on était parti d'abord. En un mot, on aurait complétement changé de système. On ne pourrait même plus dériver la raison humaine de la raison divine, comme on déduit le même du même.

D'un autre côté, comme la conscience humaine est immédiate, qu'elle se sait sans passer par Dieu ; comme la connaissance de Dieu n'est que le fruit d'un raisonnement dont le point de départ est dans la connaissance de soi-même, on ne saura jamais rien de Dieu sans passer par l'homme ; la connaissance de Dieu ne sera jamais que la connaissance réfléchie de l'homme, une connaissance consécutive et médiate, bien loin d'être, comme on le prétend, une connaissance intuitive, première, immédiate, dont celle de l'homme ne serait qu'un reflet.

Nous savons que les mystiques prétendent le contraire ; mais nous savons aussi qu'ils s'abusent, qu'ils confondent l'ordre de création avec l'ordre de connaissance ; le mouvement du premier va de Dieu à l'homme, le mouvement du second s'exécute de l'homme à Dieu.

Tout ce que nous venons de dire de la notion de bien, comme notion intelligible pure, ou sans objet propre de la raison, se trouverait confirmé par des considérations analogues sur la notion correspondante de mal moral. Cette notion de mal est aussi positive, comme notion, que celle de bien. Il en est ainsi de toutes les conceptions appelées abusivement ou figurément négatives, aucune n'étant négative en soi. Leur objet seul est la négation, l'exclusion de son contraire, comme ce contraire est l'exclusion, la négation, la privation de cet objet. Le fini n'est pas plus négatif absolument que l'infini, mais il l'est relativement à l'infini, comme l'infini l'est à son tour par rapport au fini. Ces sortes de contraires s'excluent réciproquement, voilà tout. Mais comme notions, appliquées ou non, ils s'évoquent, se forment, se constituent l'une par l'autre ; pas de pôle positif sans pôle négatif, et réciproquement ; mais l'un est réellement aussi réel, aussi positif en ce sens que l'autre. Ce sont là deux conceptions qui se tiennent, qui s'engendrent mutuellement dans la raison humaine, qui ne sont l'une que par l'autre, mais qui n'ont pas plus d'objet réel, propre, l'une que l'autre ; pas plus que les notions symétriques de gauche et de droit, d'ici et de là, etc.

Ainsi le bien en soi n'est pas plus que le mal en soi, et le mal existe au même titre que le bien : ce sont uniquement deux conceptions corrélatives, qui, tout en s'excluant, et parce qu'elles s'excluent, se constituent respectivement l'une l'autre. C'est là une loi de la pensée.

Cela posé, nous pouvons indiquer rapidement les conséquences de la théorie mystique que nous combattons, par rapport au mal.

Si cette théorie était vraie, les propositions suivantes le seraient également :

1° La notion intelligible pure du mal moral aurait aussi bien son objet que la notion corrélative de bien ; et ainsi ceux qui n'ont vu dans le mal moral, comme dans tout autre mal, qu'une pure privation, une négation, un néant, se seraient trompés. Et comme ceux-là sont aussi, pour la plupart, des mystiques, nous leur ouvrons un débat dans lequel nous n'avons pas à intervenir.

2° L'objet du mal moral, objet intelligible, mais réel pourtant, serait, comme tout objet de cette nature, en Dieu. Dieu serait le mal.

3° Dieu serait le mal moral comme il est tout ce qu'il est, c'est-à-dire absolument. Il serait la souveraine imperfection morale ; il serait l'idéal même du mal réalisé ; il serait au-dessus du démon lui-même, qui ne peut rien avoir d'infini. Dieu serait le démon par excellence.

4° Le mal étant au comble du possible en Dieu, la méchanceté humaine n'y pourrait pas plus ajouter qu'un nombre quelconque n'ajouterait à l'infini numérique. Le mal humain serait donc, à cet égard, toujours égal à zéro.

5° Bien plus, Dieu n'étant pas moins le mal que le bien,

et si le bien n'était obligatoire et sacré que parce qu'il est divin, le mal aurait la même nature, aurait la même raison d'être, serait également sacré, également obligatoire.

6° Si le bien, au contraire, ne pouvait être obligé, parce qu'il est absurde d'obliger à faire ce qui est tout fait, à compléter l'infini, à réaliser même une substance ; de même, le mal ne pourrait être défendu, parce qu'il est absurde également de défendre un fait accompli, de compléter Dieu, s'il pouvait l'être par l'homme, de réaliser une substance, divine ou autre, quand nous ne pouvons réaliser que des actes.

7° Si le mal est une entité, la notion de la pensée n'en peut pas plus provenir que la notion d'obligation ne peut provenir de l'entité du bien.

8° Si le mal n'est au contraire qu'une privation, c'est-à-dire l'absence du bien comme entité divine, l'interdiction du mal ne serait, si d'ailleurs elle était concevable, que l'interdiction d'un pur néant, la défense de faire passer en acte une partie négative ou non existante de Dieu. Ce qui implique doublement, puisqu'on ne peut réaliser un néant, et qu'il est d'ailleurs tout réalisé comme néant, par l'état de privation même où est le sujet à son égard.

Ainsi, que le mal soit une entité, comme le voudrait la théorie mystique que nous examinons, ou qu'il ne soit qu'une pure privation d'une autre entité, celle du bien, comme le soutiennent d'autres mystiques, la défense du mal moral n'est plus concevable.

Cette théorie succombe donc deux fois sous ses conséquences : le bien ne peut être obligatoire, le mal ne peut être défendu. En un mot, il n'y a plus ni morale positive ou d'action, ni morale négative ou d'omission. Il n'y a donc plus de morale absolument dans ce système.

D'un autre côté, il tend à dénaturer Dieu, il jette dans la théologie rationnelle une perturbation profonde. Dieu devient un monstre de contradiction, un je ne sais quoi d'inintelligible et d'impossible. Cette théorie mystique du bien ruine donc du même coup la morale et la théologie rationnelle ; elle est donc tout à la fois immorale et athée, quelque innocentes et pieuses même que puissent être les intentions de ceux qui la soutiennent.

6°

Le sentimentalisme, ou l'amour de quoi que ce soit de beau et de bon, considéré comme principe suprême de la morale, est aussi une cause du scepticisme dans cet ordre d'idées.

Résumons ce long paragraphe. Si l'amour, l'amour comme sentiment, était l'alpha et l'oméga de la morale, il suffirait de reconnaître qu'il est passif et ne se commande point, qu'en fait on aime ou qu'on n'aime pas, qu'on aime un objet, et pas un autre ; que l'amour est par lui-même aveugle, — pour comprendre toute l'insuffisance, le danger même d'un pareil système.

Aimer est une passion : c'est un sentiment, un mouvement de l'âme, qui peut être plus ou moins éclairé, plus ou moins bien placé. Mais il est clair qu'à moins de tout confondre, ce n'est pas lui qui s'éclaire, parce qu'il est incapable de juger. C'est l'intelligence, la raison qui le guide.

Otez la raison, que deviendra l'amour des nobles choses, de la beauté intelligible, de la beauté morale, par exemple ? Voilà donc l'amour dans ce qu'il y a de plus élevé par son objet, s'il est isolé de la raison. Jusqu'où descendra-t-il alors ? La réponse est facile : si la raison est l'attribut distinctif de l'homme, et que la raison disparaisse, il ne reste de l'homme que l'animal en lui, et les appétits animaux. L'amour, l'amour tout entier, sous toutes ses formes, à tous ses degrés, a disparu.

Oui, l'animal n'a que des appétits, et point d'amours. On ne pourrait lui en reconnaître qu'en l'élevant assez pour le faire penser, et sentir en conséquence de cette pensée. Je sais que des naturalistes, des poètes se sont complu à cette idée. J'y crois peu. Mais je n'entends ni l'adopter, ni la contredire d'une manière trop absolue. L'essentiel est que tout amour proprement dit suppose une certaine délectation dans la pensée contemplative de quoi que ce soit ; ce qui suppose toujours un certain charme intellectuel, un jugement, une pensée, et pas seulement une perception, moins encore une pure sensation.

L'amour humain, réduit à cette dernière condition, ne pourrait être qu'un amour de brute. Est-il quelque chose de plus, il cesse par là même d'être animal ; ou plutôt il n'est plus seulement appétit, il est amour. Le degré peut en être faible, assurément, et l'appétit l'emporter encore ; mais si faible qu'il soit, il est intelligent par là même ; il est humain.

S'il vous plaît de l'élever davantage, de le porter jusqu'à l'enthousiasme, jusqu'à l'extase, la vue du sublime, du divin, vous n'y parviendrez qu'en exaltant l'esprit, qu'en vivifiant l'imagination, qu'en la ravissant. Mais alors vous aurez mis en évidence la subordination nécessaire du sentiment à la pensée, de la passion à l'intelligence.

C'est là précisément ce que nous soutenons ; et tout serait dit sur ce point si d'illustres penseurs n'en avaient parlé de manière à jeter des esprits peu sûrs et peu fermes dans une illusion qui a ses périls.

Si, comme le soutient Malebranche, « la vertu se conçoit et s'explique par l'ordre ; si l'ordre est le rapport des idées entre elles ; si, de plus, la vertu est l'amour obligatoire de l'ordre ; s'il n'y a au fond qu'un seul ordre, qu'une vertu, qu'un amour; si enfin *cet ordre est Dieu même, substance des idées et de leurs rapports ;* » il s'ensuit naturellement qu'il n'y a pas de devoir, pas de morale, pour quiconque manque de ces idées divines, ou d'amour pour elles. Il s'ensuit que des idées, des idées de rapport même, seraient des substances, une substance, la substance divine, et qu'aimer l'ordre, quel qu'il fût (car tout rapport est ordre, et dès lors divin), serait légitime. Il s'ensuit que ce réalisme mystique, fort contestable, s'il est intelligible, très inintelligible s'il est incontestable, n'aboutit qu'à des fantaisies bien plus propres à égarer le sentiment qu'à l'éclairer.

N'est-ce pas compromettre encore davantage la morale que de distinguer un amour libre et un amour qui ne l'est point, et de n'appeler vertu que l'amour libre ? Oui, certes, la vertu exige qu'il y ait liberté ; mais l'amour, le sentiment est-il libre ? est-on libre de sentir ou de ne point sentir ? de sentir de telle façon ou de telle autre ? Et si on ne l'est pas, comme je le soutiens, si on ne l'est pas directement, du moins, que deviendra la vertu ? Il n'y en aura pas s'il n'y a pas d'amour, puisqu'elle est l'amour de l'ordre ; il n'y en aura pas davantage si l'amour existe, puisque l'amour n'est pas libre.

Point donc, dans ce système, de vertu possible absolument.

Il ne suffit pas même, pour qu'il y ait vertu, suivant l'illustre oratorien, que l'amour existe ; il faut, de plus, que cet amour « soit dominant, habituel, et qu'il soit de plus préparé par certaines qualités de l'esprit et par certains secours que procure la grâce. » — Nous voilà d'accord ; l'amour n'est pas comme le pouvoir ; il se donne et ne se prend pas. Qu'est-ce à dire, sinon que la vertu est un don de Dieu ? Je n'y répugne assurément point, mais à la condition de s'entendre. Ce qui ne serait point là une petite affaire, et à laquelle nous renonçons par là même.

L'étude des mobiles impersonnels, parvenue à ce point, ne demande plus de développements. Elle peut être close par cette conclusion générale, qu'aucun de ces mobiles, si précieux qu'il puisse être comme tel, c'est-à-dire comme moyen d'intéresser la sensibilité au respect du devoir, ne peut tenir lieu du devoir lui-même.

Il est facile de prévoir que les autres principes d'action qu'il nous reste à examiner, si respectables qu'ils soient d'ailleurs, ne pourront non plus nous fournir le principe supérieur que nous cherchons, tant qu'ils ne viendront pas se résoudre dans la loi morale. Mais encore faut-il le montrer : un mot suffira souvent pour remplir cette tâche.

§ III.

Des motifs d'action.

L'impersonnalité des motifs, leur caractère rationnel ou intelligible, et par là même leur indépendance à l'égard de notre sensibilité et de notre volonté même, sont encore plus manifestes ici que dans les mobiles impersonnels que nous venons d'examiner. On sent que la pensée gagne en élévation ; qu'elle se détache de plus en plus d'elle-même ; que la raison d'agir devient insensiblement plus indépendante de nos dispositions et de nos faiblesses ; qu'elle prend, à mesure qu'elle s'élève ainsi, un langage toujours plus pur, une autorité toujours plus forte. C'est le perfectionnement de nous-mêmes et le bonheur d'autrui, l'ordre universel, l'opinion publique, la loi civile, la loi religieuse, la loi morale enfin.

Il ne s'agit plus de l'amour de tout cela, mais seulement de tout cela comme règle suprême de la morale, que nous l'aimions ou non.

De là autant de systèmes encore, systèmes conciliables d'ailleurs, et qui n'ont d'autre tort que d'être des systèmes, c'est-à-dire de séparer ce qui doit rester uni, en un mot d'être exclusifs.

I.

Du perfectionnement de soi-même.

Nous sommes tenus de corriger nos défauts et nos vices, d'accroître nos qualités et nos vertus. C'est là un devoir, un devoir si vaste même qu'il comprend tous les autres. Mais il suppose deux choses, un idéal de perfection, et la conception de la nécessité morale ou le devoir de réaliser cet idéal en nous, suivant la mesure de notre pouvoir. Sans idéal, point de but assignable à nos efforts, point de direction même; sans nécessité morale, point de devoir.

Ce dernier point est précisément ce que nous cherchons, et ce qui ne se trouve pas nécessairement compris dans l'idée de perfectionnement.

Cette maxime suprême d'action ne s'adresse plus alors qu'au goût du beau ; elle nous représente à nous-mêmes comme étant mieux d'une façon que d'une autre, mais non pas comme obligés de nous donner cette première forme plutôt que la seconde. En d'autres termes, la maxime du perfectionnement, quand elle est seule, quand elle n'est éclairée et dominée par aucune autre, regarde l'esthétique plutôt que la morale.

Mais ceux qui l'ont proclamée comme principe suprême, Wolf surtout, s'ils n'ont pas affirmé la nécessité morale de s'y conformer, l'ont encore moins niée. C'est de leur part un simple vice d'analyse et de classification. Nous ne voudrions pas être plus sévères à l'égard des auteurs de la plupart des autres systèmes que nous avons examinés ou que nous examinerons. Mais il importe dans une étude de dissiper toute confusion, de ne laisser passer aucune inexactitude. Autant il est convenable et juste d'être facile sur les intentions, autant il est nécessaire d'être sévère pour les doctrines. Les noms de Socrate, de Leibniz, de Wolf, de Franklin, de Feder, etc., malgré la différence d'autorité qui s'attache à chacun d'eux, sont tous assez respectables cependant pour qu'on ne puisse avoir le moindre doute sur la pureté et l'élévation des sentiments de ceux qui les ont portés; mais dès qu'il s'agit d'un point de doctrine qui leur est commun, la raison doit encore inspirer plus de confiance et servir à les juger tous.

II.

Du bonheur d'autrui.

Celui qui prend à cœur son perfectionnement, ne peut manquer à ses semblables ; non seulement il respectera leurs droits, mais il travaillera à les rendre plus heureux, puisqu'il est mieux d'être bienfaisant que de s'en tenir à la simple justice.

L'inverse n'est pas complétement vrai : on peut être très sensible au bien-être des autres, et ne pas tenir assez à toutes les qualités qui constituent le perfectionnement de soi-même.

La maxime qui met le bonheur de nos semblables en tête de la morale, a donc ce premier inconvénient, de n'être pas complète. Nous n'avons constaté ce défaut qu'à un point de vue seulement ; il était inutile d'être plus explicite.

Elle a un autre défaut qui n'est pas moins grave, c'est de ne pas comprendre en soi-même la notion d'obligation morale : elle est faite pour la recevoir ; elle l'appelle ; il y a entre ces deux choses une alliance de droit ; mais enfin le bonheur d'autrui par notre fait, et le devoir de ce fait ne sont point une seule et même idée.

Un troisième défaut, c'est que, si cette maxime était la règle souveraine de nos actions, elle pourrait avoir, comme conséquences logiquement légitimes, ces deux ou trois graves inconvénients : de procurer aux autres un bien physique qui pourrait être un mal moral, qui pourrait devenir même un mal physique ; car ce n'est pas à nous, ce n'est pas à l'agent, dans cette hypothèse, à juger de ce qui peut ou ne peut pas contribuer au bonheur d'autrui? Et comment s'y prendre, par quel fil se diriger dans le labyrinthe des intérêts divers qui se croisent, se choquent et se contredisent? Quels intérêts sacrifier aux autres? Comment ne pas suivre en cela ses sympathies personnelles, à moins de recourir à la justice? Mais quoi de plus aveugle souvent que ces sympathies? D'un autre côté, invoquer la justice et reconnaître la rigueur impartiale de ses décisions, n'est-ce pas s'élever à l'idée? n'est-ce pas sortir de l'intérêt, du bonheur? Enfin, si le bonheur d'autrui était la règle souveraine, il faudrait donc y sacrifier le nôtre propre, sans autre considération que celle du besoin d'un côté et du dévouement de l'autre? Mais alors, si le dévouement devient un principe universel, je veux dire s'il est universellement accompli, il ne profitera à personne, puisque chacun, dans l'hypothèse, ne tient compte que des souffrances d'autrui, et nullement de celles qu'il endure personnellement.

Supposons au contraire que la maxime examinée ne soit acceptée et pratiquée que par un petit nombre ; que la plupart en soient peu touchés, et que tout entiers au soin de se rendre heureux, mais par trop oublieux des règles de la prudence, ils soient tombés dans le malheur : la vertu des uns n'aurait alors d'autre résultat que la nécessité de s'immoler aux vices des autres ; les sages devraient porter la peine des insensés ! On voit donc encore une fois que cette maxime ne se suffit point, qu'elle doit être éclairée et dominée par d'autres.

Kant, dans ses *Principes de morale,* a mis en regard le perfectionnement moral de soi-même et le bonheur d'autrui, comme les deux grands devoirs à remplir. Il a prétendu que cette double position à l'égard de nous-mêmes et des autres ne pouvait pas être rendue complexe par les devoirs inverses de travailler à son propre bonheur et au perfectionnement du prochain. La raison en serait, d'une part, qu'on ne pourrait pas ériger en devoir notre propre bien-être, attendu que nous y aspirons fatalement, et qu'ainsi l'on ne peut faire une vertu de ce qui est nécessaire, pas plus qu'on n'en peut faire une de l'impossible. D'autre part, le perfectionnement moral comme la moralité elle-même consiste particulièrement dans l'intention, et nous ne pouvons pas vouloir pour autrui. Le perfectionnement de nos semblables ne pourrait donc pas plus être un devoir pour nous que notre bonheur propre.

Je crains qu'il n'y ait là quelque subtilité : sans doute nous pouvons plus pour notre propre perfectionnement que pour celui des autres ; sans doute il nous est plus facile de contribuer à leur bonheur qu'à leur moralité ; sans doute encore nous désirons inévitablement notre bonheur ; sans doute enfin ce nous serait une vertu trop facile que de le vouloir. Mais est-il donc impossible de prendre souci des intentions et de la moralité d'autrui ; de joindre à nos bienfaits nos bons conseils ; de mettre du discernement dans nos bonnes œuvres ; d'aider celui qui est tombé à se relever, de prêter appui à celui qui fléchit et s'affaisse ? Est-il impossible, sans penser et vouloir pour autrui, de contribuer à la direction de sa pensée, à l'élévation de ses sentiments, à l'épuration de ses désirs, à la bonté morale même de ses actions ? S'il n'y a rien là qui ne soit possible, qui ne se voie même chaque jour, pourquoi le perfectionnement moral d'autrui ne ferait-il pas aussi partie de nos devoirs ?

De même, si je désire naturellement, fatalement, mon bonheur, et si à cet égard je ne puis être obligé, par le fait cependant que je puis chercher mon bien-être par tels moyens ou par tels autres, ici ou là, avec plus ou moins de souci et d'ardeur, ne serais-je donc pas tenu à prendre telle voie plutôt que telle autre ; à mettre du discernement et de la mesure dans le choix des moyens d'ailleurs licites; à ne pas oublier même trop facilement un bonheur qui a le double avantage d'être dans les aspirations légitimes de la nature, et de rendre mes devoirs plus faciles à remplir ? Nous ne voyons donc pas pourquoi une juste sollicitude pour notre bonheur ne ferait pas également partie des devoirs à l'égard de nous-mêmes. Nous le voyons d'autant moins, et c'est là sans doute l'excuse de l'auteur, que ce soin nous semble être une conséquence nécessaire de celui de notre perfectionnement.

Mais nous convenons facilement que si notre bonheur personnel et le perfectionnement du prochain font partie de nos devoirs, ils n'occupent que la seconde place. Ce qui n'empêche point que le bonheur d'autrui et le perfectionnement personnel ne soient que des maximes d'action, des devoirs particuliers déjà, qui supposent un principe plus élevé.

III.

Du bonheur d'autrui et du nôtre propre réunis, ou du bien public.

Il y a visiblement plus de largeur dans ce système complexe que dans les deux systèmes simples qui le constituent, à plus forte raison que dans les systèmes rationnels ou empiriques qui ont une autre base de plus en plus impropre à supporter l'édifice moral. Mais outre qu'il est encore sujet aux vices qui atteignent chacun des systèmes élémentaires, quoique à un moindre degré, il en a un autre qui lui est propre, et qui ne peut être évité qu'à la lumière d'un principe supérieur; c'est de laisser indéterminée la mesure respective du bien public et du bien privé. Et cela non seulement d'individu à individu, de famille à famille, de famille à communauté, de communauté à communauté, de communauté à Etat, d'Etat à Etat, et ainsi de suite.

Et puis, qu'est-ce que le bien? comment serait-il obligatoire par lui-même ou qu'est-ce qui en fait l'obligation? C'est toujours, comme on voit, le même *desideratum*.

On ne peut donc pas dire d'une manière absolue, ou en restant strictement attaché à l'idée de bien physique, comme on doit le faire sous peine de tout confondre, on ne peut pas dire avec Cumberland que « le bien public fournit la règle et la juste mesure de toutes les vertus (1). » Les devoirs sociaux eux-mêmes n'y trouvent point cette détermination précise. On le ferait voir très explicitement si tout ce qui précède pouvait laisser à cet égard le moindre doute. Les devoirs privés sont encore laissés dans une indétermination plus marquée par un critérium qui s'en éloigne si fort.

---

(1) *Traité philosophique des lois naturelles*, VIII, § 2.

Il serait d'ailleurs très à craindre que si l'on entreprenait de régler les vertus privées d'après l'intérêt public, on ne fît entrer la morale dans le droit, et qu'on ne retombât par cette pente dans la déplorable confusion des législations barbares et dans celles de tout le moyen âge, où tous les péchés étaient délits, et où les vices même d'institution ecclésiastique figuraient au rang des délits et quelquefois des crimes.

Tout en admettant avec Cumberland que « la poursuite du bonheur personnel doit être limitée et déterminée par la vue du bien commun (1), » nous ne pouvons lui accorder que « la recherche du bien commun soit la seule chose en quoi tous les êtres raisonnables puissent tomber d'accord (2). » On disputera sur la nature de ce bien, sur son objet, sur sa mesure, etc. Il sera toujours plus facile, selon nous, de s'entendre sur le juste, surtout si l'on est désintéressé dans la question, que sur l'utile. L'utile demande, pour être reconnu, de la sagacité, une suite d'idées, du calcul. Le juste, au contraire, saisit en général du premier abord la pensée qui prend à tâche de le reconnaître.

Ce n'est donc qu'à la condition des réserves que nous venons de faire que nous admettrons les propositions suivantes, qui sont fondamentales dans le système du bien public, comme règle suprême de la morale :

1° Posé la connaissance d'une dépendance nécessaire entre « la recherche du bien public et le bonheur de chacun, on sait certainement que chacun est tenu de rechercher un tel bien (3). »

« Celui qui, autant qu'il le peut, contribue le plus au

---

(1) *Traité philosophique des lois naturelles*, V, § 48.
(2) Id., V, § 46.
(3) Id., V, § 57.

bien de l'ensemble des êtres raisonnables, contribue aussi le plus à l'avantage des parties de cet ensemble (1). »

« Le bien commun renferme celui de toutes les parties, grandes ou petites, du genre humain. Les avantages et les droits des moindres sociétés sont limités par ceux des plus grandes (2), » et, ajouterions-nous, « les limitent. »

On comprendra mieux, en présence des tourmentes qui agitent la société moderne, à combien de difficultés spéculatives et pratiques pourrait donner lieu l'aphorisme suivant : « Toutes les lois naturelles et toutes les vertus se déduisent de ces propositions :

« Il est nécessaire pour le bien commun de faire un partage des choses et des services mutuels et de maintenir ce partage en agissant tant envers autrui qu'envers soi-même, comme le demande la conservation des peuples, des Etats et des familles dont on est membre. »

« Ce qui conserve le tout conserve aussi les parties ; »

« La conservation des parties moins considérables ou subordonnées dépend de la conservation des parties principales (3). »

IV.

De l'ordre universel.

Qui connaît, qui peut connaître l'ordre universel ? S'il fallait à chacune de nos actions en démêler les mobiles les plus cachés, les conséquences les plus éloignées, nous serions fort empêchés. Nous n'aurions pas même la ressource de nous abstenir avec sécurité. Car nous serions res-

---

(1) *Traité philosophique des lois naturelles*, V, § 56.
(2) Id., VI, § 1 et 2.
3) Id., VIII, § 13.

ponsables de cette abstention comme nous l'aurions été d'une action ou d'une autre.

Nous concevons toutefois qu'on éprouve le vice ou la bonté d'une maxime en l'étendant par la pensée à tous les hommes, comme le voulait le philosophe de Kœnigsberg : ainsi est mauvaise une maxime qui, universellement suivie, tournerait au préjudice ou à la ruine de l'humanité. Mais encore faut-il supposer alors qu'on n'est pas soi-même dans des circonstances exceptionnelles : on ne peut, par exemple, faire une loi absolue du mariage, bien que sans l'union de l'homme et de la femme l'humanité dût bientôt périr. L'éloignement pour cette union, lors surtout qu'il est instinctif ou qu'il tient plus du sentiment et du goût que de considérations qui peuvent être plus ou moins plausibles, doit être respecté.

Toutefois l'ordre, universel ou non, implique seulement l'idée de bien esthétique. Il n'est donc pas plus obligatoire par lui-même que l'art en général. Il y a certainement une convenance à réaliser un idéal lorsqu'on le peut, quel qu'en soit l'objet, en morale comme ailleurs, plus qu'ailleurs si l'on veut ; mais jamais cette convenance et ce plus n'iront jusqu'à l'obligation, si l'on ne sort pas de la notion d'ordre pour passer à celle d'obligation.

Jouffroy, cherchant à se rendre compte de la notion de bien moral, commet donc une faute en résolvant cette notion dans celle d'ordre. Celle-ci est beaucoup plus générale que l'autre ; au lieu donc de chercher l'espèce dans le genre, en s'élevant, par la généralisation, de l'une à l'autre, il fallait au contraire ne voir dans le bien moral qu'une espèce de bien ou d'ordre, et y ajouter par une synthèse primitive ou *à priori* une notion toute rationnelle pure encore, mais qui est aussi première dans son espèce, la notion de devoir ou de nécessité morale. Mais c'était pour ainsi dire l'abandonner, lui tourner le dos que de la chercher en passant de la conception de bien moral à la conception de bien en général, et de celle-ci à celle d'ordre.

Il n'est pas moins vrai de dire avec Hutcheson et Jouffroy lui-même que l'ordre, et le bien sous toutes ses formes, celui du moins qui est susceptible d'être réalisé par nos efforts intelligents, est l'objet d'une vertu complète. Mais il faut reconnaître alors que le bien, ainsi entendu, est la matière du devoir; que cette matière n'est point obligatoire en soi; qu'elle a besoin, pour le devenir ou pour passer de l'ordre du beau dans l'ordre moral, de revêtir une forme, la forme du devoir. Et alors encore il faudrait distinguer des devoirs plus ou moins stricts.

S'il y avait à cet égard une règle indépendante de notre volonté, qui nous dît ce qui est à faire et ce qui ne l'est pas, il faudrait la chercher et la reconnaître. On a cru la voir ici ou là, dans l'opinion, dans les usages, les coutumes et les lois, dans les lois religieuses surtout, dans le sentiment moral, enfin dans une loi morale intérieure, naturelle, universelle.

V.

De l'opinion.

Si l'opinion pouvait être la règle souveraine des mœurs, elle serait toujours légitime; il suffirait qu'elle fût pour qu'elle fût bonne. Car si elle pouvait différer du bien au mal, du bien au mieux, du mal au pire, c'est qu'elle pourrait être jugée d'après une règle de conduite supérieure et plus sûre.

Or, est-il possible d'admettre que toute opinion est également raisonnable? ne serait-ce pas en proclamer la parfaite indifférence? Et si tel ne peut être le caractère d'une loi morale, puisque nos intérêts, nos destinées tiennent à nos actions, il faut qu'une opinion vaille mieux ou moins qu'une autre, suivant qu'elle est plus ou moins propre à nous conduire à notre destinée. Si, d'un autre côté, cette destinée est une, comme la nature humaine qui sert à la déterminer, il est clair encore que les lois de nos actions, si nombreuses et si variées qu'elles soient, doivent être d'accord avec elles-mêmes, en ce sens qu'elles doivent tendre d'ensemble, harmoniquement, vers un but unique.

Mais est-il possible de soutenir que dans chaque pays, à chaque époque de la civilisation, l'opinion qui tend à gouverner un peuple est la meilleure possible; que les changements qu'elle éprouve sont toujours fondés en raison; ou que sa constance et son immobilité est ce qu'il y a de plus désirable; que si elle est divisée, le bon sens et le bon droit est toujours du côté du grand nombre ou toujours avec la minorité; que le parti qui l'emporte ou celui qui succombe a constamment raison?

Mais encore que l'opinion fût aussi d'accord avec elle-même qu'elle l'est peu, qu'on l'envisage soit dans des temps et des lieux différents, soit dans les mêmes temps et les mêmes lieux, il n'en est pas moins vrai qu'elle ne porte pas en soi ce caractère d'obligation qui fait loi aux yeux de la raison. L'opinion n'est en soi qu'une façon de penser commune à un plus ou moins grand nombre d'hommes, mais elle n'oblige pas même ceux qui la suivent; car ils en peuvent changer; c'est leur droit.

L'opinion est d'autant moins imposante, quel que soit le nombre de ceux qui l'embrassent, qu'elle est moins raisonnée, qu'elle est plus préjugé, et que ce préjugé est moins fondé en raison. Elle peut être alors un effet de l'ignorance, de la superstition, de l'imposture ou de l'ambition.

CHAPITRE I. — SUR LES PRINCIPES D'ACTION. 143

On nous oppose les préjugés de l'honneur, de la gloire, pourquoi ne répondrions-nous pas avec Epicure : Cache ta vie ? Et si Epicure lui-même ne l'a pas cachée, comme Plutarque le lui reproche, est-ce une raison suffisante de ne pas goûter sa maxime ? Sans doute, il sera permis de la laisser à ceux qui la croient bonne, et de chercher le bonheur dans l'agitation, les affaires et le bruit ; mais nous répondrons que cela même est affaire de goût, et qu'il y a loin de la célébrité à la vertu. Tout en supposant que l'opinion, l'honneur, la gloire soient toujours d'accord avec la vertu véritable, que deviendraient, dans ces systèmes, les vertus privées et les vertus de famille ? quelle serait la règle d'une conduite qui n'a pas de témoin, dont la place publique n'est pas le théâtre ? ou qui oserait prétendre que les actions qui remplissent la majeure partie de l'existence chez la presque totalité des hommes soient indifférentes et n'aient pas besoin de règles ? Je veux bien qu'il n'y ait pas de héros aux yeux d'un valet de chambre, mais je ne puis consentir à ce qu'il n'y ait pas encore un homme.

Disons donc avec Montaigne : « Ce n'est pas pour la montre que notre âme doit jouer son rôle ; c'est chez nous, au dedans, où nuls yeux ne donnent que les nostres. »

Il n'est pas défendu cependant d'être sensible à l'opinion ; il serait même fâcheux de la mépriser trop : c'est un mobile ou un frein qui peut avoir son utilité, et que saint Paul lui-même conseille de ne point dédaigner : *cura de bono nomine*. L'essentiel est de la subordonner à la conscience, au lieu de la lui donner pour guide. « N'oublions jamais, dit l'un de ceux qui ont le mieux fait ressortir le prix de la gloire (1), n'oublions jamais que la gloire est la récompense la plus honnête de la vertu, mais qu'elle n'en

---

(1) Louis de Sacy, *Traité de la gloire*, p. 246, 247.

doit pas être le motif... Ce n'est point la récompense, c'est le motif seul de l'action qui la rend mercenaire... S'il y a toujours de la gloire à être vertueux, et que dès là qu'une action est vertueuse, elle est nécessairement digne de gloire, cette action ne cesse pas d'être vertueuse, parce qu'en la faisant, on mérite de la gloire ou que l'on s'en attire. » De cette manière, en effet, la gloire ne porte point dommage à la vertu, et la vertu devient le titre à la gloire.

VI.

Des usages, des coutumes et des lois.

L'opinion conduit aux usages, aux coutumes, et dicte les lois. On peut dire des effets ce qui vient d'être dit de la cause, à savoir, que les lois, prises dans le sens large, qui permet d'entendre aussi par là les coutumes et les usages, ne peuvent pas servir de principe universel d'action, parce qu'elles ne règlent que la vie publique ; parce qu'elles ne peuvent porter que sur des actions extérieures elles-mêmes, et nullement sur les intentions, qui sont la grande affaire en morale ; parce qu'elles ne doivent être elles-mêmes, pour la plupart, que la conséquence ou l'application d'une loi supérieure, qui est leur raison d'être ; parce qu'elles varient suivant les temps et les lieux ; parce qu'elles seraient toujours et toutes également bonnes, s'il suffisait qu'elles fussent l'expression de la volonté du souverain pour qu'elles fussent ce qu'elles doivent être, puisque les pires ne diffèrent point des meilleures à cet égard.

Le législateur ne fait pas des lois injustes ou immorales pour le coupable plaisir de braver l'honnêteté et la justice : un prince insensé et tyran pourrait seul affronter à ce point la conscience publique. Mais si justes et si honnêtes que puissent être en général les lois d'un peuple, elles n'ont pas en elles-mêmes leur raison d'être. Elles sont, en outre, un lettre morte ou brutale que la conscience doit vivifier ou modérer dans la pratique. De là le tempérament du droit strict par l'équité, le *summum jus* qui serait une *summa injuria*, si l'esprit, qui n'est autre chose que l'intention explicite ou implicite du législateur, ne venait assouplir la rigidité de la lettre.

Que de nécessités encore la loi ne subit-elle pas en vue du bien public ou d'un moindre mal! que d'actions elle tolère! que d'injustices même elle consacre, impuissante qu'elle est à les réprimer, persuadée au contraire que la tentative de le faire apporterait au corps social un dommage bien supérieur au désordre qu'elle endure! Et cependant ces injustices, ces désordres sont condamnés par la conscience publique et par la conscience privée : nul homme digne d'être estimé honnête ou équitable ne se permettra ce que la loi croit devoir laisser impuni de la part de ceux qui sont moins délicats. N'est-ce pas dire assez combien à cet égard encore elle est inférieure à la conscience?

Nous avons vu déjà l'impossibilité de résoudre le bien moral dans la règle civile des actions qui intéressent la société; ainsi ces règles ne sont pas la règle suprême, et la règle suprême n'en est pas déduite.

VII.

De la loi religieuse.

Il ne s'agit pas ici de la loi morale naturelle, qui est bien aussi une loi religieuse, la loi religieuse par excellence même, mais bien des lois positives qui se rencontrent à des degrés divers dans la plupart des religions.

Distinguons d'abord des lois purement cérémonielles et des lois disciplinaires, dont les unes règlent les pratiques du culte et les autres la hiérarchie sacerdotale et le gouvernement de la société religieuse par ses chefs, et les lois morales proprement dites, qui sont destinées à régler au nom de Dieu même les actions des croyants comme individus, comme membres d'une cité particulière, ou comme membres de la grande société humaine.

Il ne peut être ici question des deux premières espèces de lois, des lois cérémonielles et des disciplinaires, qui ont un but plus ou moins artificiel et restreint, et qui dès lors n'intéressent point l'homme en tant qu'homme, mais uniquement comme membre du corps sacerdotal ou religieux auquel il peut appartenir.

Il s'agit donc uniquement des lois destinées à régler notre conduite comme homme à l'égard de nous-mêmes, de nos semblables et de Dieu, et qui ont été données à l'homme par la divinité rendue visible, ou qui sont réputées avoir une telle origine.

Raisonnons donc dans cette hypothèse, puisque nous n'avons pas à examiner le fait, et que nous devons au contraire le tenir ici pour véritable.

On ne peut reprocher à la loi religieuse, surtout à la chrétienne, singulièrement à la loi catholique, de ne pas s'étendre à toute l'activité humaine, de n'atteindre que les actions extérieures, de laisser les intentions libres et à découvert, de varier suivant les temps et les lieux, de manquer d'autorité quant à leur origine, d'avoir été dictées peut-être par l'ignorance, le préjugé ou la passion, de manquer de force ou de sanction, de pouvoir tomber en désuétude par suite des changements possibles dans les sociétés chrétiennes, d'être énervées par la corruption ou la faiblesse du tribunal qui doit les faire respecter : Dieu qui en est l'auteur, est aussi le juge qui, en définitive, les applique, qui récompense et qui punit. Appropriées qu'elles sont à la nature humaine, elles seront immuables comme elle, immuables comme la sagesse et les desseins de leur auteur.

Il n'est pas possible non plus qu'elles soient imparfaites ou médiocrement bonnes et justes ; elles ne peuvent être qu'excellentes.

La volonté divine expressément manifestée, telle est donc la loi la plus parfaite que nous puissions recevoir, devant laquelle toutes les autres doivent fléchir ou disparaître ; ou plutôt pour laquelle les autres ne peuvent plus être raisonnablement que des moyens ou des auxiliaires.

Mais encore faut-il comprendre cette volonté divine et cette loi qui en est l'expression. Et comme elle s'adresse à notre raison, c'est par cette raison seule qu'il nous est donné de la recevoir et de l'entendre.

. D'un autre côté, si la raison humaine, dont la source divine est certaine d'une certitude qui ne souffre aucun doute, rendait aussi des oracles pratiques, il faudrait bien convenir que ces oracles auraient le caractère sacré de la voix qui les fait entendre.

Et comme il en est ainsi aux yeux du sens commun et de la réflexion, il s'ensuit que cette loi innée, universelle, proclamée par la raison, ne peut contredire une loi qui serait révélée, ni en être contredite ; que ces deux lois ne seraient et ne pourraient être que deux expressions de la même idée, destinées à s'éclairer, à s'expliquer, à se fortifier l'une l'autre. Point donc entre elles de collision possible ; pas plus qu'il ne peut y avoir de contradiction dans les idées et les volontés divines.

Toute opposition entre ces deux sortes d'oracles ne pourrait donc être qu'apparente : si elle avait lieu cependant et qu'on fût obligé d'imposer silence à l'un pour suivre l'autre, il ne faudrait pas oublier que la loi naturelle est une loi vivante, qu'elle fait partie de l'humanité ; qu'elle doit à ce titre se rencontrer chez tous les hommes, dans ceux-là surtout dont la raison a reçu comme un surcroît de force et d'éclat par les lumières de la civilisation.

On ne peut non plus disconvenir que la raison morale est nécessaire pour recevoir et comprendre une révélation, et que, comme l'enseigne quelque part saint Augustin, rien en fait d'idées primitives ne peut être révélé à l'homme, qu'il n'en ait déjà une certaine connaissance. En effet, toute parole, émanât-elle de la bouche de Dieu même, pour être entendue, doit avoir pour objet une idée qui soit déjà dans l'esprit de celui auquel cette parole s'adresse, ou qui en soit comme le fruit naturel : autrement, elle serait proférée en vain ; elle ne serait qu'un pur son ; elle cesserait d'être un signe.

Si donc l'homme n'avait pas été créé un être moral, c'est-à-dire doué d'une faculté qui produit en lui spontanément les idées morales dans toutes les circonstances où il est opportun qu'elles se manifestent, de la même manière qu'il est doué d'une faculté perceptive qui produit en lui les perceptions qu'il est de sa nature d'avoir, suivant les circonstances extérieures où il se trouve placé ; jamais il n'aurait pu comprendre aucun enseignement moral extérieur. Cet enseignement moral du dedans a donc dû précéder celui du dehors, de la même manière que nous avons dû avoir par nous-mêmes les perceptions diverses des choses, nous les parler en les éprouvant, en nous les rappelant, en les imaginant, avant de pouvoir nous les parler en leur attachant les signes du langage.

Celui qui serait dépourvu, je ne dis pas de la raison morale, mais seulement des idées morales que produit cette raison, ne serait donc pas plus capable d'en acquérir la notion par le langage, que le sourd-muet n'est capable de percevoir les sons, et l'aveugle de percevoir la lumière et les couleurs, en les entendant nommer.

La parole n'a donc point la vertu magique que, dans l'intérêt d'un système ou d'une cause respectable, on lui a sophistiquement attribuée : elle aide assurément à fixer nos idées, à les contempler, à les rapprocher, à les traiter par l'analyse et la synthèse ; mais elle n'a pas d'autre puissance ; elle est absolument impropre à produire par elle seule aucune d'elles, la plus sensible ou la plus grossière, aussi bien que la plus intelligible et la plus déliée.

Il est donc vrai de dire qu'à certains égards, en morale comme en tout le reste, nous n'apprenons, nous ne pouvons même apprendre que ce que nous savons déjà, eussions-nous Dieu pour maître. S'il voulait nous enseigner autre chose, il faudrait qu'il commençât par modifier notre nature, et mettre en nous ce qu'il voudrait nous y faire remarquer ; car tout enseignement n'est qu'un appel fait à l'attention sur ce qui se passe en nous : enseigner, c'est montrer, indiquer ; ce n'est pas créer. Ou si quelque chose se crée en nous, c'est une idée ; mais le créateur immédiat de cette idée, c'est une faculté. Tout ce que le maître le plus habile peut faire, sans un miracle qui consisterait à transformer notre nature intellectuelle, à changer les lois qui la régissent actuellement, c'est de placer l'élève dans les circonstances propres à mettre en jeu les facultés destinées à produire les idées.

Or, les situations diverses où nous nous trouvons dans la vie sont précisément les circonstances qui font éclore les idées morales. Supprimez-les ; mettez à la place toutes les paroles qu'il vous plaira d'imaginer ; faites parler le ciel lui-même, faites-le tonner de sa voix la plus forte, l'homme ne comprendra rien.

S'il a exercé sa volonté sur d'autres êtres plus faibles que lui, et qu'il ait réfléchi à cette situation respective, sans du reste s'être formé d'autres idées que celle de sa supériorité, de la supériorité de sa force, il pourra comprendre qu'un être plus fort que lui entend lui imposer sa volonté ; il pourra courber la tête pour recevoir le joug ; mais il ne cédera qu'à la force ; c'est une nécessité qu'il subira, ce n'est pas une loi de raison qu'il acceptera librement et qu'il accomplira de même. Tout ici est force, puissance ou faiblesse ; tout est crainte, espérance, passion. Il n'y a là, en un mot, que de la dynamique, de la sensation et de la passion.

Voilà donc une différence profonde entre la loi naturelle et la loi religieuse positive, et toute à l'avantage de celle-là ; c'est que la première peut être et être entendue sans la seconde, tandis que la seconde ne saurait être ni être entendue sans la première.

La loi révélée ne peut donc être acceptée comme juste, comme bonne, comme vraie d'une vérité morale, que par la raison morale elle-même, et par une raison morale développée, et non par une raison morale simplement en puissance. Quelle différence autrement y aurait-il entre l'homme et les animaux ?

S'il en est ainsi, on ne peut disconvenir également que la convenance morale d'accepter cette loi, en considération de la sainteté et de l'infaillibilité de son auteur, ne peut être conçue que par une raison capable de concevoir des motifs de cette espèce, c'est-à-dire encore par une raison morale de sa nature. Il y aurait en effet contradiction à la supposer tout à la fois non morale de sa nature et cependant obligée moralement d'accepter une loi d'un législateur dont l'autorité lui serait moralement inconcevable. Autre chose, en effet, est l'idée d'un supérieur en force, autre l'idée d'un supérieur en droit : la première situation se sent et se conçoit, sans qu'il soit nécessaire d'y concevoir la seconde, de même que la seconde peut se concevoir indépendamment de la première. Il est vrai qu'elles peuvent être réunies ; mais elles ne sauraient être identifiées ni raisonnablement confondues. C'est ce qu'ont fait pourtant la plupart de ceux qui, frappés de l'infinie puissance de Dieu, relativement à l'homme et à l'univers, ont cru voir dans cette puissance même une raison suffisante de commander à l'homme et au reste du monde, et dans la faiblesse de l'homme un motif moralement nécessaire d'obéir. Et pourtant, ce n'est là qu'une raison dynamique, qui n'a rien de commun avec la morale, mais qui appartient exclusivement à la physique, et qui, par cette raison, assimile l'homme à l'animal, à la matière la plus brute.

C'est ainsi qu'en voulant donner à Dieu des prérogatives dont sa sainteté et sa sagesse ne veulent point, on dénature l'une de ses œuvres les plus magnifiques, on efface dans l'homme le cachet de son auteur, le signe le plus frappant de sa filiation divine.

Nous ne pouvons donc hésiter à le dire : la volonté divine, manifestée par une révélation, n'est pas le principe suprême de la morale, puisque seule et en elle-même, elle serait moralement inintelligible, et qu'elle ne pourrait être reçue que par des considérations étrangères à toute convenance morale. L'homme alors ne pourrait obéir à la volonté divine que par une sorte d'instinct, de passion, de crainte ou d'espérance, de nécessité physique, en un mot, analogue aux mobiles qui rendent les animaux dociles entre nos mains. Il n'y aurait de sa part ni mérite à s'y plier, ni démérite à s'y soustraire.

Si la loi naturelle est par ce côté-là antérieure et supérieure à toute révélation, si elle est la condition sans laquelle nous ne pourrions ni comprendre, ni recevoir moralement un enseignement moral révélé, elle est par là même le critérium qui doit servir à l'entendre, à l'interpréter, à le juger digne ou indigne de l'origine qu'il annonce. Les miracles eux-mêmes doivent fléchir plutôt que la doctrine, car si « les miracles discernent la doctrine, la doctrine discerne les miracles... S'il n'y avait point de règles pour les discerner, les miracles seraient inutiles, et il n'y aurait pas de raison de croire (1). »

Mais il y a bien plus : c'est que Dieu ne nous est bon et adorable que par sa nature morale, et que cette nature ne nous est concevable que par ce côté de la nôtre qui correspond à celle-là. Otez celle-ci, et vous faites disparaître l'autre de l'esprit de l'homme. Vous ne comprenez plus rien dès lors à l'économie de la providence dans le monde : on ne conçoit plus ni révélation morale dès l'origine, ni par conséquent défense et précepte proprement dits, ni par suite nécessité morale de l'obéissance, ni culpabilité dans l'infraction, ni châtiment mérité, ni bonté dans le pardon ou relèvement promis, ni grâce et justice dans l'accomplissement de cette promesse ; on ne voit plus dans les destinées providentielles du genre humain que les fantaisies d'une humeur gracieuse ou terrible, mais qui n'a d'autre loi que l'arbitraire.

Comment, s'il en était ainsi, l'homme pourrait-il être une créature morale, capable de la sublime notion du bien, et de la notion non moins sublime et sacrée du devoir?

---

(1) Pascal, *Pensées*, édit. de M. Havet, p. 273, 275.

Nous n'hésitons pas à le dire, si Dieu n'était pas lui-même l'être juste et saint dans toute sa perfection ; s'il nous avait faits ce que nous sommes moralement ; s'il avait pu déposer dans nos âmes la loi sainte qui nous régit sans l'avoir lui-même éminemment, divinement, sans qu'elle fût (en un sens facile à comprendre) tout son être moral, il serait par là au-dessous de l'homme, et il faudrait dire du Dieu des chrétiens ce que la philosophie du Portique disait de Jupiter, comparé au sage ; il faudrait donner l'avantage à l'homme sur Dieu.

Ce n'était pas, très certainement, ce que voulaient dire quelque docteurs du moyen âge, en soutenant qu'il n'y a point de bien et de mal absolu, que rien n'est tel que par l'ordre ou la défense de Dieu, et que cette défense ou cet ordre n'ont d'autre raison que la libre volonté divine.

Cette doctrine peut prétendre à la piété par les intentions, mais nous ne pouvons la croire aussi saine qu'elle peut être sincère.

Conçoit-on bien Dieu, la perfection même, agissant et voulant sans idée, c'est-à-dire sans raison, sans motifs ? A coup sûr, Leibniz n'aurait pu trouver cette opinion d'accord avec son fameux principe de la raison suffisante.

Mais sans nous arrêter à cette opinion qui avait cependant pour ce grand esprit l'évidence d'un axiome, il suffit que Dieu puisse et doive être conçu comme la perfection même pour que tout en ses actes ait sa raison d'être, pour que tout dans ses volontés et ses desseins éternels soit souverainement commandé par ses perfections absolues.

Il ne peut donc rien vouloir d'une volonté capricieuse ou arbitraire ; et loin que sa volonté engendre le bien, elle le suppose au contraire tout entier dans son idée. Il ne peut donc vouloir que ce qui est bien, et parce qu'il est bien. Sans doute, ce qu'il a voulu est bien ; sans doute, on peut conclure de sa volonté au bien de ce qui est voulu ; mais ce bien est la cause finale de sa volonté, au lieu d'en être la conséquence ou l'effet.

Thomas de Brandwardine paraît avoir été le premier qui ait soutenu que la volonté divine est sans loi morale, qu'elle est au contraire le principe d'une loi de ce genre, et qu'elle n'est soumise à aucune considération possible, à nulle idée antécédente à cet égard. Il pourrait se faire néanmoins que cette doctrine extrême eût été dans la pensée d'un Père de l'Eglise d'Occident, bien connu par ses témérités, sa fougue et son mépris de la raison. On lit, en effet, dans Tertullien : *Non quia bonum est auscultare debemus, sed quia Deus præcepit* (1).

Guillaume d'Ockham poussa cette erreur, très conséquemment du reste, au point de soutenir que la loi du Sinaï eût été fort bien faite, tout aussi bien qu'elle l'est, si Dieu eût pris le contrepied du Décalogue, et qu'au lieu, par exemple, de commander aux hommes de l'aimer et de l'honorer, il eût voulu en être haï. Cette haine eût été un devoir comme aujourd'hui l'amour (2).

Suarez, malgré son thomisme, et tout en rejetant la doctrine d'Ockham, semble néanmoins en retenir quelque chose, puisqu'il accorde à la volonté divine une part dans

---

(1) V. Hartenstein, *Die Grundbegriffe der etisch. Wissenschaft.*, S. 58. Leipsig, 1844.

(2) Ea est boni et mali moralis natura, ut cum a liberrima Dei voluntate sancita sit ac definita, ab eodem facile possit emoveri et refigi, adeo ut mutata ea voluntate, quod sanctum et justum est, possit evadere injustum. (Ap. Hartenstein, l. I, p. 58.) — Le commentateur de Scot dit également : Ochamus putat quod nihil posset esse malum sine voluntate prohibitiva Dei, hancque voluntatem esse liberam; sic ut posset eam non habere, et consequenter ut posset fieri quod nulla prorsus essent mala. (Scot, VII, p. 859. — V. aussi : Domin. Soto, *Utrum præcepta Decalogi sunt dispensabilia*.

la détermination du bien et du mal : Voluntas Dei *non est tota ratio* bonitatis aut malitiæ (1).

Il est assez ordinaire qu'une doctrine révoltante ne soit acceptée qu'à titre de conséquence d'une autre qui choque moins, ou qui déjà est elle-même la conséquence d'une troisième ou d'une quatrième, dont la raison est moins effarouchée. Tel est le cas, si nous ne nous trompons, de celle qui nie le bien et le mal naturel ou absolu, qui le subordonne complétement à la loi révélée, et qui, au lieu de voir dans cette loi une nouvelle expression de la nature originelle des choses, n'y aperçoit qu'un décret parfaitement arbitraire.

En effet, si l'on admet certaines doctrines touchant la prédestination et la grâce, si l'on remet à la volonté arbitraire de Dieu la dispensation de ses dons, le salut ou la perte éternelle des pauvres humains, cette économie providentielle, tout entière dans le libre choix de Dieu, dans un choix où rien n'est pour ni contre, où l'indifférence la plus absolue permet à la volonté l'option la plus aveugle, il est évident qu'il n'y a pas de loi morale pour Dieu, et que celles qu'il a données à l'homme n'ont pas d'autre raison que sa volonté.

Mais les conséquences de pareils principes n'ayant pu être admises par les meilleurs esprits, les prémisses qui les engendrent ont dû subir d'importantes modifications. Nous n'avons pas à nous occuper des diverses manières dont les théologiens d'une école ou d'une autre, de telle communion chrétienne ou de telle autre, ont entendu la rédemption, l'élection ou la damnation, la prédestination et la grâce (2). Mais la philosophie a le droit de s'emparer

---

(1) Suarez, *De legibus*, II, 66, p. 71, ed. Lond., 1679.
(2) On peut voir sur ce sujet, indépendamment des traités de théologie

des questions de théologie naturelle soulevées par la théologie positive, et de les résoudre à sa manière. Or, celle du rapport du bien et du mal moral à la volonté divine, est une de ces questions mixtes qui appartiennent aux deux sciences, et qui, en philosophie même, comme en théologie, peuvent encore être traitées soit en théodicée, soit en morale.

Nous avons fait dans le domaine de la théodicée toute l'excursion nécessitée par la circonstance ; nous avons résolu la question de la loi morale, dans son rapport avec la loi divine, d'une manière tout opposée à celle de Thomas de Brandwardine et d'Ockham ; mais nous n'avons pas dit encore que nous avons pour nous, non seulement le commentateur de Scot, mais, suivant lui, la très grande majorité des théologiens (1).

Le nombre en fût-il moins considérable, on pourrait encore se rassurer, puisqu'on aurait pour soi les docteurs les plus autorisés dont s'honore le christianisme, et parmi lesquels je pourrais d'abord compter saint Paul et saint Jean. Je me bornerai à trois ou quatre des plus imposants, qui représentent tous ceux qui les ont précédés, et qui font autorité pour tous ceux qui les ont suivis.

C'est d'abord saint Jean Chrysostôme : « Ni Adam, ni personne n'a vécu sans une loi naturelle. Dieu, en le formant, mit en lui une loi qui ne devait manquer à aucune créature de son espèce...; grecs et barbares, en effet, pos-

---

ou de polémique d'une communion religieuse à une autre, l'*Histoire du Concile de Trente*, par Fra Paolo, liv. II, où la querelle des Dominicains ou Thomistes et des Franciscains ou Scotistes sur le péché originel, la justification et la grâce, est rapportée assez longuement. Cf. l'Histoire du même concile, par Pallavicino, lib. VII et VIII.

(1) Dico primo legem naturalem non consistere in jussione ulla quæ sit actus voluntatis Dei. Hoc est communissima theologorum sententia. (Scot, VII, p. 858.)

sèdent cette loi (1).» Et ailleurs : « Que veut-on dire quand on prétend qu'il n'y a aucune loi gravée comme d'elle-même dans la conscience? Que signifient donc, que signifient, dis-je, les prescriptions des législateurs relativement au mariage, à l'homicide, aux testaments, aux dépôts, à la défense de l'injustice, et une foule d'autres? Sans doute, les contemporains les auront reçues toutes faites de ceux qui les ont précédés, et ceux-ci de leurs pères, et ceux-ci de leurs ancêtres encore. Mais enfin, comme ces lois ont eu un commencement, et que des hommes les ont proclamées pour la première fois, on se demande à quelle source il les puisèrent, si ce n'est à la conscience? Diront-ils qu'ils les reçurent de Moïse et des prophètes? comment expliquer alors l'existence de cette loi chez les Gentils? Il est évident qu'ils l'ont prise de celle même que Dieu mit dans l'homme en lui donnant l'être... Oui, Dieu en formant l'homme dès le commencement, déposa donc en lui une loi naturelle. Et qu'est-ce que cette loi naturelle? Dieu nous a donné la conscience, et a voulu qu'elle fût comme une science naturelle, spontanée, du bien et de son contraire (2). »

Saint Ambroise et saint Augustin ne sont pas moins formels sur l'existence d'une loi naturelle ; ils sont manifestement de l'école de Platon, d'Aristote et de Cicéron, sans cesser d'être d'accord avec les écrivains sacrés (3).

---

(1) *In Epist. ad Rom.*, XII, 6.
(2) *Ad pop. Ant. Hom.*, 22.
(3) In corde justi lex Dei est. Quæ lex? Non scripta, sed naturalis. (Ambr., *in Psalm.* 36, n° 69.) — Quid illa lex, — dit à son tour saint Augustin, — quæ summa ratio nominatur, cui semper obtemperandum est, et per quam mali miseram, boni beatam vitam merentur, per quam denique illa quam temporalem vocandam diximus, recte fertur, recte mutatur? Potest ne cuipiam intelligenti non incommutabilis æternaque videri? (Aug., *De liber. arbitr.*, I, 6, 15.)

Saint Thomas, le docteur angélique, peut-il être plus formel, lorsqu'il reconnaît l'existence d'une loi naturellement éternelle (1) ?

Et cette loi, suivant le même docteur, tout humaine qu'elle est quant au sujet dans lequel elle se manifeste, est divine par son origine et par son caractère (2).

De plus, la connaissance de cette loi éternelle n'est pas le privilége de quelques hommes; elle est universelle par le nombre de ceux qui la possèdent, comme par la multitude des choses qu'elle embrasse (3).

La loi naturelle est si naturelle même, que les principes n'en peuvent être effacés de l'âme humaine (4).

Elle est tellement naturelle encore et nécessaire de soi, qu'elle s'impose à la volonté divine même, suivant saint Augustin (5).

Saint Thomas dit la même chose en d'autres termes, lorsqu'il reconnaît que Dieu ne peut rien vouloir qu'en vue du bien (6), et que ce qu'il veut n'est pas juste parce qu'il le veut, mais qu'il le veut parce que c'est juste (7).

---

(1) Est in hominibus lex quædam naturalis, participatio videlicet legis æternæ, secundum quam bonum et malum discernunt. (*Summ. th.*, 1ª 2ᵃᵉ, q. 91, a. 2.)

(2) Lex naturalis nihil aliud est quam participatio legis æternæ in rationali creatura. (*Ibid.*)

(3) Quamvis æternam legem prout in se ipsa est, et in mente divina, solus Deus et beati qui Deum per essentiam vident, cognoscant, tamen omnes rationis participes, cum aliquid veritatis, ut minimum principiorum naturalium notitiam habeant, etiam legis æternæ, quæ est veritas incommutabilis, aliquam notitiam habere censentur. (*Ubi sup.*, q. 93, d. 2 et 6.)

(4) Non potest lex naturæ, quoad ejus communia et universalia omnibus nota principia, ex cordibus hominum aboleri...

(5) Non ideo malum est quia vetatur lege, sed ideo vetatur quia malum est.

(6) *Summ. th.*, 1ª 2ᵃᵉ, q. 107, 1-3 ᵐ.

(7) Quamvis omne quod Deus vult justum sit, non tamen ex hoc justum dicitur quod Deus illud vult. (*Oper. omn.*, Par. 1660, t. VII, p. 697.)

Cette loi est tellement naturelle enfin qu'elle est unique pour tous et le partage de tous (1).

Nous savons d'ailleurs qu'elle est immuable dans la pensée de saint Thomas, puisqu'elle est éternelle ; qu'elle est commune à Dieu et à l'homme, puisque ce n'est qu'à cette condition que l'homme peut savoir ce que Dieu veut de lui (2).

Cela nous suffit : aux augustiniens, aux thomistes maintenant de concilier avec cette doctrine morale vraie celle de la prédestination, et d'autres encore qui s'y attachent. Mais par le fait que la loi religieuse appelée positive, n'est intelligible que par la loi naturelle, la première ne peut être le principe universel d'action que nous cherchons, encore bien qu'elle en soit l'expression la plus pure. C'est ce qu'il fallait prouver.

VIII.

Du sentiment moral.

On peut entendre par là trois choses : ou les notions fondamentales de la morale seulement, ou les notions et les sentiments d'amour du bien et de haine du mal, ou le sentiment de plaisir et de peine qui s'attache à l'idée ou à la vue des actes moraux.

Dans tous les cas, surtout dans le troisième, la dénomination est peu propre, et la nature du phénomène mal dé-

---

(1) Una est apud omnes lex naturæ quoad prima principia omnibus communia, et secundum rectitudinem et secundum notitiam, licet quoad propria aliqua ex communibus deducta eadem apud omnes sit. (*Summ. th.*, 1ª 2ᵐ, q. 94, a. 4 et 6.)

(2) Volitum divinum secundum rationem communem quale sit scire possumus. (*Summ. th.*, ubi sup., q. 107, 1-3 ᵐ.)

mêlée. On prend une idée obscure pour une idée claire, ou une idée et une passion pour une idée seulement, ou un sentiment pour une idée, ou tout cela en même temps pour un phénomène unique, incomplexe, homogène, indivisible, pour une sorte d'inspiration qu'on suit avec plus ou moins d'entraînement ou qu'on ne suit pas, qui passionne ou ne passionne pas, qui donne une certaine satisfaction ou n'en procure aucune, qui oblige ou n'oblige pas, et qui le fait ou ne le fait pas avec plus ou moins de clarté.

Par le fait seul que le sentiment ou le sens moral peut être tant de choses différentes, prises ensemble ou séparément, avec prédominance de l'une ou de l'autre, ou sans qu'aucune d'elles se révèle avec assez de netteté et d'éclat pour laisser tout le reste au second plan; ce principe, qui serait celui du sens commun si le sens commun pouvait en avoir un, est plein d'obscurité, et ne peut être adopté par la réflexion scientifique : il contient tout ce qu'il faut, plus qu'il ne faut même pour fournir un principe universel d'action ; mais ce principe est offusqué et défiguré par tant de phénomènes étrangers, il est si impur à cet état natif, l'application en est si difficile et si incertaine, que la science ne peut l'employer sous cette forme. Le sens commun se sert de tout cela comme il peut, avec plus ou moins de bonheur, mais sans qu'il puisse toujours savoir nettement ce qu'il fait, c'est-à-dire s'il fait bien ou s'il fait mal. Il peut bien, dans les cas un peu difficiles, soupçonner qu'il a des intentions plus ou moins pures, mais il s'absoudra facilement à la faveur de l'obscurité de ses opérations.

Il est donc vrai de dire avec Kant, qu'il n'y a ni pureté ni sûreté dans ce système. On conçoit qu'à cause de l'obscurité dont il est plein, ceux qui le professent aient souvent senti le besoin d'un caractère étranger auquel on pût reconnaître la bonté morale des actions. Mais quand il nous disent avec Mackintosh que ce caractère est l'utilité, que toutes les actions vertueuses sont utiles; qu'il n'y a point de proposition plus absolue, nous savons qu'en penser ; nous savons ce que cette théorie présente de difficile et de dangereux dans l'application. Il est déjà plus sûr et plus vrai d'opposer, comme l'a fait Paley (1), le sens moral à l'utile ; mais cela même n'est pas assez. Il suffit, pour s'en convaincre, de lire les ouvrages de morale composés dans cet esprit, ceux de Shaftesbury, de Hutcheson, de Hume, de Smith, de Harley, de Mackintosh, de Paley, de Jacobi et de Rousseau, etc. On y trouvera beaucoup d'élévation, de chaleur, de délicatesse même, beaucoup de talent et d'éloquence, beaucoup de finesse encore dans l'analyse de certains faits, mais pas de doctrine proprement dite; ou si l'on en rencontre quelque part des vestiges, c'est que l'écrivain aura abandonné son principe, et que par une heureuse inconséquence, il aura fait de la science au lieu de faire du sentiment.

Le sens ou le sentiment moral n'est donc pas encore le principe que nous cherchons, quoique, entendu dans un certain sens, il le contienne ; c'est ce sens qu'il faut déterminer, mettre en relief, reconnaître et accepter.

IX.

De la loi morale.

Les notions d'un bien pratique obligatoire ont de tout temps été conçues avec plus ou moins de vivacité et de netteté : la nature humaine, au fond toujours semblable à

---

(1) *Principles of moral and political philosoph.*, I, 5; II, 6.

elle-même, nous en est garante, et les peuplades les plus sauvages nous en seraient une preuve au besoin.

Mais ce que l'humanité a toujours conçu et senti, les philosophes ont cherché à s'en rendre compte, et y sont parvenus ici et là plus ou moins heureusement. Les maximes des premiers sages de la Grèce, les ouvrages de Confucius et de ses disciples en sont la preuve. Mais les sentences, les apophthegmes, les proverbes, les maximes, les allégories, les fables, les apologues, les paraboles et tout ce genre de composition si aimée de l'esprit oriental, où la doctrine reste concrète et comme enveloppée, n'est que le premier effort de la réflexion, ou un moyen particulier d'en présenter, d'en faite goûter et d'en répandre les résultats.

Il faut arriver à la Grèce, à Socrate et à Platon, pour rencontrer la science avec son parti pris d'observer et d'analyser, avec ses procédés plus ou moins habiles. Alors seulement la science a conscience d'elle-même; elle a son but déjà donné par la réflexion, ses moyens délibérés de l'atteindre, la volonté ferme et suivie de les employer.

Or, pour nous en tenir à la morale seulement, il est évident que Socrate et Platon s'attachent à donner aux notions fondamentales de cette science, toute la pureté et tout l'éclat dont elles sont susceptibles. Ils s'appliquent sans cesse à les dégager de ce qui n'est pas elles, à distinguer le bien, le devoir, d'avec le plaisir et l'utile qui s'y mêlent, l'obscurcissent, l'énervent et tendent à le dénaturer.

Si Socrate ne distingue pas encore parfaitement l'ἀγαθόν, le καλόν, l'ὠφέλιμον, le χρήσιμον, etc., on ne peut nier pourtant qu'il ne conçoive la valeur absolue du bien, et qu'il n'y subordonne l'agréable et l'utile, loin de convertir l'utile et l'agréable en principe suprême de nos actions. Le bien moral a même à ses yeux tant d'autorité et de charmes, qu'il ne voit la possibilité de s'en écarter que dans une connaissance trop imparfaite, dans l'ignorance.

Platon, lui aussi, ne distingue pas seulement le bien d'avec la volupté (ἡδονή); il en fait voir l'opposition (1). La volupté dépend des besoins, des appétits, des désirs ; le bien n'y est point soumis ; qu'il y ait des désirs en nous, que l'objet de ces désirs soit tel ou tel, qu'ils restent les mêmes ou qu'ils changent, toujours le bien s'offre à la raison comme le but suprême et dernier de nos efforts : c'est là ce qui doit combler les vœux d'une volonté saine (ἱκανόν, τελεόν). Si le bien et le beau ne sont pas une même chose, ils se tiennent du moins si étroitement que le bien est toujours beau, et que le beau n'a pour raison secrète que le bien (2). Mais le beau tient aussi à l'agréable : et Platon manque peut-être d'un critérium propre à distinguer le plaisir pur (ἡδονή καθαρά), d'un plaisir exempt de besoin, de convoitise, qui se suffise à lui-même, dont le contentement soit sans mélange de peine, d'avec un plaisir qui aspire à autre chose, et dont l'objet n'ait qu'une beauté relative (3).

On ne peut douter cependant que Platon ne fût fermement persuadé qu'il y a quelque autre chose de beau et de bon que le plaisir; que le plaisir n'est pas la mesure du bien (1) ; que le bien est l'absolu, mélange de beauté, de

---

(1) V. autres Dialog. : le *Protag.*, le *Gorgias* et le *Philèbe*.
(2) *Philèbe*.
(3) ὅσα τὰς ἐνδείας ἀναισθήτους ἔχοντα καὶ ἀλύπους τὰς πληρώσεις αἰσθητάς. (*Phileb.*) Les ἔνδειαι ἀναισθηταί ne sont ici mentionnés qu'à cause de leurs conséquences, puisque dans le *Gorgias* toute ἡδονή est rapportée à une ἔνδεια et à une ἐπιθυμία comme à un antécédent naturel,
(4) *Phileb.*

mesure et de vérité (1). Le bien a dès lors une valeur intrinsèque et propre, une valeur absolue comme l'être (2). Le bien est donc moins une qualité particulière de la volonté qu'un état général de l'âme (3). On comprend donc que Platon distingue nettement le bien d'avec le bonheur, mais qu'il soit moins ferme, qu'il incline à l'eudémonisme, lorsqu'il s'agit du rapport du bonheur et du bien.

Les idées d'Aristote sur les notions premières de la morale perdent un peu de la pureté, de l'élévation et de la netteté qu'on rencontre dans celles de Platon : le disciple en ce point est sensiblement au-dessous du maître. Mais que de belles parties encore ! C'est ainsi que le chef du Lycée a très bien vu qu'il doit y avoir un bien suprême, un bien en soi, qui ne serve plus de moyen pour quelque autre bien supérieur : autrement, nos désirs n'auraient ni terme ni satisfaction possible (4). Mais il faut pourtant reconnaître que ce bien n'est pas encore le bien de la raison ; c'est celui de la sensibilité. De là un caractère marqué d'eudémonisme dans la morale d'Aristote : le bonheur (εὐδαιμονία) est le bien suprême (5). Toutefois, on entendrait mal Aristote, si l'on croyait qu'il subordonne la vertu au bonheur ; non, il associe l'une à l'autre : il détermine le bonheur de l'homme d'après la nature humaine ; et, reconnaissant que l'homme est fait pour la vertu (6), il ne peut plus admettre un bonheur véritable sans elle. Mais il faut convenir que si la vertu a par elle-même son prix, et un très grand prix, elle est peut-être,

---

(1) *Repub.*, VI.
(2) Id., V.
(3) Id., I, IV; *Gorg.*
(4) *Eth. Nicom.*, I, 2.
(5) Id., 7.
(6) Id., I, 7, 15.

suivant Aristote, plus estimable encore comme condition de bonheur. Il en est donc de la vertu à peu près comme de la louange, qui semble devoir être plus recherchée pour la satisfaction qu'elle procure (1), que comme expression de l'estime des autres. Le grand, le principal mérite de la vertu sera donc de rendre heureux, mais d'un bonheur estimable et parfait, ceux qui la pratiquent (2).

Mais la félicité prend encore, aux yeux d'Aristote, une physionomie particulière et appropriée à son génie ; elle consiste surtout dans le connaître (3).

Tout en subordonnant l'idée de la vertu (ἀρετή) à celle du bonheur (εὐδαιμονία), Aristote ne peut consentir à mettre la vertu à la merci des passions. C'est peut-être une inconséquence. Mais lorsqu'il s'agira de donner à la vertu un objet propre, de déterminer les différents devoirs, il n'en décidera point d'après les suggestions de la sensibilité : loin de là ; nos appétits seront réglés dans le choix de leur objet, dans la mesure de leur satisfaction, d'après des exigences d'une autre nature (4). Mais on regrette qu'ici la souveraineté de la raison ne soit pas entière, ou qu'elle se trouve du moins exposée à subir plus d'une contrariété, plus d'une violence peut-être, par suite du rang assigné à la morale par rapport à la politique. En subordonnant la première à la seconde, Aristote nous semble avoir commis une erreur d'autant plus grave que la politique pourrait bien alors se trouver sans règles, ou n'en avoir d'autres que celles des passions et des intérêts des princes.

Malgré ce péril et cette inconséquence, il ne serait pas

---

(1) Par l'εὐδαιμονίζειν et le μακαρίζειν.
(2) ἡ εὐδαιμονία τῶν τιμίων καὶ τελείων. (*Eth. Nic.*, I, 12.)
(3) *Eth. Nic.*, VII, 13 ; X, 3, 5.
(4) Id., I, 13.

juste d'assimiler la morale d'Aristote à celle d'Epicure, qui proclamait sans détour la volupté comme le souverain bien (1), et qui, malgré sa modération, n'avait cependant pas les sentiments assez purs pour donner au moins la préférence aux jouissances de l'esprit sur celles des sens (2).

On ne peut dire non plus qu'Aristote mît entre le plaisir et la vertu la même différence que les stoïciens. Plus naturel et plus vrai que Zénon et ses disciples, il reconnaissait entre ces deux choses une différence, sans doute, mais aussi une liaison. Il n'allait point jusqu'à nier l'une au profit de l'autre, à ne vouloir reconnaître de jouissance que dans la vertu, à prétendre que la vertu seule suffit pour le bonheur.

Mais si les stoïciens s'aveuglaient en plusieurs points, il faut convenir que c'était par une rare élévation d'âme, et que d'ailleurs leur doctrine, sans avoir la grâce, la douceur et le charme de celle de Platon, en a la noblesse. Cette noblesse, à la vérité, est pleine de raideur dans sa majesté ; mais dans cet air de contrainte austère, elle proclame de nouveau les vrais principes : elle subordonne nettement, d'une manière un peu fanatique peut-être, l'agréable au bien. Elle ne se borne pas à mettre le plaisir à sa place ; elle y pousse avec humeur ; elle l'anéantirait volontiers, car elle le hait. Cette colère, cette prévention passionnée, ne trahirait-elle pas une certaine faiblesse, une défiance de soi-même et de ses principes que le sage de Platon n'éprouve point, parce qu'il se trouve placé dans des régions plus élevées et plus sereines? Nous serions tenté de le croire.

---

(1) Diog. Laert., X, 128, 129.
(2) Id., X, 137.

Mais cette guerre déclarée par le stoïcisme à une sensibilité qui peut à chaque instant faire manquer à la vertu, prouve du moins qu'on connaît le danger, et qu'on sait dans quel sens et pourquoi il faut tendre les nerfs de la bonne volonté. La volupté sera donc encore une fois, et plus que jamais subordonnée à la vertu, qui n'aura d'autre objet que le bien (ἀγαθόν). La vertu sera l'unique objet de nos préférences, et ne sera recherchée que par elle seule, et non point en vue des avantages qu'elle peut procurer (1). Sans doute, on ne repoussera point fanatiquement ces suites naturelles de la vertu ; mais on se gardera de les confondre avec elle, d'en faire le mobile des actions : ils ne seront jamais qu'un accessoire (ἐπιγέννημα) dans la pensée, dans les désirs, comme dans la nature des choses.

Qu'importe maintenant, avec des principes aussi fermes et aussi nettement posés, que la lettre des formules ait quelquefois manqué de précision et de clarté (2) ? n'a-t-on pas, dans ces principes même, tout ce qu'il faut pour interpréter avec certitude un langage dont la lettre prêterait à l'équivoque? Et ce qui prouve que l'idée a fait la lumière dans la lettre, c'est que l'expression est devenue de plus en plus lucide, et s'est pour ainsi dire élevée à mesure qu'elle prenait plus de clarté : suivre la nature, telle fut l'une des premières formules. Mais quelle nature ? la nature raisonnable, la raison, répond une formule ultérieure ; et même la *droite* raison, afin qu'on ne s'y trompe point.

---

(1) Diog. Laert., VII, 189.
(2) Les premières formules, telles que le τῇ φύσει ὁμολογουμένως ζῆν de Zénon (Diog. Laert., VII, 87) sont moins précises. Les suivantes rendent plus visiblement la pensée : φύσις λογικοῦ (Diog. Laert., VII, 94), ὀρθὸς λόγος (Stob., *Ecl.*, II, 191).

Si ce langage laisse encore à désirer, on en fera disparaître les dernières traces d'obscurité, en traduisant la droite raison par la raison divine, universelle, qui se manifeste dans le monde, et avec laquelle nous devons être en harmonie (1). Malebranche lui-même ne pouvait évidemment s'élever plus haut.

La morale ayant une fois pris cet essor dans Platon et dans les stoïciens, devenait comme un flambeau qui ne pouvait plus s'éteindre : toutes les intelligences éclairées et généreuses devaient en être illuminées et ravies. Aussi ne serons-nous pas étonnés de le rencontrer dans Cicéron, malgré son académisme sur toutes les autres parties de la philosophie. Suivant lui aussi, l'honnête ou le beau moral, le bien doit être recherché pour lui-même et préféré à tous les avantages qui pourraient venir d'ailleurs (2).

Ce langage aura ses échos d'autant plus fidèles dans les Pères de l'Eglise et dans les docteurs du moyen âge, que le christianisme fait une loi plus stricte de la pureté des sentiments et des intentions, de l'amour de Dieu, c'est-à-dire de l'amour de la souveraine perfection ou du bien absolu par dessus tout, et de tout le reste par rapport à lui seul. Le bien de Platon, qui se résolvait déjà, ainsi que l'être, dans le sein de la divinité, reprend donc ici un aspect tout religieux, aspect qu'il ne perdra plus dans la religion chrétienne, mais qui reparaîtra dans la philosophie sous une forme moins élevée, moins déterminée, moins concrète, ou si l'on veut plus rationnelle et moins mystique.

Ainsi la loi naturelle de nos actions dérivera, pour Sa-

---

(1) Diog. Laert., VII, 87.
(2) Honestum id intelligimus quod tale est, ut detracta omni utilitate, sine aliis præmiis fructibusque per se ipsum possit laudari. (*De finib.*, II, 14.)

muel Clarke comme pour Montesquieu, de nos rapports naturels avec nous-mêmes, avec le reste du monde, avec Dieu. Il y a dans ces rapports des vérités immuables, qu'il s'agit de saisir, et de respecter dans nos actions. De là l'idée que Wollaston se fait de la moralité : la conformité de la conduite au vrai. De là l'obligation morale de Richard Price, la raison morale de Dugald-Stewart ; raison qui est le principe des notions supérieures de droit, de devoir, notions qui jaillissent de l'esprit, comme l'éclair du sein de la nue, quand l'homme est placé dans des circonstances propres à exciter son âme, sa raison, à produire ces illuminations morales.

Serait-il bien difficile de ramener à cette vue les principes de William Paley, de Shaftesbury et de Henri Moore? Qu'est-ce en effet que l'art de vivre ou de bien régler ses habitudes sinon l'habileté qui consiste à suivre la raison ? Qu'est-ce qu'être intéressé comme il faut (1), si ce n'est l'être quand et comme la raison le permet ? Qu'est-ce qu'un bonheur qui consiste dans la satisfaction d'une capacité qui serait comme la forme du bien (2), sinon l'obéissance à la raison morale ?

Mais nous n'entendons faire violence à aucun système : nous recevons chacun d'eux de la main de son auteur, tel qu'il nous est offert, sauf à l'apprécier à sa valeur. Il en est de meilleurs, il en est de pires. Seulement, les moins bons sont vraisemblablement moins mauvais dans les intentions de leurs auteurs que dans la manière dont ils sont exposés ; une confusion, des idées mal démêlées, mal nommées dans leur complexité, peuvent donner à une doctrine une physionomie très différente de celle qu'elle

---

(1) Shaftesbury, *Characteristics*, I, 121.
(2) Moore, *Enchir. eth.*, I, 11. ἐν τῷ ἀγαθοειδεῖ τῆς ψυχῆς.

aurait si l'auteur avait été plus habile à distinguer ce qui devait être distingué, et à donner à chaque chose son véritable nom. C'est pourquoi il n'y aurait souvent que justice à interpréter favorablement une pensée qui, prise dans le sens littéral de son énoncé, s'accorderait mal avec tout ce qu'on sait d'ailleurs des idées et des sentiments de son auteur.

Aucun moraliste n'a moins besoin de cette indulgente interprétation que le sage de Kœnigsberg. Sa doctrine est trop connue aussi pour qu'il soit nécessaire de la rappeler. Tout le monde sait qu'il fait de l'obligation morale une de ces idées premières ou catégoriques qui sont comme les fondements de l'esprit humain, et qu'il ne voit rien de meilleur dans l'homme, dans ce qui émane de lui, qu'une volonté qui se détermine par la seule considération du devoir; qu'une volonté pareille, la pratique du devoir par devoir, est même absolument bonne.

Nous trouvons bien dans Fichte le dogme de la liberté proclamé, exagéré même. Mais quand il nous donne la foi à l'indépendance absolue du moi comme le principe de la moralité, nous croyons qu'il prend l'accessoire pour le principal : sans doute, il faut être persuadé qu'on peut diriger son activité avec une sorte de plein pouvoir; mais encore faut-il un but et une règle à cette direction, et ce n'est pas la notion de l'indépendance absolue du moi qui les donnera (1). Fichte a été plus pénétré de l'importance d'affranchir la volonté humaine de toute influence étrangère, d'établir la spontanéité absolue du moi, son activité radicale et propre, que les lois qu'elle est appelée à suivre librement (2). On dirait même que la crainte d'opprimer

---

(1) Fichte, *System. der Sittenlehre*, S. 66.
(2) Id., S. 8, 24.

cette liberté en lui donnant un but à atteindre et des règles à suivre en conséquence, a été la cause pour laquelle il a identifié la liberté et sa loi. Liberté et loi, dit-il, ne sont pas deux pensées, mais une seule et même pensée. Quant à l'objet de la loi, il n'y en a pas d'autre que l'indépendance absolue du moi par rapport à quoi que ce soit qui ne serait pas lui (1). Toute l'activité morale doit donc être dirigée vers ce but unique, l'affranchissement complet du dehors.

Schleiermacher s'attache de préférence, et avec raison, aux trois notions fondamentales de bien, de vertu et de devoir. Il les regarde comme si étroitement liées entre elles et à tout ce qui peut faire partie essentielle d'une science de la morale, que chacune d'elles indifféremment représenterait à des points de vue divers toute la morale.

Nous croyons, quant à nous, que, malgré cette synthèse rationnelle et primitive, il y a néanmoins un ordre logique entre ces trois idées, que celles de bien et de devoir précèdent en ce sens celle de vertu, quoique d'un autre côté celle de devoir et celle de vertu forment à leur tour une autre synthèse également primitive.

On conçoit que nous bornions ici nos aperçus historiques : nous touchons aux contemporains ; et quoique plusieurs d'entre eux aient déjà reçu de la renommée la consécration que la postérité d'ordinaire se réserve, nous croyons plus convenable de ne pas les invoquer à l'appui de nos doctrines, malgré le poids de leur opinion et de leur talent.

---

(1) Id., S. 58, 62.
(2) *Kritik der Sittenlehre*, S. 67, 71.

§ IV.

Réduction des divers systèmes de morale à deux principaux : le sensualisme et le déontologisme.

Tous les principes, ayant un caractère personnel ou impersonnel, forment par là deux grandes classes. Ceux de la première sont fondées sur la sensibilité, l'inclination, la passion ; ceux de la seconde reposent plus ou moins visiblement sur un bien plus élevé, plus indépendant de la constitution, des goûts et des caprices de l'homme. Et, quoique tous ne participent pas de la raison au même degré, tous du moins tendent à s'identifier avec elle, à la représenter auprès de l'intelligence et de la volonté.

Cette classification, qui n'est faite que du point de vue psychologique, du point de vue de l'étude de l'homme en général, se trouve pleinement confirmée par l'histoire de la philosophie et par l'histoire de l'humanité.

En fait, nous ne voyons dans les écoles et dans le monde, dans la théorie comme dans les actions humaines, que deux morales, celle de l'intérêt et celle du devoir, celle de la sensibilité et celle de la raison, le sensualisme et le rationalisme. Et si l'on objecte à l'un et à l'autre son caractère exclusif, ils répondent chacun à leur manière : le sensualisme, s'il est brutal, ira jusqu'à nier les droits de la raison, l'existence du devoir, les satisfactions même de l'esprit et du cœur. Mais la nature de l'homme, toujours moins partielle que ses systèmes, vaudra mieux encore que les théories sensualistes les moins dangereuses, et le partisan le plus déclaré des jouissances matérielles comme condition suprême et presque unique du bonheur, ne sera cependant pas entièrement dépourvu de raison ni de sensibilité morale, et saura le prouver en plus d'une occasion.

D'autres esprits systématiques, sensualistes aussi, mais à un moindre degré, seront encore plus facilement infidèles à leurs propres maximes : ils iront plus loin, élargiront leur système, et feront entrer les jouissances morales dans le cercle du bien qu'ils recherchent. Mais, par une inconséquence qui découle d'une observation imparfaite, d'une analyse vicieuse ou incomplète, ils n'accorderont point que cette jouissance morale dont ils parlent et qu'ils recherchent, ait pour condition la connaissance et la pratique d'un bien qui s'impose à notre jugement, sous les formes de la nécessité, et qui s'adresse à notre volonté du ton de l'autorité la plus absolue.

Les rationalistes exclusifs, les *spirituels* outrés, d'autre part, nieront ce qu'on peut appeler par analogie ou par extension les droits de la sensibilité, tout en donnant à cette tendance appétitive une certaine satisfaction, quelquefois même une satisfaction excessive. Ici encore la nature l'emporte sur le système, l'homme sur la théorie.

Le vrai ne se rencontre ni dans le sensualisme ni dans le spiritualisme exclusifs. Mais il n'est pas non plus dans une sorte de compromis entre le sensualisme et le rationalisme. On ne traite point ici de puissance à puissance ; il n'y a ni deux lumières, ni deux volontés, ni deux droits, ni deux devoirs, ni deux lois, ni deux autorités. Non, il n'y a qu'une autorité, une loi morale, un devoir, un droit, une volonté, une lumière, la lumière, la volonté et l'autorité de la raison. Mais la raison accepte la sensibilité comme un fait, comme un appétit naturel et dès lors légitime, qui a son but et sa loi propre, mais qui peut cependant s'égarer, et qui, dans son égarement, pourrait compromettre des fins supérieures et obligées. De là, pour la raison, le droit de vigilance, de direction, de modération, le droit de tutelle bienveillante, en un mot.

De l'exercice de ce droit de la part de la raison découlent une foule d'avantages, qui tous sont la conséquence de l'harmonie nécessaire entre le bonheur et le devoir. De l'oubli ou de la transgression du même droit, de son exercice inintelligent ou fanatique, découle au contraire une multitude de conséquences fâcheuses, résultat non moins inévitable du désaccord de la sensibilité et de la raison. Parler des conséquences harmoniques, c'est parler des conséquences qui ne le sont pas.

Le premier effet du bon ordre entre la sensibilité et la raison, c'est de laisser à chacune sa place; c'est de maintenir l'autorité et l'obéissance où l'une et l'autre doivent être. C'est ensuite, de ne point dépraver la sensibilité, soit en la laissant trop librement aspirer à des fins désordonnées, soit en lui permettant un essor excessif, intempestif ou déréglé. C'est, en troisième lieu, de lui ménager les jouissances intellectuelles et morales qui sont le fruit du légitime exercice de la raison ; c'est encore de rendre ces jouissances d'autant plus sûres, plus durables et plus douces, qu'elles sont plus indépendantes de toute puissance étrangère, plus à l'abri de toute entreprise du dehors ; c'est enfin de reconnaître que l'ordre providentiel et suprême des choses, veut le bonheur par le mérite, et non le mérite par le bonheur, et qu'ainsi le bien moral doit être la condition du bien physique. La paix de la conscience, la santé du corps comme celle de l'âme, le succès dans les entreprises, le respect et la bienveillance de nos semblables, leur estime, leur confiance, en un mot tout ce qui est regardé comme un moyen de bonheur en ce monde, est déjà mille fois plus assuré par la pratique du bien que par une obéissance aveugle aux passions. Combien le sort heureux d'une vie future, sous l'empire d'un Dieu juste et saint, n'est-il pas plus certain par la fidélité à la raison morale ? Y a-t-il même, peut-il y avoir une autre voie pour l'assurer ?

Nul doute par conséquent que la moralité ne soit, comme on l'a dit, le meilleur des calculs. J'ajoute que c'est le plus facile. Le bien se conçoit, en général, immédiatement : ce qui est à faire ou à ne pas faire dans des circonstances données apparaît de suite et sans effort à l'esprit qui n'est pas trop offusqué par les passions. Au contraire, il est généralement très difficile, et souvent impossible, de démêler dans un plan de conduite calculé au seul point de vue de l'intérêt les chances de gain ou de perte, le rapport des avantages aux inconvénients.

La conception du bien moral est donc le fondement de la science des mœurs, comme la conception d'obligation qui s'y attache, est la loi première dont nulle autre ne peut tenir lieu, et qui se trouve déjà, mais confusément aperçue, dans ce qu'on appelle l'instinct moral, le sentiment moral. Ni les exemples, ni les préceptes, ni l'autorité ne peuvent remplacer cette loi première de la raison pratique ; bien plus, si les exemples sont jugés bons, si les préceptes sont trouvés sages et l'autorité légitime, c'est que déjà la raison morale applique en cela l'idée qu'on cherche vainement ailleurs. Comment, en effet, sans la notion de bien moral ou obligatoire distinguerais-je les bons exemples des mauvais ? Pourquoi appellerais-je ces exemples ceux-ci d'une façon, ceux-là d'une autre ? Pourquoi prendrait-on pour modèle les uns plutôt que les autres ? Pourquoi, sans un idéal en dehors des faits, distinguerait-on parmi les bons exemples, et mettrait-on les uns plus haut, les autres plus bas ? Pourquoi concevrait-on au-dessus de la réalité pratique un idéal qu'aucune vertu ne semble pouvoir atteindre? Pourquoi les agents qu'on nous propose pour modèles se seraient-ils eux-mêmes décidés à suivre cette ligne de conduite, si elle n'était pas complétement tracée avant toute expérience? Car il faut bien reconnaître que la vertu n'a pas toujours existé dans ce monde, qu'elle n'est pas éternelle non plus que l'humanité, et que le premier homme de bien ne put le devenir en imitant la conduite d'un autre homme.

Qu'est-ce d'ailleurs qui fait la vertu et le mérite, la bonne action et le bon exemple, si ce n'est la bonne intention? Et comment cette bonne intention, qui est tout intérieure, pourrait-elle être donnée en spectacle et en exemple? Et pourtant, ce n'est point l'action matériellement bonne qu'on loue, qu'on applaudit, qu'on érige en vertu, en exemple ; c'est l'intention qu'on suppose à l'agent. Et comme un sentiment de cette nature n'est point une affaire d'expérience externe, nous ne pouvons le supposer dans nos semblables qu'à la condition d'éprouver quelque chose d'analogue au dedans de nous.

On peut dire à peu près la même chose des préceptes : loin qu'ils suffisent pour établir la loi morale, ils la supposent. Sans cette loi, tous les préceptes possibles seraient moralement indifférents ; il n'y en aurait ni de bons, ni de mauvais, ni de meilleurs, ni de pires. Ils ne seraient pas possibles. Ce qui fait en réalité qu'un précepte est tel à nos yeux, indépendamment de l'autorité d'où il peut émaner, et dont nous parlerons bientôt, c'est qu'il est la proclamation d'un devoir en soi, c'est-à-dire l'organe de la raison. Il faut donc pour qu'un précepte mérite ce nom, qu'il ne soit que l'écho de la raison : s'il dit autre chose qu'elle, et surtout s'il tient un langage opposé à celui de la raison, il ne mérite plus le nom de précepte ; ce qu'il prescrit est indifférent, arbitraire ou immoral, et peut ou doit n'être point écouté.

Et remarquons bien encore que tout en supposant que le précepte fût fondé en raison, ce n'est là qu'une condition extérieure ou objective de son autorité. Pour que l'autorité ou la justesse d'un précepte soit reconnue, il ne suffit pas en effet que le précepte soit bon en lui-même, qu'il soit juste, que ce qu'il ordonne soit moralement nécessaire même, il faut de plus que la raison de celui qui le reçoit y reconnaisse tous ces caractères. C'est-à-dire qu'il faut que la raison de celui qui doit obéir au plus juste des commandements retrouve en soi ce commandement même. S'il en était autrement, c'est-à-dire si celui auquel le précepte s'adresse était dépourvu de la raison morale, ou si sa raison était différente de celle-là, si elle avait d'autres lois, si elle produisait des idées pratiques d'une autre espèce, évidemment le précepte ne serait point compris ou le serait mal; il ne porterait dans un tel esprit aucune lumière, aucune conception de convenance pratique ou de devoir. Le précepte, pour une intelligence ainsi faite, ne serait qu'un commandement arbitraire, sans force morale. Il pourrait encore être exécuté, mais par des considérations complétement étrangères à celle du bien moral.

Pour mieux comprendre l'insuffisance des préceptes, alors même qu'ils s'adressent à des êtres raisonnables qui portent au dedans d'eux la loi morale et toutes ses conséquences, prenons encore une fois comme exemple ces deux maximes, qu'on donne vulgairement pour bases, l'une du droit, l'autre de la morale : Ne fais pas à autrui ce que tu ne voudrais pas qu'il te fût fait : Fais à autrui ce que tu voudrais qu'il te fût fait! Je suppose donc que l'on en comprenne la justesse. Eh bien, tout reste encore indécis, puisque ces maximes ne disent en aucune manière ce que je puis raisonnablement vouloir qu'on me fasse ou qu'on ne me fasse pas. Ces maximes supposent la connaissance du juste et du bien, elles ne la donnent pas. Elles ne sont donc pas suffisantes, parce qu'elles ne sont ni scientifiques, ni fondamentales. Ce sont des règles de sens commun qui s'adressent au sens commun. Elles seraient bien autrement insuffisantes si l'on ne supposait pas que le sens commun est déjà un sens moral.

Il ne faut pas croire non plus que le précepte tire toute sa force de l'autorité, car l'autorité elle-même, telle qu'on l'entend ordinairement, a besoin d'être *autorisée* pour être. Or, ce qui l'autorise, c'est, lorsqu'elle est naturelle, une supériorité de lumière, de justice, de force, et non moins que tout le reste peut-être, la responsabilité ou l'obligation résultant d'une position qui remet les destinées de l'inférieur aux mains du supérieur. Cette position peut être naturelle comme celle de Dieu ou celle du père de famille, dont l'un crée et l'autre procrée, et qui tous deux sont *auctores;* ou bien, elle peut être expressément ou tacitement conventionnelle, comme celle de la souveraineté constituée, ou déléguée, comme celle des pouvoirs publics inférieurs. Mais ni la délégation, ni la constitution publique, ni la procréation ne suffisent pour rendre une autorité durable de droit; il faut, pour qu'elle puisse se maintenir justement, que les autres titres à son existence, dont nous avons parlé, se soutiennent, qu'ils ne cessent point de constituer une supériorité reconnue. Ne serait-il pas absurde, en effet, de soumettre indéfiniment une intelligence qui s'est développée, rectifiée, fortifiée, agrandie, à une autre qui s'est pour ainsi dire amoindrie, faussée, affaiblie et réduite? De quel droit la première prétendrait-elle continuer de faire la loi à la seconde?

Pour qu'une autorité soit reconnue, il ne suffit pas

qu'elle revête les conditions dont nous venons de parler ; il en est une autre, relative à celui auprès duquel l'autorité doit pour ainsi dire être accréditée, condition subjective, sans laquelle le droit le plus incontestable, celui de Dieu même, ne peut passer pour un droit. Il faut donc que celui qui est appelé à se soumettre à une autorité possède la raison morale à un degré suffisant pour qu'il comprenne d'une part le droit de commander, les titres constitutifs de ce droit, et d'autre part, le devoir ou la convenance morale d'obéir. C'est-à-dire qu'il n'y a d'autorité possible qu'aux yeux d'un être moral, et que l'autorité, loin d'être la base de la loi morale pour celui qui la reconnaît, ne peut être reconnue au contraire qu'en vertu d'une loi morale préexistante dans le subordonné.

L'autorité n'existe donc pour celui qui est commandé, qu'autant qu'il comprend la raison de l'être. Mais dès qu'une intelligence subordonnée en est là, elle peut faire un pas de plus et comprendre qu'une autorité manquerait à sa mission, à son rôle, à sa nature, et cesserait d'être, pour ainsi dire, si elle agissait contrairement à cette raison même qui l'autorise et qui est sa raison d'être. Il faut donc, en outre, pour que l'autorité continue d'être reconnue, qu'elle continue d'être elle-même, c'est-à-dire éclairée, juste et bienfaisante ; autrement, on peut l'abandonner pour suivre la raison qu'elle méconnaît, et qui est cependant l'autorité suprême. Dieu lui-même, en effet, s'y trouve soumis ; car il n'a point fait sa raison ; la raison absolue, elle est éternelle comme lui ; il ne peut pas plus en changer, changer ses idées, qu'il ne peut changer son essence ; elle n'est point subordonnée à sa volonté, qui agirait dès lors sans raison ou contre sa raison ; au contraire, sa volonté, comme toute volonté raisonnable, est soumise à sa raison ; nulle volonté même n'est plus invariablement soumise à la raison que la volonté divine.

On s'exprimerait cependant d'une manière peu exacte en disant que la raison est au-dessus de Dieu, puisque la raison, dans toute sa plénitude et toute sa pureté, fait partie de Dieu, est, dans un certain sens, Dieu lui-même. Mais il faut prendre garde, d'un autre côté, de la rendre si exclusivement propre à Dieu qu'elle ne puisse devenir le partage de l'humanité, sans qu'on tombe dans le panthéisme ou l'émanationisme. A coup sûr, tout vient de Dieu et tout y tient, mais en ce sens que tout en a été créé ou formé, et que tout lui reste subordonné. Quoi qu'il en soit, on ne peut nier que nous n'ayons en partage une intelligence douée de cette faculté productrice d'idées pures, absolues, et qu'on appelle proprement raison. On peut être partagé sur son origine, sur les rapports qu'elle soutient avec la raison divine, mais il est difficile à un esprit attentif de méconnaître le fait dont nous parlons. C'est même, d'après cette faculté humaine et par elle, que nous concevons en Dieu une faculté analogue, la raison absolue par excellence. Déjà donc la raison humaine présente quelque chose de ce genre ; et quand même elle se tromperait en concevant une raison divine analogue, cette erreur ne l'empêcherait point d'être faite pour produire des idées absolues d'un ordre ou d'un autre ; c'est sa loi, sa destinée, sa nature ; il faut l'accepter ou rejeter l'humanité en se condamnant au scepticisme le plus radical. Or, la conception de bien moral est du nombre de ces produits naturels et spontanés de la raison, qui en sont la manifestation légitime, et qui semblent nous rapprocher le plus de la divinité par la sublimité et l'excellence de ces sortes d'idées.

§ V.

De l'attrait pour le bien et de l'éloignement pour le mal, alliance suprême de la sensibilité et de la raison.

Des philosophes, tel que Mackintosh, ont pensé que la simple notion du bien, accompagnée même de celle du devoir, la notion d'un bien obligatoire, en un mot, n'était qu'une règle d'action, et que, réduite à elle seule, elle serait sans influence suffisante sur la volonté. Suivant eux, cette notion, toute pratique qu'elle est, en ce sens qu'elle veut être réalisée dans nos actes à venir, et qu'elle sert à juger ceux qui sont accomplis, serait sans puissance sur la volonté, si elle n'était pas accompagnée d'un sentiment qui nous porte à la faire passer dans nos actions. Ce sentiment, qui est l'amour du bien, serait donc le *mobile* unique des actions dont le devoir est la *règle*.

Autre chose serait donc la conception d'un bien à faire, si obligatoire qu'il fût, autre le besoin moral d'accomplir ce bien. On ne verrait dans cette conception qu'un état contemplatif de l'esprit, et l'amour seul du bien ferait passer l'âme de l'état contemplatif à l'état pratique.

Ce qui vient d'être dit de l'amour du bien moral peut l'être de la haine du mal moral également : il n'y a d'autre différence entre ces deux sentiments que celle du positif au négatif : la même qu'entre le bien et le mal moral.

D'autres moralistes, ceux-là surtout qui comptent moins sur le charme du bien pour décider la volonté humaine à se conformer à cette notion sacrée, que sur l'appât des avantages ou des inconvénients matériels à espérer ou à craindre, cherchent à intéresser la sensibilité physique à l'accomplissement, et comptent médiocrement soit sur l'autorité du devoir, soit sur la satisfaction tout interne d'y rester fidèles, ou sur la douleur de s'en écarter.

Nous sommes très loin de contester les conséquences physiques, heureuses ou malheureuses, de la vertu ou du vice ; nous les reconnaissons pleinement comme faisant partie de l'ordre naturel des choses, de la grande harmonie du physique et du moral dans l'univers. Nous approuvons, nous louons même l'usage qu'on peut faire de ces considérations intéressées pour obtenir le respect, au moins extérieur, des lois morales ; mais nous disons qu'il serait imprudent de ne point parler de jouissances et de peines de l'ordre moral, également attachées au respect ou à la transgression du devoir ; qu'il y aurait plus de péril encore à laisser complétement dans l'oubli, ou à reléguer dans les lueurs incertaines ou les ombres d'un arrière-plan la notion de devoir ; qu'il y aurait erreur profonde et pernicieuse enfin, à dire avec certains moralistes que le devoir n'est qu'un autre nom donné à l'intérêt.

Nous n'avons pas à parler ici plus longuement des mobiles inférieurs qu'une doctrine aussi fausse que grossière voudrait faire passer non seulement pour les mobiles essentiels, uniques même, mais encore pour les règles et les motifs les plus élevés de nos actions.

Indépendamment de la différence qui existe déjà entre le plaisir et la peine morale, d'une part, le plaisir et la peine physique, d'autre part, il y a cette différence encore que le plaisir et la peine de la première espèce supposent le bien obligatoire ou le devoir, puisque la jouissance comme la peine ne sont possibles alors que par le témoignage d'une conscience qui déclare le devoir accompli ou violé.

L'amour du bien moral, la haine du mal moral sont des

mobiles plus délicats encore que l'attente de la satisfaction attachée à la bonne conscience, ou la crainte du trouble qui accompagne la mauvaise.

Mais si purs qu'ils soient, il en est un qui l'emporte encore en pureté, c'est le respect pour le devoir, la reconnaissance de son autorité absolue sur la volonté de l'homme. C'est encore là un sentiment qui peut très bien s'allier à celui de l'amour : le respect honore le bien moral comme saint, l'amour se délecte dans sa contemplation comme beau, l'un et l'autre portent à le rendre dans la vie pratique comme ordre moral.

Il nous semble aussi naturel que le respect et l'amour, comme sentiments, s'attachent au bien obligatoire, qu'il l'est que la notion d'obligation s'attache à la notion de bien moral : c'est là une synthèse primitive entre l'idée et le sentiment qui fait également partie de notre constitution morale. Une âme qui serait déshéritée de ces sentiments nous semblerait imparfaite; elle serait une sorte de monstruosité. Combien ce défaut ne serait-il pas plus marqué, plus contre nature encore, si le devoir et le bien pouvaient faire naître dans l'âme le mépris et la haine. Ne serait-ce pas là un miracle de malédiction ou de châtiment, où il faudrait beaucoup moins voir la nature qu'une épouvantable exception, dont la cause se perdrait dans les desseins les plus secrets de la divine Providence ?

Mais on ne peut douter que le respect et l'amour du devoir ne soient très divers en degrés chez les différents individus, et que, comparés aux passions qui portent au mépris des obligations morales, ils ne soient pas d'égale force pour y résister, c'est-à-dire pour empêcher la volonté de céder à leur entraînement. Sans doute elle est toujours libre de suivre le devoir plutôt que la passion, mais elle n'usera de sa liberté pour suivre l'un et résister à l'autre qu'autant que les sentiments moraux dont nous parlons ou des espérances et des craintes d'un ordre inférieur lui viendront pour ainsi dire en aide.

Mais, qu'on le remarque bien, la détermination ne sera véritablement morale que si la considération qui l'aura motivée est fondée sur l'autorité sacrée du devoir, sur le respect qu'elle inspire, sur l'amour du bien moral comme tel, sans songer aux avantages d'un autre ordre qui s'y rattachent, ou du moins en ne leur accordant qu'une influence tout à fait secondaire.

Or, c'est du sentiment moral proprement dit, de l'élément passionné qui se rattache à la notion du devoir, qui en est la conséquence naturelle et l'auxiliaire plus ou moins puissant, que nous entendons parler. Nous en affirmons l'existence primordiale, d'institution divine ; mais nous constatons aussi que l'intensité, et par suite nécessaire, la puissance ou la force par rapport à la volonté et aux passions contraires, est très diverse ; que les uns ont plus reçu, les autres moins ; que les premiers sont par là même plus facilement bons, meilleurs, excellents, mais qu'avec un mérite supérieur apparent, il peut très bien se faire que la différence réelle soit bien moindre. Nous devons reconnaître encore qu'en dehors des données premières ou natives qui se rencontrent dans chacun de nous à des degrés divers, et qui constituent notre nature morale, une foule de circonstances, celles de l'éducation, par exemple, viennent fortifier ou affaiblir en nous le sentiment moral, en développer ou en étouffer le germe. Le résultat est le même, quoique indirectement obtenu, si les passions contraires au bien sont comprimées ou fomentées.

Une fois parvenus à l'âge où la réflexion peut donner aux idées toute leur autorité, à la volonté toute son indépendance, et établir le gouvernement de soi par soi, une véritable autocratie morale en un mot, on peut assurément s'emparer de l'autorité sur soi-même jusque-là si peu exercée ; on peut comparer le devoir avec les passions, la conduite qu'on aurait dû tenir avec celle qui a été tenue, la voie à suivre désormais avec celle où les passions voudraient nous engager ; on peut changer radicalement de maximes, d'allures et de but : mais il faut pour opérer une semblable réforme toute une révolution intérieure, une *conversion*.

Or, c'est là un effet considérable, et qui demande non seulement une illumination vive et frappante, mais aussi une résolution énergique, efficace et durable. Mais cette résolution, ce caractère moral, qui n'avait pas existé jusque-là ; cette vive lumière de l'idée, qui brille maintenant d'un nouvel éclat ; tout cela, qui peut se concevoir en tout temps, que les passions les plus désordonnées et les plus fougueuses elles-mêmes laissent entrevoir dans leurs moments de rémittence ; tout cela peut être conçu toujours faiblement, désiré même. Pourquoi ne passe-t-il pas toujours aussi du possible à l'être, à l'acte ? Pourquoi la volonté est-elle au contraire comme paralysée dans la plupart des cas ? Qu'est-ce qui fait la différence des situations entre l'homme qui voit l'abîme moral où il se trouve plongé sans tenter les efforts nécessaires pour en sortir, sans en avoir le courage, sans même en avoir le désir, sans peut-être encore croire à la possibilité de réaliser une pareille tâche, et l'homme qui, saisi de ce qu'il y a de désordonné dans un tel état, désire en sortir, et le veut d'une volonté efficace ? Je vois bien là deux volontés différentes, deux désirs qui ne se ressemblent point, deux états intellectuels qui diffèrent plus par leurs effets sur l'âme que par la nature même de l'idée qui les constitue. Mais cette différence d'effet d'une même idée, cet effroi qui s'ensuit pour une âme et point pour l'autre ; ce désir qui s'allume ici et qui ne s'allume point là ; cette volonté qui ne calcule pas les efforts dans un cas, mais qui les déploie et qui triomphe, tandis que dans l'autre cas elle reste engourdie et comme accablée à la vue de la tâche à entreprendre : tout cela est-il encore du domaine de la volonté ? Expliquera-t-on la différence des courages, des résolutions, des énergies par la différence des volontés mêmes ? D'où viendrait donc à l'une l'énergie qui manque à l'autre ? Ne dites point que c'est parce que l'une veut avec force, tandis que l'autre ne veut que mollement ou point du tout ; car il s'agit précisément de savoir pourquoi l'une veut ainsi et l'autre différemment ?

On n'explique donc pas le vouloir par le vouloir, ni la différence des volitions par la seule faculté de vouloir, qui est la même chez tous les hommes. On ne l'explique pas même par la différence des idées qui pourraient être les motifs d'action, puisqu'avec les mêmes motifs, également connus, ou à peu près, les actions seront entièrement différentes.

Il y a donc une troisième donnée, distincte de l'idée et de la volonté, indépendante de l'une et de l'autre à un certain degré, mais qui est surtout très loin d'être le fruit de la volonté. Cette donnée, c'est l'attrait passionné pour le bien moral. La sensibilité qu'il suppose est innée ou acquise ; mais dans ce dernier cas il y a toujours une disposition primordiale qui n'est point le fruit d'une éducation étrangère ou de soi-même. On sait en effet que les mêmes soins ne produisent pas, tant s'en faut, les mêmes fruits sur tous ceux qui les reçoivent, et que pour se former soi-même moralement, il faut déjà être assez moral pour en sentir le besoin, pour en avoir le désir et la volonté. Cette volonté efficace est donc un premier don moral qui ne vient pas de nous. Le fait est surtout manifeste lorsqu'on réfléchit à ce point, que le respect du devoir et l'amour du bien sont des sentiments ; que les sentiments ne peuvent être le produit direct de notre volonté, qu'ils n'en peuvent être les produits indirects que par l'influence encore de bons sentiments, qui font rechercher les moyens propres à les développer.

On est donc ici placé entre le sentiment qui fait vouloir le bien, et la volonté des moyens qui le fortifient. Si dans le principe il n'est pas suffisant pour déterminer la volonté au bien, il n'y aura pas volition de cette nature. On ne peut en effet remonter indéfiniment de la bonne volonté au sentiment, du sentiment à la bonne volonté, pour expliquer l'une par l'autre; il y aurait là une sorte de cercle vicieux sans commencement possible. Autant il est vrai que dans une nature bonne déjà le bon vouloir peut indirectement accroître les bons sentiments, et les bons sentiments fortifier à leur tour le bon vouloir, autant il est vrai également que la volonté ne peut être le début de cette série d'actions et de réactions, et que le sentiment doit précéder la volonté, comme il doit être précédé de l'idée : si donc un être moral était assez déshérité pour être dépourvu des idées fondamentales du bien obligatoire, ou pour n'être point touché de ce qu'elles ont de beau et de saint, la volonté resterait vraisemblablement inerte en face de ce spectacle tout en idée.

Ce jeu entre le sentiment et la volonté, cette initiative qui doit appartenir au sentiment, cette force ou cette faiblesse relative du sentiment par rapport à la volonté, les triomphes ou les défaillances de celle-ci quand celui-là, plein d'ardeur, emporte l'âme et toutes ses facultés, ou que, faiblissant ou paraissant s'éteindre, il l'abandonne pour ainsi dire à l'entraînement des passions ; tout cela n'est-il pas comme le côté philosophique de la théorie aussi profonde que vraie dans l'enseignement chrétien sur la grâce ?

Il nous serait très facile d'établir ici un parallèle, que l'observation psychologique confirmerait de tous points, entre la doctrine chrétienne sur la grâce, telle par exemple qu'elle est exposée dans Bossuet (1), et la théorie du sentiment moral. Mais comme ce parallèle n'ajouterait rien à la vérité des faits observés, et ne ferait pas pénétrer plus avant dans la connaissance de la nature humaine, nous nous bornerons à signaler cet aperçu.

Nous devrons cependant faire remarquer que dans un système comme dans l'autre, la liberté n'est point détruite par l'action du sentiment ou par son défaut. Seulement, la volonté agit librement sous l'influence du sentiment, de la même manière qu'elle s'abstient librement en l'absence de ce même sentiment. Le sentiment n'est pas plus déterminant par lui-même ou par son absence que l'idée ; et nous avons vu qu'il n'y a cependant pas de volition sans idées, sans motifs d'action, sans un but proposé par l'intelligence à la volonté.

Mais il n'en est pas moins vrai non plus que si le sentiment n'est pas la volonté, s'il ne la met pas immédiatement en action ; s'il n'est pas cause efficiente de l'acte libre, il en est du moins une cause conditionnelle. De là ces conclusions pratiques qui ont bien aussi leur utilité : l'importance extrême de ne point résister à l'attrait pour le bien, de chercher au contraire les occasions propres à le faire naître, de se prêter à ses inspirations, d'y ouvrir

---

(1) *Défense de la tradition et des saints Pères*, XII, 1-19, et *passim*.

les avenues de l'âme, de s'abandonner à sa douce et bénigne influence, crainte de tomber dans la sécheresse et l'aridité, et par là dans la stérilité morale. Mais comme ce souffle fécondant n'est pas de nous, gardons-nous bien, lorsqu'il vient à passer sur notre âme et qu'il y produit quelques bons fruits, gardons-nous de nous en estimer excellents, et de laisser pénétrer dans notre cœur l'orgueil de la vertu ; le peu de bien dont nous aurions cru pouvoir nous flatter s'en trouverait inévitablement corrompu. Par là même encore que ce soufle divin a ses directions, ses intermittences, ses changements, ses degrés divers de force, ses effets plus ou moins marqués, ses désertions inattendues, ses conquêtes inspirées, ses absences, soyons humbles, pieusement reconnaissants, et surtout sans présomption, quand il semble être pour nous ; plaignons, sans les mépriser trop, et surtout sans les haïr, ceux qui nous paraissent moins favorisés. Nous ne devons pas plus désespérer de leur retour au bien que nous ne pouvons nous flatter de notre persévérance. Et s'il était vrai que nous dussions tomber, si déjà nous avions le sentiment de notre chute, si même nous nous trouvions dans l'abîme, conservons jusqu'au fond l'espoir, sinon d'en sortir par nos seuls efforts, du moins celui de nous en tirer un jour à la faveur de ces retours inexplicables qui changent l'âme et lui donnent ou lui rendent la force nécessaire pour triompher des plus grands obstacles. Si le désespoir de Dieu et de soi-même ne peut manquer d'engendrer la faiblesse et l'impuissance, le plus sûr moyen d'acquérir des forces, de recouvrer celles qu'on a perdues, c'est de croire à la possibilité d'une naissance ou d'une résurrection morale en soi-même. Cette foi, je le sais, est encore un don ; mais n'est-il pas de ceux qui s'accordent à tous les hommes, puisque tous savent en effet qu'ils peuvent renoncer au mal et s'élever au bien ?

§ VI.

Résumé du chapitre, avec addition de quelques aperçus.

L'étendue même de ce chapitre nous oblige à y ajouter encore, puisqu'un résumé devient par là nécessaire.

On appelle du nom générique de principes d'action tout ce qui nous porte à faire volontairement quoi que ce soit.

Il ne faut pas confondre ces principes avec la volonté, qui est la faculté de se déterminer en considération de ces principes.

Cette détermination peut être purement spontanée, ou elle peut être réfléchie; dans le premier cas, il n'y a pas liberté, mais bien dans le second. La liberté n'est donc qu'une forme particulière de la volonté, une manière de vouloir. Les principes d'action ne sont donc pas plus exclusifs de la liberté que de la volonté même. Ils ne doivent donc pas plus être considérés comme des forces qui imprimeraient à l'âme une sorte de mouvement. Non; ce sont des états purement affectifs ou *intelligentiels* de l'âme, qui sont absolument destitués de force, puisqu'ils n'ont par eux-mêmes aucune existence propre. Ce sont de simples modes, en conséquence desquels l'âme est portée à vouloir ou à ne vouloir pas telle ou telle chose.

Cet état d'être *portée*, *inclinée*, etc., où gît tout le mystère, est de la part de l'*âme* tout spontané; c'est un premier mode d'action qui lui est naturel, qui résulte de son essence ou de sa constitution intime. Mais ce premier mouvement spontané, tout interne, ne devient un mouvement du *moi* que par la volonté.

Il est remarquable que ce mouvement de l'âme ne précède le mouvement du moi que dans les états affectifs ; dans les états intelligentiels, en effet, c'est par l'idée, par le moi, que commence le phénomène total. Mais dans l'un comme dans l'autre de ces états, le mouvement qui suit n'est point dû à une cause étrangère ; il appartient à l'âme, il est le fruit de son activité propre, que du reste l'action soit fatale, spontanée ou réfléchie.

Nous n'avons pas à nous occuper ici des mouvements fatals, ni des mouvements spontanés non volontaires, quoique pas fatals, ni même des mouvements spontanés volontaires, mais irréfléchis encore ; toutes ces espèces de mouvements n'appartiennent pas à la morale, parce qu'ils ne sont pas du domaine de la volonté, et ne peuvent pas être soumis par elle, directement du moins, à la règle de la raison.

Il y a donc deux parts à faire dans ces mouvements affectifs de l'âme : celle qui comprend l'état affectif et la tendance à agir en conséquence, et celle qui consisterait dans l'adhésion ou l'opposition de la volonté à cette tendance. Le premier n'est point libre ; le second seul a ce caractère. Ici la réflexion a pu intervenir à la suite de la conscience : le moi a pu prendre possession de l'âme et en diriger à son gré les actes consécutifs aux mouvements fatals ou spontanés dont nous parlons.

A côté de ces mouvements affectifs, qui aboutissent à la conscience, et à la suite desquels l'entendement et la raison peuvent souvent intervenir avant que l'action sollicitée soit accomplie, il y en a d'autres que l'intelligence conçoit d'abord, qu'elle apprécie, qu'elle juge, et pour lesquels ensuite elle éprouve soit de l'indifférence, soit de la répugnance ou de l'attrait, que la raison présente ou comme indifférents, ou comme obligatoires, que l'obligation soit du reste de s'abstenir ou d'agir.

De là deux sortes de principes d'action, les sensitifs et les intelligentiels.

Les premiers comprennent les instincts, les inclinations, les émotions, les passions, et tendent à une jouissance immédiate.

Les seconds ont pour objet l'utile et le bien moral; deux choses fort différentes, puisque l'utile se rapporte encore à la sensibilité, mais avec calcul pour le temps, les moyens et les sacrifices. L'entendement suppute alors les avances et le gain, les chances de perte et de profit. En un mot, si l'intelligence intervient dans la considération de l'utile, c'est pour se mettre encore au service de la sensibilité, pour lui épargner des fautes, des désappointements, des privations, des souffrances, ou pour lui procurer à la fin des jouissances supérieures aux peines momentanées qu'elle aura dû éprouver en vue d'un résultat favorable.

Cette espèce d'intelligence n'a rien de commun avec cette autre qu'on appelle la raison morale, et qui ne recherche que l'honnête et le juste, voulant même au besoin que toute considération intéressée soit méprisée, foulée aux pieds; que les suggestions de la sensibilité ne soient point écoutées, ni pour le présent, ni pour l'avenir; qu'elles ne soient pas du moins les seules déterminantes. Cette dernière espèce d'intelligence, si différente de la première, est la raison *morale* ou *pratique*; l'autre est la *raison pragmatique* ou *d'affaires*, l'*entendement pratique*.

Les principes d'action intelligentiels sont donc très différents, suivant qu'ils émanent de l'entendement ou de la raison. Les premiers se rattachent de plus ou moins près à la sensibilité et n'ont d'autre fin qu'une jouissance habile, prudente, éclairée; les seconds ont au contraire pour fin la convenance morale absolue, le bien.

On peut donc simplifier la division des principes d'action, et n'en reconnaître que deux grandes classes, suivant qu'ils ont pour fin, ou la satisfaction soit immédiate, soit médiate, de la sensibilité ou la satisfaction de la raison. Nous appelons les premiers, *mobiles*, et les seconds, *motifs*.

Il est assez ordinaire de confondre ce qui suit avec ce qui précède, et d'imprimer aux mouvements fatals ou spontanés de l'âme un caractère qui ne convient qu'aux actes volontaires, consécutifs aux mouvements de l'âme.

Si ces mouvements, c'est-à-dire les instincts, les émotions, les inclinations, les passions, ne sont pas volontaires, s'ils ne sont ni réfléchis, ni libres, ils n'ont en réalité aucun caractère moral ; ils ne sont ni bons, ni mauvais, quelque bons ou mauvais que puissent être physiquement, moralement même, des actes qui semblent accomplis sous leur inspiration et par leur influence.

Ainsi, les meilleurs sentiments de ce genre, tels que la tendresse maternelle, la piété filiale, la sociabilité, la sympathie, le patriotisme, l'humanité en général, n'ont aucun mérite moral par eux-mêmes. Les natures qui en sont animées sont bonnes, excellentes ; elles peuvent être sublimes, admirables ; mais elles sont ainsi faites ; leur constitution morale est une sorte de grâce originelle dont on ne peut faire honneur à leur volonté, et qui ne constitue pas un mérite proprement dit. Il n'y aurait mérite dans ces heureux mouvements, qu'autant qu'ils seraient en partie le fruit d'une culture personnelle.

De même, les mouvements contraires de l'âme, l'égoïsme, l'avarice, l'orgueil, l'envie, la dureté, la vengeance, la cruauté, etc., ne sont pas encore des vices, ou ces vices sont ceux de la nature ; ils ne sont pas le fruit de la volonté. Ceux qui en sont atteints ne seraient donc blâmables en cela qu'autant qu'ils auraient volontairement ajouté à ces fâcheuses dispositions naturelles.

Mais encore avons-nous le droit de les blâmer, au moins quant à leur nature, sinon quant à leur degré? Ce que nous appelons ici mauvais sentiments, mauvais instincts, passions mauvaises, n'a-t-il pas sa place dans le plan de la création, dans l'idée divine de la nature humaine? Puisque l'homme devait être un composé de sensibilité et de raison, de corps et d'âme, de bête et d'ange, n'était-il pas nécessaire qu'il eût les qualités propres à chacune de ces deux natures, et que la diversité nécessaire des individus provînt de la diversité des doses comparatives des deux ingrédients qui composent sa nature? Ce qui nous semble regrettable au point de vue moral, n'a-t-il pas sa raison dans la conservation et le développement du principe physique, dans la conservation et le développement du principe moral lui-même, dans le bien général du monde?

Ce qui fait qu'on a beaucoup de peine à voir ainsi les choses, et que les idées que nous venons d'émettre, quoique très justes, font cependant une pénible impression, parce qu'elles contrarient nos habitudes intellectuelles, c'est que d'ordinaire nous ne distinguons point entre les mouvements de l'âme et les actes du moi, entre ces mouvements purs et simples, et les mouvements considérés comme mobiles, et que c'est ce dernier point de vue qui l'emporte dans nos jugements habituels.

Cela étant, nous devons en effet condamner ou approuver certains mouvements de l'âme, puisque nous y voyons une adhésion de la volonté, et d'une volonté libre et éclairée par la réflexion. Mais en réalité les mouvements fatals ou spontanés de l'âme, quoiqu'ils retiennent les noms d'instincts, d'émotions, de passions, de sentiments, sont quelque chose de plus : ce sont des mobiles. Du moment où la volonté les fait siens, les prend pour principes d'action, ils lui sont imputables à bien ou à mal, à vice ou à vertu, puisqu'elle sait s'ils sont ou ne sont pas d'accord avec la raison morale, qui est le régulateur suprême de l'activité.

Il y a donc en nous deux lois, ou plutôt une tendance et une loi, deux fins au moins apparentes à atteindre, deux convenances à respecter, mais dont l'une est subordonnée à l'autre. Ces deux fins sont le *bien-être* ou *bien physique*, le *bonheur*, en un mot, et le *bien faire* ou *bien moral*, en un mot encore, le *bien*, le bien absolu ou par excellence.

Mais outre que le bien-être, un certain bien-être du moins, est la conséquence immédiate du bien faire, il y aurait erreur et fanatisme à méconnaître dans notre nature l'aspiration à la jouissance, au bonheur. Seulement, le bonheur est un état idéal très complexe, et qui peut être d'autant plus noble, plus pur, plus digne d'un être raisonnable qu'il tient davantage aux sentiments que la raison seule a le privilège de faire naître, et qu'elle développe avec une intensité et une étendue d'autant plus grandes qu'elle est elle-même exercée plus profondément et plus largement.

Toutefois, comme nous ne sommes point destinés à vivre ici-bas de la vie pure de l'intelligence, et que l'animal en nous doit avoir, comme support et instrument de l'âme, comme condition même de la vertu, de la vie sociale et du progrès même de l'humanité, le genre de satisfaction qui lui revient, la raison ne la refuse point ; elle veut seulement que les soins à donner à cette partie de notre nature ne soient ni les fins exclusives de la vie pratique, ni même les fins essentielles : ces fins, au contraire, doivent se concilier avec d'autres plus importantes, s'y plier, n'y déroger en aucune sorte, et devenir bien plutôt des moyens que des entraves pour l'accomplissement de la destinée de la nature raisonnable dans l'homme.

L'accomplissement de notre destinée, telle est la fin suprême, dernière, absolue, à laquelle toutes les autres fins sont naturellement subordonnées, comme des moyens aux fins qu'il est dans leur nature d'amener et de produire.

L'auteur de notre être, en déposant en nous des aptitudes, en a voulu le développement, et un développement harmonique, proportionné à leur dignité et à leur importance respective. Il y aurait contradiction ou désordre, inintelligence et défaut de sagesse dans la conception qui a présidé à la réalisation de la nature humaine, s'il en était autrement. Autant donc vaudrait nier la sagesse divine ou Dieu lui-même, que de prétendre que l'homme n'a rien à faire en ce monde, ou qu'il est appelé à y vivre exclusivement à la façon des bêtes ou des esprits purs, ou bien encore à subordonner la fin la plus noble à celle qui l'est moins, à mettre la raison au service exclusif et aveugle de la sensibilité, l'âme au service du corps, l'esprit au service de la matière. La fausseté de cette théorie serait suffisamment démontrée déjà par le fait irrécusable de l'empire de l'âme sur le corps, de l'homme sur les animaux et sur le reste du monde qui l'entoure. A coup sûr, le monde et ses autres habitants ont aussi une influence, une action sur l'homme, par cela seul que l'homme appartient par son enveloppe corporelle au monde du dehors ; mais cette influence et cette action n'est point un empire, n'est point l'action d'autres êtres sur lui, puisque les êtres sont dépourvus de volonté et d'intention. L'action du monde extérieur sur l'homme par le moyen du corps, n'est donc que la conséquence de l'enchaînement universel des choses sensibles dont l'homme fait encore partie, c'est-à-dire l'expression d'une loi, d'une pensée créatrice et divine. Cette fatalité du dehors, cette loi de violence que nous subissons, n'est donc pas celle du monde, du monde qui ne veut rien, parce qu'il ne connaît rien, qui n'a point d'empire, parce qu'il est sans volonté; c'est celle de Celui qui a fait le monde pour l'homme, et l'homme pour le monde.

Mais le monde n'a pas de fin qui lui soit propre, n'a pas de destinée qu'il soit chargé d'atteindre; il n'a, en d'autres termes, ni droit ni devoir à notre égard. Nous, au contraire, nous avons une fin toute marquée dans notre essence, dans nos capacités et dans nos facultés, et cette fin, nous sommes tenus de l'atteindre.

Non seulement donc nous nous appartenons, vis-à-vis du monde inférieur du dehors, mais nous n'appartenons qu'à nous, l'empire de nous-même n'est point divisé; il l'est si peu que c'est pour nous un devoir de recueillir ce droit et d'en user. C'est un devoir de conserver notre supériorité et notre indépendance naturelle à l'égard des choses, et par conséquent de faire servir les choses à la conservation et au développement de notre être individuel et de notre espèce.

Il n'y a donc en réalité qu'une morale véritable, une morale supérieure, comme il n'y a qu'une fin suprême et obligée dans l'homme, la conservation, le développement et le perfectionnement de l'humanité dans l'individu et dans l'espèce. La fin de l'individu est aussi la fin de l'espèce, comme la fin de l'espèce est celle de l'individu.

Nous pouvons donc conclure ce long chapitre en disant que le principe suprême et universel d'action, c'est le bien obligatoire, l'obligation morale et son objet; que cette obligation s'étend à tous les actes de l'homme, qu'elle en embrasse toute la vie; que tous les autres motifs sont subordonnés à celui-là, et peuvent à cette condition s'y ajouter ; que les mobiles eux-mêmes, pourvu qu'ils ne détournent jamais la volonté de la voie qui lui est tracée par la raison morale, peuvent être admis comme d'utiles auxiliaires ; qu'il faut même chercher à les mettre du parti de la vertu, ceux-là surtout qui ont le plus d'affinité avec elle, par exemple l'amour du bien.

De cette manière, nous ne repoussons aucun système de morale comme essentiellement faux ; car tous se fondent sur des faits naturels, et la nature ne peut être ni niée ni mise en cause. Mais si aucun des systèmes n'est repoussé, pas plus qu'aucun des faits qui leur servent de base n'est méconnu ou incriminé, tous sont mis à leur place. S'il en est un qui soit meilleur que tous les autres, c'est celui-là que nous appellerons le système vrai par excellence. Mais il faudra qu'il soit assez large pour accepter, chacun en sa place, mais pas avec toutes ses prétentions, tous les autres systèmes. C'est en effet ce qui a lieu, comme on le verra dans le livre suivant : le devoir ou bien moral obligatoire y est reconnu comme règle ou motif souverain des actions ; l'amour de soi-même et d'autrui, le juste respect pour des règles émanées d'une autre source que de la conscience y sont acceptés comme des mobiles, ou comme des règles subsidiaires dont la raison reste inévitablement l'interprète et le juge. L'homme tout entier se trouve donc à l'aise dans ce vaste cadre. Et ce cadre lui-même est moins un système qu'une explication de tout ce qui se rencontre dans la vie active, et la reconnaissance de la véritable relation qui doit exister entre chacun des rouages du mécanisme humain.

Si l'on fait attention que c'est ici la question dominante de la morale, que tout le reste en dépend, on ne sera pas surpris de l'intérêt supérieur que nous y avons attaché, et peut-être conviendra-t-on même de notre brièveté dans notre longueur; en tous cas, on nous pardonnera, sans doute, en considération de l'importance du sujet, quelques explications que des esprits exercés à ce genre de méditation peuvent trouver oiseuses, quelques répétitions qu'ils peuvent regarder comme superflues; mais qui, les unes et les autres, ont été inspirées par la persuasion qu'elles ne seraient pas inutiles à des intelligences prévenues, ou peu familiarisées avec ces sortes de matières.

Mais ce n'est pas seulement sur les principes de nos actions que les philosophes disputent; c'est aussi sur le rapport de ces principes à notre activité, c'est-à-dire sur la question de savoir si ces principes sont ou non nécessairement déterminants, si nous sommes passifs jusque dans nos actes, ou si, au contraire, nous sommes véritablement actifs, d'une activité qui nous appartienne, en un mot, si nous sommes libres.

CHAPITRE II.

Désaccord des philosophes sur la nature même de l'activité de l'homme.

Admettre la loi morale, c'est admettre la faculté de l'accomplir ou le libre arbitre. Avoir prouvé l'une, c'est avoir prouvé l'autre.

La désharmonie contraire serait à peine concevable dans l'hypothèse de la non-existence de Dieu.

Si la liberté n'était pas, il faudrait donc ou nier la loi morale qui est pourtant un fait; ou nier l'existence de Dieu, puisqu'on ne saurait nier la loi morale.

Quiconque croit en Dieu et à la loi morale, ne peut révoquer en doute le libre arbitre.

Mais comme il y a des esprits qui, se faisant une fausse idée de cet arbitre, ne croient pas pouvoir l'admettre, et par là même s'estiment autorisés à nier la loi morale, ou à n'en tenir aucun compte pratiquement; il importe, pour confirmer l'existence et l'autorité de cette loi, aux yeux de ceux qui seraient disposés à la révoquer en doute ou à méconnaître ce qu'elle a d'absolument sacré, de faire voir qu'elle n'est pas moins en harmonie avec notre activité qu'avec notre intelligence.

On a tant écrit déjà sur la liberté, que ceux qui ne savent qu'en penser, ceux qui y croient comme ceux qui n'y croient pas, s'imaginent généralement qu'il n'y a plus rien à dire, et que ce qu'on peut faire de mieux, c'est de rester dans son doute ou dans sa persuasion.

D'où vient cependant que les opinions ne sont pas unanimes sur ce point? Ce dissentiment n'accuse-t-il pas assez haut l'obscurité du fait, l'insuffisance des recherches, et l'erreur même quelque part? D'un autre côté, cette question manque-t-elle d'intérêt philosophique, moral et religieux? Il pourrait donc se faire qu'il y eût plus de suffisance et de légèreté que de raison dans le parti pris de ne plus s'occuper d'une question, sous prétexte que ceux qui l'ont traitée jusqu'ici n'ont pas encore réussi à s'entendre, ou qu'ils ont dit tout ce qu'il y avait à dire.

Nous voudrions être bref sur un sujet si rebattu, sans toutefois cesser d'être explicite et clair.

§ 1.

De l'activité.

Il ne faut pas confondre le *mouvement* et l'*activité :* la mouvement n'est que le déplacement d'un corps dans l'espace, que ce déplacement s'exécute en vertu d'une force étrangère, et qu'ainsi le corps déplacé soit entièrement passif dans son mouvement même, ou qu'il ait lieu en vertu d'une force interne qui animerait le corps.

Un corps qui est mû purement et simplement n'est donc pas un corps agissant : pour qu'il agît, il faudrait qu'il se mût lui-même, qu'il eût en lui le principe de son mouvement. Y a-t-il des corps actifs? C'est une question que nous n'avons pas à résoudre. Ceux qui font de la force l'essence de toutes choses ne peuvent manquer d'admettre qu'elle est aussi la substance dernière des corps, la raison de leur impénétrabilité tout au moins.

Nous distinguons très nettement en nous plusieurs sortes de mouvements : ceux des fonctions de la vie organique et animales, telles que la respiration, la circulation, etc.; ceux qui tiennent aux lois générales des corps, par exemple, le mouvement de gravitation ou de chute lorsque nous perdons l'équilibre ; le mouvement mécanique ou d'impulsion extérieure ; enfin le mouvement que nous imprimons à notre corps.

Les trois premières sortes de mouvements sont appelés involontaires; celui de la quatrième espèce est dit volontaire.

Le mouvement volontaire peut se distinguer en deux espèces inférieures, suivant que la volonté est indélibérée, *spontanée*, ou qu'elle est au contraire délibérée ou *réfléchie*.

Dans le premier cas, on peut dire qu'il y a liberté négative ou que la volonté n'est, en quelque sorte, qu'un mouvement simple et tout d'abandon, sans aucune résistance intérieure dans ses volitions. Dans le second cas, comme la volonté est éclairée par la délibération, par la réflexion, elle prend un caractère plus positif : c'est la volonté pour ainsi dire élevée à sa seconde puissance; c'est la *liberté positive*. Elle est contenue jusqu'à ce que la délibération soit conclue, jusqu'à ce qu'il y ait détermination. Et s'il faut que l'action soit soutenue par la réflexion, la volonté prend alors un caractère de persévérance et de force que n'aurait pas la volonté spontanée.

Le produit immédiat de la volonté, c'est la *volition*. La volition est un acte interne, spirituel, indépendant de son objet ou du succès désiré. C'est ainsi qu'un prisonnier peut vouloir briser ses chaînes, un paralytique exécuter des mouvements, sans que ni l'un ni l'autre viennent à bout de leurs fins; mais l'acte du vouloir ne s'accomplit pas moins en eux; la volonté a tout son effet spirituel. Seulement, dans un cas les choses extérieures, et dans l'autre cas l'organisme s'opposent à ce que la volition soit suivie de son effet.

Agir c'est *se modifier soi-même*, se donner des états, des déterminations ; mais se modifier soi-même ce n'est pas agir sur soi-même. Il n'y aurait qu'un corps qui pût agir sur lui-même, si d'ailleurs il était capable d'action. Et encore n'y aurait-il qu'une partie du corps qui pût agir sur une autre : elle n'agirait pas sur elle-même.

S'il fallait, dans toute action, qu'il y eût un agent et un patient, comme on l'a soutenu, il s'ensuivrait :

1° Que l'agent lui-même ne pourrait agir, puisqu'il est obligé de se modifier lui-même en agent, avant d'atteindre l'objet sur lequel doit porter son action : il y a là une priorité chronologique souvent très sensible, et, en tous cas, une priorité logique incontestable ;

2° Que Dieu, qui est sans doute un être simple, indépendant, n'aurait pu agir sans avoir une matière qui fût le terme de son action ;

3° Que l'âme, qui est indivisible, ne pourrait elle-même agir, se porter sur son organisme et en obtenir les effets voulus par les lois qui président à leur union.

Or, en fait, nous sommes simples, nous voulons, nous agissons ; et dans cette action nous nous donnons une modification. Donc agir c'est se modifier.

Notons, du reste, qu'agir et vouloir diffèrent comme le genre et l'espèce : vouloir, c'est bien encore agir, mais agir ce n'est pas toujours vouloir. Rien ne se passe dans l'âme sans action, sans une cause qui soit la raison immédiate du phénomène, même dans la sensation, où nous croyons être purement passifs : il y a là une certaine réaction qui tient à la nature essentiellement active de l'âme. Que de sentiments, que d'idées, que d'opérations intellectuelles ou autres s'accomplissent dans notre esprit sans que notre volonté s'en mêle ! Eh bien ! tous ces phénomènes sont des effets, et des effets internes ; comme tels ils sont dus à une cause, à une cause interne ou immédiate et involontaire. Cette cause ne peut donc être qu'une activité plus profonde que la volontaire, et antérieure à elle : pour vouloir un acte, il faut l'avoir exécuté sans le vouloir, il faut l'avoir produit d'instinct, ou quelque autre acte analogue du moins, avant de l'émettre avec intention ou connaissance.

Il est vrai, du reste, que la volonté ne *se détermine* pas elle-même, à proprement parler, parce qu'elle ne veut pas vouloir ; elle veut purement et simplement ; ou plutôt le moi veut par elle, et il sait pourquoi : il a donc connaissance de tout ce qui se passe alors en lui. C'est là ce qu'entend le sens commun par une volonté qui se détermine, ou par les expressions intentionnellement équivalentes : *Nous nous déterminons*.

On fait un grand nombre de difficultés contre l'existence d'une causalité interne, propre ou indépendante : on dit d'abord qu'un « agent qui posséderait en lui-même le principe de son action, agirait toujours et nécessairement, parce qu'alors l'activité ferait partie de son essence, et qu'une activité essentielle est essentiellement, nécessairement agissante ; qu'elle ne peut non plus avoir des degrés variés en plus ou en moins ; et qu'ainsi elle est encore soumise à la nécessité, quant à l'action elle-même et quant à la mesure de l'action. »

Voilà bien des objections en peu de mots. Essayons d'y répondre successivement.

Nous ne savons si l'on peut soutenir avec Leibniz qu'une puissance qui n'est pas continuellement en action est une chimère, mais le fait est que nous pouvons vouloir et que nous ne voulons pas toujours ; et cependant la faculté de vouloir est bien un attribut de l'âme humaine. Si ce n'est pas un attribut essentiel, c'est du moins un attribut constant, car nous naissons avec l'aptitude à vouloir, toutes les fois que les circonstances l'exigent ou le permettent. Or, ces circonstances ne donnent certes pas la faculté ; elles n'ajoutent rien à l'âme.

De plus, et en fait, il est très présumable que si nous ne voulons pas toujours, du moins notre âme agit toujours : cesser d'agir, pour elle, ce serait cesser de vivre, cesser d'être une âme. Les lacunes du souvenir ne prouvent absolument rien contre la perpétuité de la pensée, puisqu'il y a des maladies et des folies où la sensibilité, l'intelligence et l'activité sont incontestablement en jeu, sans cependant qu'elles laissent après elles le plus léger souvenir.

D'ailleurs une faculté comprimée n'est pas une faculté anéantie : la gravitation ne cesse pas d'exister dans les corps qui sont en repos à la surface de la terre. L'action de l'âme pourrait être suspendue, empêchée dans ses effets sans qu'on pût en conclure ni que la tendance à produire ces effets, l'action dans son effet premier, n'existe pas, ni à plus forte raison que le principe de cette tendance, la force ou faculté qui l'engendre, est anéanti.

En deux mots, on prouverait qu'il n'y a pas toujours action dans l'âme, qu'on ne prouverait pas pour cela que la faculté d'agir est anéantie, puisqu'au contraire les actes futurs démontrent qu'il n'en est rien.

Nous disons, en troisième lieu, qu'il n'y a point de rapport nécessaire, du moins réciproquement nécessaire, entre la *perpétuité* de l'action et sa nécessité. En effet, il n'y a de nécessaire que ce qui ne peut pas ne pas être, que ce dont le contraire implique. Si donc l'agir était nécessaire d'une nécessité absolue dans l'âme humaine, il faudrait que cette âme fût éternelle. Il n'y a pas même nécessité d'une nécessité relative, pas plus qu'il n'y a nécessité que les corps célestes, qui sont en mouvement depuis la création, y persistent éternellement.

Ainsi donc, l'agir ou la pensée (sentir, connaître et vouloir) peut être constant dans l'âme sans être nécessaire. Et s'il n'est pas nécessaire, il n'en est pas l'essence première.

En quatrième lieu, l'activité fût-elle essentielle à l'âme, on ne pourrait pas en conclure que ses effets devraient être invariables en degrés, alors même qu'elle serait invariable en essence. Or, nous ne la connaissons que par ses effets, et il est très vrai que ces effets semblent varier, suivant les sujets et dans le même sujet ; mais ces variations s'expliquent par la résistance de forces contraires et par les degrés divers d'énergie. Une puissance est indivisible quant à son essence (*quoad qualitatem*), mais elle peut varier quant aux degrés (*quoad quantitatem*). Or, c'est dans l'essence, et non dans le degré, que consiste l'absolu d'une chose ; autrement il n'y aurait qu'une seule puissance possible, la puissance divine ; une seule cause, la cause première.

Nous accordons enfin très volontiers que si l'activité est essentielle en nous, nous ne pouvons pas ne pas agir, que nous ne sommes, par conséquent, pas libres d'agir ou de n'agir pas, que nécessairement donc nous agissons. Cela est vrai ; mais ici la nécessité porte sur une abstraction, sur l'agir considéré en général ; ce qui ne veut point dire du tout que les actions réelles soient nécessaires. D'ailleurs, de quel droit pourrait-on conclure que nous ne sommes pas libres, si nous ne pouvons nous empêcher de l'être, si nous le sommes fatalement ? Quant à nous, il nous paraît nécessaire seulement qu'alors nous ne soyons pas contraints.

« Essentielle ou non, l'activité ne peut agir d'une manière particulière, dit-on, que par des raisons spéciales. Or, toute action est particulière, et les raisons dont il s'agit sont des causes ; donc l'activité n'est pas libre dans ses déterminations. »

Il est vrai, répondrons-nous, qu'il n'y a que des déterminations spéciales, et qu'il y a toujours des raisons pour qu'elles soient telles plutôt que telles autres. Mais ces raisons sont des causes occasionnelles, médiates, et non la cause efficiente de la détermination, et moins encore de l'action qui la suit. Nous distinguons donc :

1° Les *raisons* d'après lesquelles nous pouvons arrêter que nous ferons telle chose ;

2° La *détermination* ou la résolution de la faire, résolution qui est déjà un acte de la volonté ;

3° L'*exécution* de cette détermination. C'est ce que nous verrons mieux encore tout à l'heure, en examinant le rapport des motifs de nos actions avec ces actions elles-mêmes.

§ II.

Des principes de nos actions, par rapport à l'activité elle-même.

Un des côtés de la question sur lequel on est généralement d'accord, c'est que nous n'agissons jamais sans quelques raisons.

Il faut distinguer toutefois, suivant que ces raisons sont des *mobiles* ou des *motifs*, c'est-à-dire suivant qu'elles émanent de la sensibilité ou de l'intelligence.

Les animaux, et nous-mêmes dans beaucoup de cas, *agissons* par suite d'un état affectif, sans volonté, sans connaissance même. Mais nous *voulons* quelquefois sans affection, contrairement à l'appétit sensitif actuel, et même à l'appétit que l'on se conçoit dans l'avenir. On agit alors par des motifs, par des raisons de l'ordre moral.

L'appétit est-il ici déguisé, et peut-on dire qu'alors le goût du bien, le besoin d'y rester fidèle, est supérieur à l'appétit physique qu'il combat et paralyse ? — On a répondu à cette difficulté, en disant que toute comparaison est impossible ici, puisqu'il s'agit de phénomènes de nature essentiellement différente (1). Mais enfin ces phénomènes sont l'un et l'autre de l'ordre affectif, et nous accorderons encore qu'il y a une sorte de comparaison possible.

---

(1) Jouffroy, dans son *Droit naturel.*

Il n'en est pas moins vrai que des considérations de l'ordre moral peuvent quelquefois triompher des instincts d'un ordre inférieur. Nous verrons plus tard à quelles conditions.

Il suffit de distinguer ici entre l'*agir* et le *vouloir*, entre les *mobiles* et les *motifs* d'action.

Les mobiles sont les sensations, les sentiments, tout ce qui tient à la sensibilité en général, tout ce qui la détermine ou pourrait la déterminer en bien ou en mal, en plaisir ou en peine. Les mobiles comprennent donc non seulement l'agréable et le désagréable actuels et immédiats, mais encore l'agréable et le désagréable futurs et médiats, c'est-à-dire l'utile et le nuisible.

Les motifs sont proprement l'honnête, le juste, en un mot le bien. Ils se distinguent de l'agréable et de l'utile, parce qu'ils sont le fruit de la raison morale, et qu'ils ont un caractère obligatoire ou d'élévation supérieure, tandis que l'agréable et l'utile sont ou une sensation présente, ou une sensation jugée possible par des moyens connus. La sensibilité et l'entendement sont ici les seules faculté en jeu. La raison morale proprement dite, celle qui donne les notions d'honnête, de juste ou de bien moral, n'intervient point dans la production de ces idées.

Cela posé, nous pouvons dire que mobiles et motifs sont tout intérieurs du reste ; la sensation, l'idée de l'entendement, la conception de la raison, tout cela est interne. En sorte que nous n'agissons que par suite d'états déjà réels ou effectués dans notre âme. Ces premiers états, nous ne les produisons pas d'abord volontairement; ils se produisent ou sont produits par suite de nos rapports passifs avec le monde extérieur. Malgré l'action de ce monde sur notre organisme, et par conséquent sur notre âme, il est cependant vrai de dire que, sans les états spirituels qui en sont la conséquence, et dans la production desquels l'âme intervient déjà par une réaction fatale, les actes qui suivent d'ordinaire ces états ne s'accompliraient point. On ne peut donc pas dire que les choses extérieures donnent par elles-mêmes ou immédiatement l'impulsion à notre activité.

Peut-on dire, maintenant, que ce soit les états internes qui l'excitent, la mettent en jeu, et soient la véritable cause de ses opérations spontanées ou volontaires?

C'est ici le point pour ainsi dire culminant de la difficulté : le rapport des mobiles et des motifs à l'activité, à la volonté.

Ce rapport est bien celui de la succession : un état affectif ou intellectuel précède toujours l'action ; mais en est-il cause médiate par la volonté, ou immédiate sans la volonté?

Pour simplifier la question, ne parlons que des actes volontaires, puisqu'on les admet. Demandons-nous donc si la puissance ou faculté de vouloir est un *effet d'états antérieurs*, ou si ses actes seuls ont ce caractère.

Nul, jusqu'ici, n'a prétendu que la volonté, comme faculté, fût un effet de la sensation, du sentiment ou de l'idée. Il faut donc admettre que la faculté ou le pouvoir de vouloir existe antérieurement à la sensation, à l'idée, et n'en dépend point quant à l'existence.

Qu'est-ce, à présent, qu'une puissance qui serait destinée à ne rien pouvoir, à ne rien faire ? Il faut donc convenir, quand on admet la volonté, ou qu'on n'entend par là qu'un vain mot, ou que c'est un pouvoir, une force, une cause, l'âme avec puissance de réaliser certains actes, avec le pouvoir d'agir de cette manière spéciale qu'on nomme volontaire.

Mais si la volonté est une faculté, une cause, ne produit-elle pas ses volitions, ne les produit-elle pas sans intermédiaire, fût-elle, du reste, mise en jeu par ce qu'on appelle les motifs en général, entendant par là et les motifs proprement dits et les mobiles eux-mêmes, ce qu'il s'agit d'examiner ?

Qu'est-ce qu'une sensation, un sentiment, une idée ? Pas autre chose, remarquons-le bien, qu'un *état affectif* ou *intellectuel* du moi, un *simple mode* ; quelque chose, par conséquent, qui n'est *rien en soi*, qui n'est ni *substance, ni agent* ; quelque chose à quoi la notion de cause ne peut donc absolument point convenir. Un *mode*, un *accident* n'a qu'une *existence d'emprunt* ; et si les caractères de passivité ou d'activité pouvaient en être affirmés, lui convenir, ce serait assurément le premier à l'exclusion du second. Or, que sont ces caractères ? de pures notions, des manières d'être conçu.

Et cependant c'est à la suite de ces états que nous voulons et que nous agissons. Il y a là, nous l'avons reconnu, un rapport de succession. Mais il n'est pas possible, nous venons de l'établir, d'y reconnaître le plus léger rapport de causalité.

Il est donc évident que l'activité volontaire ou autre, se met d'elle-même en jeu, à la suite de ces états, qu'elle n'en est point stimulée, dans le sens actif et propre du mot. L'âme n'est jamais, ne peut jamais être que passive dans ces états et par ces états. Si elle devient active ensuite, c'est en vertu d'une puissance qui n'a rien de commun avec eux, qui ne s'y rattache même par aucun lien concevable.

Il y a un abîme, une différence essentielle, entre être passif et être actif.

Qu'est-ce qui comble cet abîme, et comment l'action peut-elle succéder à la passion ? Je ne le comprends pas ; je vois seulement qu'il en est ainsi. Mais je ne m'abuse point ; ce n'est pas un rapport de causalité que je conçois ici, ce n'est qu'un rapport de succession pur et simple. Le rapport de causalité emporte assurément celui de succession ; mais celui-ci ne suppose point l'autre.

Et cependant il y a une cause ici, puisqu'il y a un effet. Or cette cause n'étant ni les états spirituels qui précèdent l'action, ni rien de ce qui leur est antérieur et semble les faire naître, il s'ensuit que cette cause doit être interne, substantielle. Or, il n'y a d'interne et de substantiel dans l'âme que l'âme elle-même : c'est donc l'âme, l'âme seule qui produit ses états consécutifs ou ultérieurs, qui les produit immédiatement, sans le vouloir ou en le voulant, d'une volonté spontanée ou d'une volonté réfléchie, délibérée. L'activité, la volonté n'est donc pas une cause isolée de l'âme, c'est l'âme agissant, voulant. C'est ainsi qu'il faut toujours entendre ces deux mots, comme tous ceux qui servent à désigner une fonction spirituelle.

Reste à savoir, nous ne l'ignorons pas, comment à cette profondeur le moi se détermine, dans les actions dites volontaires ; si c'est nécessairement ou librement. Une chose seulement est établie, c'est que s'il n'y a pas liberté, la contrainte ne peut venir des états de l'âme qui précèdent l'action, ni des agents extérieurs qui occasionnent certains de ces états, puisque ces agents n'ont aucune prise directe sur l'âme.

S'il y avait contrainte, dans les actes que nous appelons volontaires, il faudrait donc ou qu'elle fût due à une force secrète, surnaturelle, comme l'ont rêvé les partisans des causes occasionnelles ; ou bien qu'elle fût un des modes mêmes de l'action volontaire, puisqu'il ne peut y avoir deux agents, deux forces différentes dans le moi, qui est essentiellement un.

Mais comment concevoir alors cette contrainte ? La contrainte ne suppose-t-elle pas deux forces, l'une qui exerce une violence, l'autre qui la subit en résistant? Ces deux forces n'existent pas dans le moi : l'*homo duplex* de saint Paul et de la vérité se compose de sensibilité et de raison, d'animalité et d'humanité, de corps et d'âme ; mais l'âme en elle-même ne contient pas cette dualité : l'âme éprouve comme un retentissement du corps, une influence ; mais en tant qu'influencée elle est passive. Dès qu'un mouvement, un penchant, une inclination surgit en elle, c'est d'elle-même qu'il part; son activité lui appartient, n'appartient absolument qu'à elle.

C'est à tort, nous le croyons, qu'on l'a conçue dans cette circonstance par analogie avec un corps, un mobile qu'une impulsion étrangère mettrait en mouvement : son activité serait, d'après cette conception, sa mobilité même, et les impressions qu'elle reçoit, seraient le choc qui la ferait passer de la mobilité au mouvement. Ces comparaisons peuvent convenir en poésie, ou dans le langage vulgaire ; mais elles doivent être bannies d'une étude scientifique : mieux vaut s'arrêter court, renoncer à concevoir ou à rendre, que de substituer des imaginations et des figures à des notions saines et à des termes propres.

Ou l'âme n'agit pas du tout, ou son activité lui appartient, que, du reste, elle doive agir fatalement (c'est le terme propre, celui de nécessité n'a rationnellement qu'un sens logique), ou, qu'au contraire, elle dispose de son activité suivant ses lumières et son bon plaisir, et que ce bon plaisir et ces lumières puissent ou ne puissent pas varier au gré de la réflexion ; ce qu'il faut examiner.

Voyons donc les objections : c'est le meilleur moyen de pousser plus avant notre pensée.

On dit donc :

« Un état interne quelconque, idée ou sentiment, est

déjà un effet indépendant de notre volonté ; et comme notre détermination en dépend, puisque les partisans de la liberté conviennent eux-mêmes qu'on ne peut vouloir sans motif, il s'ensuit que tout est ici en dehors de la volonté libre : d'abord les états, ensuite le vouloir, qui en est la conséquence. »

Nous convenons qu'on ne peut vouloir sans motifs ; que souvent nos états se produisent sans la volonté, contrairement même à la volonté ; que la détermination en général dépend de ces états. Mais nous soutenons que nous pouvons, dans une certaine mesure, nous mettre dans les circonstances intellectuelles, morales ou physiques propres à nous faire concevoir et sentir d'une façon plutôt que d'une autre, et qu'en ce sens nous tenons notre intelligence et notre liberté pour ainsi dire dans nos mains, mais qu'une fois placés dans ces circonstances, il ne dépend pas de nous d'être affectés autrement que nous le sommes, soit intellectuellement, soit sensiblement. Il y a donc ici, dans le phénomène total, deux positions distinctes et consécutives : celle de la volonté d'abord, et celle de la fatalité ensuite.

Nous soutenons encore que, dans toute position possible, lorsque l'idée d'agir ou de nous abstenir se présente à notre esprit, il dépend toujours de nous, si l'action peut ou doit être volontaire, de nous placer, par l'intelligence et la volonté, dans une position contraire purement négative. En d'autres termes, le *contradictoire* d'une idée est toujours possible : ce contradictoire est le négatif pur, dont la conséquence pratique est l'abstention s'il s'agit d'abord d'agir, ou l'action s'il s'agit d'abord de s'abstenir ; c'est le doute pur et simple s'il est question de juger.

Cette explication suffirait pour établir ce qu'on appelle

la liberté d'indifférence, ou la faculté de choisir entre deux positions absolument semblables extérieurement et même intérieurement, puisqu'on en pourrait sortir par l'abstraction arbitraire de l'un ou de l'autre. Mais il est plus vrai de dire avec Leibniz qu'une pareille situation n'existe pas. « Nous sentons, dit-il, quelque chose en nous qui nous pousse à faire un choix; s'il arrive que nous ne puissions, sur-le-champ, rendre raison des motifs qui nous déterminent, une légère attention sur la constitution de notre machine, sur celle des corps qui nous environnent, sur l'état actuel et précédent de notre esprit, et sur mille petites circonstances qui rentrent toutes dans ces causes principales, nous convaincra bientôt qu'il est inutile de chercher ailleurs le principe de notre détermination, et d'avoir recours pour l'expliquer à un état de pure indifférence et à je ne sais quel pouvoir de l'esprit qui produirait sur les objets les mêmes effets que les couleurs produisent, à ce qu'on nous dit, sur le caméléon. »

Nous pouvons donc très bien accorder qu'il nous est impossible de nous donner directement et à volonté des idées positives, des sentiments surtout; que, pour essayer d'avoir une idée, il faut déjà en avoir l'idée, etc.

Ecoutons cependant l'objection : « Soit que je réfléchisse à mon insu, ou même malgré moi, soit que je le fasse volontairement, il aura bien fallu qu'un motif quelconque, dans le premier cas, m'ait porté à réfléchir, et dans le deuxième, m'ait déterminé à vouloir : et il serait absurde de prétendre que ce motif, dans le dernier cas, est subordonné lui-même à la volonté. On aurait beau faire, il faudra toujours, quel que soit l'acte, ou corporel ou intellectuel, que l'on considère, et dès que la volonté y entre pour quelque chose, remonter à une première volition produite par une première cause, par un premier motif, antérieur à tout acte volontaire. »

Tout cela est vrai ; mais ce qui ne l'est pas moins, c'est qu'en présence de toute détermination à prendre, dans tous les instants de la vie, depuis le moment où nous avons eu connaissance de nous-mêmes par une réflexion volontaire, nous avons toujours la faculté de nous abstenir, d'attendre de nouvelles inspirations, de leur ouvrir la porte pour ainsi dire. En d'autres termes : il dépend toujours de nous d'avoir des idées purement négatives, par opposition à celles qui se présentent à notre esprit, et de chercher à en avoir de positivement *contraires*. Nous savons en quoi consiste en général ce caractère d'opposition positive ou de contrariété, et c'est assez pour faire appel à ces sortes d'idées encore inconnues quant à leur espèce propre.

S'il s'agit de sensations qui n'existent pas, mais dont on connaît l'espèce, sans doute *elles* ne peuvent être un mobile, mais leur *idée* peut très bien être une raison d'agir ou de s'abstenir.

Nous pouvons de même faire naître en nous des sentiments, des idées que nous n'éprouvons pas, que nous n'avons pas actuellement, mais dont nous avons seulement l'idée. C'est pour cette raison que nous allons au spectacle, au sermon, et que nous étudions. Nous recourons à des moyens, il est vrai, mais ces moyens, s'ils nous sont connus, et qu'ils soient à notre disposition, pourquoi ne pourrions-nous pas y recourir si nous le voulons ?

Si nous le voulons ! telle est, dit-on, la grande affaire.

Cette affaire est si loin d'être embarrassante qu'elle ne prouve qu'une chose, c'est que nous ne pouvons vouloir que des actes dont nous avons l'idée, et que nous n'avons pas toujours l'idée de beaucoup d'actes qu'autrement nous pourrions vouloir ou exécuter. Ce qui est très vrai, mais qui ne porte aucune espèce d'atteinte à la liberté. De ce qu'on ne pense pas à tout, il ne s'ensuit pas qu'on ne pense à rien. De ce que les uns ont plus d'idées et les autres moins, il s'ensuit seulement que la sphère d'action n'est pas la même pour tous les agents libres; mais cela ne veut point dire du tout que chacun ne soit pas libre dans la limite de ses idées et de ses connaissances.

De ce qu'enfin nous ne faisons pas, de ce que nous ne *pouvons pas songer* à faire une action dont nous n'avons pas l'idée, il ne s'ensuit point qu'elle nous soit dynamiquement impossible, ou que nous soyons *empêchés positivement* de la faire.

On confond ici le fait pur et simple de *ne pas penser à une chose*, de *ne pas la faire*, avec la *contrainte* de s'abstenir. Ou plutôt on confond une simple condition intellectuelle de l'action, la *pensée à cette action* avec l'*activité* même, et l'on conclut de l'absence de la première à l'absence de la seconde. Conclusion de tout point abusive.

Ce n'est pas non plus argumenter utilement contre la liberté que de dire qu'il ne dépend pas de nous de toujours voir, juger et raisonner juste. Cela est vrai, dirons-nous encore, mais la question de la vérité n'est pas celle de la liberté. Nous pouvons nous tromper jusque dans nos jugements pratiques, et agir encore librement en conséquence de notre erreur. Le fait est cependant que si nous voulions faire un usage sévèrement critique de notre liberté en matière de jugement, nous ne nous tromperions pas. Il suffirait pour cela de nous décider à douter quand nous ne sommes pas certains; ou, si ce doute nous semblait trop dur, de ne prononcer jamais que sur la valeur subjective de nos jugements, comme le voulaient les sceptiques. La preuve qu'on croit beaucoup trop encore, et que nous péchons bien plus par excès de dogmatisme que par excès de scepticisme, c'est le grand nombre d'erreurs dans lesquelles nous tombons. Que serait-ce, hélas! si nous les connaissions toutes!

Si les principes d'action (mobiles ou motifs) ne sont pas des forces, des causes, bien que, par suite de leur présence, il y ait tendance à l'activité, commencement d'action intérieure, toute la mécanique qui fait reposer le fatalisme sur l'hypothèse contraire, tombe irrévocablement.

Quand donc on dit que nous restons *nécessairement* inactifs si ces mobiles n'existent pas ou s'ils se font équilibre ; que nous agissons *nécessairement* au contraire s'ils existent dans un seul sens, ou si, tout en se combattant, les uns sont plus forts que les autres, on parle au figuré, on poétise ; on ne fait pas de la métaphysique.

On tombe également dans l'abus d'une fausse assimilation, lorsqu'on fait l'âme naturellement aussi inerte qu'il plaît de concevoir la matière, et qu'on dit avec Collins : « Notre volonté veut du vouloir dont elle veut comme les corps se meuvent du mouvement dont ils se meuvent ; ce mouvement qui est en eux n'est pas d'eux. »

La justesse de la comparaison est au moins une question, et c'est tomber dans une pétition de principe que de l'admettre sans preuve.

Qu'importe, nous dira-t-on peut-être, que l'âme agisse alors par elle-même, mais en conséquence de ses états, pourvu qu'elle agisse nécessairement ?

Il importe beaucoup, parce que, dans la réalité, le principe causateur est en elle et nullement dans ses états ni dans ce qui les excite, et qu'il faut, par conséquent, renoncer ici à toute application des idées mécaniques, et se bien persuader qu'il n'y a dans ces images physiques appliquées aux faits spirituels qu'une trompeuse analogie.

Cette comparaison, fût-elle moins impropre, il resterait toujours à savoir ce qu'on entend par motifs plus forts, plus faibles, etc. Il semble qu'ils aient une force absolue, antérieure à tout acte de la réflexion, et que la volonté, aidée de l'intelligence ou de la sensibilité, ne puisse les modifier. Il n'en est rien pourtant, et l'on en convient même. Mais on soutient que si les motifs varient en force relative, c'est parce que d'autres motifs s'ajoutent ici ou là. Mais si l'intelligence peut à volonté (l'intelligence volontaire et la volonté intelligente se tiennent ici très étroitement) rendre forts les motifs faibles, et faibles les forts, que peut-on demander de plus en faveur de son omnipotence ? Qu'on cite donc un seul principe d'action à l'occasion duquel on démontre l'impuissance absolue de la volonté à y résister, et alors la fatalité sera établie ; mais pour ce cas seulement.

Que veut dire, au surplus, le mot *nécessairement* dont on se sert ici ? Sommes-nous donc *contraints* à ne pas agir, lorsque nous n'avons pas de motifs d'action ? Peut-on dire que nous soyons alors empêchés ? L'expression serait tout à fait impropre. Premièrement, nous n'agissons pas alors, tout simplement parce que nous n'avons aucune raison de le faire. Secondement, si nous étions *contraints* à rester dans l'inaction, nous serions donc libres d'une liberté intérieure ; seulement, l'effet de notre activité serait empêché ; mais l'activité elle-même se déploierait, puisque, par hypothèse, elle résisterait à la contrainte, quoique sans succès. En effet, l'idée de contrainte emporte celle de résistance.

Quand, au contraire, nous agissons et avec volonté, est-ce bien *nécessairement*? Si c'est nécessairement, ce n'est pas du moins par contrainte, puisque les deux forces dont nous avons parlé plus haut ne sont pas en présence.

A quoi donc se réduit cette nécessité? Est-ce à la nécessité d'agir, *en général*, y compris l'abstention? Nous l'accordons : l'activité, l'action même fait partie de notre nature, des lois qui la régissent fatalement. Est-ce à la nécessité de faire telle chose plutôt que telle autre dans des circonstances données? Mais ici encore il faudrait distinguer la nécessité morale, qui n'est qu'une parfaite convenance, ou une obligation, et la nécessité physique, qui serait une puissance réelle à laquelle notre intelligence et notre activité volontaire seraient tellement soumises, que nous ne pourrions ni concevoir ni vouloir autre chose que ce qu'elle nous ferait vouloir et concevoir. C'est bien là une des difficultés capitales qu'on élève. Reprenons donc.

La convenance, la nécessité morale n'est qu'un jugement de la raison : ce n'est pas une puissance causatrice, un agent qui tienne en sa main notre volonté. Sans doute nous ne sommes pas libres, d'une liberté immédiate du moins, dans nos jugements sur l'honnête et le juste ; ces jugements sont nécessairement portés par notre raison ; c'est sa loi de procéder ainsi. Nous disons donc nécessairement, fatalement : telle action est honnête ou déshonnête, juste ou injuste. Nous faisons plus, et fatalement encore nous jugeons que nous devons faire le bien et éviter le mal. Mais là s'arrête la nécessité. Cela est si vrai que, malgré ces jugements nécessaires, nous agissons souvent en sens contraire. Y aurait-il donc une nécessité qui serait opposée à la première? Celle-ci serait alors une nécessité qui ne serait pas nécessaire.

Si l'on s'écarte pratiquement des injonctions de la raison, et que ce soit par une sorte de nécessité, d'où vient que cette nécessité n'est pas la même pour tous les hommes, et que les uns font une chose là où d'autres font différemment ? Je veux bien que les circonstances ne soient pas entièrement identiques, qu'elles diffèrent en degrés ; mais ce n'est pas une différence de quantité ou de degré, que d'être ou de n'être pas soumis à la nécessité ; c'est au contraire une différence essentielle ; si essentielle même que la nécessité ne connaît pas de plus ni de moins. Or, vouloir que dans des circonstances semblables, au degré près, des hommes divers agissent les uns par nécessité, les autres pas, ou plutôt les uns en vertu d'une nécessité et les autres en vertu d'une nécessité toute contraire, n'est-ce pas affirmer une différence essentielle entre les hommes ? N'est-ce pas méconnaître l'identité de l'espèce humaine ?

Qu'on dise, sauf encore à s'expliquer, que chez les uns la raison est plus forte que le mauvais penchant, chez les autres le mauvais penchant plus fort que la raison, mais qu'il n'y a nécessité chez aucun, je comprendrai ce langage, d'autant mieux même qu'alors toutes les différences en degrés deviennent possibles, et ouvrent à l'expérience un cadre assez vaste pour y faire entrer tous les cas de la vie réelle.

Il est contradictoire, ajoute-t-on, de prétendre que nous puissions en même temps faire et ne pas faire, vouloir et ne pas vouloir une même chose. Cela est vrai ; mais personne, que nous sachions, ne le soutient. La question ne peut pas être de savoir si, voulant et faisant une chose dans un temps donné, nous pouvons en vouloir et en faire une autre dans *le même temps* indivisible, mais bien si, *avant* de l'avoir voulue ou de l'avoir faite, nous aurions pu en vouloir et en faire une autre ; si nous pouvons suspendre ce vouloir et ce faire, dans le cas où l'action serait de nature à remplir une certaine durée. Or l'impossibilité dans la première position n'emporte en aucune manière l'impossibilité dans les deux autres. C'est donc à tort que l'on conclut de la première aux deux secondes.

De ce qu'il aurait fallu un autre motif ou un motif plus fort pour vouloir autre chose que ce qu'on a voulu, ou pour faire changer de résolution, cela ne prouve qu'une chose, c'est que nous ne voulons point sans raison, mais nullement qu'une volition ou une action motivée soit nécessaire, inévitable.

En général, toute l'argumentation se réduit au raisonnement suivant :

« La volonté ne peut se passer de principes d'action, et si elle est ambulatoire ou variable comme eux, elle en dépend nécessairement.

« Or, elle ne peut s'en passer, et varie comme ils varient eux-mêmes.

« Donc elle en dépend nécessairement. »

Nous répondons, au résumé, à la première proposition :

1° Que la volonté ne peut se passer en effet de principes d'action ; qu'elle ne les produit pas tous à souhait ; qu'elle n'en produit même point, si l'on veut, mais que le moi qui veut est aussi le moi qui connaît, et qu'il dépend toujours de celui-ci, et, par conséquent, de celui-là, de concevoir la possibilité d'idées nouvelles et différentes, de sentiments opposés et nouveaux, de concevoir en tout cas l'abstention possible d'une action qui se présente à faire, ou l'action possible opposée à l'idée d'une abstention possible elle-même ; que le moi voulant peut se régler en conséquence et prendre celui des deux partis qu'il jugera le plus convenable ; que si ce jugement a quelque chose de fatal, l'action en elle-même ne contient rien de semblable ; qu'elle est fatale en ce sens seulement qu'elle doit être *ou* n'être pas, et d'après telle *ou* telle idée, tel *ou* tel sentiment.

Mais, qu'on le remarque bien, ce qu'il y a de fatal ici, ce n'est point l'*action* elle-même, c'est son *alternative*, ainsi que son *rapport* à une idée ou à un sentiment *quelconque*, la *nature* et le *nombre indéterminé* de ces sentiments et de ces idées. Or cette fatalité n'est en rien nécessitante dans la volition et l'action *déterminées* qui suivent. Et c'est cependant cette action, cette volition qui devrait être fatale, si la thèse que j'attaque était vraie.

Cette confusion de la nécessité vraie d'opter entre des alternatives qui s'excluent parfaitement, et la nécessité prétendue de prendre l'une de ces alternatives plutôt que l'autre, est le principe des objections suivantes de Collins : 1° dans quelque position qu'on mette un homme, il ne peut se dispenser de prendre à l'instant un parti, quel qu'il soit ; 2° nous choisissons nécessairement en conséquence des impressions reçues ; 3° nous nous déterminons toujours et nécessairement pour ce qui nous semble notre plus grand bien, c'est-à-dire que nos préférences sont nécessairement nos préférences.

2° Alors même que la volonté varierait comme les principes d'action, ce qui n'est pas, puisqu'il n'y a qu'une seule détermination à prendre en présence de plusieurs motifs, il ne s'ensuivrait pas du tout qu'elle dépendît nécessairement de tel ou tel motif en particulier, qu'elle dût fatalement opter pour l'un plutôt que pour l'autre. Elle doit nécessairement opter pour *quelqu'un* de ces motifs en général ou indéterminément pris, mais pas nécessairement pour *tel* ou *tel* pris en particulier. C'est ce qui résulte de plusieurs considérations précédentes.

3° Affirmer qu'il en est autrement, c'est au moins commettre une pétition de principes.

Nous répondrons à la seconde proposition en accordant la première partie, et en distinguant la seconde partie, comme nous venons de le faire pour la première, n° 2.

Nous distinguons, en conséquence, la conclusion, accordant la nécessité dans le sens général et indéterminé, et la niant dans le sens particulier.

§ III.

Distinction entre la liberté externe et la liberté interne ou libre arbitre.

I. La liberté extérieure est limitée ou empêchée par toute force supérieure à la nôtre, et qui l'arrête ou la comprime.

Mais l'énergie musculaire n'en existe pas moins, et, quoique ses effets soient empêchés, elle ne perd absolument rien de sa nature, de son degré même de développement. Seulement elle ne se traduit point au dehors par une modification des corps qui nous environnent; ou du moins cette modification n'est pas sensible; par exemple, lorsque nous cherchons à imprimer un mouvement à un bloc de marbre que nous ne pouvons déplacer.

Il n'y aurait pas de liberté interne, qu'on pourrait toujours parler de la liberté extérieure, entendant par là l'absence de toute force mécanique qui s'oppose à nos mouvements musculaires.

La liberté externe n'est pas sujette à de grandes difficultés; aussi ne s'y arrête-t-on pas.

II. Tous les efforts des adversaires de la liberté sont dirigés contre la liberté interne ou libre arbitre.

On dit donc :

« 1° Il n'y a de liberté possible qu'à la condition de n'avoir des besoins d'aucune espèce, ni physiques, ni intellectuels, ni moraux.

« 2° Nous pouvons changer de maître, mais jamais nous affranchir.

« 3° La volonté n'est qu'une esclave soumise, alors même qu'elle commande le plus impérieusement.

« 4° Une foule de causes physiques ou morales nous privent de la liberté, ou nous empêchent d'en jouir comme nous le voudrions.

« 5° On est esclave ou de ses devoirs ou de ses passions, des lois de son pays ou du caprice d'un despote.

« 6° Se soumettre volontairement, c'est encore servir..... »

A quoi nous répondons :

1° Nous avons déjà fait remarquer qu'avoir des besoins ou sentir n'est pas agir, d'une action personnelle ou propre, et qu'il n'y a pas même de rapport de causalité concevable entre ces deux choses.

2° Être libre, ce n'est pas être dépourvu de sensibilité et d'intelligence ; c'est rester maître d'agir ou de n'agir pas, d'agir d'une façon ou d'une autre malgré ces principes d'action, et par suite des modifications qu'on leur fait subir, si on le veut, modifications qui peuvent aller jusqu'à les tenir pour non avenus, ou à les transformer plus ou moins profondément, à changer leur valeur ou leur force respective.

3° La volonté n'a qu'une certaine sphère d'action, d'un rayon variable, en dehors de laquelle son impuissance est complète, mais dans l'intérieur de laquelle aussi elle peut se mouvoir librement. Nous ne sommes libres que de cette liberté, de la longueur de notre chaîne, comme disait Lavater ; ce qui veut dire que notre nature a des lois, même notre nature active volontaire et libre. Celle de

Dieu même n'en est pas exempte. Tout ce qui est, par cela seul qu'il est d'une certaine manière, qu'il a une essence, a des lois, et ces lois sont fatales. C'est pour cette raison que si nous sommes libres, nous le sommes fatalement ; il ne dépend pas de nous de ne l'être pas.

4° On peut admettre maintenant toutes les influences physiques ou morales ; ces influences n'ont rien de nécessitant, puisqu'elles n'aboutissent qu'à des états affectifs ou intellectuels. Ce sont plutôt les circonstances, un grand nombre du moins, qui sont fatales. C'est ainsi qu'il ne dépend pas de nous d'être nés de tels parents plutôt que de tels autres, dans un pays, dans un temps, etc., plutôt que dans un autre pays et dans un autre temps. Tout cela, et bien d'autres choses, fait partie de notre chaîne. Mais une position étant ainsi fatalement donnée, la liberté s'y exerce dans une certaine mesure ; nous nous créons librement de nouvelles positions qui deviennent à leur tour des circonstances fatales, au sein desquelles un nouveau mouvement libre est possible. En sorte que nous avons sans cesse un pied dans la liberté et l'autre dans la fatalité.

Qu'est-ce donc, s'écriera-t-on, que cette liberté qui fait de la vie comme un tissu dont la chaîne est imposée par la fatalité ?

« Si la liberté est le pouvoir de vouloir et que ce *pouvoir* soit la *faculté* de vouloir, la liberté ne sera que la faculté de vouloir. Si ce pouvoir n'est ici, au contraire, que la *possibilité* de vouloir, la liberté ne serait non plus que la possibilité de vouloir, c'est-à-dire la réflexion ou la faculté de faire usage de sa volonté. Ce serait, en tout cas, le pouvoir de nous déterminer d'après des motifs, ce qui n'exclut certainement pas la nécessité... Si peu qu'il ne dépend pas de nous de *vouloir*, *à volonté*, réfléchir ou ne pas réfléchir...

« Prétendre que l'on peut à volonté vouloir ou ne vouloir pas, c'est dire que si l'on *veut vouloir* on pourra vouloir, que si l'on *ne veut pas vouloir*, on pourra de même ne pas vouloir. Il faudrait montrer comment tout cela est possible... La volonté peut être subordonnée à des attributs qui ne dépendent point d'elle, mais on ne peut pas supposer qu'elle soit subordonnée à elle-même... Vouloir volontairement est une absurdité ; vouloir librement, une contradiction. Je n'ai donc pas le *pouvoir* de vouloir (quoique j'en aie la possibilité), comme j'ai celui de marcher... On n'est pas plus libre dans le vouloir que dans le sentir... On veut toujours et nécessairement. *Ne vouloir pas* faire une chose, c'est *vouloir* ne pas la faire. »

Il s'agit, dans tout ceci, du rapport de la liberté à la volonté.

La liberté diffère-t-elle de la volonté ? Si elle en diffère, la volonté est-elle libre, et la liberté est-elle volontaire ; ou plutôt toute volition est-elle libre, et tout acte libre est-il voulu ?

La liberté, dans le sens le plus général du mot, est l'activité propre à l'agent, activité en vertu de laquelle il se modifie. Sous ce rapport, la liberté est antérieure à la volonté ; la volonté ne serait alors que l'activité qui se sait, l'activité ayant conscience d'elle-même, et appropriant ses actes (qui deviennent en ce cas des volitions) à un but que l'intelligence propose et que la sensibilité semble quelquefois solliciter.

La liberté, dans le sens plus restreint du mot, n'est donc que la volonté spontanée ou réfléchie.

La volonté spontanée est un premier degré de liberté, dans cette seconde acception. La volonté réfléchie, qui se contient, délibère avant d'agir et pour agir, est un nouveau degré de liberté.

D'où l'on voit que la liberté est ou l'activité pure et simple, ou l'activité conçue avec la volonté, que la volition soit ou ne soit pas délibérée, mais que la liberté mérite surtout ce nom dans le dernier cas. Elle est donc pour nous, excellemment, l'activité volontaire réfléchie ou délibérée.

Il ne dépend pas toujours de nous de réfléchir, mais nous le pouvons dans tous les actes qui ne sont pas instinctifs ou qui, sans être instinctifs, ne sont pas d'une spontanéité tellement subite que la réflexion ne puisse y trouver place. L'idée de réfléchir est alors possible, et la réflexion de même. Si elle a lieu, elle prend un caractère volontaire et libre. Mais la réflexion n'amène pas toujours l'avis le plus salutaire, ce qui est une question d'erreur ou de vérité, et non plus celle de la liberté.

Le *pouvoir* de vouloir ou la faculté de vouloir n'est pas autre chose que la volonté même ; et ce pouvoir, loin de n'être pas, existe fatalement en nous, puisqu'il fait partie de notre nature. La *possibilité* de vouloir serait plutôt du domaine de la liberté, puisqu'il s'agit de la volonté dans ses rapports avec les faits qui semblent l'influencer. Si par possibilité de vouloir on entend la *faculté* de réfléchir, cette possibilité est fatale encore, puisqu'elle fait également partie de nos aptitudes naturelles. Si au contraire on entend par là un acte de la réflexion, une réflexion, la volition qui devrait suivre ne serait plus nécessaire, il est vrai, mais elle serait toujours possible, toujours en notre pouvoir lorsque nous sommes appelés à agir avec connaissance de cause ; car toujours nous pouvons réfléchir alors, toujours nous pouvons prendre un parti après la réflexion, toujours même nous en prenons un, et même nécessairement.

Mais il faut remarquer que cette nécessité ne porte que sur l'*alternative* de vouloir positivement ou négativement ; et, dans le premier cas, sur l'*alternative* de vouloir une chose ou une autre, et non sur la volition précise, qui est l'objet de la préférence. Ce sont là des faits qui n'ont besoin que d'être constatés, qui ne se prouvent pas autrement, et dont la possibilité est démontrée par là même. Un fait est tout prouvé quand il est constaté.

De ce que, maintenant, on n'a pas toujours l'idée de réfléchir, et qu'alors la volition n'a pas le caractère délibéré et réfléchi, il ne s'ensuit pas qu'elle soit nécessaire ; elle est purement et simplement non réfléchie, ou spontanée. On n'a pas fait assez attention à ce milieu entre la fatalité et la liberté à son plus haut degré, la liberté positive dans le sens le plus propre, le plus strict du mot.

Si, de plus, il fallait accorder que nous ne sommes pas libres de réfléchir dans beaucoup de cas, de *vouloir réfléchir à volonté*, cela ne prouverait en aucune manière ni que nous ne voulons jamais réfléchir, ni que nous ne sommes pas libres à la suite de la réflexion.

Je suis d'avis qu'on ne peut pas dire que, pour vouloir, il faut *vouloir vouloir*, parce qu'alors le vouloir serait impossible : l'idée d'une chose se présente à faire, avec des raisons pour et contre, je suppose ; on examine ces raisons volontairement ou spontanément, et l'on veut ensuite purement et simplement l'action ou l'abstention. Plusieurs volitions peuvent sans doute se succéder, aboutir à une seule action, et former comme une chaîne, mais elles n'ont pas le même objet. Par exemple, l'une tend immédiatement à susciter de nouvelles idées, une autre à les comparer, une troisième à faire choix d'un parti à prendre, une quatrième à fixer l'époque de l'exécution de ce parti pris, une cinquième à l'exécuter.

Si vouloir volontairement est une absurdité, ou plutôt une tautologie, vouloir librement n'est pas une contradiction, d'après tout ce que nous avons dit ; ce serait plutôt encore dire deux fois la même chose en termes différents.

Il est cependant vrai qu'on veut toujours, et même nécessairement (1) ; mais la nécessité ne tombe que sur ce qu'il y a de général èt d'abstrait dans le *vouloir*, sur une simple idée par conséquent, et non sur chaque volition en particulier ou sur l'objet du vouloir. Il en est ici comme de la forme d'un corps, d'un morceau de cire, par exemple ; il est nécessaire que ce corps ait une forme, mais il ne l'est pas que cette forme soit sphérique plutôt que cubique ou pyramidale. Ainsi la forme est nécessaire comme genre, et n'est pas nécessaire comme epèce; c'est *la* forme *indéterminée* et non *telle* forme *déterminée* qui est nécessaire. Or, la forme indéterminée n'est qu'une abstraction ; il n'y a de forme véritable que la forme concrète, qui *informe* réellement le corps.

De même, le vouloir en général n'est qu'une abstraction, et peu importerait qu'il fût nécessaire, on n'en pourrait absolument rien conclure contre la liberté de chaque vouloir spécial ou déterminé ; et c'est précisément des déterminations particulières qu'il s'agit ici.

5° « On est esclave ou de ses devoirs ou de ses passions, des lois de son pays ou du caprice d'un despote. »

Qu'est-ce à dire ? qu'il faut des motifs ou des mobiles, des causes occasionnelles à nos actions ? Rien de plus certain. Mais nous avons suffisamment prouvé que ces causes

---

(1) Dans l'état de veille, bien entendu ; encore serait-il plus juste de dire que souvent la chose voulue s'exécute plus ou moins longtemps comme d'elle-même ; par exemple, la promenade, la rêverie, etc. S'il y a ici volonté, c'est plutôt une volonté spontanée et prolongée dans ses actes, qu'une volonté réfléchie et positivement soutenue.

occasionnelles, loin d'être des causes efficientes, ne peuvent absolument point se passer de la volonté. La volonté, telle est la seule cause efficiente des actes d'un être intelligent.

Or, toute la question est de savoir si la volonté est nécessairement mise en jeu par les idées ou les sentiments, par les motifs ou les mobiles. S'il en était ainsi, nous ne serions pas libres. S'il en est autrement, comme nous croyons l'avoir établi, la liberté est un fait ; ce qui ne veut point dire qu'elle soit un phénomène. L'âme reste une *vis sui determinatrix,* sans qu'elle y soit contrainte, sans même qu'elle puisse l'être par des états qui sont absolument dépourvus de toute force, puisqu'ils ne sont que des états intellectuels ou sensitifs, et non des agents.

Il est vrai qu'il y a une sorte d'analogie entre ces états et des mobiles mécaniques, puisque l'âme, dans certains cas, se sent comme poussée ou entraînée, et qu'elle est, de son côté, comparable, mais d'une comparaison par analogie encore et non par identité, à un corps qui reçoit une impulsion. Toutefois il y a cette différence radicale que l'âme est une force propre, que cette force surtout peut se déployer à des degrés divers, et résister suivant une mesure indéfinie qu'elle seule détermine par sa volonté.

C'est un fait, c'est un phénomène que la résistance de l'âme, que son opposition aux entraînements des sens, de l'imagination et du sentiment. L'âme peut s'armer d'idées, de motifs contre les inclinations provenant des mobiles, comme elle peut résister aux motifs, en mettant sa force propre au service des mobiles ou des appétits.

Le fait certain de l'antagonisme dans notre nature établit donc expérimentalement l'activité propre de l'âme, et une activité qui se connaît, qui dispose de soi comme elle l'entend ; une activité qui peut obéir ou résister aux instincts, aux inclinations, aux passions, etc.

Or, cette activité, ainsi éclairée par une intelligence qui est aussi le partage de ce même sujet actif, et qui peut se poser arbitrairement tel ou tel but à atteindre, et y tendre en réalité, malgré tous les obstacles possibles, est précisément ce qu'on appelle liberté.

6° Il est possible, à coup sûr, il n'est même que trop ordinaire que l'activité volontaire et libre redoute les froissements de la sensibilité, qu'elle en suive plutôt les suggestions, que les viriles et nobles inspirations de la raison. Mais en agissant de la sorte, elle agit encore, et librement ; elle se meut, elle n'est pas mue ; elle se donne ses déterminations, elle ne les reçoit pas ; elle est encore libre. L'esclave qui l'est par choix, qui l'est librement, cesse de l'être ; c'est sa volonté qu'il suit en la mettant au service d'une autre. Et nous pouvons dire avec raison, à notre tour, que « se soumettre volontairement, ce n'est plus servir. »

En réalité, les jurisconsultes romains avaient eu raison de dire : *nemo cogitur ad factum*. L'intérieur de l'homme est absolument inviolable à un autre homme, à tout agent extérieur fini.

Aussi s'agit-il dans la question de la liberté de prétendus agents intérieurs, c'est-à-dire de mobiles et de motifs, de mobiles surtout, dont nous serions comme les jouets et les instruments. Jamais, on le prétend du moins, nous ne serions plus passifs sous l'action de ces influences, que quand nous nous croyons le plus libres. C'est alors, dit-on, que l'âme en est tout entière emportée, jusque dans sa volonté même. Il n'y a plus ici deux forces : il n'y en a qu'une, et qui ne nous appartient pas, qui n'est pas celle du moi ; la volonté en est mue à son insu ; elle croit ne relever que d'elle-même, quand elle n'est en réalité que la complice ignorante ou aveugle des passions plus ou moins nobles qui l'ont séduite et la mènent à leur gré, en lui persuadant tout ce qui est dans leurs tendances : *Volentem ducunt.* Si elle s'avise de résister, elle le fera peut-être dans une certaine mesure ; mais que les passions s'irritent, s'exaspèrent, qu'elles se piquent au jeu, l'âme finira par perdre tout empire sur elle-même ; elle deviendra folle de la folie du crime, du fanatisme ou de toute autre, et alors : *Nolentem trahunt.* La fatalité est tellement dans notre nature, qu'elle ne fait que se transformer quand elle semble disparaître.

Voilà ce qu'on nous objecte : une fatalité dont le comble de la tyrannie serait de nous abuser au point de faire de nous-mêmes, de ce que nous avons de plus intime, de notre volonté propre, le docile instrument de ses desseins les plus ennemis.

§ IV.

Si la volonté est déterminée à son insu par les motifs ou par les mobiles.

Ce qu'il y a de certain d'abord, c'est que, dans toute action qui émane du moi, et que pour cette raison nous appelons nôtre, il y a une fin, un but à nous connu, voulu de nous, et qui est la cause finale de nos volitions, que cette fin soit vraiment dernière, ou qu'elle ne soit qu'un moyen. Ce n'est donc pas là ce que nous ignorons.

Nous n'ignorons pas davantage que nous jugeons ces fins elles-mêmes par rapport à l'idéal de la vie, à la règle absolue de nos actions, et qu'en conséquence nous les estimons raisonnables, ou déraisonnables, ou indifférentes.

CHAPITRE II. — SUR LA NATURE DE L'ACTIVITÉ. 233

C'est un troisième fait que cette règle fournie par la raison est entièrement indépendante de nos passions et de notre volonté même ; qu'elle est comme un tribunal incorruptible, sinon infaillible, établi par Dieu au sein de la conscience de chaque homme ; et c'est un quatrième fait que ce tribunal ne reste point muet ; que ses sentences sont notifiées ; que la résolution est approuvée ou condamnée, à moins que l'acte ne soit estimé indifférent ; que l'action ou l'abstention est jugée à son tour, et que la volonté elle-même se trouve atteinte par suite de l'imputabilité de l'acte.

Car c'est un quatrième fait, que nous nous imputons tout acte voulu, pour peu que la réflexion et la liberté y aient eu part. Mais s'il est vrai de dire que cette imputation peut avoir à nos yeux ses circonstances atténuantes ou aggravantes, il est également prouvé par là même que la conscience de nos actes ne se borne pas à l'imputation seule, mais qu'elle va jusqu'à distinguer des degrés, encore bien qu'elle ne puisse les déterminer avec une précision rigoureuse.

C'est un cinquième fait que nos volitions nous appartiennent, qu'elles sont le produit exclusif de notre volonté.

C'est un sixième fait que notre volonté est bien une faculté de notre âme ; qu'elle est du moins un mode de l'activité essentiellement distinct du mode fatal, et même du mode purement spontané.

Enfin c'est un septième fait, que la volonté éclairée par l'intelligence, par la réflexion, donne à l'activité de l'âme un caractère d'indépendance à l'égard des principes d'action. L'activité autonome, et les principes d'après lesquels cette activité est appelée à se déterminer elle-même, sont d'ailleurs deux ordres de choses essentiellement distincts, et dont la liaison est si peu visible en beaucoup de cas, qu'un abîme paraît les séparer. Qu'y a-t-il en effet de commun, si ce n'est l'unité de conscience, entre des états intellectuels ou sensitifs, et l'action ; entre concevoir, sentir et agir ; entre l'état passif et l'état actif ? Qui ne voit que le passage de l'un à l'autre exige absolument l'intervention d'une nouvelle puissance ? Tant que l'âme ne sera qu'à l'état passif de connaître ou de sentir, elle ne sera pas à l'état d'action, d'une action volitive et consécutive à la connaissance et à la passion. D'un autre côté, du moment où cette action consécutive commencera, une nouvelle fonction entrera en exercice. Mais cette fonction ne sera en aucune façon celle de connaître et de sentir, quoique le sentir et le connaître exigent une certaine activité. Expliquer par la connaissance et le sentiment l'action volontaire et réfléchie, l'action libre qui sait se connaître et se sentir, c'est donc identifier des faits et des puissances, des facultés de nature tout à fait différente.

Les principes d'action diffèrent donc essentiellement de la cause efficiente de l'action, de l'activité volontaire et libre.

Mais il y a dans l'homme trois sortes d'actes relativement à leurs principes : ou bien l'acte se manifeste en nous par une énergie qui nous est étrangère, et alors point de liberté ; — ou bien ils se manifestent par notre énergie propre, mais à condition que cette énergie soit excitée et sans que nous puissions songer à nous soustraire à cette excitation ou à refuser d'y obéir ; et de telle sorte que l'excitation par elle seule ne déterminerait aucune action dans le moi, et que sans elle, l'énergie propre du moi n'entrerait point en action. Cet état est d'autant plus difficile à caractériser qu'il semble tenir de la fatalité et de la liberté ; je l'appelle *mixte*. — Enfin je conçois et il existe un état où je suis maître de moi-même, où telle action prévue est déterminément voulue par moi ; et quand je dis une action, *je veux dire aussi abstention*, car s'abstenir, c'est se commander, c'est *vouloir*, c'est être *maître de soi*, c'est *être libre*.

S'abstenir ou se posséder n'est donc point, comme on l'a dit, le premier moment de la liberté ; c'est déjà le complet exercice de la volonté. Il faut souvent même bien plus de force pour s'abstenir que pour agir positivement.

Etre libre, suivant nous, c'est donc se posséder.

Dans le moment même de la spontanéité on ne se possède point ; on n'est point libre d'une liberté proprement dite ; il y a simple mouvement de l'âme, avec conscience de ce mouvement, mais sans réflexion antérieure. Dès que la réflexion naît, la liberté paraît.

Du reste, il faut se comprendre : se posséder c'est faire acte de liberté. Mais la liberté elle-même est la puissance de se posséder, de se commander ; l'acte de possession est du domaine de la conscience, la liberté n'en est pas. Mais le jugement déclare libre tout état voulu, et même tout état qu'il est possible de vouloir.

Mais comment peut-on juger de la liberté d'un acte à venir ou d'un acte d'autrui ? En voyant s'il est de nature à être fait réflexivement. C'est l'expérience et l'induction qui font les frais de ce jugement.

Nous pouvons conclure de tout ce qui précède :

1° Que l'activité réfléchie ou du moi est vraiment *automatique* ou propre, dans le sens étymologique et strict du mot ; qu'une impulsion étrangère se distingue aussi aisément que le moi se distingue de tout ce qui n'est pas lui ;

2° Que l'activité spontanée au plus bas degré passe déjà par le moi, en ce sens qu'elle vient de l'âme, sujet du moi, et qu'elle est accompagnée de conscience ;

3° Que l'activité spontanée mixte y passe plus sensiblement encore ;

4° Mais que nous ne sommes véritablement libres que dans la réflexion.

§ V.

De la délibération par rapport à la volonté ou à la détermination.

Si l'esprit humain possède le pouvoir de comparer les raisons d'agir, de fortifier les unes et d'affaiblir les autres dans une certaine mesure, il est évidemment maître, dans cette mesure même, de ses résolutions ; il dispose de ce qui semblait lui faire la loi ; il se subordonne ce qui paraissait lui commander ; il est libre quand on le croyait esclave.

Il l'est encore s'il fait de soi, sans contrainte, ce qu'il veut, alors même qu'il ne pourrait rien changer aux motifs d'action ou d'abstention. Il n'est pas plus possible qu'il soit alors dominé qu'il n'est possible que sa volonté ne soit pas sa volonté, ou que la nécessité logique ou autre qui se mêle à nos jugements, à notre activité intellectuelle, régisse notre activité pratique lorsqu'elle est réfléchie.

Bien plus, il y aurait contrainte dans l'activité pratique réfléchie, que la liberté n'en serait que plus frappante. L'idée de contrainte implique dualité de forces ou opposition de l'une à l'autre. L'une est donc très distincte de l'autre ; elle peut être la plus faible, elle peut être vaincue, asservie, mise au service de son antagoniste, comme la volonté dans certains cas de folie, mais elle n'est point anéantie, puisqu'elle combat, qu'elle résiste, et qu'elle sert en protestant. Elle ne perd son caractère de liberté qu'autant qu'elle est devenue incapable de toute résistance. Telle est la force personnelle au plus bas degré.

La force personnelle la plus libre qu'il soit possible de concevoir, est au contraire celle qui, éclairée d'une intelligence à laquelle rien n'échappe, se détermine toujours sans effort pour le parti le plus raisonnable, et ne s'en départ jamais. Le libre, mais immuable et indéfectible attachement de la volonté à la raison seule, sans défaillance, ni entraînement en sens contraire, tel est l'idéal de la liberté de la détermination; c'est le libre arbitre divin.

La liberté humaine, dans l'état sain, flotte entre ces deux extrêmes. C'est-à-dire que comme force ou puissance, elle n'est point absolue, qu'elle a une sphère, une limite et des degrés ; qu'elle peut être plus ou moins éclairée, et d'une lumière plus ou moins pure. De là ses faiblesses et ses écarts.

§ VI.

Le pari, considéré comme argument en faveur du libre arbitre.

Si la fatalité était *absolue*, elle ne pourrait être déjouée par les calculs; et les actes les moins importants ne seraient pas plus libres que ceux qui nous intéressent le plus. S'il n'y a pas de libre arbitre, toute volition, tout acte humain est également fatal. Le mouvement le plus insignifiant a sa place irrévocablement marquée de toute éternité dans l'immense engrenage de tous les événements possibles; et il n'y a d'événement possible, d'une possibilité dynamique et réelle (par opposition à la possibilité logique), que ceux qui sont arrivés ou qui doivent arriver. Toute autre possibilité est illusoire ou purement idéale.

Si donc le fait d'aller me promener aujourd'hui n'entre point dans le plan de ce mécanisme universel, rien au monde ne serait capable de m'y déterminer, et si l'arrangement naturel et fatal des choses ne comprend pas ma promenade d'aujourd'hui, on pourrait parier avec moi, sans le moindre danger de perdre, un million contre un centime, que je n'irai point me promener de la journée. Moi-même, aussi ignorant qu'un autre de ma future destinée, aussi incertain de ce que je ferai que de ce qui m'arrivera, je ne pourrai jamais parier à coup sûr que je ferai ou ne ferai pas telle chose ; et si je parie, surtout de faire l'acte le plus insignifiant et le plus contraire à mes habitudes, je courrai fort le risque de perdre.

Et pourtant je parierais un million contre un centime que je ferais tel ou tel acte indifférent, si contraire à mes habitudes qu'il puisse être, par exemple d'aller me promener à telle heure, à tel endroit, plutôt qu'à telle autre heure et à tel autre endroit. Je parierais avec l'assurance absolue de gagner. Mais pas un fataliste ne voudrait accepter la gageure. Ce qui prouve que les fatalistes sont aussi persuadés que je puis l'être, que mes actes sont à ma libre disposition, en ce sens du moins que les événements humains ne sont pas tellement déterminés *à priori* qu'il n'y puisse être absolument rien changé.

En d'autres termes : la fatalité qui pourrait peser sur les actes humains, sur le rapport des principes d'action aux volitions, n'a rien de prédéterminé ni d'absolu. Si donc il y avait fatalité, ce serait une fatalité relative, mobile, soumise à la délibération, qui en suivrait les évolutions et jusqu'aux caprices. Il n'est pas, en effet, de considérations pratiques, fortes ou faibles en elles-mêmes, qui ne puissent être écartées ou accueillies par la volonté.

A la vérité, pour donner la préférence à des principes d'action naturellement plus faibles sur d'autres naturellement plus forts, il faut ajouter aux premiers ou ôter aux seconds : il faut délibérer.

§ VII.

L'idée de liberté prouve la réalité du libre arbitre.

L'idée des défaillances et celle des écarts du libre arbitre ne prouvent pas moins l'existence même de cette faculté que les idées d'ignorance et d'erreur ne prouvent l'existence du savoir et de la vérité. L'idée de l'une de ces choses est la corrélative inséparable de l'autre. Si nous n'étions pas libres en réalité et dans une certaine mesure, nous n'aurions pas, nous ne pourrions même pas avoir l'idée de liberté, pas plus que l'idée de fatalité. Nous n'aurions pas davantage les idées d'activité et de passivité, qui sont les analogues de celles de liberté et de fatalité.

Cette raison, tirée de la connaissance de nous-mêmes, des lois qui président à la production de nos idées premières, doit sembler décisive à tous ceux qui savent qu'aucune idée de ce genre n'est et ne peut être arbitraire; qu'en réalité, nous n'inventons aucune idée première ou *sui generis* ; que toutes nos inventions se bornent nécessairement à la combinaison de certaines idées primitives, et à la déduction de certaines autres. On peut s'en assurer sans même sortir de la question qui nous occupe.

Pourquoi, par exemple, croyons-nous que nous sommes libres de faire un acte qui est encore à faire? C'est, dit-on, parce que nous nous sentons libres. Erreur, la liberté est une puissance, une faculté, et nullement un état, un fait qui soit l'objet de la conscience. S'il en était ainsi, le libre arbitre serait un fait, et ne serait pas plus libre qu'un fait : il ne serait qu'autant et quand il serait produit ; jamais autrement ni dans un autre temps.

La vraie raison pour laquelle nous nous croyons libres à l'égard même d'un acte à venir, ce n'est pas que nous nous sentions libres de le faire, mais c'est que nous jugeons par analogie ou par induction qu'il est de ceux que nous avons faits librement autrefois. C'est que nous savons par expérience ce que c'est que vouloir avec réflexion, délibération et liberté ; c'est que nous savons par expérience encore ce que c'est que de n'être point empêchés ou contraints, et que nous estimons qu'il n'y aura ni empêchement, ni contrainte dans le cas dont il s'agit.

Voilà donc une idée dont l'objet, quoique tout entier dans l'avenir, et qui est par cela seul un produit de l'imagination, et nullement une perception, puisqu'il n'y a pas du tout sentiment actuel d'une volition libre à venir; voilà, dis-je, une idée d'imagination, une création de ma pensée, mais dont les matériaux sont le fruit d'une expérience antérieure ; expérience qui me sert à fabriquer l'avenir. J'ai si peu le sentiment de ma liberté future, si rapproché que puisse être l'événement; il est si vrai que ce prétendu sentiment n'est qu'une affaire de souvenir, d'imagination et de raisonnement, que je puis être tout à coup saisi d'une syncope ou d'une paralysie, et adieu ma liberté. Non, le sentiment n'anticipe point sur l'avenir, et le possible qui n'est que possible, appartient essentiellement à l'avenir. On n'a donc pas plus, à proprement parler, le sentiment de sa liberté à l'égard d'un fait futur quelconque, qu'on n'a le sentiment de ce qui n'est pas. On prend une idée, un raisonnement, pour l'objet de cette idée, de ce raisonnement. On prend une faculté pour l'opération de cette faculté, et l'idée de cette opération possible pour l'opération même. Les facultés se *conçoivent* à l'occasion de leurs actes, et ne se *sentent* pas. Et cette conception n'est elle-même que l'application de la notion de cause, de puissance ou de force, à un ordre de faits déterminés. Si bien que le libre arbitre se réduit à la conception de causalité personnelle, c'est-à-dire à une loi de l'esprit humain.

Loin donc que cette notion soit arbitraire, il ne dépend pas de nous de ne pas l'avoir et de ne pas nous l'appliquer. L'homme est donc si libre qu'il se juge fatalement tel ; et le fataliste lui-même ne peut se faire une idée de ce qu'il nie sans contester du même coup le fait de la liberté.

Tel est l'enseignement de l'expérience.

Nous pouvons l'invoquer encore à un autre titre, en nous adressant à la conscience. Elle nous attestera le fait de la satisfaction dans le bien, celui du remords dans le mal. Elle nous montrera dans l'histoire entière de l'humanité la conviction du genre humain par l'institution des récompenses et des peines, par l'admiration et les éloges des grandes actions, par la flétrissure indélébile qu'imprime l'opinion aux grands coupables.

§ VIII.

Si la satisfaction d'une bonne conscience, les remords, l'éloge et le blâme, les peines et les récompenses, toute notre économie pratique, individuelle et sociale, sont compatibles avec la fatalité de nos actions.

Ces sentiments et ces institutions supposent, on n'en peut douter, la persuasion que nous sommes libres.

A coup sûr tout n'est pas nous dans notre destinée ;

mais nous croyons y avoir assez de part pour nous applaudir du bien et nous reprocher le mal que nous faisons, pour penser que nous méritons et déméritons. Que signifieraient d'ailleurs les notions de bien et de mal moral, la loi morale tout entière, avec son caractère absolu, si nous n'étions pas libres, et comment Dieu serait-il alors absous de contradiction ?

Sans doute nous ne naissons pas tous également portés au bien, mais il suffit que nous soyons libres à un certain degré pour que nous ayons une certaine responsabilité de nos actions. Je ne dis pas une responsabilité absolue. Dieu, qui est la justice même, saura tout peser et tout apprécier.

Je regarde donc comme excessives les propositions suivantes : « Il ne dépend pas plus de nous d'être, par nature, vertueux ou vicieux, bons ou méchants, que d'être beaux ou laids, judicieux ou imbéciles. Il ne dépend pas de nous de vouloir le bien ou le mal comme tels, parce qu'il ne dépend pas de nous d'avoir ou de n'avoir pas une bonne ou une mauvaise intention. »

De même que nous pouvons jusqu'à un certain point corriger notre laideur, rectifier un peu notre jugement ou tout au moins le contenir, faire disparaître en partie notre imbécillité (si elle ne va pas jusqu'à l'idiotie) ; de même nous pouvons corriger un peu notre mauvais naturel. Il suffit de n'être pas né monstrueux du côté moral, de n'être pas entièrement privé des idées et des sentiments qui composent cette partie de notre nature. Sans doute il y a des monstruosités possibles de cette espèce, mais la question de la liberté ne les regarde pas.

Au surplus, nous nions la parité entre ces différents ordres de choses, et nous croyons que la part de la liberté dans l'embellissement moral de notre être est bien plus considérable que celle qu'elle peut avoir dans l'embellissement de notre personne physique. Quiconque connaît le bien, et tout le monde le connaît assez d'abord pour désirer le connaître davantage encore, l'aime plus ou moins, et désire s'y conformer. Il est peu d'hommes, s'il en est un seul, qui n'aimât mieux satisfaire ses passions sans passer par le mal, qu'en subissant cette triste condition.

On a très bien vu, du reste, que le remords implique un reproche qu'on se fait à soi-même, parce qu'on se croit libre, et que si nous ne sommes pas libres, ce reproche est sans fondement réel ; il n'est plus que la conséquence d'une illusion intellectuelle.

La difficulté serait de savoir comment cette illusion se concilierait avec les notions de juste et d'injuste et les autres conceptions morales, que nous n'inventons point. Qu'il y ait illusion, erreur à l'occasion de certaines idées de rapport qui n'ont rien de primitif, cela se comprend ; mais que nous nous trompions dans des notions de raison pure, qui n'ont que des antécédents empiriques, et qui sont, par conséquent, des conceptions mères dans leur espèce, c'est ce qu'il est difficile d'expliquer psychologiquement et théologiquement.

« Il n'est pas nécessaire, dit-on, que le juste et l'injuste soient dans les actions ; il suffit qu'elles nous paraissent telles. » Nous jugerions alors que les actions sont justes ou injustes sans qu'elles eussent rien de semblable. En vain nos intentions seraient bonnes ou mauvaises, conformes ou contraires à la loi morale, ce fait serait complétement insignifiant, parce que nous ne serions pas libres, tant dans l'exécution de nos desseins que dans leur conception, et dans les intentions. L'ordre moral tout entier ne serait donc plus qu'illusion, depuis le premier fait jusqu'au dernier. Une opinion qui aboutit à un pareil renversement n'est-elle pas justement suspecte?

S'il ne s'agissait que d'une de ces prétentions qu'on prête fort gratuitement au sens commun pour ou contre une question de métaphysique qu'il ne s'est jamais posée, qu'il n'a, par conséquent, jamais résolue, je conçois qu'on pût dire « que l'opinion universelle ne fait rien ici. » Mais il s'agit d'une conception première, d'intuition immédiate, *sui generis*, qu'il est incontestablement dans les lois de la nature humaine d'avoir et de croire ; le sens commun a donc ici une autorité qu'il n'a pas dans les questions de métaphysique.

Quant à l'exception qu'on oppose à l'unanimité du sens commun, elle n'est pas recevable ; sans doute, il s'est trouvé des hommes qui n'ont pas cru au libre arbitre, mais leur nombre a toujours été si restreint qu'il n'a pas compté. Encore est-il vrai de dire que c'est plutôt le philosophe dans l'homme que l'homme même qui n'y croit pas.

On dit très bien, du reste, que l'unanimité absolue du genre humain ne prouverait pas la liberté. En effet : 1° il n'y a aucune liaison nécessaire entre l'unanimité d'une opinion et la vérité de cette opinion ; 2° parce que la notion de liberté peut n'être pour le sens commun que celle de non contrainte, et non celle de l'indépendance de la volonté même dans ces actes de volitions, deux choses fort différentes et généralement peu distinguées. Mais il faut convenir que si le sens commun ne prouve pas l'existence de la liberté, il ne prouve pas davantage, un peu moins même, la fatalité de toutes nos actions.

On prête aux partisans de la liberté interne deux raisonnements catégoriques un peu embarrassés dans la disposition de leurs termes, et qui peuvent se traduire sous la forme plus claire de ce raisonnement hypothétique :

« Si le libre arbitre est universellement admis, il existe;
« Or, il est universellement admis ;
« Donc il existe. »

On prétend mal à propos pouvoir nier la liberté en niant l'antécédent, ou en disant *le libre arbitre n'est pas universellement admis.* J'accorde qu'il ne soit pas universellement admis ; qu'en peut-on conclure ? Pas autre chose sinon que le sens commun n'est pas une preuve de la liberté, et non pas que cette liberté n'existe pas. En effet, tout en admettant que tout ce qui est universellement reconnu existe, il ne s'ensuit pas qu'il n'y ait d'existant que ce qui est admis universellement. Une chose peut donc n'être pas reconnue de tout le monde, et cependant exister.

Cette observation n'est d'ailleurs que la conséquence de la première règle des raisonnements hypothétiques : que l'affirmation de l'antécédent dans la seconde proposition permet l'affirmation du conséquent dans la conclusion, mais pas réciproquement. Il n'est donc pas logiquement permis de conclure la négation du conséquent après avoir nié l'antécédent (1).

Le fait est qu'il n'y a point de liaison nécessaire ou logique entre l'antécédent et le conséquent, et que le raisonnement est nul, soit que, dans la seconde proposition, on affirme l'antécédent ou qu'on nie le conséquent, pour affirmer ensuite dans la conclusion le conséquent ou pour y nier l'antécédent. Mais, je le répète, si ce raisonnement ne prouve rien en faveur de la liberté, il prouve encore moins contre elle.

(1) Nous supposons que le lecteur connaît la théorie du raisonnement hypothétique ; elle est démonstrative, et les conséquences que nous en tirons ici participent de sa certitude mathématique.

Nous ne pouvons pas admettre, pour faire voir la possibilité de l'erreur du sens commun à l'endroit de la liberté, « que le sens intime nous trompe en certains cas sur ce qui se passe en nous, » parce que nous n'admettons pas : 1° que la liberté soit un fait de conscience ; 2° ni que les faits de conscience véritables soient incertains.

Ce n'est pas en effet la liberté qui est un fait de conscience, c'est son produit, l'acte libre, la volition. Sa cause, en tant qu'elle est faculté pure, ou faculté agissante conçue distincte de son action ou de son produit, est en dehors ou au delà de la conscience. C'est une des raisons pour lesquelles le sens commun n'est pas compétent dans la question. Mais son opinion, la conscience de chacun de nous, peut prononcer sur la liberté négative ou l'absence de la contrainte, par la raison qu'elle peut prononcer aussi sur la contrainte, comme force étrangère en opposition avec celle qui émane de nous.

Je ne suis pas, du reste, éloigné de penser avec le subtil raisonneur que je combats, « que le vulgaire n'entend pas la question de la liberté comme les philosophes ; qu'il n'y a guère pour lui d'autre liberté que la liberté physique ; que la liberté morale semble consister uniquement, pour lui, à pouvoir se dire, quand il fait volontairement une chose, qu'il pourrait s'en abstenir ou en faire une autre, *s'il le voulait*, mais que jamais il ne s'est demandé s'il pourrait le vouloir. »

Je crois cependant que s'il ne s'est pas posé cette question, c'est parce que ce n'en est pas une pour lui, et que, si on la lui adressait, sa réponse serait en faveur de la liberté. Je crois de plus qu'il ne se tromperait pas en se figurant qu'il pourrait vouloir ce qu'il ne veut pas.

Je crois enfin que s'il n'y avait pas de liberté, il n'y aurait aucune responsabilité ni devant Dieu ni devant les hommes. On pourrait bien chercher à faire pencher l'activité dans un sens ou dans un autre à l'aide du plaisir et de la douleur, mais ce plaisir et cette douleur ne mériteraient pas plus les noms de récompense et de châtiment que la manière de traiter les animaux pour les plier à nos volontés, ou que les poids qu'on met dans les plateaux d'une balance pour établir ou pour rompre l'équilibre de cette machine.

Une loi pénale qui serait acceptée de ceux qui pourraient en être frappés plus tard n'en serait pas plus juste, puisqu'elle ne serait pas acceptée librement. C'est la liberté dans l'acceptation qui constitue la légitimité.

Alors la loi aurait pour but non de punir le coupable, mais bien de prévenir le délit par la crainte de la douleur. Ce qui veut dire que la loi pénale ne serait plus pénale; elle serait mécanique.

Au surplus, M. Gruyer, car c'est à lui principalement que nous avons eu affaire, a tant argumenté contre la liberté, qu'il semble avoir fini par s'apercevoir « qu'il se pourrait néanmoins que l'homme fût réellement libre, comme il est porté à le croire. » Cet aveu nous est précieux; il réduit au simple doute toutes les objections de l'auteur. C'est au moins la moitié du chemin de fait de la fatalité à la liberté. Nous ne désespérons pas de l'autre moitié ; mais peut-être M. Gruyer n'a-t-il pas encore assez attaqué le libre arbitre pour se réconcilier complétement avec lui. Nous n'attendons sa conversion que de ses derniers efforts : c'est lui-même qui doit se vaincre en s'épuisant. On fait dire à je ne sais plus qui : « J'ai tant prouvé l'existence de Dieu qu'à la fin je n'y crois plus. » Pourquoi quelqu'un ne dirait-il pas un jour avec infiniment plus de raison : « J'ai tant combattu l'existence du libre arbitre qu'à la fin j'en suis persuadé ? »

La conscience individuelle, écoutée sans prévention systématique, la conscience du genre humain, attestée par les mœurs et les institutions, prouve donc la foi invincible à une volonté libre.

Et cependant, on ne se rend pas encore sur la question même de fait, ou sur l'argument tiré de l'expérience. On invoque donc cette autorité à un autre titre contre la liberté; on prétend que l'humanité, prise en grand, suit aussi fatalement les lois qui lui sont tracées par sa constitution, que les planètes décrivent fatalement leurs orbites ; et l'on invoque à l'appui de cette thèse le témoignage d'une science qui a semblé avoir pour elle la double autorité des faits et des nombres, la statistique.

§ IX.

La statistique morale ne prouve rien contre le libre arbitre.

Voyez, nous dit-on; sur une population donnée, et dans des circonstances déterminées, nous pouvons prédire combien il y aura, dans une année, de vols, d'assassinats, de crimes de toute nature ; combien de suicides, de mariages, d'alliances bizarres, de naissances, etc., avec autant de sûreté pour le moins que nous prédirions le nombre des décès naturels. Et cependant les faits du premier ordre sont considérés comme libres, et ceux du second, comme fatals. Il y aurait donc plus d'uniformité dans les actes libres que dans les faits qui ne le sont pas. Ce qui est inadmissible. Il faut donc que les faits présumés libres soient astreints à des lois non moins inflexibles que celui-là même qui passe pour le plus inflexible de tous, la mort.

M. Quételet, le savant astronome belge, est l'un des premiers qui aient tenté de soumettre les faits moraux, pris en grand, aux lois du calcul, et par conséquent d'en assigner le degré de probabilité pour l'avenir (1).

Mais il faut remarquer : 1° que M. Quételet n'opère que sur des masses d'hommes et non sur des individus ; 2° qu'il ne cherche et n'obtient que des moyennes ; 3° qu'il reconnaît lui-même que « toutes les recherches qui porteraient sur des individus isolés seraient absolument sans valeur ; que s'il serait absurde de recourir à une table de mortalité pour savoir à quel âge telle personne doit cesser d'exister, il le serait bien plus encore d'employer des tables quelconques pour formuler des conjectures sur ses actions ; que le libre arbitre de l'homme rend impossible toute espèce de prévision semblable ; 4° que, dans la statistique morale, il ne doit être question que de l'homme en général, être abstrait, dont la connaissance est déduite des observations faites sur un nombre d'individus assez grand pour que les effets du libre arbitre de chacun d'eux aient pu se neutraliser. »

Il est donc bien entendu que la statistique morale, suivant l'un de ses principaux représentants, loin d'être un argument contre le libre arbitre, doit au contraire le prendre en considération, et n'opérer que sur de grands nombres, sans prétendre assujettir en aucune façon l'individu aux lois ou résultats fournis par l'observation et le calcul.

Toutefois, plus d'un passage des beaux mémoires de l'illustre secrétaire perpétuel de l'académie de Belgique, me semblent prêter à des équivoques dont pourraient abuser des esprits moins judicieux. Nous croyons donc qu'il serait dangereux de prendre à la lettre des propositions telles que les suivantes :

---

(1) V. t. III du *Bulletin de la Commission centrale de statistique*, et *Mémoires de l'Académie royale de Belgique*, t. XXI.

1° La possibilité d'établir une statistique morale et d'en déduire des conséquences utiles, dépend donc de ce fait fondamental, que *le libre arbitre s'efface et demeure sans effet sensible* quand les observations s'étendent sur un grand nombre d'hommes.

2° Tout se passe (en Belgique et vraisemblablement ailleurs), d'un bout du royaume à l'autre, comme si le peuple s'était entendu pour contracter annuellement à peu près exactement le même nombre de mariages à répartir sur les mêmes bases, entre les différentes provinces, entre les villes et les campagnes, entre les garçons, les filles, les veufs et les veuves. *Si l'on cherchait ici les traces d'une libre volonté de l'homme, ce ne pourrait être que dans cette répartition si constante, et certes personne n'a songé à la produire.*

3° L'homme cependant se soumet à certaines convenances, à des usages reçus qui varient selon les localités, et *il le fait encore avec une constance telle que l'on voit s'effacer les traces de sa volonté individuelle dans les résultats que fournit chaque année.*

4° La différence des âges où l'on se marie le plus varie suivant les provinces. Cette différence s'est établie dans les coutumes des deux populations, à l'insu des individus. *Elle doit être certainement attribuée à l'homme, agissant non d'après son libre arbitre, mais comme fraction de la nation à laquelle il appartient. Le libre arbitre n'est plus pour rien dans tout ceci,* et celui qui contracte une union ne sait pas même s'il existe une inégalité à cet égard entre les différentes parties du royaume ; *il ne fait que suivre l'impulsion du peuple* auquel il appartient, peuple qui possède également son individualité, et l'on pourrait dire son libre arbitre.

5° La régularité que nous remarquons dans la formation des mariages devrait donc, sous ce point de vue, être attribuée *non à la volonté des individus, mais aux habitudes de cet être concret que nous appelons peuple*, et que nous regardons comme doué d'un propre vouloir et d'habitudes dont il est difficile de le faire départir.

6° En résumé : nous voyons que dans une classe importante de faits sociaux *où le libre arbitre de l'homme joue le plus grand rôle, tout... procède avec une constance et une régularité telles que les effets des volontés individuelles peuvent être considérés comme à peu près complétement neutralisés.* »

Examinons un peu ces assertions. Elles ont certainement besoin d'être entendues, et je crois même d'être rectifiées.

1° Je pense que si l'on veut bien reconnaître que les hommes se ressemblent en nature, mais qu'ils diffèrent indéfiniment quant à la proportion des facultés et des capacités ; qu'il y a par conséquent, lorsqu'ils sont pris en masses, et que l'on tient compte de la différence des milieux où ils se trouvent placés, une ressemblance et une différence tout à la fois assez marquées pour qu'il y ait une conduite, en même temps uniforme à certains égards, et différente à d'autres égards. Mais cette dernière encore est commune à un certain nombre d'individus, et devient par là même une loi subordonnée à une loi plus générale qui en reçoit une détermination particulière.

Ainsi : loi générale, le mariage dans un rapport déterminé avec la population ; loi moins générale, l'âge où l'union conjugale a lieu ; loi d'une généralité plus restreinte encore, les mariages disproportionnés quant à l'âge des conjoints, etc., etc.

Mais est-il nécessaire, pour entendre ces lois diverses, de faire disparaître le libre arbitre des individus ? Nous n'en croyons rien. Nous estimons, au contraire, que toute loi de cette nature s'explique par les situations analogues où se trouvent les individus, et par une libre détermination fondée sur des motifs de même nature. Quoi de plus simple, en effet, que des agents libres, placés dans des circonstances à peu près semblables, prennent des résolutions qui se ressemblent ? En d'autres termes, les circonstances objectives et subjectives sont à peu près les mêmes; il est tout naturel que les déterminations et les actes, quoique libres d'ailleurs, se ressemblent.

2° Par là s'expliquent, et la loi la plus générale, et toutes celles qui le sont moins, celles-là même qui peuvent sembler des exceptions. Il y a là uniformité d'actes libres, uniformité qui provient, non d'un concert, mais d'une nature et d'une situation homogènes chez les agents, sans le moindre préjudice pour la liberté de leurs actions.

3° La constance des résultats annuels qu'offre la conduite des masses, loin d'exclure le libre arbitre, le supposerait bien plutôt. Un être doué de raison, placé dans la même situation qu'un autre être de même espèce que lui, se conduira vraisemblablement par les mêmes motifs, et les traces de sa volonté individuelle peuvent aisément se retrouver dès qu'on connaît l'identité de la situation.

4° C'est précisément cette identité de situation et de mobiles ou de motifs qui amène le libre arbitre des individus à des actes uniformes. Cette uniformité, et la loi qui en dérive, n'est donc pas le produit d'un entraînement ou d'une aveugle imitation. Les individus qui agissent de même ne font nombre, ne se rangent sous la même catégorie, qu'après avoir agi chacun suivant son sens propre, et parce qu'ils ont agi de la même manière dans les mêmes situations; mais ils n'agissent pas ainsi parce qu'ils y sont entraînés par l'exemple. D'où viendrait, s'il en était ainsi, le mouvement initial ? Pour qu'une habitude se forme et se généralise, ne faut-il pas qu'elle ait sa raison d'être ? ne serait-ce pas une pétition de principe que de la donner pour raison d'elle-même ?

5° C'est donc bien plutôt par les volontés individuelles qu'il faut expliquer la volonté collective des masses qu'elles composent, que par les habitudes des masses qu'il faut, primitivement surtout, expliquer les actes individuels.

Y eût-il, en tout cas, une influence de la multitude sur l'individu, ce que nous n'entendons point nier, cette influence ne serait pas plus exclusive du libre arbitre individuel que toute autre.

6° Il n'y a d'ailleurs aucun autre moyen de concilier le libre arbitre individuel qu'on reconnaît et les lois qui sortent du rapprochement des faits individuels. Ces lois ne sont, après tout, que des aperçus de l'esprit, des coïncidences constantes et régulières, mais qui n'ont rien de nécessaire, puisqu'elles varieront suivant les situations. Ce sont des résultantes qu'il faut expliquer par les composantes qui les engendrent, loin d'expliquer celles-ci par celles-là.

En résumé : la nature des faits dont il s'agit n'exclut point naturellement ou de soi le libre arbitre, et les circonstances sociales ne l'excluent pas davantage. On peut donc, ce nous semble, concilier les résultats généraux de la statistique morale et le franc arbitre, en disant que les hommes qui se trouvent placés dans les mêmes circonstances objectives et subjectives *se comportent librement de la même manière*. Il n'y aurait pas de lois morales, pas d'ordre moral, pas de monde moral, et, à certains égards pas de providence morale, s'il n'y avait pas une certaine constance entre la *libre détermination* et les circonstances impersonnelles ou personnelles au sein desquelles se prend cette détermination. Il y aurait tout au moins folie, la plupart du temps, à résister aux sollicitations de la sensibilité ou aux injonctions de la raison. Le *libre arbitre* n'est point du tout opposé à la sagesse, et doit être soigneusement distingué de l'arbitraire, qui est le caprice et la déraison dans l'agir. Nul n'est moins libre que l'insensé, sur lequel les circonstances du dehors et celles du dedans semblent n'avoir plus aucune prise, aucune prise régulière du moins. Cette apparente indépendance n'est qu'une profonde perturbation des rapports naturels ou ordinaires entre la libre détermination et les mobiles ou les motifs qui la suggèrent, la conseillent ou la commandent. Quelques réflexions encore :

1° Un peuple est-il bien une individualité réelle, ayant une volonté libre ou autre ? N'est-ce pas plutôt une individualité fictive ou d'idée, et qui dès lors ne peut avoir ni volonté ni action distinctes de l'action et de la volonté des individus qui le composent ?

2° En accordant l'individualité réelle d'un peuple, ce peuple serait-il libre d'agir comme il le fait, ou ne le serait-il pas ? S'il est libre comme *tout*, d'où vient qu'il ne le serait pas comme *parties* ? S'il n'est pas libre comme *tout*, ne serait-il pas fatalement entraîné par certaines influences ? Mais alors pourquoi ces influences, qui sont les mêmes pour tout le monde, n'agissent-elles pas sur chacun d'une manière uniforme ? pourquoi des différences dans la conduite ?

3° Ne serait-il pas plus vrai de dire :

a) Un peuple, comme peuple, n'a qu'une réalité fictive, parce qu'il n'a qu'une individualité collective ou *idéale*, et qu'il n'y a pas de réalité proprement dite en dehors des individus *réels*. Un pareil individu n'a donc ni volonté ni action proprement dites. Il n'exerce donc sur ses membres aucune influence ; mais les individus qui la composent peuvent en exercer quelqu'une les uns sur les autres. Toutefois, cette influence n'entraîne point la perte du libre arbitre dans ceux qui la subissent. Ensuite, resterait à savoir comment agissent ceux qui donnent le branle : est-ce fatalement, est-ce librement ?

b) Deux sortes de circonstances font agir les hommes, les unes externes, les autres internes. Elles agissent toujours de concert ; et comme elles sont très variées, quant à leur nature, à leur nombre et à leur combinaison et à leur proportion, leur action est extrêmement variée elle-même. Néanmoins quand elles sont de nature à produire des dispositions et des réflexions semblables, leurs résultats sont aussi semblables?

c) Toute la question revient donc à savoir si les agents sont encore libres, en se décidant sous l'influence de ces circonstances, ou s'ils ne le sont pas. Je crois qu'ils gardent encore leur liberté : être libre, ce n'est pas agir sans motifs, ni contrairement aux motifs ou mobiles qui nous sollicitent ; c'est au contraire *se décider* en considération de ces motifs. Il suffit pour qu'il y ait libre arbitre, qu'on ne soit pas fatalement, irrésistiblement forcé à faire une chose pour laquelle on se sent d'ailleurs quelque inclination, ou que des considérations d'intérêt ou d'obligation en prescrivent?

§. X.

Si l'enchaînement des choses et la prescience divine portent atteinte au libre arbitre.

Nous avons jusqu'ici considéré la liberté au point de vue de l'individu, c'est-à-dire par rapport à l'agent, à ce qui se passe en lui lorsqu'il agit avec volonté, et surtout avec réflexion et après délibération, mais impressionné cependant par les choses du dehors, par conséquent sans l'influence de ses états affectifs ou intellectuels. Mais les fatalistes croient rendre la difficulté beaucoup plus forte en se jetant dans le transcendantalisme, c'est-à-dire en dehors de l'expérience, tout en prétendant rester dans le domaine des faits, mais de faits ou qui se perdent dans l'enchaînement des causes naturelles, ou qui se résolvent dans l'action occulte et immédiate de la divinité.

Au premier de ces points de vue, nous répondons que la longueur de la chaîne, et le bout qui ne nous touchent pas ne font rien à la question. Nous répondons au second point de vue qu'il est d'une égale obscurité pour les deux partis, et qu'étant impénétrable, cette obscurité ne peut pas plus profiter au parti de la fatalité qu'à celui de la liberté. Nous répondons encore à ce même point de vue que la parité cesse, et que l'avantage est tout entier en faveur de la liberté, dès qu'on admet un Dieu créateur et moral, qui a mis en nous une loi qu'il n'y pouvait mettre raisonnablement qu'en nous donnant en même temps le pouvoir de l'accomplir.

Ces deux réponses générales une fois faites, nous pouvons les opposer, comme on le verra facilement à toute l'argumentation qui va suivre, et que, par cette raison, nous ne ferons guère qu'exposer.

1° « Toutes les actions, dit Collins, ont un commencement; tout ce qui a un commencement a nécessairement une cause, et toute cause est nécessaire. » — Nécessaire d'une nécessité de conséquence ou par rapport à l'effet une fois donné, oui; mais nécessaire d'une nécessité antécédente ou par rapport à l'action même de l'agent, si cet agent est un être moral, non.

2° C'est à peu près la même confusion que Hobbes commet lorsqu'il dit dans sa *Philosophie première*, chap. IX :

CHAPITRE II. — SUR LA NATURE DE L'ACTIVITÉ.

« Tout effet produit l'a été par une cause nécessaire; car tout ce qui s'est fait a eu sa cause entière ; c'est-à-dire qu'il est impossible de comprendre que la cause étant posée dans toute sa plénitude, l'effet ne s'ensuive pas. » Ce qui est vrai, mais ce qui prouve seulement que s'il y a des causes libres, les actes qui en émanent n'en sont réellement produits qu'autant que ces causes agissent librement. La liberté fait, en ce cas, partie de l'intégralité de la cause. Mais posé cette condition, l'effet s'ensuivra nécessairement d'une nécessité de conséquence, et non d'une nécessité antécédente ou d'action. C'est sur l'effet que tombera la nécessité, nullement sur sa cause. Il est donc faux de conclure avec Hobbes que cette cause est nécessaire.

3° Il n'est pas plus vrai de dire que la prescience divine n'est possible qu'à la condition de la nécessité de nos actions, et cela par la raison d'abord que nous ne savons pas comment Dieu prévoit, ni à quelle condition. On a fait à cet égard des hypothèses et des raisonnements qui sont trop connus pour que nous les reproduisions, mais qui, tout incertains qu'ils puissent être absolument, ont une valeur relative suffisante pour faire tomber une objection fondée elle-même sur une hypothèse qui peut être fausse.

En tout cas, s'il fallait, ce qui n'est point, rejeter ou la prescience ou la liberté, il n'y aurait pas à hésiter, puisque le fait et le mode de la prescience divine nous sont incomparablement moins connus que le libre arbitre.

Il suffit, pour énerver toute objection de cette sorte, de faire voir qu'il n'y a aucune connexion évidente de soi, ou démontrée, entre la prescience et la fatalité de nos actes, et que les adversaires du libre arbitre confondent toujours une prescience qui serait déterminante et causatrice avec une prescience qui serait déterminée et causée par la futurition des actes libres, qui ne sont pas des actes sans causes ni sans lois, quoique la cause et la loi soient ici compatibles avec la liberté.

C'est donc cette incompatibilité que le fataliste doit établir. Il l'affirme seulement, c'est-à-dire qu'il commet une pétition de principe lorsqu'il croit la prouver en disant avec Luther : « une fois la prescience et la toute-puissance de Dieu admises, il s'ensuit naturellement, infailliblement (*naturaliter irrefragabili consequentia*), que nous ne pouvons faire quoi que ce soit que par sa puissance, qui nous a tirés du néant et qui nous fait vivre. Et comme il nous fait, nous meut, nous régit suivant qu'il était dans ses desseins que nous le fussions à chaque instant de notre existence, qu'y a-t-il, que peut-il y avoir de libre et de différent de ce que Dieu a prévu et qu'il fait à tout moment en nous? Il y a donc répugnance absolue, ajoute le grand réformateur, entre la prescience et la puissance divine d'une part et notre libre arbitre de l'autre. Ou Dieu se trompera dans sa prévoyance, ou il se fourvoiera dans ses actes, ou nous ne ferons et serons que ce qu'il a lui-même fait et prévu. »

Il ne serait pas difficile de montrer que cette théorie, plus hardie et plus conséquente sous la plume de Luther que sous celle de beaucoup d'autres théologiens, n'est que la conséquence de certains principes qui venaient de plus loin, de l'influence mystique de l'école d'Alexandrie et peut-être d'ailleurs et de plus loin encore sur les idées chrétiennes, par exemple que l'homme, la créature n'est rien en soi ; que ce qu'elle renferme de réel est tout entier de Dieu ; que Dieu est le seul être par excellence ; que toute autre réalité n'est qu'une ombre vaine de la réalité unique et véritable ; que la durée de ces créatures n'est jamais que l'acte même de la création, ou, en d'autres termes, que la conservation est une création continuée.

Ces principes sont communs aux théologiens des deux grandes communions chrétiennes : on les retrouve dans les écrits de Bossuet, de Malebranche, comme dans ceux de Luther et de Calvin. C'est là toute une métaphysique théologique à l'égard de laquelle nous nous bornons simplement à poser nos réserves, persuadé d'ailleurs qu'elle est suffisamment écartée comme impuissante, par les réflexions et les principes plus haut établis à l'égard du côté transcendantal de la question.

Il est, au surplus, des limites que notre libre arbitre ne peut dépasser. La sphère qu'elles déterminent et dont l'étendue et la composition comme milieu influent, varie pour chacun de nous, constitue tout le champ de notre activité, quel qu'en soit le mode ou le caractère. On peut donc trouver un sens raisonnable à ces paroles de Sénèque : « Olim constitutum est quid gaudeas, quid fleas... Quid est boni viri? præbere se fato. Grande solatium est cum universo rapi. Quidquid est quod nos sic vivere jussit, sic mori... Ille ipse omnium conditor ac rector scripsit quidem fata, sed sequitur; semper paret, semel jussit. » (*De Provid.*, v. 5 et 6.)

La liberté humaine n'a donc rien d'incompatible avec l'ordre général des choses, ni par conséquent avec la prescience divine et la Providence.

Elle est à plus forte raison si loin d'être en désaccord avec l'ordre moral qui doit régir les sociétés humaines, que cet ordre n'est au contraire intelligible qu'à la condition de la liberté.

LIVRE IV

Principes constants et universels de morale, dégagés des contradictions théoriques et pratiques.

INTRODUCTION.

Tous les systèmes de morale donnent à nos actions une tendance dernière, un but suprême. C'est ce que la sagesse antique appelait le souverain bien.

Il y a donc un bien à réaliser et un mal à éviter.

Et si l'on réfléchit que le sens commun, plus large que tous les systèmes, puisque c'est le sens de l'humanité, distingue partout et toujours le bien et le mal moral du bien et du mal physique ; que tous les systèmes eux-mêmes, tous ceux du moins qui admettent le libre arbitre, présentent la tendance au bien souverain qu'ils ont posé pour terme dernier à l'activité humaine, comme meilleure que la tendance contraire, et, partant, comme préférable, on peut dire qu'il y a une sorte de loi morale dans tous les systèmes, une loi du *mieux*, d'une *convenance supérieure*, sinon d'obligation.

Mais la conscience, plus large et plus vraie que les systèmes exclusifs et faux, laisse entrevoir chez ceux-là mêmes qui les professent le sentiment obscurci d'une loi obligatoire et de toutes ses conséquences.

De là dans tous les systèmes le même langage ; mais ce langage n'est exact, d'accord avec lui-même, que dans un seul, dans celui qui reconnaît un bien moral obligatoire. Ce n'est qu'improprement par analogie, et par suite d'une confusion et d'une inconséquence, qu'il est encore question dans les autres systèmes de devoir, de vertu, de mérite, de libre arbitre et de leurs contraires.

En deux mots : si l'on prend l'humanité en grand, sans même en excepter ceux de ses membres qui, en voulant l'interpréter, la défigurent ou la mutilent dans leurs systèmes, et qui ne se connaissent pas eux-mêmes tout entiers ou se connaissent mal, on trouve partout et toujours, dans les mœurs, dans le langage ou dans les actes, dans les lois, le témoignage éclatant de la foi du genre humain aux grands principes suivants :

Le bien et le mal moral ;
Une loi morale au-dessus de tous les autres principes
    d'action ;
Le devoir, sa forme et sa matière ;
La vertu et le vice ;
Le mérite et le démérite ;
Les actions humaines marquées d'un caractère moral
    ou d'un autre, c'est-à-dire moralement qualifiées ;
Le libre arbitre comme condition et conséquence né-
    cessaires à la fois de tout ce qui précède.

CHAPITRE PREMIER.

Du bien et du mal moral.

§ I.

DU BIEN MORAL.

Tout agent proprement dit veut nécessairement le bien. — Il doit même vouloir le plus grand bien, suivant sa manière de concevoir. — Plusieurs sortes de bien. — Qu'est-ce que le souverain bien? — Bien moral, sa matière et sa forme. — Ses degrés.

I.

Tout être qui se donne des états, des manières d'être, des déterminations volontaires, est un agent.

Or, pour qu'il y ait volonté dans un acte, il faut qu'il y ait idée d'une chose à faire, d'une modification à exercer dans son propre être, dans ses facultés, dans ses énergies personnelles, à l'effet de réaliser l'état dont on a l'idée, et qu'on désire faire passer de la possibilité à l'acte.

Tout agent proprement dit, ou qui sait ce qu'il fait et pourquoi, est donc un être doué d'intelligence, de désir, de volonté, de réflexion, et par conséquent de liberté.

L'animal qui ne réfléchit point, qui ne se possède point, n'est pour ainsi dire pas en sa puissance, qui n'a pas l'idée de perception, de son appétit, de sa spontanéité, qui n'a par conséquent pas de volonté proprement dite, ou d'activité dont il dispose avec connaissance et liberté; l'animal, disons-nous, n'est pas un agent à la façon de l'homme; c'est un être qui se meut en vertu d'une force spontanée qu'il recèle, mais qui ne se déploie que sous l'influence des excitations sensibles.

L'animal qui se meut, ne diffère donc des corps animés du seul mouvement mécanique, par choc, par attraction ou par répulsion, qu'en ce qu'il est sensible et capable de se mouvoir en conséquence de ses sensations, et d'une manière appropriée à sa nature et à sa destinée. Différence capitale, sans doute, mais qui ne suffit pas pour faire de l'animal un agent.

Par le fait qu'un agent tel que l'homme ne fait acte d'être intelligent qu'à la condition d'avoir l'idée de quelque chose à faire, de désirer que ce quelque chose se fasse, et de vouloir qu'il soit fait, il est nécessaire qu'il voie ou croie voir quelque bien, un bien suffisant, dans ce qu'il conçoit à faire, pour qu'il se décide à le réaliser.

Il y aurait en effet contrainte ou fatalité à faire ce qu'on ne désirerait point, comme il y aurait contradiction à désirer ce qu'on ne trouverait pas bon, et suffisamment bon pour vouloir le réaliser, sauf à voir son espoir déçu.

C'est donc le bien qu'on se promet d'une action proprement dite, ou faite avec une volonté plus ou moins éclairée et réfléchie, qui est la cause finale ou le mobile de cette action ; la volonté en est la cause efficiente.

Nous pouvons donc dire en deux mots, que tout agent se propose nécessairement quelque bien.

II.

Si dans la perspective de ce qui est à faire, un seul bien se présente à l'esprit, aucun autre bien supérieur n'en peut contrebalancer l'attrait, et la volonté ne peut hésiter qu'entre l'abstention, qui pourrait n'être pas un mal, qui pourrait même être un bien déjà, et la réalisation d'un bien supérieur. Ce bien positif, qui est, par exemple, un avantage matériel à se procurer, devient le plus grand bien à faire pour l'agent qui s'y détermine. Mais si cet agent préfère les douceurs du repos à l'avantage en question, par la raison que cet avantage ne peut être acquis qu'aux prix d'efforts et de fatigues qui semblent devoir apporter plus de peine que le profit ne doit procurer de jouissance, l'agent se décidera encore pour le bien qui lui semblera le plus grand s'il prend le parti de s'abstenir.

D'où l'on voit que nécessairement il se décide pour le plus grand bien ; non pas peut-être pour le plus grand bien absolument, mais pour le plus grand bien par rapport à lui.

Quand donc l'agent est la mesure du bien qu'il est appelé à réaliser, ce qui arrive toujours lorsqu'il s'agit d'un bien sensible, affectif, il est le seul juge de la valeur relative des biens : sa sensibilité en décide souverainement. A cet égard, il n'y a pas de bien absolument ou en soi supérieur ou inférieur à un autre : c'est le choix même de l'agent qui décide, entre deux biens, de la supériorité de l'un sur l'autre par rapport à lui. Et quoique ce ne soit là qu'une supériorité relative, elle prend alors un caractère de supériorité absolue ; l'agent, tout en subordonnant le point de vue abstrait ou absolu au point de vue relatif et concret, parle cependant des biens qui se présentent concurremment à son esprit, comme s'il jugeait de leur degré respectif seulement, et sans penser à leur rapport avec lui.

On comprend dès lors dans quel sens il est vrai de dire que l'agent préfère toujours le plus grand bien.

Et ce qui vient d'être dit d'un bien positif comparé à un bien négatif, peut se dire évidemment de deux biens positifs en présence l'un de l'autre.

Les mêmes raisons qui font que l'agent se propose nécessairement quelque bien, font aussi qu'il se propose le plus grand bien (par rapport à lui) ; il y aurait également fatalité ou contradiction à ce qu'il en fût autrement. La folie pourrait encore expliquer le fait ; mais à la condition de sortir de l'hypothèse, qui est celle d'un agent proprement dit, sachant ce qu'il veut et pourquoi il le veut.

En général, par cela seul que nous voulons une chose, il faut qu'elle nous plaise par quelque côté, et qu'elle nous plaise plus que tous les autres partis que nous aurions pu prendre. Le seul plaisir que nous avons à la faire, malgré les conséquences fâcheuses qui peuvent s'ensuivre pour nous, le plaisir de nous singulariser en ne faisant point comme tout le monde, en faisant le contraire de tout le monde ; certains goûts bizarres, extravagants, qui peuvent aller jusqu'à la folie, mais qui sont encore des goûts, suffiraient à la rigueur pour expliquer nos préférences et faire rentrer les actes qu'ils amènent dans cette règle générale, que rien n'est voulu que comme bien, et même comme bien supérieur.

Il est tellement impossible qu'une action soit voulue à un autre titre, que si le mal même pouvait en être l'objet, il prendrait à l'instant un caractère de bien relatif ; il deviendrait un bien par le plaisir monstrueux attaché à sa perpétration.

Mais en dehors de ces bizarreries ou de ces monstruosités exceptionnelles, il y a des biens qui sont réellement tels, en conséquence de la commune nature humaine, et qui passent dès lors pour être des biens en soi ou absolus. Ce sont les biens derniers, les véritables fins ; tous les autres biens ne sont que des biens moyens, et n'ont de valeur qu'autant qu'ils sont propres à réaliser ces fins, et à les réaliser sur une plus grande échelle. Ne parlons pas de ces biens moyens, qui sont fort nombreux ; occupons-nous seulement des biens derniers ou absolus.

Ils sont au nombre de deux, le bien sensible et le bien intelligible ; c'est-à-dire ce qui satisfait la sensibilité, et ce qui satisfait la raison.

Remarquons tout d'abord qu'il ne peut pas y avoir une troisième espèce de bien, parce qu'il n'y a pas en nous une troisième capacité : on le prouve en psychologie.

Remarquons en outre que le plaisir attaché au bien de l'ordre rationnel ou intelligible est comme le lien qui établit l'unité entre les deux sortes de biens.

Il faut observer en troisième lieu que la raison a plusieurs parties, si nous pouvons parler ainsi ; c'est-à-dire qu'elle a plusieurs aptitudes ou capacités, plusieurs espèces d'idées, et qu'elle se trouve satisfaite, d'abord par l'acquisition des idées de chaque espèce, ensuite par la réalisation au dehors, dans les phénomènes ou la matière, des idées qui sont susceptibles de revêtir ces empreintes diverses. C'est ainsi que la découverte de la vérité dans les sciences spéculatives pures d'une part, la traduction des idées pragmatiques, esthétiques, juridiques ou morales dans les phénomènes et les réalités du monde sensible d'autre part, apportent à l'âme qui contemple ce spectacle intelligible pur, ou intelligible et sensible à la fois, une satisfaction d'un ordre supérieur, rationnel et sensitif en même temps, mais dont l'exercice de la raison, comme faculté supérieure de l'intelligence, est une condition indispensable, et la première de toutes.

Mais entre ces sortes de sentiments, il en est un supérieur à tous les autres en élévation, en pureté et en douceur, celui qui s'attache à l'idée de l'accomplissement du bien moral par excellence, c'est-à-dire à l'idée de ce bien pratique que la raison impose, dont elle fait un *devoir* ; bien différent en cela des autres biens, sensibles ou rationnels, que la raison goûte assurément, mais dont elle ne fait pas un devoir, pas du moins au même titre. C'est ainsi, par exemple, qu'elle applaudit à l'accroissement du trésor des sciences spéculatives, à celui des sciences industrielles et des arts, qu'elle aime à contempler ses idées revêtues de formes corporelles qui, sans les embellir, puisque l'idéal ne peut être rendu plus beau qu'il ne l'est naturellement, lui donnent cependant un corps, le fixent et l'immobilisent; de manière à permettre à l'esprit de le contempler plus facilement. De là encore cette satisfaction de l'amour-propre, qui fait dire à l'homme : Et moi aussi je suis créateur.

Mais si agréable que puisse être à la faiblesse et à l'imperfection ce sentiment de sa force et de sa supériorité sur tout ce qui l'environne, la raison ne fait un devoir strict à personne d'acquérir telle ou telle connaissance spéculative, d'en pousser l'étude à tel ou tel degré, d'inventer en moyens industriels, ou d'accumuler une plus ou moins grande somme de bien-être ; elle ne dit point non plus : Soyez artistes, soyez-le de cette façon ou de cette autre, à tel degré ou à tel autre. Si elle prescrit quelque chose en ce point, c'est d'une manière conditionnelle, c'est-à-dire posé qu'on se soit donné librement, arbitrairement telle tâche dans l'art, dans l'industrie, dans la science. Et encore ses prescriptions n'ont-elles même, sous l'empire de cette hypothèse, rien d'obligatoire : on peut y manquer, offenser en cela le bon sens, faire un acte déraisonnable, sans enfreindre autrement une prescription sacrée. S'il y a en ceci une faute, un manquement moral, une sorte de péché déjà, c'est moins parce qu'on néglige l'art, la science, ou l'industrie et ses conséquences utiles, que pour avoir manqué à sa nature et à sa destinée d'être raisonnable. On pèche alors contre soi, contre la raison, et pas autrement; car la raison fait un devoir général d'être raisonnable en toutes choses, sans autre considération que de rester fidèle à la nature, à la loi par excellence de l'homme.

III.

Puisque tout agent veut quelque bien, et le plus grand bien même; puisque telle doit être du moins son intention; il ne peut vouloir un moindre bien qu'à la condition de se tromper.

Il importe donc extrêmement de connaître les différents degrés d'une même espèce de bien, et, s'il existe plusieurs sortes de biens, de savoir quelle en est la valeur relative, soit entre eux, soit par rapport à nous.

Les anciens avaient donc raison de commencer tous leurs traités de morale par la question capitale du souverain bien. Notre intention n'est point de reproduire ici, même en substance, leurs principales théories sur ce sujet : elles sont assez connues, et notre étude, bien plus dogmatique qu'historique, nous interdit cette excursion. Sans oublier les résultats et les enseignements de l'histoire, c'est principalement dans le livre de la nature que nous devons chercher à lire.

Or, il est certain que l'agréable, l'utile, le beau, le vrai et le bon sont appelés universellement des biens. Il n'est pas douteux non plus que ces biens ne forment, aux yeux mêmes du sens commun, des espèces distinctes; ce qui leur a valu à chacune sa dénomination particulière. Ainsi, l'agréable est plus spécialement cette espèce de bien qui réside dans les jouissances corporelles. L'utile est un bien médiat, qui sert à nous procurer des avantages matériels ou autres, des moyens de jouissance et de bien-être en général. La conception de cette propriété, de pouvoir servir à la production d'un bien, produit en nous, et à elle seule, une satisfaction d'un ordre spécial et d'une nature bien supérieure à la jouissance corporelle, qui nous est commune avec les animaux. Le beau flatte notre goût pour la proportion, l'harmonie, pour l'ordre en général, pour le grand et le sublime, et satisfait ainsi une capacité sensible, supérieure encore à celle de l'utile. Par le fait que nous sommes doués d'intelligence, nous éprouvons le besoin de connaître, et chaque vérité nouvelle est pour nous une jouissance, un bien. Notre nature morale ou la faculté que nous avons d'agir avec intelligence, de donner un but général à notre activité, d'y coordonner toutes nos actions particulières, malgré les fins immédiates et diverses que nous pouvons nous proposer encore en agissant, est pour nous une autre source de jouissance et de bien-être. Cette jouissance a la plus grande affinité avec celle du beau ; car le bien moral ou pratique n'est tel qu'autant que nos actions sont ce qu'elles doivent occuper dans l'idéal de notre conduite, qu'elles ont le caractère d'ordre qu'elles doivent avoir, et qu'ainsi notre vie pratique tout entière est à son tour comme une note à sa place dans la symphonie du monde moral dont nous faisons partie.

Toutes les espèces de bien se ressemblent donc en ce qu'elles gratifient toutes la sensibilité ; c'est-à-dire en ce qu'elles apportent à l'âme une jouissance. Il suffisait donc que l'une d'elles, la plus ordinaire et la plus frappante, reçut le nom de bien, pour que l'analogie fit appeler toutes les autres du même nom générique.

Mais il était impossible aussi que les différences qui caractérisent chaque espèce de bien ne fussent pas aperçues ; elles n'étaient pas moins évidentes que la différence même des sentiments qu'elles font naître. Or, qui pourrait confondre une sensation agréable avec la satisfaction déjà tout intellectuelle que nous éprouvons à la notion de cette espèce de convenance pratique que nous appelons l'utile? Combien la différence n'est-elle pas plus sensible encore entre le plaisir sensuel et la délectation qui accompagne la vie intelligente et attentive de l'esprit dans la contemplation du beau, du sublime, du vrai, du bon?

Mais une différence encore entre le bien physique ou le plaisir, et les autres espèces de bien, c'est que le plaisir est un état pur et simple de la sensibilité, un état tout subjectif, qui peut sans doute avoir ses causes ou conditions organiques, extérieures même, mais qui n'est rien de ces causes, qui n'a rien et ne peut même rien avoir d'objectif. Le plaisir dépend donc entièrement de notre sensibilité, de nos dispositions organiques ou autres, et varie avec elles. Il n'a donc rien d'absolu, d'universel et d'immuable. Les autres espèces de bien, au contraire, sans être des réalités, consistent dans des notions de rapport qui ont une valeur indépendante des dispositions personnelles, une valeur absolue, c'est-à-dire telle que notre esprit les conçoit les mêmes pour toutes les intelligences, comme si elles avaient une existence propre et indépendante des esprits qui les forment. Elles prennent ainsi un caractère impersonnel, une valeur, une physionomie, sinon une réalité objective.

Toutes ces espèces de bien supérieur sont les idées fondamentales d'autant de sciences distinctes : l'utile est la grande affaire des sciences appliquées, mécaniques, chimiques, économiques et autres ; le beau est l'objet de l'esthétique ; le vrai, celui de la science pure, entendue dans le sens le plus large du mot ; le bon, celui de la morale.

N'ayant à nous occuper que de morale, nous ne nous arrêterons pas davantage aux objets des autres sciences, mais nous devrons revenir sur la nature du bien moral, en faire une étude approfondie. Nous ne l'avons envisagée jusqu'ici dans ses rapports avec les autres espèces de bien, que pour saisir les ressemblances qui l'en rapprochent et les différences qui l'en séparent. Il nous reste à voir encore ce que sont tous ces biens par rapport au bien souverain, après quoi nous serons libre d'approfondir l'essence du bien moral et tout ce qui s'ensuit ou s'y rapporte.

IV.

Que convient-il d'entendre par souverain bien? S'il n'y avait qu'une seule espèce de bien, le bien suprême en serait le plus haut degré. Mais comme il n'en est pas ainsi, le souverain bien serait-il également le plus grand de tous ces biens, ou le nom donné à leur réunion? La question n'est pas indifférente, puisque le souverain bien est au-dessus de tous les autres biens et doit leur être préféré par un agent raisonnable.

Mais une première difficulté se rencontre, celle de savoir jusqu'à quel point on peut comparer entre eux des biens de nature différente; jusqu'à quel point par conséquent on peut trouver entre eux du plus ou du moins. Car le plus et le moins supposent une continuité, une identité de nature, et une différence en degrés seulement.

Déjà parmi les sensations de même espèce quant à l'organe qui les donne, la différence est si grande, je ne dis pas entre les agréables et celles qui ne le sont pas, mais entre les agréables seulement, qu'il est difficile de les comparer entre elles et de dire quelles sont celles qui plaisent le plus : aimé-je mieux l'odeur du jasmin que celle de la violette, l'odeur de la violette que celle de la primevère, celle de la primevère que celle du narcisse? C'est ce qu'en vérité je ne peux affirmer. Je trouve à toutes une certaine douceur, mais chacune a son caractère par lequel elle plaît.

Je pourrai bien dire si un bouquet d'une espèce donne une odeur plus intense qu'un bouquet d'une autre espèce ; mais ce n'est là qu'une supériorité de force, et non une supériorité d'agrément ou de bien dans l'odeur.

S'il est déjà si difficile de comparer des sensations de même espèce, combien ne le sera-t-il pas de comparer des sensations d'espèces différentes, par exemple une odeur et une saveur, une saveur et un son, des sons et des couleurs, ou des couleurs et des sons avec des saveurs et des odeurs ? Quel rapport établir entre des sensations de ce genre et des sentiments tels que ceux qui se rattachent à l'architecture, à la peinture, à la sculpture ? Par quels rapports plus secrets encore pourrais-je comparer les arts plastiques à l'éloquence et à la poésie ? Quelle idée se faire de ce qu'il y a de commun entre le plaisir produit par les chefs-d'œuvre d'une nature déjà si spirituelle de la poésie et de l'éloquence, et la beauté de la vérité et de la vertu ? Combien la difficulté ne serait-elle pas plus grande encore si je comparais la jouissance produite par le spectacle de la beauté morale, à celle qui résulte de telle ou telle sensation ?

Je ne suis donc pas trop surpris qu'un esprit fort distingué par le talent de l'analyse, Jouffroy, n'ait pu voir aucun rapport entre le bien physique et le bien moral, et qu'il ait nié la possibilité de les comparer.

Cependant la communauté du nom doit nous rendre plus circonspect ; le sens commun lui-même, le créateur des langues, a su voir ou cru voir quelque rapport entre le bien moral et les autres biens, même les plus grossiers. N'y a-t-il pas en effet un côté par lequel tous se ressemblent ? Ne gratifient-ils pas tous notre capacité de jouir et de souffrir, notre sensibilité en un mot ? Sans doute, la sensibilité n'est qu'un terme générique, indiquant dès lors une simple idée, comme les mots mêmes de plaisir et de peine; mais cette idée générale a sa raison d'être; ce genre a ses espèces qui ont, indépendamment des caractères qui constituent chacune d'elles, un caractère commun qui les rallie et permet d'en faire une classe supérieure.

Il y a donc entre les différentes espèces de biens, en tant que chacune d'elles est propre à faire naître en nous un état agréable, une analogie certaine. Or l'analogie suffit à faire des idées générales.

Nous n'ignorons pas que le bien moral est susceptible d'être envisagé autrement que par ses effets sur notre sensibilité, et que la jouissance qui s'attache à la contemplation de cette idée, réalisée même dans le monde moral, est son aspect le moins élevé, son effet, et l'un de ses effets seulement, mais que ce n'est point le bien moral lui-même, dans sa pureté et sa sublimité.

Mais en accordant qu'on a pris ici l'effet pour la cause, nous ferons remarquer qu'on a fait de même pour toutes les autres espèces de biens. De la même manière qu'on dit une bonne action, on dit un bon discours, un bon poëme, une belle découverte, une belle statue, une bonne musique, un bon dîner, etc. Reid a même fait remarquer que les sensations agréables ou désagréables n'ont pas de noms propres, qu'elles ne sont désignées que par les noms des objets qui les occasionnent. C'est ainsi qu'on dit l'odeur de l'œillet, de la rose, le bouquet du bourgogne, du bordeaux, etc. Il s'opère dans l'esprit une association si intime entre la cause et l'effet, que le nom spécifique de la cause devient celui de l'effet. Ce qui n'empêche assurément pas de distinguer très nettement la cause et l'effet.

Puisque toutes les espèces de bien ont quelque chose de commun dans leur manière d'agir sur nous, et par suite nécessaire dans leur nature ; puisqu'il y a dans tous quelque analogie plus ou moins éloignée, analogie qui est le côté de leur essence par lequel ils agissent également, quoique d'une manière inégale et diverse, sur notre sensibilité, par lequel encore ils conviennent à notre nature complexe, mais une néanmoins dans cette complexité même : il semble que toutes ces espèces de bien sont susceptibles d'une certaine comparaison, et que tout en ne les considérant que par rapport à la sensibilité, ils peuvent encore être classés. En effet, il y a divers modes de sentir ; et ces modes peuvent eux-mêmes se grouper, suivant, par exemple, qu'ils appartiennent, comme à leur cause immédiate, soit à l'organisme, soit à l'intelligence, et que, dépendant de l'intelligence, ils tiennent à des idées de plus en plus élevées, de plus en plus nobles et désintéressées, de plus en plus salutaires ou bienfaisantes par l'harmonie toujours supérieure qu'elles tendent à faire régner dans le monde.

C'est ainsi que la sphère de l'utile est moins élevée que celle du beau, celle du beau moins que celle du vrai, celle du vrai moins que celle du bien moral qui les embrasse toutes. Il est bon en effet de réaliser l'utile, le beau, le vrai, l'honnête, le juste et le saint. Il y a plus : la réalisation de ces différentes espèces de biens doit s'accomplir suivant certaines lois tracées par le bien moral seul.

En effet, le plaisir ne se règle pas lui-même ; la volupté peut connaître la satiété, le dégoût, l'impuissance, mais elle n'a par elle-même d'autre raison de préférence et de mesure que la plus grande jouissance qu'elle puisse se promettre et la satisfaction d'un appétit toujours renaissant et de plus en plus insatiable. De là une tendance à mettre toute l'activité, toutes les facultés au service de la volupté ; tendance qui aboutirait, si elle n'était contenue, à la plus profonde dégradation.

L'utilité, pas plus que la volupté, n'a sa règle en soi : si la passion des moyens de jouissance s'empare de l'âme, si elle la domine, elle convertira l'homme lui-même en instrument de production, sans égards pour la justice, sans ménagement pour soi-même. La cupidité et l'avarice, plus insatiables encore que la volupté, pourront faire plus de mal dans le monde.

La passion du beau, si noble qu'elle soit déjà, veut un modérateur qu'elle ne trouve pas en elle-même. Abandonnée à son entraînement, elle peut faire des artistes de génie, des amateurs distingués, des collectionneurs habiles ; mais elle fera parfois oublier l'utile, le nécessaire même ; elle pourra méconnaître le respect dû à la vérité et à la justice ; elle sera aveugle pour tout ce qui n'est pas elle ; elle aussi défigurera l'âme humaine en lui donnant une tendance exclusive, en paralysant une grande partie de ses facultés. Sans doute, si le culte du beau était suffisamment étendu et éclairé dans une âme, la beauté scientifique et morale, tous les genres inférieurs de beauté même auraient leur importance et leur place : mais c'est qu'alors le bien moral apparaîtrait avec toute son autorité ; autrement, s'il n'était que senti et non compris, le devoir ne serait encore qu'une affaire de goût, sujet dès lors à varier comme le goût lui-même, et dépourvu par le fait de ce qui constitue son essence ; il n'y aurait plus de devoir.

Nous pouvons dire de la passion du vrai ce que nous avons dit de celle du beau, de l'utile et de l'agréable ; elle a son entraînement propre, ses excès, ses dangers. Elle peut même aspirer à la perfection de la casuistique comme œuvre scientifique, et, si elle est conséquente, si elle est exclusive, si elle met la science au-dessus de tous les autres biens, faire un cas très médiocre de la morale appliquée. Que serait-ce donc si l'amour passionné de la science se réduisait à la culture exclusive de quelques sciences seulement, par exemple de celles qui prennent le nom de sciences exactes, et qui sont si portées au dédain pour tout le reste?

Il n'est pas jusqu'au sentiment religieux qui n'ait ses égarements, lorsqu'il est sans règle et sans contrepoids? Que dis-je? les passions qui ont le sentiment religieux pour mobile sont celles dont on peut dire surtout : *Corruptio optimi pessima*. Nulles alors ne sont plus aveugles, plus impétueuses, plus terribles, plus sanguinaires : l'histoire de la superstition et du fanatisme, celle de l'intolérance religieuse, en sont la preuve, hélas! trop irrécusable.

Le bien moral est donc appelé à régler et à modérer les passions dont les autres biens peuvent être l'objet. Le bien moral, lui seul, mais conçu dans toute l'étendue de son application, c'est-à-dire dans sa plénitude, ne peut avoir d'excès. Son plus haut degré possible constituerait au contraire la perfection. Il n'y aurait donc pas plus de sens à parler de l'excès possible de la vertu qu'à dire d'un cercle qu'il peut être trop rond.

Si cette comparaison de Kant est juste, ce que nous croyons, il faut convenir que le bien moral, faisant nécessairement la juste part de tous les autres biens, les prenant tous en sérieuse considération, mais les tenant tous à leur place respective, les domine et par conséquent leur est supérieur. Ils ne sont biens purs et véritables, c'est-à-dire sans conséquences funestes pour l'agent et pour les autres hommes; ils ne sont ces sortes de biens portés au plus haut degré possible dans leur ensemble, sans préjudice pour l'harmonie qu'ils doivent former ; ils ne réalisent par cette harmonie la plus grande somme de bonheur possible dans le monde physique et moral tout à la fois, qu'à la condition d'être maintenus par le bien moral dans leur sphère respective, de s'y développer sous la même influence, dans la mesure et par les moyens que la raison morale elle-même approuve ou commande.

Au point de vue du bonheur ou de l'eudémonique, le bien moral est donc la condition suprême de la plus grande somme de félicité possible. Et comme il est lui-même une source immédiate de jouissance, la plus féconde, la plus pure, la plus noble et la plus élevée de toutes, il est donc à ce double titre le bien supérieur, le souverain bien.

Le plus haut degré possible absolument de chacun des autres biens, mérite si peu le nom de bien suprême, qu'il ne peut être atteint ni même recherché, sans amoindrir et dénaturer l'homme : nous l'avons vu.

Tous ces autres biens réunis, mais sans choix, sans proportion, sans ordre, sans raison, sans harmonie ou ne formant qu'une harmonie imparfaite et sans règle, et par conséquent fortuite et toujours à la veille d'être troublée, manquant même de l'élément le plus indispensable à l'ensemble des biens dont la nature humaine est capable; tous ces biens, disons-nous, fussent-ils un instant tout ce qu'ils peuvent être sans le bien moral, ne constitueraient pas le souverain bien.

A plus forte raison si quelques-uns seulement de ces biens formaient entre eux un accord encore plus limité dans le nombre des éléments. Là, comme dans le développement excessif d'un seul de ces biens, le plaisir, un certain plaisir, est possible assurément : mais ce plaisir est d'autant moins le plus grand bien, même affectif, le seul qui nous occupe en ce moment, qu'il est plus exclusif, plus absorbant, plus voisin du transport et de l'aliénation. En effet, le plaisir, s'il est porté d'habitude jusqu'à l'extrême, confine à la douleur, tend à produire l'insensibilité ou le dégoût, et devient bientôt impossible ou maladif par l'excès. Il hâte ainsi la destruction de notre nature corporelle et déshonore en l'affaiblissant notre nature spirituelle. Le bonheur, au contraire, suppose essentiellement la mesure. Jamais la raison n'y est détrônée par la passion. La santé physique et morale, loin d'en souffrir, s'en trouve affermie ; le jeu de toutes les facultés organiques ou autres en est facilité, fortifié ; l'homme tout entier trouve dans cette activité multiple, harmonique, la jouissance la plus complète, la plus durable, la moins sujette à de cruels retours. Bien loin d'engendrer la maladie ou le remords, elle est la condition la plus sûre d'une vie exempte d'infirmités, et prolongée sans regrets comme sans impatience au-delà du terme ordinaire.

Tel est le souverain bien sensible, dont le bien moral est tout à la fois l'élément principal et la condition régulatrice la plus nécessaire. A ce double titre, il mérite le nom de bien par excellence, de souverain bien même, et c'est ainsi que nous l'appellerons le plus souvent désormais ; le reste est plaisir ou bonheur. Mais il s'agit d'en approfondir encore la nature.

V.

Le bien moral ne flatte la sensibilité, n'est agréable, comme le beau, qu'à la condition d'être conçu ; point d'idée de bien moral, point de plaisir de cette espèce.

Il est donc certain aussi que la louange et le blâme, qui s'adressent à nos actions, que le sentiment agréable ou désagréable qui l'accompagne, que le jugement qui déclare ces actions bonnes ou mauvaises, supposent l'idée d'une chose qui devrait être faite ou omise, l'idée d'un bien pratique à réaliser et d'un mal à éviter. Sans cette idée qui semble planer au-dessus de notre vie pratique, et poser en face de notre raison, comme le modèle devant l'artiste, il n'y aurait ni bien ni mal dans nos actions ; elles ne pourraient être jugées à ce point de vue ; elles seraient indifférentes, et le spectacle de la vie humaine ne produirait ni peine, ni plaisir moral, ni approbation, ni désapprobation. On pourrait dire encore qu'une action est utile ou nuisible à l'agent ou à d'autres, qu'elle a été bien ou mal calculée pour lui ou pour son prochain, ou même dans les deux sens à la fois ; mais il ne viendrait à l'esprit de personne de l'appeler bonne ou mauvaise à d'autres égards ; elle ne pourrait être conçue honnête ou déshonnête, juste ou injuste.

Sans doute, le plus souvent une action est tout à la fois bonne et utile, mauvaise et nuisible ; ces deux ordres de choses, le bien et le mal physique, le bien et le mal moral, ont été liés étroitement deux à deux ; ils devaient former une des plus belles harmonies du monde ; mais enfin cette harmonie peut être troublée ; elle l'est même trop souvent. Ce qui prouve que ces deux sortes de biens et de maux, quoique ordinairement réunis, ne sont pas absolument inséparables. Fussent-ils aussi constamment et aussi nécessairement unis que l'étendue et la pesanteur dans les corps, ils n'en constitueraient pas moins deux aspects très différents dans les actions humaines.

Le bien moral est donc ce qui doit être fait par un être raisonnable. Cet être étant donné avec le reste de sa nature, ayant avec le monde les rapports déterminés qu'il a réellement, ayant telles et telles facultés, et dès lors telle destinée pratique plutôt que telle autre ; il se conçoit appelé par la nature même des choses, et par la raison qui la lui fait connaître, à jouer dans le monde un rôle déterminé. Ne pas le remplir, en remplir un autre, c'est manquer à l'ordre, c'est le troubler, c'est se conduire en être déraisonnable, c'est manquer à la loi de son être.

Par cela seul que nous sommes des êtres déterminés, en rapport nécessaire avec une foule d'autres, des êtres actifs, appelés à nous conduire d'une façon plutôt que d'une autre, et qu'en réalité nous sommes chargés de diriger notre activité au sein du monde auquel nous appartenons; il est clair que notre vie pratique a une règle qui dérive de notre nature mise en rapport avec celle des autres êtres, que cette règle est par conséquent indépendante de notre volonté, que nous ne l'avons pas faite, que nous ne pouvons pas l'anéantir, qu'elle s'adresse au contraire à nous pour en être suivie, qu'elle s'impose ainsi à la volonté sans la contraindre, et prend à cet égard un caractère de nécessité morale inflexible, absolue.

Cette nécessité pratique, cette convenance morale absolue, est ce qu'on appelle devoir dans toutes les langues; c'est l'impératif catégorique de Kant. Rien n'est plus irrésistiblement impérieux en effet que cette voix de la raison, que cette conception de devoir.

Mais comme il faut à tout commandement une chose commandée, et qu'ici rien n'est commandé que parce qu'il est dans l'ordre, parce qu'il est bien, on a appelé du terme générique de bien moral, de bien par excellence, ou simplement de bien, tout ce qui est ou qui peut être ainsi ordonné par la raison.

Le bien moral qui, par cela seul qu'il est absolu, se trouve placé au-dessus de tous les autres biens, peut donc s'appeler le souverain bien par excellence. Les stoïciens avaient donc raison de le nommer ainsi, d'en reconnaître la suprême dignité ; mais ils avaient tort de ne vouloir entendre parler d'aucun autre genre de bien, ou de se livrer à de puériles équivoques sur ce sujet.

Le bien moral est donc comme l'objet ou la matière générale du devoir. Ces deux notions, bien et devoir, forment ainsi une de ces propositions premières que Kant appelait synthétiques *a priori*, et qui peut se formuler ainsi : le bien est obligatoire. Il n'y a pas de raison à donner de ce jugement, puisque les deux idées qu'il rapproche ou dont il affirme la convenance, sont premières chacune dans son genre, et que la conception de leur rapport est elle-même un aperçu immédiat de la raison. Il est impossible, en effet, à un être raisonnable de concevoir la notion du bien pratique, c'est-à-dire d'un bien qu'il peut faire, qui est dans son rôle d'homme, dans l'ordre marqué par la nature des choses pour ce rôle même, sans concevoir aussitôt que ce rôle doit être rempli, ou que ce bien doit être réalisé, en un mot qu'il est obligatoire. Cet ordre pratique s'imposera même d'autant plus impérieusement à la raison qu'elle croira le lire tout écrit dans le monde moral. Il prend ainsi un caractère objectif ou impersonnel, tout à fait indépendant de la volonté, qu'elle ne peut pas plus changer ou anéantir qu'elle n'a pu le créer, auquel, par conséquent, il est absolument impossible de se soustraire. Elle s'y conçoit donc soumise de droit et sans condition, tout en conservant la puissance d'y manquer de fait. Cette nécessité : le bien est obligatoire ou doit être fait, est donc dans les idées et non dans les choses ; elle n'est pas fatale ou dynamique, elle est logique ou de raison. C'est une convenance pratique suprême, au-dessus de toute autre convenance, absolue en un mot.

La raison de cette convenance est dans la nature même des choses et des idées qui leur correspondent. En ne la considérant que dans les idées, on peut dire que la conception de bien et celle de devoir sont entre elles comme ces éléments constitutifs des corps qui se portent l'un vers l'autre et s'unissent en vertu d'une force aussi incontestable qu'elle est inconnue. On peut la nommer sans doute, mais elle n'en reste pas moins un mystère impénétrable, et l'affinité un fait primitif, fondamental, le plus profond dans ce genre qu'il nous soit donné d'atteindre.

Nous concevons de même la convenance absolue du bien moral et du devoir ; nous l'apercevons comme vérité morale primitive, vérité qui dès lors peut bien avoir des conditions d'une autre nature, des antécédents empiriques, mais qui n'a aucun antécédent logique dont on la puisse dériver.

Ne pas admettre des idées fondamentales de cette nature, c'est refuser de reconnaître une origine à nos idées ; c'est vouloir les dériver à l'infini ; c'est nier l'évidence des faits ; c'est refuser des idées fondamentales aux différentes sciences ; c'est rendre les sciences impossibles ; c'est se jeter dans le scepticisme.

Pas donc de question générale sur ce point : il faut à chaque science des idées mères ou premières. Plus de question particulière en ce qui regarde les deux idées fondamentales de la morale, si nous avons réussi à nous faire comprendre sur les notions de bien et d'obligation morale. Mais il reste à donner quelques développements de nature à dissiper les doutes ou les obscurités qui pourraient s'attacher encore à ces idées.

Puisque, malgré l'étroite liaison qui existe entre la notion de devoir et celle de bien, malgré l'invincible attraction logique qui les unit, malgré la convenance nécessaire qui les associe, l'une cependant n'est pas l'autre ; puisque la notion de bien n'est elle-même qu'une idée très générale, une idée abstraite par conséquent ; puisqu'enfin cette idée générale a ses espèces, et que ces espèces ont à leur tour des actes déterminés qui sont la matière immédiatement pratique du devoir : il faut distinguer non seulement la notion du devoir de celle de son objet, le bien moral en général, mais encore ce bien conçu de la sorte dans sa plus grande généralité, ou comme objet abstrait et immédiat du devoir, d'avec le bien moral déterminé, ou tel qu'il s'offre à la pratique ici et là dans les différentes circonstances de la vie. Ces différents actes à faire sont comme la matière éloignée du devoir ; ils ne sont un bien moral que parce que la raison les marque pour ainsi dire du cachet de ce bien ; mais, ainsi marqués, ils deviennent obligatoires et sacrés, comme l'empreinte qu'ils revêtent ; empreinte qu'il est dans leur nature de recevoir, dans celle de la raison de leur imprimer ; empreinte qui dès lors n'a rien de fortuit ni d'arbitraire.

Et comme on ne peut être trop clair dans des matières de cette importance et de cette difficulté ; comme d'un autre côté une nomenclature parfaitement appropriée aux résultats de l'analyse est le moyen nécessaire pour mettre en évidence les vérités ainsi obtenues ; nous ferons remarquer d'abord que très souvent le mot devoir est employé dans un sens concret, par exemple lorsqu'on dit en parlant d'une action à faire : C'est un devoir. Ici le mot devoir comprend tout à la fois la notion même de devoir et son objet, l'espèce particulière du bien moral à laquelle cette notion s'applique. D'autres fois, au contraire, on entend par devoir l'obligation et le bien indéterminé qui en est l'objet. L'idée est encore concrète dans ce cas, mais bien moins précise par l'objet du devoir que dans le cas précédent. Il est d'autres cas enfin où le mot devoir est pris dans son sens abstrait, et ne signifie plus que la notion pure et simple d'obligation morale, sans qu'on songe à aucun bien pratique, plus ou moins déterminé.

Mais par le fait que la notion de devoir est toujours la même, quel que soit le degré d'abstraction de la notion de bien qui en soit l'objet et qui vienne la concréter ; comme cette notion est la même encore lorsqu'elle est conçue sans aucune autre, lorsqu'elle n'est du moins appliquée à nulle autre ; il est évident par là que c'est avec pleine raison que nous avons distingué le devoir ainsi conçu dans son essence, dans son état d'abstraction le plus pur et le plus élevé, d'avec son objet, le bien. Sans doute il est un point de vue où le bien moral comme tel est tout aussi un et immuable que le devoir lui-même ; mais il en est un autre où le bien s'incorporant pour ainsi dire dans nos actes, peut revêtir autant de physionomies diverses qu'il y a de sortes de bonnes actions. Chacune de ces actions ne sera bonne, il est vrai, que par ce qui fait que toute autre est bonne encore ; mais, à moins de ne jamais faire signifier au mot bien un bien moral déterminé, une bonne action singulière, il faudra distinguer le devoir d'avec le bien.

Pour tout concilier, et reconnaître tous ces résultats de l'analyse, qui ont tous le même droit à figurer dans la science, nous dirons donc :

1° Le mot devoir s'emploie dans trois acceptions de plus en plus abstraites, suivant qu'il signifie tel acte déterminé à faire ou telle espèce d'acte, ou seulement la seule notion d'une convenance morale qui s'impose à la volonté, la notion pure et simple de devoir ;

2° Le mot bien est susceptible des mêmes degrés d'abstraction ;

3° Le devoir n'a jamais pour objet immédiat que le bien abstrait, la notion de bien moral conçue dans sa plus grande généralité ;

4° Rien de ce qui est acte humain, ou phénomène de l'ordre pratique, ne peut être obligatoire qu'autant qu'il est marqué par la raison du caractère du bien ;

5° Il y a donc toujours idée concrète lorsqu'on diversifie le bien moral, qu'on en distingue de plusieurs sortes ;

6° Ce qu'il y a là de divers n'est réellement pas le bien; c'est l'élément phénoménal auquel le bien s'applique ; et ainsi la diversité de l'objet du bien donne au bien lui-même l'apparence d'une certaine diversité.

Nous appellerons *matière du bien moral* cette diversité d'actes qui sont conçus comme des biens. Nous appellerons *forme du bien* la notion même de bien moral, appliquée ou non à ces différents actes.

Le bien conçu par rapport au devoir en deviendra la matière. La notion de devoir est donc la *forme du devoir*, comme le bien à faire est la *matière du devoir*.

La matière du devoir est une et invariable comme bien moral ; mais dès qu'elle est conçue d'une manière concrète, ou appliquée aux différentes espèces d'actes susceptibles de la recevoir, elle semble varier comme eux, et l'on dit qu'il y a plusieurs sortes de biens moraux. A son tour, le devoir semble varier avec sa matière, et l'on dit qu'il y a plusieurs sortes de devoirs moraux.

Nous savons donc d'où vient cette apparence, ce qui varie et ce qui ne varie point, et comment ce qui est immuable et unique peut sembler divers et multiple.

Après avoir ainsi fixé notre langage sur un point capital, nous pouvons faire un nouveau pas. Nous sommes de plus en plus assurés que c'est avec raison que nous avons distingué le devoir d'avec le bien, le bien d'avec ce qui est bien ; que le devoir est la forme immuable du bien comme matière, de même que le bien est la forme immuable des actes divers qui en sont à leur tour la matière ; et que si, comme il arrive souvent, on entend le mot bien dans un sens tellement concret qu'il s'agisse d'une espèce de bien moral ou d'une autre, alors la matière du devoir prend un caractère de diversité spécifique ou individuelle qui n'entraîne nullement la diversité de la forme. C'est au contraire parce que la forme reste une, toujours la même, qu'il est possible d'appeler du nom générique de devoir les différentes espèces de devoirs.

Il est bon de remarquer que nous n'avons pas toujours été capables d'envisager ainsi abstraitement le devoir et le bien ; que les premières fois que ces conceptions se sont offertes à notre raison, elles étaient profondément mêlées à leur matière. Elles étaient donc obscurcies par cette matière et par le sentiment qu'il est dans leur nature de faire naître. C'est par suite de cet état de confusion et d'obscurité que ces idées ont pris et prennent encore le nom de sentiment dans la langue commune.

Il faut encore remarquer que, si différentes que soient les conceptions de devoir et de bien, l'une n'existerait pas sans l'autre, pas plus que la forme n'existerait sans la matière ou la matière sans la forme. Elles sont donc dans une dépendance mutuelle, comme toutes les idées fondamentales qui ne se constituent deux à deux que par opposition réciproque, quelle que soient la science à laquelle ces idées appartiennent. Ainsi, point de conception de devoir sans conception de bien moral, point de conception de bien moral sans conception de devoir.

De plus, il fallait un autre ordre d'idées pour faire jaillir celle-là : il fallait les idées phénoménales ou perceptives de nos actes, pour que nous puissions concevoir les uns bons, les autres mauvais. Il fallait ces mêmes idées expérimentales pour que nous eussions la notion de nos facultés, de notre nature, de notre place et de notre rôle dans le monde, de notre destinée, active par conséquent, et enfin de la convenance absolue de la remplir.

Il peut se faire que la notion de devoir, lors surtout qu'elle s'applique à l'espèce de bien moral que nous appelons le juste ou l'injuste, n'exige pas toutes ces idées préalables, ou n'en demande que l'aurore à peine visible pour jaillir de la raison ; mais cette notion n'apparaît dans tout son éclat, dans toute sa grandeur et toute son autorité qu'autant que celles qui en sont la condition logique plus ou moins éloignées sont elles-mêmes bien connues. Le travail de la réflexion, en élucidant toutes ces idées, en les démêlant les unes des autres, en les dégageant des accidents phénoménaux qui les accompagnent primitivement, qui les précèdent même et qui en sont la condition ou l'antécédent chronologique, est donc indispensable si l'on veut avoir ces idées dans toute leur pureté et dans toute leur force.

Si maintenant nous reportons nos regards vers la matière éloignée ou médiate du devoir, vers son élément sensible et divers, et que nous cherchions à savoir en quoi nous devons le faire consister, nous n'aurons pas de peine à reconnaître que tout acte qui est d'accord avec notre destinée, c'est-à-dire qui est propre à nous faire avancer vers notre fin, vers cette fin harmonique qui se détermine à l'inspection de notre nature, de nos capacités et de nos facultés, c'est-à-dire de nos besoins et de nos moyens ; à l'inspection de cette nature conçue dans son rapport avec le reste du monde, avec son auteur même, nous n'aurons pas de peine à penser, disons-nous, qu'un pareil acte est un bien, et par conséquent un devoir.

Par le fait que nous sommes plongés dans un milieu physique et moral qui agit et réagit à chaque instant sur nous, nous sommes un rouage du mécanisme universel ; et selon que nos mouvements seront ou ne seront pas d'accord avec ceux du reste du monde, nous nous trouverons en harmonie ou en opposition avec la fin cosmique générale ; nous serons un rouage utile ou nuisible, et l'ordre ou le désordre, en tant qu'il sera notre œuvre, se fera sentir tout à la fois en nous et hors de nous.

Mais quoi, dira-t-on, et cette objection n'est pas à faire, le devoir ne pourra-t-il être déterminé et connu qu'à la condition de résoudre le problème de la destinée de l'univers? Et qui donc le résoudra? Qui peut dire même si l'univers a une destinée?

Sans nous attacher à prouver que tout ce qui est à sa raison finale d'être, sans vouloir soutenir que l'univers est ou n'est pas dans ce cas, sans prétendre assigner à l'univers sa fin, nous disons qu'il suffit que nous en soyons une parcelle, et une parcelle active, pour que nos actes, si faibles qu'ils soient, se trouvent en accord, en désaccord avec la fin du monde physique et moral. Or, sans connaître cette double fin, il suffit que nous connaissions, même imparfaitement, les lois qui doivent y conduire, pour que nous sachions de science certaine qu'en nous mettant en opposition avec elles, nous agissons par là même contrairement à la fin qui doit en être le résultat. Or encore, les lois du monde physique sont plus ou moins manifestes, soit en nous, soit hors de nous. Les lois du monde moral nous enveloppent également, et font même partie de notre être. Elles sont si peu mystérieuses qu'elles nous sont en partie révélées par une sorte d'instinct, avant de nous être connues plus complètement et d'une façon plus lucide. Ce qu'on appelle les sentiments de l'honnête et du juste, le sentiment du bien ou du devoir en général, n'est pas autre chose que la proclamation intérieure et primitive de cette loi. Sans se révéler ainsi d'une manière générale et plus ou moins abstraite, ce qui ne peut s'accomplir qu'à l'aide de la réflexion, il suffit qu'elle se fasse connaître dans chaque cas singulier où elle doit être suivie, et d'une manière assez claire pour que ses intentions et sa volonté ne puissent être méconnues. C'est ce qui arrive en réalité.

Nous n'avons pas à dire ici la part de l'éducation dans cette manifestation de la loi morale au fond des consciences, ni à rechercher comment l'humanité est parvenue à la comprendre aussi universellement qu'elle le fait aujourd'hui, ni les degrés par lesquels elle a dû passer pour s'élever à ce point de perfectionnement, ni les moyens qu'elle a employés. Il suffit que l'on ne puisse nous contester que l'homme est un être essentiellement moral, pour que nous puissions affirmer à notre tour qu'il l'a toujours été, qu'il a toujours été capable d'éducation morale, à un degré ou à un autre, et que les circonstances physiques et sociales où il s'est toujours trouvé, ont été pour lui une occasion continuelle de réflexion et de perfectionnement. Les idées acquises par les générations précédentes sont devenues le patrimoine des générations futures, et comme un capital nécessairement productif entre les mains de ceux qui l'ont successivement recueilli. Il s'est donc accumulé de génération en génération, de manière à former le fonds commun de morale qui est aujourd'hui en circulation dans les esprits. Suivant qu'il a été plus ou moins bien employé, il a rendu à proportion. De là une plus grande somme de richesse morale sur un point, et une moindre sur un autre. De là, dans les mêmes temps et les mêmes lieux, une morale plus ou moins avancée, suivant le degré d'intelligence et de travail dépensé à faire prospérer le fonds qui en avait été transmis.

VI.

Si le bien moral est un quant à sa nature ou à son essence, il est divers quant à son degré. A cet égard, il est des actions plus impérieusement obligatoires que d'autres : c'est ainsi qu'il est bon de faire du bien à autrui, mais qu'il est encore meilleur de ne pas lui faire de mal ; c'est ainsi qu'il convient d'ajouter en nous aux dons de la nature, mais qu'il est encore plus nécessaire de ne pas dégrader son ouvrage dans notre personne.

Dans le premier cas, en manquant au devoir, nous ne faisons pas le bien ; dans le second, nous faisons le mal.

La situation morale de l'agent est donc telle qu'il peut être ou simplement innocent, ou méritant, ou coupable. S'il ne fait ni bien ni mal, c'est ce que nous appelons l'état de non-culpabilité, bien qu'en morale ce soit déjà un certain mal que de ne pas faire de bien. Mais on nous permettra sans doute de considérer la chose au point de vue de la justice ou du droit, afin de nous faire mieux comprendre. L'agent donc qui, sortant de cet état de neutralité où la justice est respectée, mais où la bienfaisance n'est point pratiquée, devient alors positivement vertueux ou vicieux, suivant qu'il s'adonne à la bienfaisance ou qu'il se livre à l'iniquité.

Or, il est évident que la justice ou le respect du droit d'autrui est un devoir qui oblige plus strictement encore que la bienfaisance, et que si l'on était tenté de manquer à l'une ou à l'autre, il y aurait un moindre mal de négliger la bienfaisance et de respecter la justice. Voilà dans quel sens nous avons dit qu'il est meilleur de ne pas faire de mal au prochain que de lui faire du bien. Mais il est clair que si, sans faire du mal à l'un, on peut faire du bien à l'autre, c'est-à-dire si l'on peut ajouter la bienfaisance à la justice, la conduite est bien meilleure encore.

S'abstenir du mal, quel qu'il soit, à tous les degrés, en tout temps, en tout lieu, envers qui que ce soit, telle est la première règle, la règle la plus impérieuse, qui prescrit le devoir strict, et que le sens commun a formulée ainsi, en y introduisant une sorte de critérium : Ne fais pas à autrui ce que tu ne voudrais pas qu'il te fût fait.

Faire du bien, quelle qu'en soit la nature, à un degré ou à un autre, ici ou là, maintenant ou plus tard, envers tel ou tel, mais autant que possible le meilleur et le plus grand bien qui soit en notre pouvoir, et aujourd'hui plutôt que demain, ici plutôt que là, envers tout nécessiteux plutôt qu'envers un idéal de besoin qu'on ne rencontrerait peut-être pas facilement, mais de la manière la plus intelligente, la plus juste et la plus utile cependant : telle est la règle suprême de la bienfaisance ou des devoirs larges, règle que le sens commun a formulée ainsi, en la rendant d'une application plus sûre et plus facile encore : Fais à autrui ce que tu voudrais qu'il te fût fait.

Remarquons toutefois que ces formules du sens commun, si belles qu'elles soient, manquent de rigueur scientifique, et supposent ce qui est en question : Qu'est-ce que j'ai le droit de vouloir m'être fait, ou ne pas m'être fait ? Qu'est-ce qui est mon droit, qu'est-ce qui est mon bien ? Ces maximes supposent que l'agent est juste et bon, qu'il consulte sincèrement sa raison et son cœur, et qu'il en reçoit des oracles toujours sûrs. Il est vrai que celui qui n'est ni bon ni juste ne fera pas le bien et ne s'abstiendra pas même du mal ; mais il est vrai aussi qu'il y a des consciences plus ou moins délicates, et qui, sans être tout à fait mauvaises, le sont assez cependant pour se tranquilliser, s'encourager même à l'aide de sophismes plus ou moins spécieux. C'est ainsi que le juge criminel en face du coupable qui est favorisé des dons de la fortune, pourrait trouver assez simple de se laisser corrompre, parce qu'à la place de l'accusé il serait tout disposé à acheter une sentence de renvoi ou d'acquittement. C'est ainsi encore que l'homme dont le cœur est plein de mauvais désirs, mais qu'il ne peut satisfaire à lui seul, peut vouloir l'assistance vicieuse ou criminelle d'autrui, et se trouver par là même tout disposé à l'accorder à celui qui la lui demande. L'un et l'autre cependant sont dans les règles : le premier ne fait pas ce qu'il voudrait qu'on ne lui fît point, le second fait ce qu'il désirerait qu'il lui fût fait.

Nouvelle preuve que la morale de sentiment n'a ni clarté, ni certitude, ni universalité, ni fixité. Nos désirs sont trop facilement mêlés de concupiscence pour qu'ils puissent servir de règles à nos actions ; les règles, au contraire, doivent être prises de la raison, et imposés aux désirs.

Si l'on suppose les appétits clairvoyants et sages, ne se dirigeant qu'à l'objet légitime, et sachant toujours s'arrêter à temps, on suppose ce qui n'est pas, ce qui ne peut pas être, puisque de soi la sensibilité et les mouvements instinctifs et passionnés qui en dépendent n'ont ni clairvoyance, ni sagesse, ni modération. S'il en était ainsi, les maximes vulgaires dont nous parlons n'auraient elles-mêmes aucun à-propos.

§ II.

DU MAL MORAL.

Sa nature et ses degrés. — Sa possibilité et son origine.

I.

Le mal moral, comme le bien, est positif ou négatif, suivant qu'il s'agit de la transgression d'un devoir strict ou d'un devoir large. En d'autres termes, le mal positif est le contraire du bien, le mal négatif en est seulement le contradictoire. Dans ce dernier cas, on ne fait que s'abstenir du bien; dans le premier, on fait le mal.

Mais dans ces deux degrés bien marqués du mal moral, il y a d'autres degrés encore. Ne pas pratiquer la bienfaisance autant qu'on le peut, ne pas même la pratiquer du tout, c'est commettre un mal négatif, mais à des degrés divers déjà, et dont le dernier approche plus du mal positif, qui consisterait, dans le même ordre d'idées, à commettre l'injustice.

Ne pas faire tous ses efforts pour se rendre le moins imparfait possible, n'en faire aucun, c'est de même commettre un mal négatif, mais plus grand dans le dernier cas que dans le premier. S'abandonner à ses passions jusqu'à tomber dans le vice et la dégradation, s'avilir par conséquent, c'est commettre un mal positif. Ici comme là, il y a des degrés nombreux, indéfinis.

Mais ce caractère positif ou négatif du mal n'est relatif qu'à la manière plus ou moins prononcée dont il est en opposition avec le bien, et avec un certain bien, le devoir, suivant qu'il est strict ou qu'il est large.

Il y a une autre manière de concevoir le mal, suivant laquelle, s'il fallait en croire un grand nombre de moralistes, le mal différerait du bien comme le néant diffère de l'être. Le bien seul existerait; le mal ne serait mal que comme absence pure et simple du bien, comme pure privation. En deux mots, le bien serait l'être, le mal serait le néant.

Cette théorie, dont le germe au moins se trouve déjà dans Platon, nous paraît fausse et dangereuse.

Elle est fausse, en ce que le bien moral, qui n'est que le rapport de conformité de nos actions et surtout de nos volontés avec la loi destinée à les régler, n'a rien de commun avec les réalités substantielles. La morale n'est pas une branche de l'ontologie. On a donc confondu le bien et le mal moral avec le bien et le mal métaphysique. Que l'être soit un bien, que le néant soit un mal, il est juste d'en convenir. Mais qu'y a-t-il de commun entre un bien et un mal de cette nature, et le bien et le mal dont nos actions prennent pour ainsi dire l'empreinte, suivant qu'elles sont ou ne sont pas d'accord avec la loi appelée à les régir? Il peut bien y avoir une analogie, et le sens commun l'a découverte, puisqu'il appelle du même nom l'être et le bien, le non-être et le mal. Mais cette analogie n'est prise que du point de vue du bien physique ou affectif, et laisse le côté purement rationnel en dehors de la comparaison. Nous voulons bien encore qu'il l'y fasse entrer; il n'en restera pas moins vrai qu'il n'y aura jamais entre ces deux sortes de bien qu'une analogie très éloignée, très imparfaite, qui ne permettra nullement de réaliser le bien moral, et de ne considérer le mal que comme une simple négation.

Il n'est vrai de considérer le bien comme l'être, et le mal comme le non-être, qu'autant que l'on entend par être, non pas une existence substantielle, mais une existence phénoménale ou de fait, d'action, et par non-être, une abstention, un défaut d'action. Mais alors encore le bien comme être, comme action effectuée, ne comprend qu'une partie du bien moral, et peut-être la moins sacrée, la moins importante, puisque tous les devoirs d'abstention se trouvent en dehors de cette conception. De même tous les manquements positifs ou d'action ne peuvent se ranger dans la catégorie d'un mal qui serait une pure abstention.

Ainsi l'interprétation la plus favorable qu'on puisse donner de la théorie qui fait du mal une pure négation succombe encore devant les faits qu'elle prétend expliquer et comprendre.

Nous allons plus loin, et nous disons qu'elle est entachée de cet autre défaut, de mettre entre les bonnes et les mauvaises actions une différence telle que les bonnes actions seules devraient être considérées comme existantes, et que les mauvaises en auraient à peine l'apparence. En est-il ainsi en réalité? Une mauvaise action n'est-elle pas au contraire, aussi bien qu'une bonne, conçue, jugée, délibérée, voulue, exécutée? N'y a-t-il pas ici et là intention, volition, action? Qu'importe que dans un cas on veuille le bien, même pour le bien, tandis que dans l'autre on ne veut pas le mal, le désordre moral, pour lui-même? Ne le veut-on pas comme moyen, pour une autre fin qu'on se propose, pour un bien physique, pour une satisfaction quelconque? A coup sûr, on ne peut pas vouloir le mal pour le mal même, et nous sommes de l'avis de ceux qui pensent que l'homme, que le génie même du mal ne peut être pervers à ce point; car alors encore il le voudrait pour le plaisir qu'il trouverait à mal faire. Il implique donc qu'un être raisonnable, doué de sens moral, puisse vouloir le mal pour le mal : il ne peut le vouloir qu'à titre de moyen, pour un bien qu'il ne peut se procurer autrement, mais qu'il a le tort de mettre au-dessus du bien moral.

Il reste donc prouvé, nous le croyons, qu'il y a autant d'être ou de réalité phénoménale ou effective dans la perpétration du mal que dans la pratique du bien, et que le bien en soi, pas plus que le mal en soi, n'est une entité ; qu'ici et là c'est une simple conception qui s'attache à nos actes, dont la raison les marque inévitablement, un jugement qu'elle porte sur elles avant ou après leur exécution. Or, ce jugement, cette conception, ce caractère n'a ni plus ni moins de réalité dans un cas que dans l'autre.

Il faut achever de ruiner un réalisme dont le moindre tort est d'être erroné. Nous disons donc que cette erreur serait très dangereuse si elle pouvait être conséquente à elle-même ; elle ferait disparaître le mal de la raison humaine, elle n'en verrait plus dans le monde, quoique la marche du monde ne fût en rien changée ; elle rendrait le mal impossible, encore bien qu'il inondât l'univers. En effet, si tout ce qui est est bien par cela seul qu'il est, si, comme on le dit, tout ce qu'il y a de réel ou d'être dans le mal même, je veux dire dans une action mauvaise, n'est pas mauvais en soi, ce qu'il faut bien accorder ; s'il n'y a de mauvais par conséquent que ce qui n'est pas, et en tant qu'il n'est pas, quelle peut être la part de l'homme dans le mal? Ce qu'il y a de réel dans ses actions les plus criminelles n'est point mauvais. Ce qu'il n'y a pas, qui n'est pas réel, qui n'est pas fait par conséquent, ne peut d'autre part lui être imputé, puisqu'il ne l'a pas fait. Or, comme c'est là cependant tout le mal, comme il n'est pas et ne peut être ailleurs, comme c'est un néant par cela seul qu'il est mal, comme il est contradictoire de faire le néant, puisque ce serait faire quelque chose tout en ne faisant rien ; il en résulte bien évidemment que le mal est impossible à l'homme ; que la toute-puissance même, ne fût-elle pas inséparable de la sainteté parfaite, serait aussi impuissante que l'homme à faire le mal le plus léger.

Cette argumentation, qui n'est point une vaine subtilité, qui n'est que la conséquence évidente d'une fausse notion du bien et du mal moral, d'un réalisme erroné, ne fait aucune violence à la théorie que nous combattons ; elle en découle visiblement. On s'étonne donc à bon droit que des conséquences aussi manifestes et aussi monstrueuses n'aient pas fait reculer des esprits d'une grande sagesse, des hommes d'une haute moralité. Il n'en a rien été pourtant : c'est que les esprits les plus lucides, une fois prévenus en faveur d'un système, loin de pouvoir consentir à lui reconnaître des vices qui obligeraient à l'abandonner, n'ont pas même l'idée que ces vices puissent exister, et repoussent comme une illusion toute apparence de cette nature. La contradiction seule peut les forcer à regarder et à voir ce qu'autrement ils n'auraient pas même osé concevoir.

II.

Connaissant la nature du mal moral, nous pouvons nous demander d'où vient qu'il est possible, quelle en est par conséquent l'origine ? d'où vient que, connaissant le bien, le bien qui est de sa nature aimable, nous faisons cependant le mal, le mal qui répugne à la raison, et qui ne peut être aimé ?

Il y a là, parait-il, un abîme de contradiction, une perturbation profonde ; à tel point qu'on semble être dans la nécessité, ou d'admettre que le méchant, que l'homme en général est un être déchu, ou qu'il doit subir l'action fatale d'une puissance invisible et ennemie. C'est bien pis encore si l'homme, convaincu par l'expérience et par le raisonnement que le mal doit le conduire aussi sûrement à sa perte que le bien le conduirait à la félicité, n'en marche pas moins dans la voie du vice et du crime.

Il n'est pas étonnant qu'en face de cette affligeante énigme de notre nature, des solutions très diverses aient été essayées. Nous n'avons évidemment à nous occuper que de celles qui sont du ressort de la philosophie, et d'une philosophie sans mélange de doctrines ou d'hypothèses inaccessibles à tout moyen de contrôle de la part de la raison.

La première qui s'offre à nous est celle qui consiste à mettre le mal sur le compte de l'ignorance. Si nous connaissions parfaitement le bien, disait Socrate et avec lui le plus illustre de ses disciples, nous ne pourrions pas nous en écarter; le méchant n'est donc tel que parce qu'il ignore.

Il est incontestable, en effet, qu'une vue plus nette du bien moral, un sentiment plus vif de sa beauté, l'intelligence plus développée de l'harmonie du monde moral en lui-même, de son harmonie avec le monde physique, la perception certaine des maux qu'entraîne tout naturellement à sa suite le mal moral, la haute convenance qu'il en soit ainsi, le bien moral qui se retrouve encore dans la souffrance méritée, l'expiation inévitable, si tardive qu'elle puisse être, sous l'empire suprême du bien; il est incontestable, disons-nous, que la parfaite intelligence de cet ordre de choses aussi beau, aussi infaillible qu'il est nécessaire aux yeux de la raison, serait bien propre à nous passionner pour le bien, pour le devoir, ou tout au moins à nous empêcher de nous en écarter par la crainte d'un mal inévitable, et toujours proportionné à l'étendue de la faute. Sans doute qu'un sens moral aussi vif que délicat, mais qui ne serait possible que par une conception vive et nette de la beauté morale, serait plus épouvanté encore de la dégradation morale en nous, si elle devait être irréparable, c'est-à-dire si elle devait être inexpiée et surtout inexpiable, que des plus durs mais des plus salutaires châtiments ; sans doute que l'impunité et avec elle l'inexpiation serait pour une intelligence et une sensibilité morale aussi parfaite le plus grand des maux, et que la crainte d'un pareil mal serait on ne peut plus propre à détourner de tout ce qui peut y conduire. Platon et Socrate ont donc raison jusque-là, et ces deux sublimes esprits n'ont fait que raconter des intelligences surhumaines, l'intelligence divine en particulier, pour qui le mal est une impuissance morale.

Mais ils auraient tort s'ils prétendaient que le méchant, quelque ignorant qu'il puisse être du bien, ne le connaît pas du tout. Non ; il doit le connaître pour être méchant ; et plus il sera coupable à ses propres yeux, plus même sa connaissance du bien sera grande. Il y aurait donc contradiction à supposer le mal possible sans la connaissance du bien ; car, de même que le bien réside dans l'accord intentionnel d'une volonté libre et éclairée avec la loi morale, de même le mal moral n'est autre chose que le désaccord de la même volonté avec la même loi. Il ne peut donc être question, dans la pensée de Socrate, de l'ignorance complète du bien, mais d'une vue assez imparfaite pour qu'elle n'ait pas sur la volonté tout l'empire désirable.

Cette connaissance imparfaite est donc tout à la fois la condition du mal moral et son excuse : elle en est la condition à ce double titre qu'il n'y a pas de mal possible sans la notion du bien qui est omis ou sacrifié, mais que la vue de ce bien n'est alors ni assez nette ni assez puissante pour exercer sur la volonté, par l'amour dont le bien doit être l'objet, tout l'empire nécessaire pour que l'agent y reste fidèle. Cette faiblesse, sans justifier la faute, est du moins un titre à l'indulgence. Aussi le coupable, malgré son ignorance relative, mais aussi à cause de sa connaissance relative du bien, doit-il être puni, suivant Socrate. Le châtiment lui est même nécessaire; il est un bien, à défaut de l'autre bien, de celui qui n'a pas été pratiqué. C'est l'autre fonction de la justice, celle de la justice qui efface le mal quand celle de la justice qui accomplit le bien n'a pas triomphé; c'est la justice réparatrice. Justice d'autant plus désirable pour le méchant lui-même qu'elle est le seul moyen de le relever de son état d'indignité et d'abaissement : le péché l'a rendu tributaire de la peine; la peine seule, mais la peine acceptée comme juste et comme bonne, peut donc préparer la réhabilitation, lui rendre une valeur morale au moins négative, celle de la pureté.

La question de l'origine ou de la possibilité du mal moral n'est donc pas suffisamment résolue par l'ignorance du bien. Cette ignorance ne serait d'ailleurs qu'un état purement négatif, et qui ne pourrait servir en aucune manière à rendre compte d'un fait aussi positif que le mal moral.

Il faut donc que la volonté qui se décide pour le mal ait un autre mobile, un mobile positif. Ce mobile c'est, ou une jouissance immédiate convoitée par les passions, ou une jouissance éloignée, mais rendue pour ainsi dire présente par le mirage de l'imagination, c'est-à-dire un intérêt plus ou moins puissant, mais mal conçu, toujours assez fort pour l'emporter sur les prescriptions ou les conseils de la raison, sur les attraits du bien moral.

Si l'on se demande d'où vient cette direction contraire, la nature des choses répond visiblement qu'elle est due à la dualité de notre nature, aux appétits de l'animal, et aux vues supérieures de la raison morale. L'entendement forme comme une position intermédiaire, qui rapproche et compare les deux extrêmes, qui calcule bien ou mal les avantages et les inconvénients, qui fait abstraction des uns ou des autres, et qui lâche la bride à la volonté ou la retient. La volonté subit ainsi l'impulsion désordonnée et sans frein d'une passion aveugle dans son choix et immodérée dans ses appétits, ou bien au contraire elle est guidée et contenue au gré de la raison.

Suivant donc que l'une de ces facultés extrêmes, la raison et la sensibilité, l'emporte dans les conseils de l'entendement, dans la direction de la volonté, la conduite est régulière ou irrégulière, sage ou insensée, bonne ou mauvaise.

Si l'on nous demande maintenant d'où vient la possibilité de ce désaccord entre la sensibilité et la raison ; d'où vient la faiblesse et l'erreur d'un entendement qui ne sait pas apercevoir ou qui n'aperçoit pas assez l'harmonie supérieure et véritable entre la raison et la sensibilité, nous répondrons qu'elle tient à la nature même de l'homme, dont la morale n'a pas à rechercher la raison d'être. Cette question de métaphysique ou de théologie rationnelle, si elle n'est pas susceptible d'une solution directe, peut du moins recevoir celle-ci, que l'homme tel qu'il est, n'est point incompatible avec les perfections divines, puisqu'il existe. Il a sa place toute marquée dans l'immense problème des *compossibilia*, et sa raison dernière d'être par conséquent, dans la sagesse, la volonté et la puissance infinies d'une cause qui peut avoir pour tâche la réalisation simultanée ou successive de toutes les possibilités, leur éduction du néant dans l'immensité de l'espace et du temps.

Rien donc ici d'indigne de la souveraine perfection de Dieu. L'homme, fût-il plus imparfait qu'il n'est, ne serait encore qu'une des possibilités sans nombre qui sont appelées chacune à son heure et en son lieu à prendre rang parmi les existences.

Considéré de ce point de vue supérieur ou providentiel, le mal moral se résout cette fois dans le mal métaphysique comme l'effet dans sa cause, sinon comme le même dans le même. Le mal métaphysique, à son tour, se résout dans un degré moindre de bien ou de perfection, degré qui peut être commandé par le reste de l'ensemble, c'est-à-dire par un bien supérieur ; ce qui fait complétement disparaître le mal, comme mal absolu, aux yeux mêmes du créateur.

Voilà donc la question du mal moral dégagée de la question théologique, où d'ailleurs nous n'avions pas à l'étudier, mais où cependant nous n'avons pas voulu la laisser pour ainsi dire se réfugier comme dans un asile impénétrable à la raison. Là encore elle peut être saisie, pressée, et le mal lui-même forcé de rendre hommage au principe de tout bien.

Mais s'il nous est permis de nous élever à ces aperçus d'un ordre tout spéculatif, il nous est défendu de nous y arrêter. Notre sujet nous rappelle donc à une étude plus dégagée des spéculations métaphysiques.

L'essentiel dans la question du mal moral était de bien comprendre qu'il existe, qu'il existe au même titre que le bien, c'est-à-dire comme rapport de l'intention à la loi, mais qu'il y a toutefois cette capitale différence entre le bien et le mal moral, que le bien est souvent voulu pour lui-même et peut l'être toujours, encore que d'autres considérations moins pures viennent se mêler à nos motifs, tandis que le mal n'est jamais voulu pour lui-même.

Ce fait bien constaté, est une nouvelle apologie de la providence, une nouvelle raison d'en adorer la bonté souveraine, un nouveau motif de n'être jamais accablé de notre faiblesse, de ne point haïr l'homme ou le mal en lui plus qu'on ne doit le faire, de ne point désespérer enfin d'une miséricorde qui peut d'autant plus aisément s'allier à la justice, que le bien positif est en nous un effet plus particulier de la faveur divine. Qu'il nous soit donc permis de faire ressortir plus visiblement qu'on ne l'a peut-être fait jusqu'ici, un point que nous avons suffisamment indiqué, sans doute, mais qui nous semble susceptible d'une démonstration qu'il n'est pas inutile de donner, à savoir, que l'homme ne peut vouloir le mal pour le mal. Mettre ce point en évidence, c'est encore jeter un jour nouveau et plus éclatant sur l'origine du mal.

Si nous cherchons à concevoir un être qui veuille le mal pour le mal même, sans profit quelconque pour lui, loin de pouvoir y réussir, nous tombons dans une invincible contradiction. Un pareil être n'est plus qu'un vain assemblage de mots, une hypothèse impossible à concevoir dans son énoncé même, et par conséquent impossible à poser.

En effet, un tel être serait d'autant plus manifestement contradictoire que, connaissant le bien, puisqu'il connaîtrait le mal, il deviendrait d'autant plus sensible au bien qu'il le connaîtrait mieux, et aimerait d'autant moins le mal qu'il serait plus sensible au bien. En sorte que plus on croirait le rendre méchant en l'attachant au mal par une connaissance de plus en plus étendue qu'on lui en donnerait, plus au contraire on l'en détacherait infailliblement.

Il est en effet de la nature d'un être capable de concevoir le bien, de le trouver bien et de l'aimer comme tel, de même qu'il est de sa nature de trouver mal le mal et de ne l'aimer point comme tel.

Il faudrait donc, pour qu'il aimât le mal, pour qu'il le recherchât pour lui-même, tout en connaissant le bien, qu'il fût soumis à des lois exceptionnelles, fatales. Mais alors en aimant le mal, il ne ferait que suivre les lois d'une nature tellement monstrueuse, qu'elles sont incompréhensibles, et dont, à coup sûr, il ne serait point responsable. C'est ainsi qu'en voulant idéaliser le mal à ce point, on sort tout à la fois de la nature et de la raison ; on rend le mal inconcevable, impossible.

L'idéal de la méchanceté ne serait pas moins une nature monstrueuse, fatale, contradictoire, si, sans aimer le mal, mais aussi sans le haïr, il pouvait trouver, dans cette indifférence absolue, une raison suffisante de le commettre.

Le mal ne peut donc être voulu par ce motif seul qu'il est mal, *sub ratione mali*, comme disaient les scolastiques, mais uniquement pour la satisfaction qui semble en revenir.

Il n'y aurait pas de mal moral s'il n'y avait pas de règle de nos actions, ou de convenance morale absolue, suivant laquelle tel appétit, légitime en soi, ne peut raisonnablement chercher à se satisfaire par tel ou tel objet, ou à tel ou tel degré excessif. Les mille rapports que l'homme soutient avec lui-même, avec ses semblables, avec le reste du monde, lui sont une source de lois que la sensibilité ne peut connaître et dont elle ne peut tenir compte. Quand donc elle se trouve par ses tendances naturelles en désaccord avec la raison, qui règle tous les rapports en question, et que la volonté, le moi, s'abandonne à ses suggestions, tout en voyant bien qu'en le faisant il manque à ce que la raison demande de lui, alors il y a mal moral.

Pour qu'il en fût autrement, il faudrait ou qu'il n'y eût pas de sensibilité, ou pas de raison ; ou que la sensibilité connût les lois de la raison et s'y conformât d'elle-même, c'est-à-dire qu'elle ne fût pas sensibilité ; ou que la raison ne prescrivît jamais rien qui pût contrarier la sensibilité, c'est-à-dire qu'elle ne fût pas raison ; ou que ces deux capacités fussent pour ainsi dire montées de telle sorte que les appétits de l'une ne fussent jamais en désaccord avec les règles de l'autre, tout en gardant leur essence et leurs lois, ce qui nous semble également contradictoire ; ou bien enfin que la volonté obéît fatalement, ou du moins infailliblement à la raison, sans effort, sans courage, ce qui compromettrait ou la liberté ou le mérite moral, et qui ferait en tout cas une autre espèce d'être que l'homme d'aujourd'hui.

D'où l'on voit que l'homme, tel qu'il est, répond à une idée spéciale ; qu'il était une conception possible dans le plan universel de la création, et que s'il n'était pas, l'une des innombrables possibilités qui demandaient à être réalisées manquerait dans le monde. Rien donc de plus naturel, et pour ainsi dire de plus nécessaire que la possibilité et l'origine du mal moral dans le monde : elle est la conséquence de l'union de deux natures d'ailleurs distinctes. Quoique assorties l'une à l'autre, elles ne sont point confondues ; elles gardent chacune leurs lois propres et leur rang à l'égard l'une de l'autre ; elles doivent donc parfois présenter un certain désaccord en fait ; mais en droit, ce désaccord le cède toujours devant la subordination obligée de la sensibilité à la raison. En effet, la sensibilité appète, sollicite, demande à être satisfaite, mais ne juge pas et ne commande pas ; la raison au contraire conçoit l'ordre, le juge bon et en fait un devoir.

Tel est le principe suprême d'action, le principe moral par excellence. Mais comme les opinions ont été fort partagées sur ce point, et que c'est là précisément l'objet capital de notre travail, nous devons y consacrer un chapitre où toutes les faces de la question seront successivement étudiées.

CHAPITRE II.

Souveraineté absolue de la loi morale. — Caractères de cette loi. — Objections et réponses.

§ I.

Souveraineté absolue de la loi morale.

Nous voici parvenu au point le plus élevé de notre course. Il convient de nous y arrêter quelque peu, et de nous y reconnaître parfaitement. Tout ce qui précède n'était pour ainsi dire destiné qu'à nous y amener, comme tout ce qui suivra n'en doit être qu'une conséquence ou une application. De là l'intérêt tout particulier qui s'attache à ce point de doctrine.

Nous avons reconnu qu'une idée de la raison domine toute l'activité intelligente et libre de l'homme, l'idée du bien, et que c'est même au nom de cette idée qu'une certaine satisfaction doit être donnée à la sensibilité. De là un eudémonisme subordonné et raisonnable, qui est aussi éloigné du sensualisme que du fanatisme. De là aussi l'accord par subordination, et non par transaction, de nos deux grandes tendances. De là par conséquent l'empire de l'idée sur le sens, de la raison sur la sensibilité.

Cette idée est celle d'un *bien obligatoire*; idée qui équivaut à un jugement, qui est même un jugement tel, que la conception d'obligation s'attache par une sorte d'attraction forcée, fatale, irrésistible, à la conception de bien.

Ces deux idées ne sont cependant point identiques, puisque l'une est la matière de l'autre, la forme du tout qu'elles composent dans leur union. Ce jugement n'est donc pas analytique ; il est synthétique, et synthétique *à priori*, puisque les matériaux qui entrent dans sa formation n'ont rien de sensible et d'expérimental.

Quelle est la cause ou la raison de cette union nécessaire, nous n'avons pas à la rechercher ici ; il suffit de la constater et de reconnaître que ce rapport obligé dans notre esprit est immédiat, c'est-à-dire qu'il n'a pas sa raison dans une idée intermédiaire, plus ou moins cachée, et qui, comme dans le raisonnement, servirait à unir deux idées extrêmes, parce qu'elle contiendrait l'une et serait contenue dans l'autre.

Une autre loi morale, qui dérive immédiatement de la seconde, c'est que le bien, par cela qu'il est obligatoire en soi, doit être fait en vue de lui-même, en vue du bien, sans qu'il soit nécessaire, pour avoir une raison suffisante de le pratiquer, de recourir à des considérations intéressées. Sans doute, des considérations de ce genre peuvent ajouter et ajoutent en effet à la force déterminante de la conception d'obligation, et assurent le règne du bien dans une plus grande mesure ; mais il n'en est pas moins vrai que le bien moral devrait s'accomplir dans une mesure plus grande encore par cela seul qu'il est bien. C'est ce qu'on veut dire par la formule : que le bien moral doit être voulu et pratiqué pour lui-même.

Le bien moral est donc une fin telle de nos actions, qu'il n'y a pas d'autre fin ultérieure dont il ne soit que le moyen. C'est la fin dernière, par conséquent absolue, de l'activité humaine en tant qu'elle est réglée par la raison morale. Toutes les autres fins peuvent se rattacher à cette fin-devoir, comme l'appelle Kant, et devenir, à cause d'elle encore, des fins obligatoires, mais des fins conditionnelles, et non plus absolues, puisqu'elles sont relatives à une fin dernière qu'elles servent à poursuivre.

§ II.

Caractères de la loi morale.

Si nous nous demandons maintenant quels sont les caractères de cette loi, que le bien est obligatoire, nous reconnaîtrons : 1° qu'elle est un produit de la raison pure ; 2° qu'elle s'adresse à tous les hommes, à toutes les volontés raisonnables ; 3° qu'elle est spontanée et comme innée, par conséquent universelle en cet autre sens encore qu'elle se trouve au fond de toutes les intelligences humaines de tous les temps et de tous les lieux ; 4° qu'il ne dépend pas de nous de ne pas la concevoir, ni de la concevoir autrement, en un mot qu'elle est nécessaire ; 5° enfin qu'elle est appelée à régler toutes nos actions.

Et pourtant elle rencontre cinq classes d'adversaires : les sensualistes, qui n'admettent pas d'idées rationnelles pures ; les eudémonistes, qui ne veulent entendre parler que du bien physique, du bien sensible, du plaisir ; les moralistes empiriques ou historiens, qui, voyant la diversité des lois, des mœurs, des usages, suivant la diversité des temps et des lieux, ne peuvent croire à une justice universelle, identique, absolue, et ne savent point la démêler au fond de cette diversité ; enfin ceux des juristes et des théologiens qui, munis de lois positives humaines ou divines, ne veulent ou ne peuvent rien voir d'antérieur ou de supérieur.

Nous avons suffisamment établi l'existence de la loi morale contre les trois dernières classes d'adversaires. Et quoiqu'il suffise d'avoir établi l'existence des conceptions morales pour avoir indirectement réfuté la théorie de l'origine sensible de toutes nos idées; quoique le vice de cette théorie doive être particulièrement démontré en psychologie, nous ne croyons cependant pas pouvoir laisser passer cette objection sans y répondre d'une manière plus directe. Mais notre réponse aura le caractère voulu dans un traité de morale; les droit de la psychologie se trouveront ainsi respectés et réservés. Nous devrons également faire ressortir ce qu'il y a de sophistique et de faux dans l'objection qu'on tire de la confusion du bien absolu et de l'intérêt général, en résolvant le premier dans le second, et dans cette autre objection tirée de la diversité des mœurs, des lois et des coutumes des nations.

§ III.

Objections et réponses.

Malgré l'évidence des faits établis jusqu'ici, plusieurs moralistes se sont mépris au point de nier la loi morale, ou de la prendre pour un préjugé, ou de la confondre avec des lois d'une autre nature.

C'est ainsi qu'on a prétendu que le bien moral obligatoire n'était qu'un mot vide de sens, comme si l'humanité créait des mots pour des idées qu'elle n'a pas! comme si des mots sans signification pouvaient être acceptés aussi universellement pour des idées, et exercer une aussi grande influence!

On ne réussit pas mieux quand on soutient que, si c'est une idée, elle n'a pas du moins sa raison suffisante. Qu'est-ce donc que la raison suffisante d'une idée primitive, *sui generis*, sinon la loi constitutive de l'esprit humain? Accuser cette loi d'insuffisance, c'est ou nier son effet, ou prétendre qu'elle ne suffit pas pour l'expliquer. Mais quelle serait alors la cause accessoire qui devrait en rendre raison?

Dire encore que c'est une idée fictive, fabriquée à plaisir, c'est nier également qu'elle ait une raison suffisante. En effet, la raison humaine produit spontanément ses idées naturelles et universelles, parce qu'il est de son essence de les produire, et non par caprice ou par fantaisie.

Elle voudrait ne point les produire, qu'elle ne le pourrait pas : premièrement, parce que pour vouloir ne point produire une idée, il faudrait avoir déjà cette idée, plus l'idée de pouvoir la produire ou ne la produire pas; secondement, parce qu'elle serait impuissante à ne pas la concevoir quand elle se trouverait dans les circonstances propres à la faire naître. Loin donc que cette idée soit arbitraire, elle est fatale. La raison non seulement n'a pas besoin de la volonté pour produire ses idées, mais elle les produirait encore en dépit d'elle-même.

S'est-on bien rendu compte, d'ailleurs, de ce que doit être une idée fictive? Sait-on bien à quelles conditions une idée de ce genre est possible? Peut-on en assigner une seule de l'ordre rationnel qui soit sans fondement, sans raison suffisante dans la nature des choses, surtout si elle est première dans son genre? Que l'imagination combine des données sensibles, de manière à former des ensembles qui n'ont pas d'objets immédiats et propres dans la nature, cela est possible, et ces idées peuvent s'appeler fictives; mais que l'imagination invente une sixième espèce de sensation ou de perception, voilà ce qu'elle n'a jamais fait et ce qu'elle ne fera jamais.

L'entendement peut bien combiner des abstractions, des idées générales, des conceptions même, et donner ainsi naissance à des notions nouvelles quant à la forme, mais dont la matière n'est point son œuvre. A cet égard encore l'idée sera fictive, mais elle ne sera point première.

Remarquons en outre que, si elle n'a point d'objet propre, elle n'est pas plus fictive en cela que les autres abstractions, notions ou conceptions, qui, toutes, n'ont aucun objet immédiat. Une idée n'est donc pas fictive, chimérique, vaine, arbitraire, par cela seul qu'elle n'aurait pas d'objet sensible ou phénoménal correspondant, sans quoi toutes les conceptions, toutes les notions, toutes les abstractions, même les plus légitimes, devraient être rejetées comme illusoires et mensongères. Il en serait de même de toutes les sciences possibles, dont pas une ne se compose de simples sensations ou perceptions.

Mais peut-être, comme d'autres le soutiennent, si la conception fondamentale d'un bien obligatoire n'est pas fictive, peut-être n'est-elle qu'un préjugé, une illusion du sens commun, une chimère transmise par l'éducation, et qui aurait quelque jour pris naissance au sein d'une école ou bien dans un cerveau mystique ou ambitieux, dans le but de s'emparer plus aisément de la conduite spirituelle ou civile des peuples.

Examinons encore cette hypothèse. Et d'abord se fait-on une juste idée de la nature d'un préjugé? Un préjugé est avant tout un jugement, et, comme tel, il n'est point primitif dans le rapport des termes qui le constituent, puisque ce rapport les présuppose. Soutenir maintenant que les termes d'un jugement de ce genre peuvent être des préjugés, ce serait dire qu'ils sont aussi le fruit de jugements antérieurs, dont les termes générateurs eux-mêmes auraient peut-être été arbitrairement rapprochés, et auraient en tout cas donné naissance à une idée de rapport, sans fondement aux yeux d'une raison saine et réfléchie.

Si c'est bien là ce qu'on peut appeler un préjugé, et si

l'on soutient en même temps que la notion de bien moral est un produit de cette espèce, qu'on nous dise alors quelles seraient les idées antérieures, arbitraires, qui auraient donné naissance à l'idée non moins arbitraire de bien? Si donc cette idée de bien est primitive, si elle n'est point déduite d'une idée antérieure, ou si, étant une idée de rapport, elle est conçue à l'occasion d'idées légitimes, la première dans son genre, et si enfin cette conception, loin d'être arbitraire, est naturelle, spontanée, universelle, nécessaire; si elle résiste à l'examen le plus attentif et le plus scrupuleux, de quel droit viendrait-on mettre une pareille conception au rang des illusions du sens commun, au rang de ces préjugés presque universels, mais enfin qui se laissent reconnaître comme tels au flambeau de la réflexion philosophique?

Si la notion de bien obligatoire ne peut être un préjugé universel, comme elle se rencontre cependant partout et dans tous les temps, il faut qu'elle soit un produit légitime de la raison humaine.

On ne peut expliquer en effet son universalité par l'éducation; car, encore bien que l'humanité descendît d'un seul homme, il faudrait toujours expliquer comment le premier homme, ou l'un quelconque de ses descendants, aurait imaginé ce préjugé; comment il aurait pu le faire accepter aussi facilement, puisque l'éducation, en matière rationnelle surtout, ne nous apprend guère que ce que nous savons déjà, qu'elle nous aide plutôt à prendre conscience de nos idées primitives qu'à les produire, et qu'elle aide encore plus à les produire qu'elle ne les produit elle-même ; comment ce préjugé se serait transmis aussi fidèlement à travers les siècles; comment il aurait résisté à l'examen des esprits les plus habiles et les plus décidés à en faire justice s'ils en avaient reconnu l'erreur.

Si aucune de ces explications n'est possible, bien moins encore peut-on dire que ce préjugé a pris tardivement naissance dans quelque intelligence systématique, au sein d'une peuplade ou d'une religion. Cette supposition a non seulement contre elle toutes les difficultés qui précèdent, mais il faudrait encore expliquer alors comment ce préjugé d'école, de secte, de caste ou de position individuelle, aurait pu gagner tout le reste du genre humain. N'eût-il d'ailleurs pas été un peu tard de le faire naître pour expliquer une conception dont la trace semble remonter à l'origine du monde, puisqu'elle est profondément empreinte dans les documents historiques les plus anciens?

D'autres, abusés par une apparence plus spécieuse, n'ont vu dans le bien moral qu'un nom différent donné au bien physique : suivant eux, le bien moral ne serait donc que le bien général, celui de la famille, de l'Etat, de l'humanité, en tant qu'il est recherché formellement, et que l'agent lui sacrifie son propre bien, quand il y a désaccord apparent entre l'un et l'autre.

Mais on leur répond : si vous ne sacrifiez votre avantage personnel, votre bien propre au bien général, que par des considérations intéressées, c'est-à-dire parce que vous préférez le plaisir de faire le bonheur d'autrui au plaisir de vous abstenir ou d'agir d'une autre manière dans votre intérêt propre ; ou si, en faisant un sacrifice vous n'êtes mus que par l'idée d'un avantage matériel à recueillir, supérieur à l'avantage de même nature que vous abandonnez, votre principe suprême d'action n'est toujours que votre intérêt, l'intérêt personnel, dont une sensibilité plus ou moins délicate doit juger en dernier ressort dans chacun de nous. Et dès lors vous n'avez rien à dire à celui qui, moins généreux, moins bien élevé, ou moins habile calculateur, ne croira pas devoir sacrifier le présent à l'avenir, un moindre bien actuel, mais certain, à un plus grand bien futur, mais douteux, un bien privé à un bien public. En un mot, vous proclamez la loi de l'égoïsme, loi qui n'en est pas une, puisqu'elle n'a rien d'universel, rien, disons-nous, si ce n'est la négation même de toute universalité. En effet, l'*égoïsme* de la sensibilité est essentiellement personnel, individuel, exclusif; et quand même il y aurait des conformités nombreuses dans la manière d'agir des individus, cette conformité n'équivaudrait point à la généralité d'un principe ; elle ne serait point la conséquence d'une règle, mais celle d'une constitution semblable.

Si au contraire les partisans de cette doctrine, les utilitaires, en un mot, prétendent que ce n'est point par un motif d'intérêt personnel qu'ils proclament le bien physique du plus grand nombre comme la règle souveraine de nos actions, que le bien public est au contraire posé par eux comme principe immédiat de toutes nos actions, nous aurons à leur demander, en nous rappelant ce que nous avons dit ailleurs lorsque nous cherchions la règle suprême des actions dans le bien public et dans l'amour dont il peut être l'objet :

1° Qu'est-ce qui fait une loi de ce principe? D'où vient que si notre sensibilité personnelle est purement appétitive, si elle n'a rien d'obligatoire, d'impératif, la sensibilité d'autrui, quel que soit le nombre des individus, aurait une vertu différente ? Si au contraire la maxime du bien public n'est que la conséquence d'une loi morale supérieure, d'une loi de la raison, pourquoi donc nier cette loi ? Pourquoi ne pas admettre le principe quand on reconnaît la conséquence ?

2° Ce n'est pas tout : si le bien public, le bien physique est la loi suprême, quelle sera la raison de sacrifier une partie du public à une autre quand les intérêts seront partagés? Si l'une de ces parties est plus restreinte quant au nombre, mais qu'elle soit plus importante ou plus intéressante à d'autres égards, pourquoi serait-elle sacrifiée ? Pourquoi l'individu ne serait-il pas préféré à la famille, le mari à la femme, le père à l'enfant, la famille à la nation, la nation dont on est membre aux autres nations amies, les nations amies à tout le reste du genre humain ?

3° Pourquoi, si l'intérêt du nombre est toute la règle, et si chacun est juge de cet intérêt, pourquoi l'intérêt d'un individu ne serait-il pas immolé sans scrupule à celui de la famille, l'intérêt d'une famille à celui de l'État, l'intérêt d'un État à celui de plusieurs autres ? Le droit, qui n'existe pas dans cette hypothèse, n'a rien à réclamer contre les exigences du nombre, et les prétentions que nous appellerons les plus injustes dans notre système, n'ont plus rien que de légitime dans le système que nous combattons, pourvu qu'elles soient élevées par un plus grand nombre. Et, chose bizarre, si des prétentions toutes contraires viennent à être opposées à celles-là par une masse de suffrages plus considérable, ce qui était tout à l'heure légitime cessera de l'être, en vertu d'un changement purement numérique !

Même mobilité en ce qui regarde la nature du bien ; c'est le goût ou le caprice de l'individu ou de la multitude qui en décidera, et cette décision elle-même n'aura jamais rien de fixe.

4° Que deviennent encore dans cette hypothèse du plus grand bien public considéré comme souverain bien, la morale privée, le respect de soi-même, son perfectionnement propre, la dignité humaine, la moralité de l'intention jusque dans les actes qui intéressent la société ? Quel sens ces mots peuvent-ils avoir dans un pareil système ?

5° Combien d'autres idées, d'autres sentiments, d'autres actes, qui cessent d'êtres concevables alors ? Que signifient l'approbation de la conscience, le remords, le mérite et le démérite, les peines et les récompenses? Que signifie surtout la distinction universelle entre le bien physique et le bien moral? Et pourtant c'est un fait qu'il y a bien physique possible sans qu'il y ait bien moral, et même à la condition du mal moral; qu'il y a mal physique au contraire sans qu'il y ait mal moral, et même à la condition qu'il y ait bien moral. La vie n'est pleine que de cette opposition, à tel point qu'elle forme en ce monde tantôt un contraste qui fait le mérite, tantôt une discordance qui fait le démérite, et que le mérite et le démérite à leur tour ne paraissent aux yeux les plus clairvoyants que la condition ou le terme d'une harmonie dont la réalisation complète n'aura lieu que dans une vie future.

Mais l'erreur la plus grave de ce système, c'est d'avoir méconnu le but des associations humaines, de l'humanité même : le bien physique du plus grand nombre n'est pas plus la destinée sociale et celle de l'humanité que le bien physique individuel ; la société, l'humanité entière, ne peuvent avoir d'autre fin que celle de l'individu lui-même ; et si l'individu, qui est la seule chose existante dans l'humanité, n'avait aucune valeur, ou n'avait qu'une valeur secondaire, la société et l'humanité elle-même n'en auraient pas une autre. Je me trompe, la valeur de l'une et de l'autre serait moindre encore.

La valeur de l'humanité, celle de la société par conséquent, est donc la valeur même de l'homme individuel. C'est pour l'homme individuel que la société est établie ; c'est pour qu'il atteigne plus aisément sa fin qu'elle a été instituée. Elle n'en aurait aucune s'il n'en avait pas ; et peu importerait qu'il vécût isolé ou réuni à ses semblables, il n'aurait pas plus à faire, et pas autre chose, dans la seconde de ces situations que dans la première.

Or, qu'a-t-il a faire ? qu'est-ce que la raison veut de lui ? Qu'il vive de la vie animale seulement, mais d'une manière un peu plus intelligente que la brute, sans toutefois se proposer autre chose que la satisfaction de la sensibilité physique ? Non certes, autrement l'instinct eût été mille fois plus sûr qu'une raison qui peut s'égarer dans ses calculs, ou qui, plus élevée et plus noble, est souvent en opposition avec l'appétit sensitif. L'homme a donc à faire quelque chose de plus et de mieux en ce monde ; et ce quelque chose, c'est le bien moral.

Il y aurait contradiction à faire entrer la jouissance attachée à la pratique de ce bien, au développement de toutes les facultés qui en sont les instruments ou les auxiliaires, dans le bien physique qu'on recherche par dessus tout, puisqu'une jouissance de cette nature n'est possible qu'à la condition précisément que le bien moral soit mis au-dessus de tout autre bien, et conçu comme obligatoire.

On le voit, le plus grand bien physique du plus grand nombre ne peut pas servir de principe moral suprême ; il ne pourrait être réalisé qu'autant, au contraire, que le bien moral serait mis en principe et pratiqué fidèlement ; mais alors le bien physique et la plus grande somme de ce bien, serait une conséquence et non un principe. Chose remarquable ! Si l'on veut en faire un principe suprême de nos actions, le but de la vie, on le manque infailliblement ; si au contraire on le met à l'écart dans la constitution de la science, comme dans la pratique, il se trouve atteint. Ainsi la philosophie aboutit, elle aussi, à cette maxime profonde que, « celui qui cherche son âme la perdra, » et, par une conséquence nécessaire, que « celui qui ne la cherche pas la trouvera. »

En vain, pour ébranler la foi naturelle et universelle au bien moral, on nous objecte des erreurs de pratique longtemps et largement accréditées. En effet, et nous l'avons fait voir, ces erreurs n'ont été ni éternelles ni universelles; elles n'étaient point exclusives de la conception de bien moral, puisqu'au contraire elles la supposaient; elles n'en étaient qu'une application erronée, et cette erreur n'atteignait que les idées auxquelles celle de bien s'appliquait. C'était donc bien plutôt une erreur de l'entendement qu'une erreur de la raison morale proprement dite. D'autres fois ces erreurs ne sont qu'apparentes, en ce sens que ce qui est un bien ou un mal physique pour nous était un mal ou un bien physique pour d'autres, et que les auteurs d'actes qui nous semblent blâmables aujourd'hui, dans les circonstances où nous nous trouvons, étaient ou irrépréhensibles ou louables même, parce que leurs intentions étaient pures, et qu'ils faisaient à d'autres ce qu'ils eussent voulu leur être fait à eux-mêmes.

Il n'est point nécessaire, pour qu'une idée soit naturelle et vraie, que l'application en soit infaillible, autrement nulle espèce d'idée, nulle idée peut-être ne serait fondée en raison. Qu'on trouve, avons-nous dit, un peuple où la distinction de l'honnête et du déshonnête, du juste et de l'injuste n'existe pas, ou bien chez lequel ce soit un bien moral de manquer à ce qui passe pour être honnête et juste, chez lequel encore ce soit un mal de pratiquer la justice et l'honnêteté, et alors nous conviendrons, non pas que les idées de juste et d'honnête ne sont pas dans l'esprit humain, mais seulement qu'il y a dans notre nature des exceptions et des monstruosités à cet égard. Grâce à Dieu, ces énormités sont encore à rencontrer. L'ignorance, la passion, l'intérêt peuvent égarer l'intelligence, mais cet égarement lui-même n'est possible qu'à la condition qu'il y ait une règle de jugement dont la pensée et l'action puissent s'écarter. Rien là d'étonnant; puisque nous ne sommes ni infaillibles ni impeccables, et que nos principes d'action sont de deux sortes, les uns sensibles, les autres rationnels ; qu'ils ne sont pas toujours d'accord, et que nous pouvons suivre les uns à l'exclusion des autres, ou les uns et les autres dans des mesures diverses.

CHAPITRE III

LE DEVOIR.

Matière et forme du devoir. — Divers caractères des devoirs : devoirs stricts d'abstention et devoirs larges ou d'action. — Autres divisions plus généralement adoptées. — Autre division moins usitée que la première. — Concurrence possible des devoirs, leur collision apparente. — De la casuistique.

§ I.

Matière et forme du devoir.

Nous savons déjà qu'il y a deux choses à distinguer dans le devoir : la matière et la forme. La matière est ce à quoi l'on est obligé ; la forme est l'obligation même. La matière varie indéfiniment, suivant les situations ; la forme est toujours la même.

Il est un point de vue néanmoins suivant lequel toute la diversité matérielle des devoirs se résout dans une certaine unité, le bien. Nous savons en effet que l'objet propre, immédiat du devoir, c'est le bien. Mais c'est là un point de vue abstrait, supérieur, qui nous a suffisamment occupé, et sur lequel nous ne reviendrons pas. Au-dessous du bien, comme matière unique et universelle du devoir, se trouvent donc plusieurs espèces de biens, qui constituent la matière du devoir au second degré, ou les différentes sortes de devoir. Au-dessous du devoir comme espèces se rencontrent les devoirs individuels, déterminés par les circonstances, ce qui est à faire pour chacun, dans toutes les situations et tous les instants de la vie. C'est le devoir déterminé, qui présente cette matière indéfiniment variée dont nous avons parlé d'abord.

Cette matière parfaitement déterminée du devoir n'est pas obligatoire par elle-même, mais en vertu de la notion de bien moral qui s'y applique, et qui est un véritable moyen entre le devoir et la matière éloignée qui en est l'objet. Le bien est donc la matière immédiate et propre du devoir, en même temps qu'il est la forme immédiate de la matière déterminée du devoir encore. Il y a donc entre ces trois choses une sorte d'emboîtement syllogistique très facile à concevoir, qui a toujours été conçu vaguement ou senti, mais qui n'a peut-être pas été parfaitement analysé jusqu'ici.

Ces trois idées, dont l'une est expérimentale, celle de ce qui est à faire ou à ne pas faire positivement, et dont les deux autres sont rationnelles, celles de bien et de devoir, se tiennent dans cet ordre, en ce sens que la première est la condition de la seconde, et la seconde la condition de la troisième. Sans les perceptions de la vie expérimentale ou sensible, la raison n'aurait pas les données suffisantes pour concevoir la notion de bien; et sans cette notion, elle manquerait aussi de la condition voulue pour concevoir la notion de devoir.

Ces trois idées ne sont donc pas entre elles seulement dans les rapports voulus pour produire une série syllogistique; elles sont telles encore qu'elles forment entre elles un enchaînement *génétique*, non pas que la première engendre la seconde et celle-ci la troisième, mais en ce sens seulement que la première est l'occasion de l'acte par lequel la raison produit la seconde, et que la seconde est l'occasion de l'acte rationnel qui produit la troisième.

Cette explication sur la matière et la forme du devoir était peut-être nécessaire pour bien faire comprendre une proposition généralement reçue de tous les moralistes de quelque valeur depuis Kant, à savoir, que le devoir doit être accompli par devoir, c'est-à-dire par la seule pensée que c'est un devoir.

Il n'y a donc pas de considérations plus élevées qui motivent le devoir : cette notion est la plus haute de son ordre; elle n'est déduite d'aucune autre. C'est un produit primitif de la raison morale, qui peut bien avoir, qui a même en réalité ses causes occasionnelles et sa cause matérielle, comme elle a sa cause efficiente, mais qui doit être profondément distinguée d'elles toutes : sa cause efficiente, c'est la raison ; sa cause matérielle, c'est la notion de bien ; sa cause occasionnelle, ce sont les perceptions, les sensations, toute la vie phénoménale du dehors et du dedans, où la raison vient jeter la lumière, mettre l'ordre, et créer tout un monde, le monde moral.

C'est pour ne pas avoir distingué toutes ces choses, qu'on a souvent confondu le devoir avec sa matière, et cette matière immédiate à son tour, par conséquent le devoir lui-même, avec toutes les causes occasionnelles de l'un et de l'autre. De là les systèmes sensualistes et intéressés.

Je ne répondrais pas que des hommes du mérite de Hégel ne s'y soient un peu trompés. Tout en reconnaissant avec pleine raison que le devoir doit avoir une matière, qu'à lui seul il n'est qu'une abstraction vide et vaine, il fait consister cette matière dans le bonheur propre de l'agent et dans le bonheur d'autrui (1). Ce n'est là évidemment qu'une matière indirecte, très éloignée, et soumise à de

---

(1) Weil aber das Abstractum der Pflicht noch Keinen besondern Inhalt und Zweck des Handelns enthalt, so entsteht die Frage, was ist Pflicht? Für

telles restrictions, qu'il est très à craindre que cette manière de s'exprimer n'accuse une erreur grave. Nous hésitons d'autant moins à l'affirmer, que M. Hartenstein, en reproduisant ce passage de la *Philosophie du Droit*, n'hésite pas lui-même à dire que Hégel fait du désir d'être heureux la matière de la conscience morale, et qu'interpréter ainsi la doctrine de Kant, substituer à la véritable matière du devoir un égoïsme obligé, c'est tout simplement une absurdité (1).

Est devoir ce qui doit être fait ou omis, que nous y trouvions ou non notre avantage. Et comme le mot *faire*, en morale comme en droit, indique aussi l'abstention, et avec d'autant plus de raison qu'il faut souvent plus de force pour s'abstenir que pour agir, on peut dire plus simplement : Est devoir tout ce qui doit être fait.

Mais quand il s'agit d'entrer plus avant dans la connaissance des devoirs, on se demande naturellement qu'est-ce qui doit être fait, positivement ou négativement? Cette question tient, comme on voit, à la matière des devoirs. Nous y reviendrons bientôt.

§ II.

Divers caractères des devoirs; leur division en conséquence.

Suivant que les devoirs sont négatifs ou positifs, c'est-à-dire qu'ils consistent à ne pas faire ou à faire, on les appelle devoirs d'abstention et devoirs d'action. Et comme les devoirs d'abstention ont pour objet d'éviter le mal, un mal positif, on les appelle encore devoirs stricts, parfaits, de respect, et certains d'entre eux devoirs de droit.

---

diese Bestimmung ist zunaechst noch nichts vorhanden als dies: Recht zu thun und fur das *Wohl*, sein *eigenes Wohl* und das Wohl Anderer zu sorgen. (*Rechtsphil.*, § 133, fg.)

(1) *Die Grundbegr. der eth. Wissenschaften*, S. 142.

On les appelle *négatifs*, parce qu'ils consistent à ne pas faire ; *stricts*, parce qu'ils obligent absolument, toujours, partout et chacun ; *parfaits*, par la raison que la plupart d'entre eux n'ont ni plus ni moins, et qu'ils ne laissent généralement aucun doute sur les circonstances de leur accomplissement ; *de respect,* parce qu'ils consistent en partie à respecter le droit d'autrui ; *de droit*, parce que l'exécution de ceux de ces devoirs qui ont pour objet le respect des droits d'autrui ou de la justice peut, lorsque ces droits sont reconnus par les lois positives, comme il arrive le plus souvent, être exigible en justice. D'autres devoirs du même genre, ceux qui n'intéressent point les droits d'autrui, qui ne sauvegardent que l'honnête, et qui ne sont pas judiciairement exigibles, ne font point partie du domaine de la législation positive, ou ne pourraient y trouver place que par abus. Tous n'ont pas non plus une matière aussi nettement marquée que les devoirs d'abstention en matière de justice, par exemple le désintéressement ou le devoir de n'être pas avare.

Les devoirs d'action, par opposition aux devoirs d'abstention, sont appelés *positifs, larges, imparfaits, de bienfaisance* ou *d'amour, de morale* enfin, par les raisons contraires. Ce sont assurément des devoirs, mais l'exécution en est laissée à la conscience de chacun, pour le temps, le lieu, la personne et le *quantum* de la dette. Rien n'est rigoureusement déterminé à tous ces égards. Entendus de ces différentes manières, ces sortes de devoirs n'ont effectivement rien d'aussi rigoureusement déterminé que les précédents.

Mais il importe de remarquer que ce défaut de rigueur ou de précision tombe sur toutes les circonstances matérielles dont nous parlons, et point du tout sur la forme ou le devoir en soi. Autrement, ces devoirs ne seraient pas des devoirs ; ce qui répugne.

De ce que la conscience laisse à l'agent à décider du moment, du lieu, de la personne et du degré de la bienfaisance, elle n'érige pas moins en devoir l'assistance active de nos semblables.

Les caractères de strict ou de large des devoirs servent sans doute à les distinguer, suivant qu'ils sont plus ou moins précis, plus ou moins stricts, suivant qu'ils intéressent plus ou moins la société ; mais ils sont peu propres cependant à servir de point de départ pour une division pratique des devoirs, tant parce qu'ils sont trop abstraits, que parce qu'ils se retrouvent ensemble dans les différentes espèces de devoirs qu'on obtient en partant d'un autre point de vue plus naturel, plus simple, plus saisissable et plus fixe, point de vue qui doit donc être préféré pour la division des devoirs.

§ III.

Division des devoirs d'après leur objet.

Cette division, comme toute division possible, suppose qu'il y a pluralité de la chose à diviser. C'est assez dire qu'elle ne part ni du sujet du devoir qui est l'homme, et l'homme seul, ni de la loi qui est une, et toujours obligatoire, ni de la raison qui la proclame et qui ne diffère point d'homme à homme sous ce rapport, ni de l'obligation comme telle qui est une et identique dans toute espèce de devoir, mais de la diversité naturelle des grandes espèces d'êtres qui sont le terme de l'action.

Ainsi, suivant que l'action aboutit ou semble aboutir à l'homme, et, dans l'homme, à l'agent ou à ses semblables, ou qu'au contraire elle se termine aux êtres qui sont au-dessous de l'homme ou à quelque être au-dessus de lui, à

Dieu, les devoirs forment des espèces différentes, qu'on peut figurer de cette manière, avec les subdivisions les plus importantes :

Devoirs
- I. envers l'homme :
    - 1° envers l'agent,
        - *a*) comme homme pur et simple,
            - α) corps,
            - 6) âme,
        - *b*) comme membre d'une société, y remplissant des fonctions déterminées;
    - 2° envers les autres hommes comme
        - *a*) espèce, l'humanité,
        - *b*) hommes seulement,
        - *c*) membres d'une même société civile,
        - *d*) amis ou associés à titres restreints, — communautés,
        - *e*) proches, — famille.
- II. envers les autres êtres :
    - 1° au-dessous de nous :
        - *a*) inorganiques,
        - *b*) organisés,
        - *c*) animaux;
    - 2° au-dessus. — Dieu.

On peut observer à l'occasion de ce tableau : 1° que tous les devoirs envers les autres êtres sont aussi des devoirs envers soi-même, puisque l'homme est tenu par sa raison à ces devoirs, et qu'en manquant à sa raison, il se manquerait à lui-même ; 2° qu'il n'y a de devoir envers un être quelconque qu'à la condition de soutenir un commerce avec lui, commerce qui n'existe qu'autant qu'il y a action et réaction connue de l'homme ; qu'en conséquence, il n'y a pas, philosophiquement parlant, de devoirs envers des êtres dont l'existence est douteuse, ou avec lesquels nous ne sommes pas en rapport, ou dont le commerce que nous pouvons soutenir avec eux nous est inconnu : telles seraient, par exemple, des intelligences supérieures dont nous ignorerions l'existence et l'action sur nous, ou sur lesquelles nous n'aurions aucune influence ; que Dieu étant à l'abri de cette influence de notre part, puisqu'il est impassible, et qu'ainsi nous ne pouvons ni altérer sa félicité, ni l'accroître, nous n'avons envers lui et à cet égard aucuns devoirs. 3° Mais, Dieu étant l'auteur de notre être, de la loi morale qui nous régit, et par là même le législateur universel en nous, tous nos devoirs, tant envers nous-mêmes qu'envers les autres êtres, sont des devoirs envers Dieu. Si l'on considère Dieu comme souveraine perfection, comme l'origine de tout bien, comme le but et le terme de toutes nos légitimes aspirations, nous nous concevons également obligés envers lui à des intentions et à des actes qui soient en nous l'expression réelle de l'harmonie morale qui doit nous relier avec l'auteur et la fin de toutes choses. 4° Pour qu'il y ait commerce proprement dit entre deux êtres, il est nécessaire qu'il y ait intelligence et volonté d'agir l'un sur l'autre, sans quoi il n'y aurait que simples rapports mécaniques et pas de rapports moraux, d'où il résulterait que nous n'avons point de devoirs envers les animaux, et moins encore envers les plantes et les objets purement matériels, d'autant plus que ni les uns, ni les autres n'ont une fin qu'ils soient *chargés* d'atteindre, et en quoi nous puissions les servir ou leur nuire ; et qu'enfin dépourvus les uns et les autres de personnalité, ils ne peuvent se concevoir ni droits ni devoirs par rapport à nous. Disons toutefois que notre conduite à l'égard des animaux ou des êtres inanimés, mais des animaux surtout, est loin d'être moralement indifférente, et que si nous n'en sommes pas responsables envers eux, nous le sommes envers celui qui les a créés, envers la raison, qui veut, de notre part, une conduite pieuse ou d'accord avec les fins providentielles, à l'égard de toute la nature. 5° Ajoutons que le *devoir envers* quelqu'un ou quelque chose implique une sorte de droit dont aurait conscience celui au profit de qui ce droit existerait, et qu'il aurait pour ainsi dire constitué par un acte de sa volonté, par analogie avec ce qui se passe dans un contrat, quand au contraire c'est la raison seule qui affirme le devoir dans tous les cas où il se montre; quand c'est elle encore qui affirme le droit dans les cas même où nous croyons l'établir par nos actes, ces actes n'étant ici que les circonstances qui mettent la raison à même de proclamer l'obligation ou le devoir.

Ainsi nous ne sommes jamais obligés immédiatement que par la raison et envers elle. Elle fait ici acte de souveraineté absolue, et ne nous laisse d'autre liberté que de ne pas nous placer dans certaines circonstances en dehors desquelles elle ne proclame pas certains devoirs. C'est donc une expression impropre que dire devoirs *envers nous-mêmes, envers autrui,* etc.; il faut dire devoirs *à l'occasion* de nous-mêmes, etc., devoirs qui sont tous également proclamés par la raison.

§ IV.

Autre division bien plus ancienne.

Le tableau ci-devant présente la division la plus ordinaire aujourd'hui des différentes espèces de devoirs. Mais il en est une bien plus ancienne, qui remonte au moins à Aristote, et qui n'est pas encore entièrement abandonnée, c'est celle des quatre vertus appelées depuis cardinales, la sagesse ou la prudence, la justice, la force et la tempérance.

Au surplus, quelle que soit la division adoptée, les devoirs ne différeront ni en nombre, ni en nature. C'est ainsi que les obligations morales à l'occasion de nous-mêmes comprennent la prudence, la force et la tempérance ; que celles auxquelles nous sommes plus spécialement tenus à l'occasion des autres êtres comprennent la justice, et, par extension, la bienveillance et la piété.

Traiter de la sagesse ou de la prudence, de la force et de la tempérance, c'est donc traiter aussi des devoirs à l'occasion de soi-même ; traiter de la justice et de la bienveillance, c'est traiter de nos devoirs à l'occasion d'autrui ; enfin les devoirs de piété ou devoirs religieux comprennent sous un autre nom tous nos devoirs à l'occasion des êtres qui sont au-dessous de nous et de l'être qui est au-dessus.

§ V.

Division de M. de Gerando.

Un moraliste moderne d'une haute valeur, de Gerando, dans un ouvrage rempli de nobles sentiments et d'aperçus profonds, *Du perfectionnement moral de soi-même*, a divisé la morale d'une autre manière encore, c'est-à-dire suivant les diverses tendances de la vie. Et comme ces tendances comprennent toutes les fins immédiates qu'on peut se proposer en agissant, elles contiennent en réalité l'ensemble de la vie pratique, et la représentent chacune à son point de vue. De là cinq sortes de vies partielles : celle des sens, celle de l'intelligence, celle de la moralité proprement, et enfin la vie religieuse.

Ces cinq grandes tendances se rencontrent en effet dans chacun de nous, mais avec des intensités diverses, suivant les races, les degrés de civilisation, les institutions et les individus. Ces cinq éléments de la vie totale sont de plus en plus élevés ; leur apparition dans l'âme et leur développement, quoique simultanés, du moins à dater d'une certaine époque de la vie, sont pourtant successifs au début. L'idée et le sentiment religieux ne se montrent pas avant le sentiment du juste et de l'injuste, et beaucoup d'idées abstraites précèdent cette dernière dans l'âme intelligente, qui aime et qui hait longtemps encore avant d'avoir des idées bien déterminées. De même avant d'aimer et de haïr, elle a dû sentir et percevoir.

Non seulement les cinq sortes de vie se succèdent à leur apparition pour s'accompagner bientôt et se développer dans l'ordre indiqué, mais elles exercent les unes sur les autres une influence considérable. Les inférieures ne sont pas seulement la condition des supérieures ; elles en sont encore modérées, réglées, et jusqu'à un certain point transformées. De même les inférieures ne supportent pas seulement celles qui sont plus haut placées, elles réagissent sur elles, et parfois semblent les absorber : on ne sait par exemple quel est, dans un certain mysticisme, l'élément qui domine le plus, du sentiment religieux ou de l'imagination et même des sens. C'est ainsi encore que dans la vie affective, il y a du bas et du haut. Si la passion est sensuelle, tout le reste semble ou anéanti ou subordonné à cette tendance plus ou moins brutale.

Un bon système d'éducation supposerait dans celui qui l'applique une grande clairvoyance pour tenir toutes ces tendances vitales dans une juste mesure ; pour appliquer le frein à l'une et l'aiguillon à l'autre. Dans le même genre de tendance, il y a encore des espèces qu'il faut stimuler et d'autres qu'il faut modérer, sous peine de laisser appauvrir les premières et tous les autres éléments vitaux par les secondes. Nous n'avons chacun, selon toute apparence, qu'une dose déterminée d'activité vitale; si elle est dépensée avec exubérance en un point, tout le reste en souffre à proportion. Mondeux est une machine arithmétique vivante d'une portée, d'une sûreté et d'une rapidité d'exécution prodigieuses; mais c'est à grand'peine si, à l'âge de trente ans, et après avoir été l'objet de soins assidus et intelligents pendant les quinze plus belles années de la jeunesse, il a pu apprendre à lire et à écrire passablement : ses affections et ses sentiments moraux ne sont guère moins en retard que cette partie de son instruction ; mais son aptitude mathématique, déjà monstrueuse, l'est encore devenue davantage. C'est une infirmité naturelle que peut-être on aurait pu enrayer en s'y prenant à temps et habilement.

Cette division des devoirs, tirée de nos différentes aptitudes, de leurs rapports et de leur harmonie, pouvait être plus convenable qu'aucune autre dans un travail où il s'agissait surtout du perfectionnement de l'homme; mais elle n'a pas les mêmes avantages dans un traité de morale ordinaire. Nous nous en tiendrons donc à l'une des deux divisions les plus généralement admises. Elle sera l'objet d'un chapitre spécial du livre suivant.

§ VI.

Concurrence possible des devoirs. — Leur collision apparente. — De la casuistique.

Puisque nous ne pouvons agir que dans un temps et dans un lieu donnés, et en général qu'à l'égard de personnes déterminées, et que d'ailleurs nos moyens d'action peuvent être tellement restreints que, si nous faisons une chose, il nous devienne ensuite impossible d'en faire une autre; il faut, si deux devoirs se présentent à remplir en même temps, et qu'il ne soit pas possible de renvoyer l'accomplissement de l'un après l'accomplissement de l'autre, il faut que l'un de ces deux devoirs reste inobservé, qu'il soit réputé ne pas exister, et qu'ainsi l'agent choisisse.

S'il était libre de le faire à son gré, nulle difficulté. Mais si les devoirs ne sont égaux ni en degré ni en importance, puisque les uns sont stricts et les autres larges, il est clair que nous ne pouvons aveuglément donner la préférence à l'un ou à l'autre ; que nous devons remplir le plus urgent, à moins de nous exposer soit à faire un moindre bien quand nous devrions en faire un plus grand, et de laisser inachevée une partie de notre tâche du moment, ou même de faire le mal sous prétexte d'un bien, parce que nous y trouverions quelque avantage étranger à la considération du devoir.

On sort de cet embarras en mettant en regard les devoirs qui se présentent à remplir simultanément, en les comparant, en appréciant leur degré respectif de nécessité, en recherchant quel est le plus important.

En général, un devoir strict l'emporte sur un devoir large, un devoir strict d'une haute importance par la matière sur un devoir strict moins important, un devoir strict de même importance matérielle qu'un autre s'il existe au profit de personnes auxquelles nous devons d'ailleurs davantage. Il faut en dire autant des devoirs larges considérés entre eux. En sorte qu'on doit tenir compte, non seulement de la nature et de l'importance intrinsèque des devoirs, mais encore des circonstances personnelles et impersonnelles qui rendent un devoir plus sacré qu'un autre (1).

Nous supposons en tout ceci qu'ils sont d'une égale cer-

---

(1) Nous avons traité cette question avec quelque étendue dans notre *Éthique*, p. 112-115.

titude. Mais si l'un était certain et l'autre probable, à plus forte raison s'il y en avait un douteux ou même invraisemblable, et que d'ailleurs la qualité et l'importance fussent égales, il faudrait se décider pour le devoir certain (1).

Mais la situation n'est pas toujours aussi simple, ni même aussi facile qu'on pourrait le croire d'après ce que nous venons de dire. Outre la certitude et le doute, il y a non seulement la probabilité, mais encore des degrés indéfinis de probabilité ; ce qui a fait distinguer à certains moralistes une faible probabilité, la probabilité pure et simple, une grande et une très grande probabilité.

Ajoutons que cette probabilité, dont les degrés n'ont de fixité que dans les mots (car à quoi distinguer le peu probable d'avec le probable, et ainsi de suite ?) peut se tirer ou de raisons intrinsèques à la question, ou de raisons extrinsèques, c'est-à-dire de l'autorité des moralistes, et même de ces deux sources à la fois.

Et alors il peut arriver que les raisons d'une espèce soient contrebalancées par celles d'une autre espèce, celles de la raison personnelle par celles de la raison impersonnelle ou étrangère.

Quelles difficultés encore de connaître le nombre et la valeur des opinions des moralistes sur telle ou telle question ? Peut-être que celui que je ne connais pas ou que j'estime le moins est celui qui décide le mieux ; peut-être que la raison est du côté du petit nombre,

Reconnaissons d'ailleurs que les moralistes, quel que soit leur mérite, et surtout si leur mérite est supérieur, n'ont pu se décider dans un sens plutôt que dans un autre sans raisons, et que ce sont ces raisons mêmes qui doivent

---

(1) V. notre *Ethique*, p. 373 et suiv., où la question du probabilisme est approfondie.

faire autorité pour une intelligence exercée comme pour les docteurs dont nous parlons; en sorte que les raisons extrinsèques ou d'autorité en matière de casuistique reviennent, pour celui qui raisonne, à des raisons intrinsèques, et qu'il n'y a plus pour lui d'autres considérations à rechercher.

Nous voilà donc ramenés à la théorie, et dans la nécessité de juger les moralistes eux-mêmes, loin d'accepter aveuglément leurs solutions, quelle que soit l'autorité de leurs noms. Déjà nous savons que le devoir le plus important doit être préféré à celui qui l'est le moins, toutes choses égales d'ailleurs, et que ce parti est en même temps le plus sûr.

Mais si, entre deux devoirs, l'un est certain et l'autre douteux, quelle que soit du reste, leur importance relative, pourquoi ne serait-on pas toujours excusable en se décidant pour le devoir certain? Pourquoi même ne pourrait-on pas toujours se ranger du côté de la plus grande probabilité contre la moindre, à plus forte raison contre le doute?

Le parti le plus sûr, quel qu'en soit le degré de probabilité, par cela qu'il est le plus propre à tranquilliser la conscience, mérite toujours la plus sérieuse attention.

Notons toutefois, que s'il est permis à l'agent, pour plus de sûreté, de sacrifier son droit strict à un devoir large, il n'a pas la même faculté quand ce droit ne lui appartient pas du tout, quand il n'en est que le détenteur, ou que les situations personnelles sont très différentes. Pour mieux nous faire comprendre nous prendrons un exemple. C'est Pierre qui a reçu par testament le portefeuille de Jacques. Dans le nombre des créances, il s'en trouve une peu importante pour Pierre, mais importante pour le débiteur qui est peu aisé. Jacques était connu de Pierre pour un homme très régulier dans la gestion de ses affaires, biens, dans les notes journalières qu'il prenait de ses opérations d'intérêt, pour un homme très consciencieux enfin. Le débiteur, au contraire, lui est connu pour un homme assez négligent, et qui avait d'ailleurs pleine confiance en l'honnêteté de son créancier. Quand Pierre réclame le paiement de la créance en question, le débiteur prétend l'avoir acquittée. Toutefois, il ne peut en produire la quittance. Que fera Pierre, qui sait en outre que le débiteur est honnête homme, quoique négligent et pauvre ? Nul doute que son droit ne soit incontestable devant les tribunaux. Mais il réfléchit qu'il n'a pas de famille ; qu'il a de quoi vivre ; que la somme est peu importante pour lui ; qu'après tout, s'il est probable, très probable même que la somme n'ait pas été payée, vu l'exactitude et la probité parfaite de Jacques, il est possible cependant qu'il y ait eu oubli de sa part, et que le débiteur en payant s'en soit rapporté à la parole du créancier, d'autant plus qu'il pouvait lui devoir encore, qu'il lui devait même une autre somme. Pierre aimera donc mieux prendre le parti *le plus sûr* pour sa conscience, en se dessaisissant de son titre, que le parti *le plus probable* en faisant valoir ce titre, et en s'exposant à faire payer deux fois un pauvre homme.

D'où l'on voit que la sûreté morale et la probabilité ne sont pas toujours en raison l'une de l'autre ; que la sûreté s'entend du parti qui ne laisse aucun scrupule à la conscience, sauf à faire plus qu'il n'est strictement nécessaire, de crainte de ne pas faire assez, tandis que la probabilité est une affaire de raison ou de preuve à l'appui d'une solution, par opposition à la solution contraire.

Mais modifions l'hypothèse : supposons que Pierre est pauvre, que le débiteur est riche, que la somme en question est beaucoup pour Pierre, et fort peu pour le débiteur : Pierre ne se doit-il pas, toutes les autres circonstances restant égales, de sortir de la misère, et ne peut-il pas user tranquillement de son droit strict? Oui, surtout si le débiteur est connu pour un homme soigneux de ses affaires, et qui, selon toute probabilité, n'a pas dû lâcher son argent sans retirer son titre ou sans demander une quittance équivalente. La probabilité se trouve égale cette fois de part et d'autre. Mais déjà sans supposer le débiteur soigneux, Jacques pouvait, sans trop de scrupule, s'exposer, quoique peu vraisemblablement, à faire payer deux fois, plutôt qu'à se priver d'un bien qui pouvait lui être dû et dont il avait besoin.

A plus forte raison peut-il exiger le remboursement de sa créance s'il est père de famille, et qu'il soit frappé de cette idée, qu'il doit soigner son bien comme étant celui de ses enfants, comme celui d'un étranger.

Le parti à prendre ne laisse plus aucun doute si Pierre est simplement tuteur, et que le legs ait été fait à son pupille. N'eût-il pas à répondre de sa gestion devant les tribunaux, il est clair qu'il ne pourrait plus raisonner comme dans la première hypothèse ; il ne s'agit plus pour lui de faire l'abandon d'un droit qui lui appartient plutôt que de s'exposer à réclamer une somme qui ne lui appartient pas ; il suffit que cette somme puisse appartenir à son pupille pour qu'il doive en réclamer le paiement en justice. Par le fait, d'ailleurs, que les tribunaux lui auront donné gain de cause, c'est qu'aux yeux de la justice humaine le droit qu'il soutenait était fondé. S'il succombe, il aura montré un zèle peut-être excessif en faveur des droits dont il est le gardien, mais il ne pourrait en être blâmé que pour avoir occasionné imprudemment des frais à son pupille.

On voit, par cet exemple, combien les circonstances peuvent influer sur une question qui est la même au fond ; combien par conséquent il est difficile de donner des règles générales absolues. Pour qu'elles convinssent à tous les cas, il faudrait tellement multiplier les distinctions, et les règles avec elles, que le nombre en deviendrait trop grand et l'usage trop difficile.

Que serviraient d'ailleurs ces règles aux consciences peu éclairées, mal faites ou passionnées ? Les grands principes au contraire suffisent aux esprits droits, pour en faire d'excellents casuistes, quand d'ailleurs les faits sont bien connus ; mais rien ne peut suppléer à cette connaissance exacte de toutes les circonstances importantes.

Demandez, par exemple, en thèse générale, si l'on ne peut pas suivre un parti très probable, mais qui n'est pas absolument sûr ? Maints docteurs répondront qu'une très grande probabilité est suffisante. Posez-leur ensuite cette question : Un chasseur peut-il raisonnablement tirer une pièce de gibier avec la très grande probabilité de ne pas toucher une personne qui est dans le voisinage, mais qui peut à la rigueur être atteinte ? Tous répondront que le parti le plus sûr est de ne pas tirer, et que si peu de probabilité qu'il y ait d'atteindre la personne, contre l'extrême probabilité de ne l'atteindre pas, le chasseur doit s'abstenir, suivre le parti le moins probable, mais le plus sûr. Mettez maintenant à la place du gibier un ennemi redoutable dont la perte est nécessaire au salut d'une multitude d'hommes, de la patrie peut-être ; c'est un soldat ennemi qui a su s'introduire dans la place à l'aide d'un déguisement et qui va mettre le feu aux poudres, ou bien ouvrir les portes aux assiégeants. Il n'y a pas de temps à perdre ; il faut qu'il succombe immédiatement. Mais à côté de lui, derrière lui même se trouvent des bourgeois, des compatriotes, des amis, et il est aussi vraisemblable cette fois que si l'on tire sur cet ennemi d'autres personnes seront atteintes, qu'il l'était peu tout à l'heure qu'on tuerait un homme en voulant tuer une perdrix ; le parti le plus sûr pour ne pas tuer de ses amis, serait donc de ne pas tirer sur l'ennemi. Mais comme il importe beaucoup, même à ces amis, de faire tomber l'audacieux, on tirera sur lui, quoiqu'il soit très peu probable qu'on n'atteindra que lui seul.

Si c'est là le parti le moins probable, et le moins sûr en un sens, c'est dans un autre le plus probable et le plus sûr, puisqu'il est infiniment plus probable et plus sûr en effet qu'on échappera de cette manière à une catastrophe imminente qu'en s'abstenant de tirer sur l'ennemi. Entre deux maux également probables ou à peu près, on choisit le moindre ; c'est un devoir.

A l'idée de devoir accompli avec connaissance de cause, par considération pour le bien, s'attache la notion d'acte de vertu, et celle de vertu même si l'acte est habituel. A l'idée de devoir transgressé sciemment, librement, s'attache la notion d'acte vicieux, et celle même de vice si l'acte est habituel. Ces notions fondamentales méritent une étude à part.

CHAPITRE IV

DE LA VERTU ET DU VICE.

Nature de la vertu et du vice. — Conditions de la vertu. — Différence entre la vertu et la sainteté. — Idéal de la vertu. — Si toutes les vertus sont égales et tous les vices égaux. — Si la vertu consiste essentiellement entre deux extrêmes qui seraient naturellement des vices, ou théorie du milieu.

§ I.

Nature de la vertu et du vice.

Etre vertueux, c'est remplir tous ses devoirs, et les remplir avec amour. On ne mérite donc pas ce titre si l'on choisit entre les devoirs ceux qui s'accordent le plus avec nos goûts, et si l'on s'imagine que plus on est exact dans les uns, moins on est obligé de l'être dans les autres. Ces compensations ne sont qu'une fausse conscience, une sorte d'hypocrisie et de mensonge envers Dieu même.

La conscience est plus fausse encore quand les devoirs qu'on préfère en méritent à peine le nom, quand ils ne sont même que des passions déguisées, ou quand, par la manière vicieuse dont on s'en acquitte, ils approchent plus du mal que du bien.

Ce n'est pas non plus être vertueux, que de faire le bien d'une manière tout extérieure, et sans aimer le bien pour lui-même. C'est là une vertu servile, où le cœur n'est pour rien, à laquelle on n'est fidèle que par crainte, et qu'on déserterait si l'on était sûr de pouvoir le faire impunément.

Que penserait un père de l'obéissance de son fils, s'il ne

pouvait l'obtenir que la verge à la main ? Il serait peu flatté d'une pareille soumission, et le fils ne pourrait s'en faire un mérite.

§ II.

Conditions de la vertu. — Distinction de la vertu et de la sainteté.

Si le bien est pratiqué par amour, il aura ce caractère de satisfaction, de douceur et de modestie qui donne tant de charme à la vertu. Défions-nous des vertus sombres, maussades et querelleuses. L'aigreur dans le bien trahit le malaise, et révèle en même temps une sorte d'impatience et de haine contre un joug qui n'est bien porté qu'autant qu'il est accepté et chéri comme le doit être le bien lui-même. Défions-nous surtout des vertus orgueilleuses, et qui sont aux yeux de ceux qui les pratiquent comme un droit acquis de mépriser, de haïr et de persécuter le prochain. Toute vertu qui aboutit à la haine ne peut être qu'un vice déguisé.

Défions-nous aussi des vertus qui cherchent le grand jour : — si le regard de Dieu, qui ne rencontre aucune obscurité dans la conscience humaine, ne suffit pas, c'est qu'on préfère les apparences de la vertu à la vertu elle-même ; c'est que la vertu est à vendre pour la bonne renommée, ou pour d'autres avantages moins purs encore ; c'est qu'elle n'est plus la vertu, mais une simple affiche de vertu.

Il ne dépend pas de nous d'aimer ardemment le bien ; mais il n'en dépend pas non plus que le bien ne soit pas obligatoire, et que notre volonté ne doive s'y soumettre : nous le pouvons. C'est une loi morale admirable que celle qui fait d'autant plus aimer le bien qu'on le pratique davantage. Voulons-nous donc faire un pas de plus dans le perfectionnement moral ; voulons-nous aimer nos devoirs, être heureux de leur accomplissement : commençons par les remplir sincèrement, alors même que nous n'y trouverions pas encore toute la satisfaction réservée au seul amour du bien.

Des sages de l'antiquité avaient déjà remarqué que tous les vices entre eux et toutes les vertus entre elles semblent se tenir comme par la main ; que la vertu ne peut vivre en paix avec le vice, et que les vices entre eux, comme les méchants, ne peuvent ni s'aimer, ni former une société durable. La paix de l'âme et le bonheur qui l'accompagne ne peuvent donc être entiers qu'autant que les vices ont fait place aux vertus.

« Les vertus sont sœurs comme les vices sont frères. »

Tant donc qu'il y a trouble, agitation, inquiétude au fond de notre âme, c'est qu'il y a encore des vices. Regardons bien, nous les verrons.

Ne croyons pas, du reste, trop aisément avoir conquis une paix assurée : le calme peut n'être qu'apparent, et la bonace peut être suivie de la tempête.

L'ennemi expulsé de la place fait sans cesse de nouveaux efforts pour y rentrer. Sans cesse donc il faut avoir l'œil sur ses démarches; sans cesse, il faut être prêt à repousser ses assauts. « La vertu est un état de guerre; pour y vivre, on a toujours quelque combat à rendre contre soi. »

De même que la santé du corps est constamment menacée, de même la santé de l'âme peut s'altérer par défaut de soins et de prudence. Or, les vertus sont la santé de l'âme, comme les vices en sont les maladies.

De même encore que la santé physique n'est parfaite qu'autant que tous les organes sont sains, de même la santé morale n'est complète qu'autant que toutes les vertus qui la composent sont réelles. Il suffirait de l'absence totale d'une seule pour compromettre l'existence de toutes.

Sans doute, il y en a de plus et de moins importantes ; mais aucune n'est à négliger ; il suffit d'une légère brèche pratiquée sur un point sans défense, pour laisser pénétrer dans la place toute une armée ennemie.

Il ne suffit pas encore, pour qu'une action mérite le nom de vertueuse, qu'elle soit conforme à la raison morale, c'est-à-dire qu'elle soit ce qu'elle doit être matériellement et formellement ; il faut de plus qu'elle ait coûté quelque sacrifice, qu'il y ait eu combat entre la sensibilité et la raison, ou plutôt que la volonté se soit prononcée pour le bien moral tout en se sentant inclinée au mal. A cette condition seulement, il y a force déployée, *virtus*. C'est dire que des créatures raisonnables, mais qui ne seraient que raisonnables, ou dont la raison se trouverait si fort au-dessus des sens que son triomphe deviendrait toujours facile et assuré, ne seraient pas, malgré leur constante et scrupuleuse fidélité à la raison, des êtres vertueux. Ils seraient naturellement bons ; voilà tout.

Il suit de là que l'homme qui, par une longue habitude du bien, est parvenu à s'en rendre la pratique non seulement facile, mais presque nécessaire, à tel point que le mal lui coûterait infiniment, lui serait presque impossible, n'est plus actuellement vertueux, il est saint. Il s'est pour ainsi dire placé entre la nature humaine et la nature angélique ; il ressemble même plus à cette seconde qu'à la première. Le mérite qu'il s'est acquis autrefois a été si grand qu'il est reversible sur le reste de sa vie, et que la paix, la jouissance intérieure qu'il goûte à faire le bien est une juste récompense de ses sacrifices passés, et comme un avant-goût du bonheur bien autrement grand qu'il peut espérer dans une existence nouvelle.

Mais cet état moral est un idéal. C'est-à-dire qu'on peut en approcher plus ou moins, sans pouvoir l'atteindre jamais complétement. Il y a du reste deux degrés bien marqués dans la sainteté, suivant qu'elle est négative ou positive. Le premier degré consiste à s'abstenir de tout mal : c'est une sorte d'impeccabilité; le second, qui est d'une étendue indéfinie, comprend tout le bien moral possible à l'humanité.

Mais alors même que ce bien moral serait accompli, l'agent ne serait pas encore parfait, dans toute l'acception du mot; il n'aurait qu'une perfection morale, laquelle encore serait limitée par les limites mêmes de la puissance humaine. Il lui manquerait d'ailleurs, pour être humainement complet, ou parfait de toute la perfection dont notre nature est susceptible, le développement de toutes ses autres facultés, des facultés physiques et intellectuelles.

La perfection humaine dit donc plus que la sainteté! Quant à la perfection divine ou absolue, Dieu, qui n'est pour nous que cet idéal, en est seul susceptible.

§ III.

Idéal de la vertu.

La perfection humaine, même restreinte à la moralité, à la vertu, est encore un idéal. Et cet idéal est nécessaire pour avoir un but fixe, et une échelle à laquelle on puisse mesurer toutes les vertus réelles, tous les progrès atteints, et tous ceux qui restent à réaliser. Sans idéal, en effet, c'est-à-dire sans fin dernière, à l'égard de laquelle toutes les autres ne sont que des moyens ou des acheminements, il n'y a rien d'absolu, rien de bien en soi, rien d'obligatoire. Premier inconvénient qui ruine la morale par ses fondements. Une autre conséquence du défaut d'idéal pratique, c'est que la vie n'a plus de direction sûre ; le bien absolu n'existant plus, on est libre de donner tel ou tel but arbitraire à son activité personnelle.

Ajoutons que, dans le cas même où le bien moral pourrait survivre à la négation du bien absolu et servir de règle à l'activité, il n'y aurait pas de raison pour ne pas le rapprocher tellement de la vie réelle ou des mœurs, qu'il ne restât presque plus rien à faire pour l'atteindre ; ce qui mettrait la vertu si bas que chacun pourrait à son gré en marquer le terme et la perfection. Enfin, sans idéal, point d'unité de mesure à laquelle on puisse comparer la vie pratique, et décider de sa valeur morale, absolue ou relative. Il n'y a pas même de raison pour que l'esprit ne s'égare pas au point de prendre le vice pour la vertu, ou de faire un crime d'un acte d'héroïsme.

§ IV.

Si toutes les vertus sont égales et tous les vices égaux.

Les stoïciens disaient que toutes les vertus sont égales, et tous les vices égaux. C'était prendre la similitude pour l'égalité, ou la qualité pour la quantité. Assurément, toutes les vertus ont quelque chose de commun qui fait qu'elles sont vertus, qu'elles se ressemblent : c'est que toutes supposent connaissance de la règle morale et fidélité volontaire à cette règle.

Mais si c'est là l'essence de toute vertu, ce n'est pas toute la vertu ; indépendamment de cette condition ou de cette essence, il y a aussi des degrés divers dans la matière du bien à réaliser par telle vertu ou par telle autre. Or, plus ce degré est élevé, plus la vertu est importante. A ce point de vue, toutes les vertus ne sont pas égales. Nous l'avons vu en parlant des différentes espèces de devoirs et de leurs caractères.

Les vertus diffèrent encore par leurs motifs, suivant qu'ils sont plus ou moins purs; par la détermination qui peut être plus ou moins prononcée, plus ou moins énergique.

Si les vertus étaient égales, les manquements au devoir seraient égaux. Plus de différence alors entre les fautes : les moindres péchés devraient être punis comme les plus grands crimes, à moins que la scélératesse la plus marquée ne dût être traitée avec la même indulgence que la faiblesse la plus excusable.

Nous ne pouvons être ni si draconien, ni si latitudinaire; et cela parce que nous ne pouvons partager le sentiment des stoïciens qui faisaient les vertus égales et les vices égaux.

§ V.

Si la vertu consiste essentiellement dans le milieu entre deux extrêmes.

Une autre théorie, qui a moins vieilli que celle des stoïciens, et qui a encore des partisans, surtout en politique, ou au point de vue de la prudence en général, c'est celle des péripatéticiens, qui concevaient la vertu comme une sorte de milieu entre deux extrêmes.

C'est un fait, sans doute, qu'un grand nombre de vertus ont des vices contraires qui semblent n'en différer qu'en degrés : tels le courage par rapport à la lâcheté et à la témérité ; la libéralité ou le bon usage des richesses par rapport à l'avarice et à la prodigalité ; la douceur par rapport à l'irascibilité et à l'indifférence ou insensibilité ; la magnificence par rapport à l'ostentation et à la mesquinerie ; la dignité par opposition à l'arrogance et à une complaisance extrême ; la bienveillance par opposition à la flatterie et à l'hostilité ; etc.

Mais Aristote convient lui-même que ce milieu se rapproche souvent plus d'un extrême que de l'autre : que le courage par exemple a plus de rapport avec la témérité qu'avec la poltronnerie ; que l'économie est plus voisine de l'avarice que de la prodigalité. Il reconnaît également que ce milieu n'a rien de bien fixe ; qu'il se déplace pour ainsi dire suivant les situations : que telle dépense, par exemple, qui ne serait que magnificence pour l'un serait prodigalité pour l'autre ; qu'en ce qui regarde même une seule personne, on ne peut dire avec une précision rigoureuse en quoi consiste ce milieu. Il convient en outre que toutes les vertus n'ont pas deux extrêmes opposés, que plusieurs n'en ont qu'un, et que l'autre n'a pas du moins reçu de nom.

Ces remarques, qui sont déjà de nature à porter quelque atteinte à la théorie du milieu, ne sont pas les seules de cette nature qu'on puisse faire. On peut en ajouter d'autres :

1° Ces contraires sont souvent un peu forcés, ou du moins se dessinent mal dans le langage. Ainsi, quand on nous donne la fanfaronnade et la dissimulation comme les deux contraires de la véracité (1), la bouffonnerie et la rusticité comme les deux contraires de l'amabilité (2), n'y a-t-

---

(1) V. *Morale d'Arist.*, trad. de M. Barthélemy-Saint-Hilaire, t. III, p. 81. Dans la table générale des matières, le traducteur dit : fanfaronnerie.

(2) *Ib.*, p. 79.

il pas là une opposition un peu violente, au moins dans notre langue? On peut sans doute exagérer ou atténuer la vérité, par vanité ou par modestie. Mais outre que ce n'est là qu'une espèce d'opposition au vrai, tandis qu'il l'aurait fallu générale dans le cas qui nous occupe, il faut reconnaître que cette espèce d'opposition est bien plus celle de la vanterie et de la modestie par rapport à la naïveté ou à la sincérité en ce qui touche nos avantages, qu'une opposition à la véracité. Il suffit de lire le chapitre d'Aristote pour s'en convaincre. L'opposé de la véracité, c'est le mensonge. Mais comme le mensonge, soit en plus soit en moins, est toujours le mensonge et pas autre chose, Aristote n'aurait pas trouvé là les deux contraires qu'il cherchait. Aussi en donne-t-il d'autres. Mais il est difficile de nier que le besoin de justifier sa théorie ne l'ait en ce cas éloigné du vrai.

La bouffonnerie est-elle bien aussi un extrême général opposé à l'amabilité, l'extrême diamétralement opposé à la rusticité? Nous ne le croyons pas : la manière générale de penser et de parler, celle qui n'est faussée par aucun esprit de système, oppose à la rusticité, à la grossièreté inculte, la trop grande politesse, ou la culture minutieuse. Il faut convenir, en effet, que si le premier de ces défauts nous déplaît parce qu'il nous rebute, le second peut nous fatiguer par la gêne qu'il nous impose, et nous inspirer peu de confiance. Le rustre manque d'amabilité, l'homme trop poli manque de naturel et fait suspecter sa sincérité : ni l'un ni l'autre ne sont vraiment aimables, quoique nous craignions moins l'un de ces excès que l'autre. Encore le rustre pourra-t-il nous inspirer plus de confiance que le raffiné : celui-ci sera d'un commerce plus agréable que l'autre, mais ce commerce pourrait n'être pas aussi sûr.

2º Si la théorie du milieu était aussi fondée qu'on le prétend, les deux extrêmes et le milieu formeraient comme un continu, tel que les deux extrêmes seraient toujours opposés entre eux ainsi qu'au milieu, comme les deux extrémités du diamètre sont opposées entre elles et au point central du cercle. Or, il n'en est pas toujours ainsi, nous venons de le voir dans les deux cas qu'on vient d'examiner, et qui n'ont pas été choisis à cette fin.

3° La vertu dans ce système n'aurait pas seulement pour opposés un ou deux contraires ; elle pourrait avoir encore assez souvent un contradictoire. C'est ainsi que le silence quand il faudrait parler, s'il n'est pas un vice contraire à la véracité, en est au moins un vice contradictoire. Ainsi la véracité aurait au moins quatre opposés : les deux indiqués par Aristote, qu'il ne peut répudier, le mensonge dont la contrariété n'est pas contestable, et un silence répréhensible, qui est un manquement non moins réel au respect de la vérité.

Qui ne voit qu'entre l'avarice et la prodigalité il y a un autre milieu, et un milieu plus naturel même que la libéralité, à savoir, l'économie ? que de même la modestie dans la dépense est un milieu plus naturel entre l'ostentation et la mesquinerie que la magnificence ? que l'indifférence est un autre milieu que l'indignation entre l'envie et la malveillance, et que si l'indifférence est alors un défaut, un vice, ce défaut est précisément l'un de ces opposés contradictoires qu'il eût fallu distinguer ? N'est-il pas visible encore qu'un milieu négatif de ce genre, une situation purement contradictoire par rapport à la bienveillance, peut exister entre la flatterie et l'hostilité, à savoir l'indifférence, ou même la justice, qui n'est ni flatteuse ni agressive ?

Voilà donc des opposés contradictoires qui sont : les uns des vertus, telle que l'économie, par rapport à la libéralité, à l'avarice et à la prodigalité, la modeste mesure dans la représentation, par rapport et à la magnificence, à l'ostentation et à la mesquinerie ; les autres des vices ou des vertus suivant les cas, telle que l'indifférence par rapport à l'indignation, à l'envie et à la malveillance ; les autres ni vice ni vertu, ou des vertus négatives, telle que l'indifférence ou la justice, par rapport à la bienveillance, à la flatterie et à l'hostilité.

On voit par là combien cette théorie du milieu est loin d'avoir la précision demandée par le caractère géométrique qu'elle semble vouloir affecter, parce qu'il serait réellement dans sa nature, si elle était vraie.

4° Ce n'est pas tout : la vertu est-elle vertu, dans cette théorie, parce qu'elle est milieu, ou est-elle milieu parce qu'elle est vertu ? Cette question est de la plus haute importance. En effet, si la vertu est telle indépendamment de sa position, d'ailleurs si incertaine et si difficile à fixer par rapport à des contraires dont la nature et le caractère ne sont pas toujours faciles à déterminer, pourquoi ne pas s'attacher à ce qui en fait l'essence, sans plus se soucier de contraires ou de contradictoires qui jettent si peu de jour sur le milieu cherché ? S'attacher à caractériser la vertu à l'aide de ses contraires, c'est donc se jeter dans des difficultés toutes gratuites. C'est négliger le facile, le clair et le simple, pour se jeter dans le difficile, l'obscur et le compliqué, avec peu de chance de sortir honorablement de cette entreprise.

Si au contraire la vertu était telle, parce qu'elle est milieu, il faudrait bien passer par les difficultés dont nous parlons, quelle que pût être l'issue. En effet, le milieu serait déterminé par les extrêmes, en même temps qu'il servirait à les déterminer à leur tour. Ces trois choses seraient entre elles comme trois quantités, dont l'une ne serait intermédiaire aux deux autres que parce qu'elle serait plus grande que l'une et plus petite que l'autre, de la même manière que ces deux quantités extrêmes ne seraient extrêmes à la quantité intermédiaire, et entre elles à plus forte raison, que parce que l'une la surpasserait et que l'autre en serait surpassée.

Et quoique la vertu, par le fait qu'elle se rapproche souvent plus d'un extrême que de l'autre, ne puisse pas être comparée à une moyenne proportionnelle, elle n'en forme pas moins une sorte de continuité avec ses extrêmes. Mais alors c'est qu'il y a sans doute une autre vertu qui la sépare du vice le plus éloigné, et qui forme avec elle et ses deux extrêmes une sorte de proportion.

Il est d'autant plus nécessaire, en effet, qu'il y ait en tout ceci proportion, quatre termes par conséquent, que la vertu souvent n'est pas un milieu qui occupe le milieu, et qu'alors même qu'il en serait ainsi, la proportion serait encore véritable, puisque la vertu serait une vraie moyenne proportionnelle, qui marquerait tellement le milieu entre ses deux extrêmes qu'il y aurait la même distance entre ce milieu et l'extrême en moins, qu'entre ce même milieu et l'extrême en plus.

Mais qu'il y ait ou non proportion, il n'en est pas moins vrai que la théorie du milieu suppose un continu d'un extrême à l'autre, puisqu'elle suppose un plus, un moins et une quantité intermédiaire par rapport à laquelle il y a plus et moins. Or, il résulte évidemment de là que la vertu ne différerait du vice que comme un nombre diffère d'un ou de plusieurs autres nombres, c'est-à-dire en degrés seulement. Si bien qu'il faudrait dire que la vertu est comme composée d'une partie de deux vices, comme le nombre 4, par exemple, est le produit du facteur 2 et de la raison 2, dans sa qualité de moyenne proportionnelle entre les extrêmes 2 et 8. Ce qui a fait dire à Kant que cette théorie est inadmissible, attendu que ce n'est pas avec des vices qu'on peut faire de la vertu, et que si le vice et la vertu diffèrent essentiellement, il n'y a pas entre ces deux choses la continuité, la proportion, l'identité de nature supposée par la théorie, par la dénomination même de milieu.

Une autre bizarrerie qui ressortirait de la théorie du milieu, qui suppose homogénéité et continuité de la nature d'un vice extrême à un autre de même ordre en passant par la vertu, c'est que les extrêmes les plus opposés devraient néanmoins ne différer qu'en degrés, si bien que l'avarice ne devrait être que le plus faible degré de la prodigalité, de même que la prodigalité devrait être le plus petit degré de l'avarice, tout comme l'économie ou la sage libéralité devrait être le composé de l'avarice et de la prodigalité.

5° Ce ne serait donc plus par l'intention, par la volonté, suivant qu'elle est bonne ou mauvaise, que la vertu se distinguerait du vice : il n'y aurait plus d'autre différence que celle du *quantum* ou du degré de l'action. Et comme ce *quantum* devrait être pris dans un continu, comme une portion de ligne dans une plus grande, rien n'indiquerait plus quelle devrait être l'étendue de ce *quantum* ou de ce degré. L'arbitraire pourrait seul en décider. On n'en pourrait sortir qu'en prenant une espèce de moyenne mathématique.

On voit les nombreuses difficultés que soulève la théorie du milieu en morale, et nous ne prétendons pas les avoir élevées toutes. Il suffisait à notre objet d'en faire entrevoir quelques-unes.

Il importe maintenant de dissiper tous ces nuages, de montrer ce qui a pu séduire Aristote, et ce qui doit le justifier à certains égards, comme aussi de faire voir les raisons positives qui militent en faveur de ses adversaires.

De cette manière, nous aurons donné la théorie vraie, celle qu'on a entrevue de part et d'autre, mais qui avait été mal expliquée faute des distinctions nécessaires.

Un premier point hors de toute contestation, c'est que l'intention, l'action et l'effet de l'action sont trois choses différentes, et que la moralité appartient proprement à la première. Le médecin qui, voulant empoisonner son malade, le sauve, et celui qui, voulant le sauver, le tue par une ignorance ou par un malheur excusable, sont d'une moralité tout opposée ; et cependant le patient se trouve bien de l'immoralité ignorante de l'un, tandis qu'il se trouve mal de la moralité inhabile ou malheureuse de l'autre. Les deux médecins peuvent guérir chacun leur malade, mais l'un en voulant tuer le sien, l'autre en voulant le sauver réellement, et par les mêmes moyens, mais employés différemment ou dans des circonstances diverses. Le résultat de l'action est le même, il est bon ; l'action elle-même ne diffère qu'en degré ou même point du tout ; mais quelle différence dans l'intention ! D'un côté, la méchanceté, le crime, d'un autre la probité, la vertu. Vertu d'autant plus grande qu'on peut supposer que le médecin honnête homme a repoussé avec horreur, tout nécessiteux qu'il est, les tentatives de corruption les plus propres à faire succomber une résolution moins ferme.

C'est donc l'intention qui fait la vertu ou le vice, suivant qu'elle est honnête ou qu'elle ne l'est pas.

Or, l'intention comme pure et bonne, et le bien moral comme objet de cette volonté louable, ne sont ni des milieux, ni des extrêmes de quoi que ce soit. Et si ces deux choses sont susceptibles de plus ou de moins, c'est sans rien perdre de leur essence : l'intention la moins bonne est bonne encore, et la meilleure n'est pas autre chose que bonne. De même, le but le moins louable est louable encore, et le plus louable n'est pas autre chose que louable. Il en est de l'intention et de la fin morale qu'on se propose, comme de la lumière : le plus faible rayon est de même nature que le faisceau le plus éblouissant. Ce qui fait la différence entre la faiblesse de l'un et la force de l'autre, c'est le nombre, et nullement la nature de la chose, car la masse de lumière la plus vive ne se compose que de rayons qui, pris isolément, auraient bien moins de force.

La vertu, dans son objet, comme dans son intention, est donc essentiellement une. Une, en ce premier sens qu'elle est toujours la même dans tous les esprits ; une, en cet autre sens qu'elle ne varie pas suivant les actes à faire, ou la mesure de ces actes, ou les moyens à employer pour réaliser le bien conçu.

La diversité, et avec elle la multiplicité, la discontinuité, se montrent au contraire dans le choix des moyens et dans la matière à laquelle on les applique. Or, ces moyens et cette matière peuvent être bien ou mal choisis, quelles que soient d'ailleurs les intentions au point de vue moral. De là le succès ou l'insuccès de l'entreprise, ou le bien et le mal au point de vue mécanique ou de la fin proposée, que cette fin soit bonne ou mauvaise moralement.

Même sorte de résultat si la matière et si les moyens d'ailleurs bien choisis, sont ou ne sont pas suffisants, ou s'ils dépassent les proportions voulues : on n'obtiendra pas du tout l'effet désiré, ou il ne sera réalisé qu'imparfaitement, ou il sera manqué soit en entier, soit en partie, pour avoir péché par excès.

Si donc on envisage un effet moral à obtenir, non plus au point de vue du but, le bien, ni au point de vue de la bonne intention, mais par rapport à une fin matérielle qu'on désire, par exemple le bonheur d'autrui, il est certain qu'on peut se tromper sur le choix des moyens, sur leur emploi, sur la personne à rendre heureuse, et qu'on peut en tout cela pécher par défaut ou par excès, en supposant qu'on n'ait déjà pas péché par choix. C'est donc à ce point de vue que la théorie du milieu trouve son application. Mais remarquons que cette manière d'envisager les actions est plutôt dynamique, mécanique, théologique que véritablement morale. C'est un point de vue inférieur, d'exécution plutôt que d'intention, d'intention morale du moins. Car on peut pécher par excès ou par défaut, dans l'emploi des moyens ou dans le résultat obtenu, sans préjudice pour la moralité véritable ou pour la bonté de l'intention.

Il faut noter encore que le plus et le moins, par conséquent les excès qui constituent le vice, ne sont guère possibles indifféremment dans les devoirs stricts, par exemple dans la justice. On ne peut pas à cet égard respecter la justice à demi, ni lui manquer à demi : prendre une épingle, c'est aussi bien commettre le vol que si l'on prenait un million. Respecter la propriété d'autrui jusque-là, c'est la respecter encore. C'est justice dans les deux cas, sans plus ou moins. Le plus et le moins ne sont que dans les choses susceptibles d'être respectées à titre de propriété d'autrui. La vertu négative de cette espèce de justice qui consiste à respecter la chose d'autrui n'a donc ni plus ni moins en elle-même ; elle n'en est susceptible qu'indirectement, improprement ou quant à sa matière éloignée et dernière, mais qui ne change rien à la nature morale de l'action : la moindre atteinte à la propriété d'autrui comme la plus grande, est également blâmable quant à l'essence de l'action.

Les devoirs larges ou d'action, telle que la bienfaisance,

ont au contraire du plus et du moins, c'est-à-dire une matière flottante, qui ne permet pas d'assigner rigoureusement les limites du bien et du mal : combien dois-je donner? à qui? dans quel temps? dans quel lieu? Rien de précis à cet égard. Au contraire, s'il s'agit de ne pas dérober, tout est clair, net, rigoureux, et la raison répond sans hésiter aux questions précédentes : rien, à personne, jamais, nulle part.

La vertu ne souffre donc ici ni plus ni moins ; elle est entière ou elle n'est pas. Il n'en est pas de même dans l'autre espèce de devoir. Il y a plus : les circonstances peuvent modifier singulièrement le caractère de la vertu. Une personne qui n'est pas tenue par certains devoirs stricts ou de justice envers autrui peut être généreuse au point de se priver pour aider des étrangers auxquels les lois ni le sang ne donnent un droit particulier à son assistance. Mais si cette personne a charge de famille, si les ressources dont elle dispose sont indispensables à l'entretien de sa femme, de ses enfants, de ses vieux parents, n'est-elle pas tenue de mettre une mesure à ses libéralités? Les devoirs stricts ne sont-ils pas ici un obstacle à l'exercice généreux, dévoué, héroïque, de la bienfaisance? Supposons cependant que cette passion de la bienfaisance ne puisse se contenir : il faudra, si l'on ne peut pas convertir en crime ce qu'on aurait admiré comme une vertu sublime dans une autre position, traiter d'aveugle, d'ignorante ou de maniaque cette charité qui se dépouille soi-même, ce qui lui serait bien permis, mais qui dépouille aussi les siens pour revêtir de plus misérables. Et pourtant l'intention est bonne encore ; mais l'agent se méprend sur la nature et les rapports des devoirs, sur les situations qui les font naître et les déterminent. C'est là surtout qu'il faut une mesure, un milieu, pour ne tomber ni dans l'égoïsme, ni dans l'imprudence, ni dans l'oubli de devoirs plus sacrés en présence d'autres qui le sont moins. Mais ce milieu, notons-le bien, ne porte encore que sur la matière du devoir, les biens dont on dispose ; et de plus il doit être réglé, non pas en partant de la seule considération de cette matière, mais en partant aussi et surtout de la considération des devoirs stricts par rapport aux devoirs larges ou réciproquement.

En résumé : il n'est pas vrai de faire consister la vertu dans une sorte de milieu entre deux extrêmes opposés, qui ne pourraient dès lors pas être des vertus, qui seraient donc des vices, encore qu'ils n'en eussent pas le nom, au moins des vices négatifs, de simples non-vertus. En effet, ce point de vue serait d'abord tout objectif ; il n'aurait rien de commun avec la bonne volonté, qui est cependant la grande affaire en morale. De plus, et à prendre la vertu par son côté matériel, il est encore faux qu'elle soit comme un mélange d'un peu d'excès et d'un peu de défaut, le tout dans des proportions convenables. Elle n'est pas davantage un point milieu, insaisissable dans un continu dont toutes les parties imaginaires seraient homogènes. Pourquoi une vertu, celle de la véracité par exemple, serait-elle excessive ? Peut-on être trop attaché à la vérité, fuir le mensonge avec trop de soin ? N'en est-il pas de même de la vertu en général ; peut-elle être trop grande, approcher de trop près de l'idéal ? S'éloigner trop du vice ? N'est-ce pas là, comme l'a dit Kant, soutenir qu'un cercle peut être trop rond ? Une vertu excessive ne serait plus une vertu ; elle pourrait n'être qu'une vertu malentendue.

Parler d'une vertu excessive, n'est-ce pas parler d'une vertu vicieuse, prendre le vice pour la vertu, ou soutenir que la vertu restant telle peut dégénérer ? Les deux propositions sont également contradictoires. Il faut donc reconnaître avec Kant qu'il ne peut pas plus y avoir de vertu excessive, ou qui soit trop vertu, qu'il ne peut y avoir de cercle trop rond.

La modération recommandée en beaucoup de choses n'est donc qu'un mot vide de sens en morale, ou tout au moins une sorte de tautologie ou de pétition de principe. En effet, 1° il s'agirait avant tout de savoir en quoi il faut être modéré. Si c'est dans le vice, cette mesure est déjà de trop, puisque c'est un vice, quelque faible qu'il soit. Si c'est dans la vertu, cette retenue dans le bien est déjà un mal. 2° Il faudrait d'ailleurs savoir autrement que par l'idée vague d'une modération à garder dans le vice ou la vertu, en quoi consiste l'un et l'autre, pour savoir qu'on a des degrés à marquer ici et là, et que ces degrés ne peuvent être dépassés. Loin donc que le degré fasse ici connaître la nature de la chose sur laquelle on prétend le marquer, c'est-à-dire le vice ou la vertu, il faut au contraire connaître d'ailleurs le vice et la vertu pour pouvoir y marquer des degrés. 3° Mais il est contradictoire qu'il y ait dans la vertu un degré possible qui ne soit pas vertu, et dans le vice un degré possible qui ne soit pas vice encore. 4° Quant aux autres actes, qui ne sont par eux-mêmes ni vertueux, ni vicieux, leurs degrés quels qu'ils soient ne prendront ni l'un ni l'autre de ces deux caractères. Si donc il n'y a ni vice, ni vertu, abstraction faite du degré, il n'y en aura pas davantage après la détermination, d'ailleurs arbitraire, des degrés dont il s'agit.

Ce qu'on appelle excès dans le bien n'est pas encore un mal ou n'est déjà plus bien, et ce qu'on appelle défaut dans le mal, n'est pas encore un bien, ou n'est déjà plus un mal. Mais ni l'excès, ni le défaut, s'ils ne sont plus ni bien ni mal, sont tels, non pas en vertu du degré, mais bien en vertu de l'essence.

Souvent, il est vrai, une sorte de continuité apparente, extérieure, semble faire communiquer le vice et la vertu, sans qu'il soit possible d'assigner entre l'un et l'autre une ligne de démarcation rigoureuse. Qu'est-ce qui sépare l'ivresse comme vice de l'acte innocent, sinon vertueux, de boire à sa soif? Tous les sophismes qu'on peut faire ici n'empêchent point deux choses, à savoir, que boire à sa soif d'une liqueur qui par sa nature ou par sa quantité n'offre aucun danger de perdre la raison n'est point un mal, et que c'est déjà un mal de s'exposer à perdre momentanément la raison, et un plus grand mal encore de la perdre ainsi volontairement. Il n'y a point là de milieu à garder dans le boire, et qui puisse être assigné mathématiquement. Ce qui est à garder, c'est la raison; et s'il y a un milieu entre la tranquillité et la lucidité d'esprit ordinaire, d'une part, et le défaut de sens et de calme qu'entraîne l'ivresse, ce milieu, s'il n'est pas encore la perte de la raison ou l'occasion très prochaine de la faire succomber, n'est pas de nature à alarmer beaucoup une vertu qui n'est point trop timorée; mais il est certain qu'il est plus sage d'éviter ce milieu, s'il n'est pas exempt de tout péril, car alors déjà c'est un mal, comme occasion plus ou moins prochaine d'un plus grand.

CHAPITRE V.

DU MÉRITE ET DU DÉMÉRITE. — DES PEINES ET RÉCOMPENSES.

Jugements synthétiques qui énoncent ces quatre choses.—Comment ils se forment d'abord dans l'esprit. — Erreurs possibles dans leur application, à quoi elles tiennent. — Liaison naturelle et légitime entre le bien moral et le bien physique, entre le mal moral et le mal physique. — Désordres apparents. —Tout s'explique au point de vue providentiel.— Deux systèmes. — Examen de l'un et de l'autre.

§ I.

Jugements synthétiques à priori énonçant le principe du mérite et du démérite.

Notre sympathie, nos vœux ne sont pas seuls pour l'homme de bien ; notre raison est aussi pour lui. Si l'honnêteté n'avait en sa faveur que les mouvements de la sensibilité, la passion, nous pourrions croire déjà qu'il y a là une loi naturelle, mais nous pourrions douter de sa pureté et de son élévation : elle pourrait appartenir à l'instinct, ou aux sentiments qui se développent dans la vie sociale. Mais la notion de mérite est autre chose et plus que de la sympathie ; ce n'est pas un sentiment, c'est une idée ; ce n'est pas un mouvement de la sensibilité, c'est un jugement de la raison. Et ce jugement prononce de la manière la plus absolue la convenance naturelle entre la réalisation soutenue du bien moral pour lui-même, et le bonheur de l'agent. Vertu et bonheur mérité, ou convenance absolue entre le bonheur et la vertu, ou bien encore nécessité morale ou de droit pour la vertu d'être heureuse, tel est le jugement primitif de sa nature que porte toute raison développée à la suite des idées morales que nous avons déjà reconnues, mais sans déduction ni induction. C'est donc une conception, première dans son espèce, de la raison considérée comme faculté génératrice de notions fondamentales, et non simplement comme faculté de raisonner. C'est, pour nous servir d'un mot qui nous répugne, parce qu'il implique plus d'une grave erreur, une intuition ou une vue directe et immédiate de la raison, quoiqu'il n'y ait là rien à voir, et que la raison soit active et non passive en tout ceci. Et comme les deux termes de ce jugement : la vertu mérite récompense, ne sont point identiques, ce jugement n'est point le fruit d'une opération analytique, qui consisterait à reconnaître l'attribut dans le sujet, parce qu'il y aurait identité de nature entre l'un et l'autre. Non, le jugement est synthétique ; c'est une association de la raison, une convenance naturelle qu'elle a reconnue entre ces deux choses. C'est, en un mot, un jugement synthétique, mais *à priori*, ou rationnel pur, puisque la matière de ce jugement n'a rien de phénoménal.

Il est à peine nécessaire de faire remarquer que tout ce qui vient d'être dit de la notion de mérite par rapport au bien moral s'applique, *mutatis mutandis*, à la notion de démérite par rapport au mal moral.

§ II.

Comment se forment les notions de mérite et de démérite. — *Erreur possible dans leur application.*

Du reste, et sans nous arrêter davantage à ce point de vue psychologique de la question, nous dirons qu'il en est de la conception du mérite comme de toutes les autres : elle n'apparaît que tard dans toute sa pureté et sa justesse ; elle est facilement confondue avec d'autres qui se rencontrent en même temps qu'elle dans le phénomène complexe de la pensée morale. C'est ainsi que l'estime, le respect surtout qui ne devrait s'accorder qu'au mérite moral, s'attache, dans la pensée de la plupart des hommes, à une supériorité quelconque, physique, intellectuelle ou morale. Il y a plus : c'est que moins les peuples sont civilisés, plus ils sont portés à faire consister le mérite dans des qualités étrangères à la vertu. Ainsi, les forces physiques, dont ils sentent particulièrement le prix au point de vue de l'utilité, les touche beaucoup plus que la supériorité intellectuelle ou morale.

Bien d'autres erreurs encore sont commises dans l'appréciation du mérite : c'est pourquoi l'on fait souvent honneur à quelqu'un d'une qualité purement constitutionnelle, ou d'organisation et de tempérament. Ce qui est aussi judicieux que si l'on faisait un mérite à un arbre de telle ou telle essence, planté ici ou là, cultivé ou non, de produire telle espèce de fruits plutôt que telle autre et en telle ou telle quantité. C'est ainsi que l'on rend aux facultés seules un hommage qui n'est dû qu'au bon usage qui en est fait; que l'on attribue aux actes matériellement bons ce qui ne peut appartenir qu'aux intentions éclairées et bonnes qui ont présidé à ces actes; qu'on accorde de la considération à des actes ou puérils ou insensés, superstitieux, fanatiques, criminels, quand ils ne méritent que la pitié, le mépris ou l'indignation.

L'estime est donc exposée à plus d'une erreur, et le mérite en danger d'être mal reconnu et mal récompensé ; heureux parfois s'il était laissé dans l'oubli, puisqu'il peut être méconnu au point d'être converti en crime par l'erreur ou la passion.

Mais il importe beaucoup de remarquer que toutes ces méprises ne portent ni sur les notions mêmes de mérite et de démérite, ni sur leur application à tel ou tel acte. Une fois que l'acte est jugé bon ou mauvais moralement, il est par là même jugé méritoire ou non méritoire. L'erreur consiste donc, non pas à le juger ainsi en second lieu, mais à le juger d'abord comme on l'a fait. La seconde erreur n'est que la conséquence légitime de la première : que celle-ci disparaisse et l'autre cesse d'être.

Remarquons encore, à la décharge de la raison morale, qu'elle n'est point cause non plus de l'erreur qui consiste à juger bonnes ou mauvaises des actions indifférentes, ou qui, si elles ne le sont pas, mériteraient les qualifications morales tout opposées. En effet, la raison ne se trompe point dans les conceptions mêmes de bien et de mal qu'elle produit. Elle ne se trompe pas davantage dans l'application qu'elle en fait aux actions qu'elle croit revêtues des qualités propres à mériter la qualification de bonnes ou de mauvaises. Mais elle peut être induite en erreur par l'entendement, qui, à son tour, a pu être trompé par les apparences : il a cru voir une intention où il n'y en avait aucune, une bonne intention où il y en avait une mauvaise, une mauvaise où il y en avait une bonne, un mal physique où était un bien physique et réciproquement. Le principe de l'erreur dans l'application des notions premières de la morale consiste donc dans les méprises de l'entendement à propos des phénomènes internes ou externes qui composent les circonstances de l'action.

Ces observations étaient peut-être nécessaires pour mettre à l'abri de tout soupçon d'erreur la raison morale. Nous revenons à la question qui les a suggérées.

Pour qu'il y ait mérite moral, il faut que la vertu ne soit pas un simple don de la nature ; que l'acte soit fait avec liberté et avec bonne intention. Il sera meilleur si le bien réalisé est plus considérable, et s'il a d'ailleurs plus coûté.

Cette dernière circonstance est d'autant plus importante qu'une pure abstention, qui ne produit aucun bien positif, peut être plus méritoire que l'acte le plus éclatant et le plus utile, s'il n'est que le produit du tempérament.

§ III.

Liaison naturelle et légitime entre le bien moral et le bien physique, entre le mal moral et le mal physique.

Telle est la conception native et vulgaire du mérite. Il s'agit de la bien comprendre. Cette conception est relative, en ce sens qu'elle suppose la sensibilité, le besoin du bonheur, et ce bonheur même comme conséquence légitime de la vertu. La conception de mérite équivaut donc à ce jugement synthétique *à priori*, que le bien-être *doit* suivre le bien-faire, ou que le bonheur est le *droit* de l'honnête homme, que d'ailleurs l'honnête homme soit heureux ou ne le soit pas en réalité. Il ne s'agit donc pas ici d'un enchaînement de fait qui serait nécessaire d'une nécessité physique, mais d'un enchaînement de droit, qui est nécessaire d'une nécessité morale. Il peut donc très bien arriver, puisqu'il n'y a pas coordination nécessaire entre le bonheur et la vertu, que ces deux choses ne se trouvent pas toujours ou complétement ensemble ; les passions de l'homme, son impuissance, ses erreurs, seront une cause de désordre moral dans la rétribution du bien, comme elles en sont une dans la pratique du bien lui-même. D'ailleurs, le bonheur, pour être mérité, pour avoir un caractère moral, ou n'être pas un pur état sensitif qui n'a rien à démêler avec une condition morale, doit venir après la pratique et se régler sur elle.

Il y a donc entre ces deux choses succession nécessaire. Et comme la vertu suppose le sacrifice, loin d'être compatible, au moment de sa pratique, avec un état sensitif complétement agréable, elle doit être au contraire inséparable d'une certaine souffrance ; autrement, elle ne serait point méritoire. Il est donc impossible alors que le bonheur dû à la vertu le précède ou l'accompagne. Il ne peut pas non plus la suivre toujours immédiatement ; le monde est régi en même temps par plus d'une loi ; et comme ces lois ne pourraient, sans miracle, être suspendues, comme elles pèsent à chaque instant sur nous, il est clair que si le sacrifice demandé par la vertu entraîne la perte de la fortune, de la santé, de cette considération qu'on appelle l'honneur, la perte de la vie même, nous devons souffrir des suites de nos actions les plus méritoires ; et qu'elles ne sont très méritoires même que parce que nous devons en souffrir non seulement à l'instant de l'action, mais longtemps après, mais toute notre vie peut-être.

Est-ce là du désordre? Non, sans doute, puisqu'il faudrait, pour qu'il en fût autrement, ou qu'il n'y eût pas de lois physiques, ou qu'elles fussent à chaque instant suspendues miraculeusement, ou que la vertu ne coûtât rien, c'est-à-dire qu'il n'y eût pas de mérite, ou qu'il n'y eût pas de lois morales. C'est-à-dire qu'il faudrait que le monde actuel n'existât pas.

§ IV.

Désordre apparent. — Expliqué au point de vue providentiel.

Mais, dit-on, il pourrait exister une plus grande harmonie entre le monde physique et le monde moral?

A cela nous répondrons : 1° que si cette plus grande harmonie existait, ce serait un autre ordre de choses, un autre monde, et que nul ne peut dire si cet autre monde n'entraînerait pas à d'autres égards de plus grands maux ; 2° que la vertu elle-même serait moindre, ou d'un mérite bien inférieur, puisqu'elle serait ou soumise à de moins nombreuses et de moins rudes épreuves, ou tellement encouragée par la perspective assurée d'une rémunération immédiate, qu'elle ne serait plus qu'un calcul ; 3° que l'harmonie entre l'ordre moral et l'ordre physique existe réellement, puisque la raison, dans sa conception du bien matériel (*quoad materiam*), prend en considération notre nature, notre fin, nos rapports avec nous-mêmes, avec le monde corporel du dehors, avec nos semblables, etc., et qu'elle ne prescrit rien à tous ces égards qui ne soit la conséquence morale de toutes ces données, qu'elle accepte, sans avoir la moindre prétention de les changer.

Aussi qu'arrive-t-il, en suivant la loi morale par rapport à toutes les lois physiques? C'est que la santé, la longévité, le bien-être de l'agent en sont naturellement la conséquence, si d'autres causes perturbatrices ne viennent y mettre obstacle ; c'est que la santé morale et intellectuelle est elle-même tout ce qu'elle peut être; c'est que les jouissances du sujet sont multiples, variées comme ses facultés et ses moyens de sentir ; c'est que ses relations avec le monde extérieur étant sages, prudentes, il ne va pas se briser follement contre toutes sortes d'obstacles, ou ne reste pas plongé dans une inertie qui en ferait le jouet passif et la victime des forces environnantes; c'est que juste et bienveillant pour les autres hommes, il les trouve généralement tels à son égard.

Si ces heureuses conséquences physiques et morales d'une conduite sage ne suffisent point pour récompenser la vertu, pour que l'homme de bien soit aussi heureux qu'il mérite de l'être, pourquoi la toute-puissance unie à la justice et à la sainteté infinies ne trouverait-elle pas le moyen de rémunérer avec usure un mérite après tout fini ?

Il faut aller plus loin, et reconnaître qu'il en doit être ainsi. En effet, sous l'empire d'un Dieu unique, le monde moral et le monde physique doivent être en harmonie ; l'un et l'autre ne peuvent former qu'un seul monde, dont l'unité devient l'expression de l'unité de la pensée créatrice. Comment concevoir qu'aux yeux de la suprême sagesse il doive exister une opposition irréconciliable entre la sensibilité et la raison, entre l'homme et le monde, entre le présent et l'avenir ? Comment ne pas concevoir au contraire qu'il doit régner entre deux faits coexistants tout l'ordre possible, et que si l'un est la condition de l'autre, le second ne peut pas plus faire défaut que le premier, mais aussi que l'un doit précéder l'autre ?

Si, dans l'état actuel des choses, le bien physique arrive parfois sans le bien moral, s'il ne le suit pas toujours pour chacun de nous, c'est, comme on l'a déjà dit, en vertu de lois générales combinées, qui amènent des résultats choquants au premier abord, et quand ils ne sont pas compris, mais qui s'expliquent fort bien lorsqu'on y regarde de plus près. Sans recourir, comme l'ont fait quelques-uns, à la réversibilité du mérite ou du démérite d'un agent sur sa postérité, par exemple, pour expliquer le bonheur apparent et immérité d'un individu, n'est-il pas naturel et n'est-ce pas une conséquence d'une loi civile fort sage, que le fils, même peu digne, hérite de son père, qu'il recueille le fruit de son travail ? L'exception qu'on serait peut-être tenté d'introduire à cette loi commune à tous les peuples civilisés, n'entraînerait-elle pas des inconvénients bien plus graves que le mal même qu'on voudrait corriger ? La nature des choses n'est-elle pas d'ailleurs toute prêté à remédier d'elle-même au mal dont on se plaint? Le fils dilapidateur n'aura-t-il pas bientôt à souffrir de ses excès? S'il conserve sa fortune patrimoniale, il n'aura pas le mérite de l'avoir acquise. Il en jouira sans doute, mais moins que si elle était le fruit de son travail. De plus, cette jouissance anticipée, qui précède le mérite, n'aura pas le caractère rémunératoire ; elle sera donc comme une avance faite sur le mérite à venir, en sorte que si le bonheur ne devait pas être gratuit pour tous, il n'y aurait d'autre différence entre celui qui jouit sans avoir mérité et celui qui jouit après, sinon que le premier aurait reçu sa récompense par anticipation, tandis que le second ne la reçoit que postérieurement. Quant à celui qui ne mérite sa jouissance ni avant ni après, il peut toujours être replacé dans l'ordre par une souffrance ultérieure, proportionnée à sa jouissance d'abord imméritée. Ainsi, plutôt que de troubler à chaque instant l'ordre actuel du monde physique et moral, il était raisonnable et juste de ménager un autre ordre de choses où les exceptions et les anomalies de l'ordre présent fussent corrigées.

§ V.

Deux systèmes à cet égard. — Examen de l'un et de l'autre.

Toutefois la nécessité rationnelle de la compensation du mal moral par le mal physique, ou celle du bien moral par le bien physique est un de ces jugements universels auxquels il est difficile de trouver un fondement, sans doute parce qu'ils n'en ont point, destinés qu'ils sont à l'être eux-mêmes. Il suffirait de leur triple caractère de primitifs, d'universels et de nécessaires pour qu'on pût déjà les accepter comme des principes.

On peut dire néanmoins, en ce qui regarde celui qui nous occupe, qu'il peut se transformer, et que c'est moins le bien ou le mal moral qui doit être compensé, aux yeux de la raison, par le bien ou le mal physique, que la souffrance ou la jouissance imméritée par une jouissance ou une souffrance égale. L'homme de bien ayant souffert pour la vertu, le méchant ayant cherché sa satisfaction dans le mal, il est juste, ce me semble, que le premier retrouve tout au moins l'équivalent du bonheur qu'il a personnellement perdu ou fait perdre aux siens, et qu'il a procuré à d'autres par sa fidélité à la loi, et que le second souffre autant qu'il a joui ou fait jouir les siens ou ses complices, autant encore qu'il a fait souffrir ses victimes. En vertu de cet arrangement suprême, le mal physique s'attache au mal moral, le bien physique au bien moral, et le parallélisme entre les deux ordres de choses finit par être ce qu'il doit être en réalité, parfait; l'unité harmonique est devenue complète; l'ordre est enfin accompli, et la loi du bien a reçu son exécution jusque dans ses dernières et plus scrupuleuses exigences.

Tel est un des systèmes qui tendent à expliquer les souffrances de la vertu et la possibilité du mal moral joint à une impunité apparente, sous l'empire d'un Dieu souverainement juste; ce système est celui de l'expiation.

Mais il est à remarquer, en ce qui concerne le méchant, que si le mal physique qui l'atteint n'amène pas en lui d'autres sentiments, le retour à l'amour du bien, le mal moral subsiste, et que la peine, pour être juste, ne fait en rien disparaître la mauvaise intention passée, et, par hypothèse, n'améliore point les sentiments présents ou futurs; elle ne produit donc aucun bien moral; elle ressemble à de la vengeance, c'est-à-dire à une satisfaction résultant des souffrances qu'on fait éprouver à un être sensible pour le mal qu'il nous a lui-même fait endurer. Ce n'est tout au plus qu'une justice pénale purement matérielle.

On s'est demandé si elle était digne de Dieu, et si sa sainteté n'exigeait pas quelque chose de plus, à savoir l'amélioration du coupable par le mal physique; et si, dans le cas où cet amendement ne serait pas possible (ce qui est loin d'être démontré), la sainteté divine pourrait exiger ou même permettre cette justice pénale, qu'on appelle expiation ? Ceux qui sont pour la négative ne peuvent voir dans la peine, lorsque c'est Dieu qui l'inflige, qu'un moyen moral. Ainsi, la peine ne pourrait être voulue de Dieu pour elle-même ou à titre de peine pure et simple comme fin ; elle n'en pourrait être voulue qu'en vue du bien moral et à titre de moyen. C'est le système pénitentiaire dans l'acception la plus large du mot.

Il ne suffirait pas de dire pour justifier ses préférences en faveur du système de l'expiation, que ce n'est point le mal physique ou la souffrance du pécheur que Dieu voudrait, mais la compensation du mal moral ou de la jouissance illégitime par la peine. En effet, le mal moral et le mal physique étant de nature complétement différente, il n'y a pas de compensation concevable entre l'un et l'autre. De plus cette compensation n'existerait pas dans l'hypothèse où l'amour du bien ne remplacerait pas dans le coupable l'amour du mal, à plus forte raison si la souffrance ne faisait qu'aigrir et démoraliser le patient. Il y a justice sans doute à faire endurer au méchant un mal physique égal à celui qu'il a fait ; mais outre que cette justice se rencontre également dans le système de la peine comme moyen moral, elle aboutit de plus à faire disparaître ce mal ; ce qui est la grande affaire.

Quel que soit celui de ces deux systèmes qu'on adopte, la théorie du bien et du mal moral, celle du mérite et du démérite, celle du devoir en général et des devoirs divers en particulier ne peuvent en souffrir. Nous avons à nous occuper maintenant de cette dernière.

CHAPITRE VI

CARACTÈRE MORAL DES ACTIONS.

Critérium. — Formules. — De la conscience et de ses qualifications.

§ I.

Critérium et formule des actions.

Presque toutes nos actions prennent rang parmi les vices ou les vertus : un très petit nombre sont indifférentes. Il ne faut cependant pas confondre une bonne action avec une vertu, ni une mauvaise avec un vice : il n'y a proprement vice ou vertu qu'autant qu'il y a habitude du mal ou du bien, et du même mal ou du même bien. Cependant si un homme avait l'habitude de varier ses vertus, sans avoir l'habitude d'aucune, en supposant toutefois la chose possible, ce que l'uniformité ordinaire de la vie permet peu ; cet homme mériterait encore le nom de vertueux : pareillement, celui qui, sans avoir l'habitude de tel ou tel vice, passerait néanmoins sa vie dans les vices, allant de l'un à l'autre sans s'attacher à aucun, celui-là mériterait aussi le nom de vicieux.

Mais cette habitude du genre vice, qui exclurait l'habitude de toute espèce, n'est guère plus possible que celle du genre vertu.

Cette observation n'a donc pas d'autre but que de faire

remarquer que celui-là seul est proprement vertueux ou vicieux, qui a l'habitude de la vertu ou du vice, sans distinguer entre le genre et les espèces de l'une ou de l'autre.

Mais la nature de l'homme est assez étrange pour que nous ayons tout à la fois de bonnes et de mauvaises habitudes, pour que nous soyons tout à la fois vertueux et vicieux. Ne serons-nous donc alors ni vertueux ni vicieux? Le vice détruira-t-il la vertu, la vertu détruira-t-elle le vice, et serons-nous comparables à des sels neutres où les propriétés de la base et celle de l'acide se paralysent si bien, qu'on ne voit plus de traces des unes ni des autres? ou bien, par une abstraction plus charitable que juste, ou plus sévère que juste encore, appellera-t-on vertueux ou vicieux seulement l'homme qui pratique avec amour une vertu, mais qui s'abandonne sans trop de regret à certains vices? Si les vertus sont sœurs, comme les vices sont frères, c'est sans doute une vertu très imparfaite, une vertu de tempérament plutôt que de principe, que celle qui tolère le vice à côté d'elle. Et cette vertu mérite peu de caractériser l'homme tout entier. Mais est-ce un vice bien caractérisé aussi que celui qui laisse en nous des parties excellentes, intactes, et faudra-t-il traiter de vicieux l'homme complet qui présente cependant un côté louable? Si le vice ou la vertu sont peu de chose en comparaison de la vertu ou du vice dans le même homme, si l'une n'est qu'une sorte de défaut, une tache qui n'empêche pas la vertu de briller d'un grand éclat, si l'autre n'est qu'un pâle rayon de lumière qui ne sert en quelque manière qu'à mieux faire voir les ténèbres de l'âme, on pourra, sans faiblesse comme sans injustice, appeler vertueux ou vicieux l'agent qui nous apparaît ainsi. Mais l'appellation serait impropre si la vertu et le vice s'équilibrent et se compensent pour ainsi dire.

Au reste, les actions sont jugées bonnes ou mauvaises,

CHAPITRE VI. — CARACTÈRE MORAL DES ACTIONS.

ou indifférentes de deux manières : d'abord, suivant qu'elles sont d'accord avec la fin de l'humanité dans chacun de nous, ou qu'elles y sont contraires, ou qu'elles n'ont aucun rapport avec notre fin; suivant ensuite qu'elles sont faites avec une intention moralement bonne, mauvaise ou nulle.

De là deux points de vue essentiels à distinguer dans les actions : le point de vue matériel ou objectif, et le point de vue formel ou subjectif. En effet, une action peut être d'accord avec la fin de l'homme ; elle peut être bonne à cet égard ou matériellement, sans être bonne par l'intention ou par la forme ; l'intention peut être mauvaise ou nulle. Réciproquement, une action dont l'intention est moralement bonne ou nulle peut être mauvaise. Il est aussi des actions qui sont bonnes ou mauvaises par la matière et par la forme. Il en est enfin où la forme est mixte, c'est-à-dire où les motifs, multiples et divers, sont les uns bons et les autres mauvais.

Mais à quels caractères reconnaître les qualités morales des actions? Parlons d'abord de la moralité externe, qui peut être appréciée, non seulement par l'agent, mais par tout le monde, du moins par tout homme de quelque culture philosophique.

Suivant les uns, nous serions doués d'une sorte d'intuition rationnelle qui nous ferait saisir le juste et l'injuste, l'honnête et le déshonnête matériel dans les actions, c'est-à-dire en général leur convenance ou leur disconvenance avec la fin de l'humanité dans chaque homme, à peu près comme nous saisissons du regard les objets extérieurs. Mais ce n'est là qu'une analogie ; on se tromperait lourdement si on la prenait à la lettre. Cette prétendue intuition n'est en réalité qu'une conception de rapport, conception rapide, mais obscure souvent, et plus souvent encore mélangée de sentiments divers. En un mot, c'est un jugement plus ou moins heureux, qui ne se manifeste que dans les intelligences déjà développées, et qui procèdent alors par une sorte d'instinct ou de spontanéité rationnelle. Il ne faut pas croire, en effet, que le petit enfant qui s'irrite des mauvais traitements qu'on lui fait subir, ou qui se montre sensible aux caresses, juge tout d'abord moralement les actes qui le concernent; non, il suffit, pour expliquer ses mouvements d'humeur, de cet instinct de réaction sensible qui s'observe également chez les animaux dont on contrarie les tendances, qu'on maltraite de quelque autre manière, ou dont on flatte les appétits.

Ce n'est donc qu'à un âge un peu avancé que l'enfant est sensible à la justice ou à l'injustice des procédés; qu'il juge moralement; et ce jugement est d'abord obscur, incertain, et toujours porté dans des circonstances pratiques déterminées. Ce n'est que bien plus tard encore qu'il pourra s'élever au point de vue abstrait, et concevoir par exemple cette proposition : faire aux autres un mal immérité est une injustice. Il faut avoir jugé longtemps concrètement avant de pouvoir juger abstractivement. Le langage facilite beaucoup cette dernière opération ; peut-être même en est-il une condition indispensable. Mais on se tromperait fort si l'on confondait, comme le font de Bonald et ses partisans, cette *condition* sociale de la pensée abstraite, d'abord avec la cause propre et immédiate de cette pensée, l'intelligence du sujet pensant, ensuite avec la pensée concrète, qui n'a pas même besoin du langage comme condition pour être conçue par la raison.

Quand l'homme est parvenu à ce degré de développement intellectuel qui lui permet d'abstraire sa pensée, il lui reste encore à s'en rendre un compte réfléchi ou scientifique. Il a d'abord abstrait son instinct rationnel ; il faut ensuite qu'il le raisonne et qu'il le formule. Arrivé là, il ne peut plus que redescendre vers le concret, par l'application de la formule à l'expérience.

Il nous reste donc à savoir quelle idée nous devons nous faire de la bonté matérielle des actions humaines, et de formuler cette idée. Or, il nous semble qu'on peut en résumer ainsi le caractère moral externe. Est moralement bon quant à la matière ce qui est d'accord avec la fin de l'humanité dans chacun de nous. De là une double condition à remplir pour qu'une action soit bonne de cette bonté : 1° qu'elle soit en harmonie avec la fin de l'humanité en général, c'est-à-dire avec la fin de l'agent en tant qu'homme et avec celle de tous ses semblables ; 2° qu'elle soit aussi d'accord avec la fin spéciale, immédiate, secondaire et subordonnée, que l'agent peut se proposer dans les circonstances particulières où il se trouve.

Ce critérium n'est, au fond, que la maxime des anciens, *naturam sequi*, rendue un peu plus précise. Elle peut l'être davantage encore, si l'on se rend un compte rigoureux de la fin de l'homme d'après l'examen de sa nature, de ses capacités et de ses facultés, de leur harmonie, des conditions de la satisfaction des unes et du développement des autres, de la culture de toutes, et de la mesure proportionnelle de satisfaction ou d'exercice. Nous supposons tout cela connu : c'est une conséquence nécessaire de l'étude quelque peu approfondie de la psychologie.

Quand on est témoin d'une action qui est d'accord avec la fin de l'homme ainsi conçue, ou qui la contrarie, on sait par là même qu'elle est matériellement bonne ou mauvaise. On ne le sait scientifiquement qu'à cette condition ; jusque-là cette connaissance n'a été ni raisonnée, ni approfondie, ni suffisamment réfléchie ; elle est à l'état de conception mal démêlée encore, et dont la raison n'est pas pas assez connue : c'est ce que d'autres appellent un sentiment.

La moralité formelle ou intentionnelle des actions est bien plus facile à connaître, et son critérium plus facile à formuler. Il suffit en effet qu'une intention soit pure, pour que l'action soit bonne formellement. Et pour savoir si cette intention est pure, il suffit qu'on puisse se dire que le bien moral est voulu pour lui-même ou parce qu'il est bien, abstraction faite de toute autre considération intéressée, même au mépris de considérations semblables, si pressantes qu'elles puissent paraître : l'intérêt attaché au bien moral, qui le fait aimer, qui porte à l'accomplir, loin qu'il empêche d'en concevoir la convenance absolue, peut n'être au contraire que l'effet sensible de la conception de cette convenance suprême.

Plusieurs observations doivent être faites encore à l'occasion de la qualité formelle des actions, et du critérium qui s'y rattache.

Premièrement. L'agent seul peut savoir si son action est faite par un motif vraiment moral; il n'y a lieu qu'à une présomption pour autrui. Il est même difficile de se connaître assez bien pour pouvoir dire que nos principes d'action sont sans mélange aucun de tout mobile, de toute considération étrangère à la nature du bien moral comme tel.

Secondement. Une action peut être formellement bonne sans l'être matériellement. Mais le mérite qui peut en revenir est d'autant moins grand que l'erreur est moins naturelle, et qu'il eût été plus facile de la prévenir en s'éclairant par l'étude et la réflexion. La bonté formelle suppose toujours la bonté matérielle. Il ne suffirait donc pas, pour qu'une action jugée mauvaise en soi fût réputée bonne, de la faire à bonne intention; il serait trop facile de pervertir la morale, si d'ailleurs on pouvait se persuader aisément qu'on veut le bien en faisant le mal, alors même que ce mal ne serait qu'un moyen. Il n'y a donc qu'une ignorance ou une erreur excusable, qui puisse à son tour excuser une bonne intention mal placée, et même lui laisser au moins une partie du mérite qu'elle aurait eu si elle n'avait pas été erronée.

Troisièmement. Il suit de ce qui précède que nous n'avons pas le droit de nous reposer sur nos bonnes intentions, ou de nous croire par là dispensés de nous éclairer sur le bien et le mal matériel ou en soi. Nous devons au contraire procéder avant tout à la recherche de ce qui est bien, afin de ne point nous tromper dans nos volontés morales.

§ II.

De la conscience et de ses qualifications.

C'est ici le cas de parler de la conscience morale, c'est-à-dire de cette faculté complexe qui comprend la raison et le sentiment, qui nous fait concevoir le bien et le mal moral, qui nous fait jouir à l'accomplissement de l'un, et nous fait souffrir à la suite de la perpétration de l'autre.

Cette faculté mixte se décompose donc en raison et en sensibilité. Mais nous n'avons pas besoin d'entrer ici dans ces détails psychologiques. Il suffit de savoir que le mot conscience, entendu dans le sens concret que le langage commun y attache, signifie tout à la fois, ou divisément, suivant les circonstances : la faculté ou le fait d'avoir des idées et des sentiments de l'ordre moral ; par conséquent la raison comme faculté d'avoir des idées morales, le fait de les avoir, celui de s'y conformer dans la pratique, les jugements qu'on porte en conséquence sur ses propres actions ou sur celles des autres, ou mieux encore le degré de justesse ou de sévérité dont ils sont marqués, les sentiments qui peuvent nous porter au bien, ceux que nous éprouvons à la suite de nos actions et à cause d'elles.

De là des qualifications diverses des agents ou de leur conscience. On dit qu'ils n'en ont aucune si elle semble se taire ou parler trop bas pour se faire entendre ; ou bien qu'elle est fausse si elle paraît décider autrement qu'elle ne doit ; qu'elle est trop étroite ou trop large, suivant qu'elle est trop exigeante ou qu'elle ne l'est pas assez ; qu'elle est droite ou oblique, suivant qu'elle prononce loyalement et sans détours, ou qu'au contraire elle finasse et semble chercher les ténèbres pour complices. Tel est son aveuglement, qu'elle se croit presque en sûreté quand elle est parvenue à s'égarer sous la conduite des passions dans le labyrinthe de ses subtilités sophistiques.

Mais on a beau faire, on ne saurait ni l'étouffer, ni la fausser entièrement; on ne peut pas même l'égarer assez pour qu'un jour ou un autre elle ne puisse se retrouver. L'homme cesserait plutôt d'être homme que de perdre son attribut moral essentiel, la conscience, le sens moral. En vain il aura foulé aux pieds la justice et l'honnêteté, il pourra toujours dire si l'on viole l'une à son égard et si l'on se rend coupable de l'autre envers soi-même. Il saura réclamer à propos ses droits, et blâmer le plus souvent avec raison celui qui s'abandonne à des vices que lui-même se permet. Il a donc moins péché par ignorance que par entraînement. Il s'est donc abusé sans se dénaturer, et s'est fait tout au plus une illusion qui ne durera pas même autant que le mobile passionné dont il a subi l'impulsion.

Nous avons parcouru toutes les généralités qui dominent

la vie, la pratique, et la règlent. Le surplus de la morale est une affaire d'application. Mais dans cette application même, il y a encore un point de vue général d'après lequel toutes les espèces d'actions se groupent sous un petit nombre de chefs principaux. C'est en ce sens que nous allons faire l'application des principes qui précèdent.

LIVRE V

Des principaux devoirs.

CHAPITRE PREMIER

Comment nous les étudierons.

Si nous avions à faire un traité de morale, il ne suffirait pas d'exposer les principes de cette science, il faudrait en suivre plus ou moins avant les principes dans leur application (1). Telle n'est pas notre tâche. Il est cependant difficile de ne pas jeter un coup d'œil sur les principaux devoirs, en tant du moins qu'ils se rattachent à l'usage de nos maîtresses facultés, la sensibilité, l'intelligence et la volonté, ou l'appétit du bonheur par le sentir, le connaître et l'aimer.

En nous tenant à cette hauteur, nous nous conformons dans une certaine mesure à la division la plus ancienne des devoirs ou des vertus qui leur correspondent, les vertus cardinales, et à la division plus moderne et plus géné-

---

(1) C'est ce que nous avons fait dans notre *Ethique* ou *Science des mœurs*.

ralement suivie des devoirs suivant la nature des êtres auxquels aboutit l'action. Nous évitons, d'un autre côté, les lieux communs et les longueurs inutiles.

Qu'on n'appréhende donc pas de trouver ici des détails sans fin, c'est-à-dire une énumération scrupuleuse et un examen approfondi de tous les devoirs de l'homme, suivant les situations diverses où il peut se trouver dans la vie. Non ; nous n'aurons pas ce tort, par la raison que ces détails sont assez inutiles à un esprit judicieux qui possède les principes, et qu'ils sont peut-être plus inutiles encore à un esprit dépourvu de sens, de principes et de logique. Nous ne pouvons mieux motiver notre manière de voir à cet égard qu'en rapportant l'opinion d'un homme qui s'y connaissait à plus d'un titre, Claude Fleury : « Le meilleur en cette matière, dit le célèbre auteur de l'*Histoire ecclésiastique*, le meilleur est d'avoir des principes, et non pas de vouloir descendre dans les cas particuliers, comme ont fait nos théologiens modernes. Leur méthode a plusieurs inconvénients : il est impossible de prévoir tous les cas ; il en arrive tous les jours de nouveaux qui embarrassent ceux qui ne les trouvent point dans leurs livres, et donnent occasion d'écrire et d'étudier à l'infini, et de ramasser un grand nombre de cas extraordinaires qui ne sont plus en usage, sinon de salir les imaginations de ceux qui les étudient, les remplir d'idées affreuses et les endurcir au mal ; enfin cette application à des cas particuliers rétrécit l'esprit, comme la trop grande attention à de petits objets raccourcit la vue, en sorte que l'on tombe dans des maximes trop humaines et dans des scrupules judaïques, fort éloignés de la noblesse de la loi de Dieu, que l'on perd de vue insensiblement. Les anciens avaient donc raison d'écrire très peu sur cette matière, c'est-à-dire seulement des canons pénitentiaux ; encore n'étaient-ils connus que des prêtres, et gardés sous un grand secret (1). »

CHAPITRE II

Devoirs concernant la vie organique en nous.

Considérant l'ensemble de notre nature, il nous est impossible ne pas reconnaître que la partie organique de notre être est non seulement la condition et le support de tout le reste, mais encore l'instrument. Ce sont les sens qui nous donnent les idées les plus importantes pour notre conservation, qui nous mettent en relation avec nos semblables, qui permettent au cœur de s'ouvrir aux affections, à l'entendement et à la raison d'abstraire, de généraliser, de juger, de raisonner et de concevoir ; aux facultés morales de se développer ; aux idées religieuses de se former, de s'élever et de s'étendre. Les sens sont aussi un moyen de jouissance qui a sa destination physique et morale dans la conservation, dans le développement et la durée de l'agent.

La raison nous oblige à trois grandes choses par rapport à la vie organique : à la conserver, à l'étendre et à la régler.

Elle nous défend donc de porter atteinte à notre personne physique, soit en la défigurant, soit en la mutilant, soit en la détruisant. Par l'un quelconque de ces manquements, on se rend plus ou moins impropre à remplir la fin à laquelle la nature nous destine, en même temps qu'on

---

(1) *Mémoire pour les études des missions orientales*, p. 300.

porte atteinte au juste respect qu'on se doit à soi-même, puisqu'on se dégrade ou qu'on se détruit.

Ce qui dispose à la mutilation de soi-même ou des autres, c'est : ou intérêt blâmable, comme celui qui porte à extraire des dents saines pour les vendre, à spéculer sur la nature et la portée de la voix par l'ablation des attributs sexuels ; ou le fanatisme, comme on le rapporte d'Origène ; — ou la lâcheté ou le défaut de patriotisme, comme de se couper le pouce ou l'index, afin de se rendre impropre au service militaire ; ou bien enfin le sentiment de la vengeance ou celui d'une atroce cruauté.

La destruction complète de soi-même est une extrémité à laquelle on est conduit ou par la folie, ou par une douleur excessive et subite qui nous jette hors de nous-mêmes, ou par l'abus et l'ennui de la vie, ou par la honte d'une situation déshonorante, ou par la crainte d'un mal physique ou moral, ou par un désespoir plus ou moins fondé.

Il y a peu de chose à dire en morale sur les deux premières causes, qui sont plutôt des maladies de l'esprit que des états moraux qu'on puisse blâmer directement. Quant à l'ennui de la vie qui a pour cause l'abus des plaisirs, outre qu'on est responsable de ces premiers torts, on doit répondre encore des actes libres et suffisamment intelligents, d'ailleurs, qui viennent à la suite. Ce pourrait bien n'être pas non plus une manière innocente, ni sans doute bien sûre d'échapper à l'opprobre ou à la douleur que de se réfugier dans les bras de la mort. On se purge mal d'un premier manquement au devoir en se mettant dans l'impossibilité d'en remplir désormais aucun. Le droit de suicide serait le droit de n'avoir plus de devoir. Là surtout est son tort et sa condamnation, si d'ailleurs il est imputable.

Quant au désespoir, s'il n'est pas une suite d'un égarement profond, il est doublement répréhensible, puisqu'il paraît bien accuser Dieu et les hommes tout à la fois. C'est aussi un manquement à soi-même.

L'organisme remplit en nous un rôle assez important pour qu'on doive lui donner toute la force, toute la souplesse et toute la précision nécessaires.

La nature est à cet égard une institutrice qui commence notre éducation dès notre naissance, en déposant en nous le besoin du mouvement, de l'exercice varié, des jeux, des difficultés à surmonter, des périls mêmes à affronter.

La première chose à faire à cet égard, de la part de ceux qui sont préposés à l'éducation des autres, c'est de ne rien faire, c'est-à-dire de laisser faire la nature chez l'enfant, de ne pas même vouloir la redresser, la régler. Qu'on sache seulement lui trouver un théâtre et des moyens convenables, elle se chargera du reste. Guidez l'enfant de loin ; surveillez-le de même, c'est-à-dire sans trop de crainte ni d'exigence, il acquerra des forces, de l'agilité, de l'adresse, du courage, de la prudence, en même temps que les facultés de son âme, en apparence au service de la vie sensitive, se développeront par le secours des sens. La sensation ne sera ni obtuse, ni trop vive, la perception deviendra plus précise et plus sûre, l'attention plus rapide, plus forte et plus soutenue. La comparaison, devenue habituelle, donnera naissance à une foule d'observations, de jugements et de raisonnements. L'entrain, la passion même qui règne dans les jeux de l'enfance, provoque son enthousiasme, et fait naître dans son âme les premières idées et les premiers sentiments du beau, du grand et du sublime.

Mais pour que tous ces avantages se trouvent réunis, il faut que l'enfant ne soit ni seul, ni avec des personnes beaucoup plus âgées que lui. Ce commerce disparate le tient trop renfermé au dedans de soi. Il devient rêveur, méditatif, sournois, craintif, taciturne ; son caractère en contracte quelque chose de sombre et de triste, ou d'aigre et de colère, qui lui prépare une foule d'amertumes pour le reste de la vie. Si la société des personnes plus âgées ne lui impose pas à ce point, si elles sont faibles avec lui plutôt qu'exigeantes, un autre inconvénient s'ensuit : l'enfant sera turbulent ou mou, suivant sa constitution, en tout cas fantasque, volontaire, difficile à vivre, ou d'une confiance et d'une naïveté dangereuses pour ses intérêts. Il se trouvera quelque jour malheureux dans le monde, parce qu'il n'y rencontrera plus l'affection et le dévouement sans bornes d'une mère tendre ; il en contractera peut-être une mélancolie et une misanthropie aussi contraires à son propre bonheur qu'à celui de ceux avec lesquels il sera dans la nécessité de vivre.

Les préjugés de ceux qui forment son intelligence et ses sentiments deviendront ses préjugés ; et comme ils n'en rencontreront pas d'autres propres à les tempérer et à les corriger, ils prendront un caractère d'exclusion passionnée qui en fera peut-être du fanatisme.

Il est donc de la plus haute importance que des enfants de même âge, mais différents de caractères, d'idées, de sentiments, de conditions et de fortunes soient élevés ensemble. Il faut, autant que possible, qu'ils forment dès le commencement un petit monde où se trouve déjà tout ce qui se rencontre dans le grand, sauf les proportions.

A mesure que l'enfant grandit, les exercices corporels seront choisis plus difficiles, plus variés ou plus savants. Ils se convertiront insensiblement en travaux corporels utiles, en métiers. Le riche adolescent pourrait s'initier de la sorte à la vie pénible de la condition ouvrière. Il apprendrait ainsi, en exerçant ses forces, ce qu'il y a de difficile, d'habile, d'utile, de laborieux et de méritoire chez ceux qu'il est tenté de mettre par trop au-dessous de lui. Dans ce genre d'exercice encore, ses facultés intellectuelles trouveraient une nouvelle occasion de se développer : l'étude des sciences mathématiques, mécaniques, physiques, chimiques, naturelles se rattache d'elle-même à celle des arts mécaniques. Et comme tous ces arts représentent les diverses fonctions de tout l'atelier social, le jeune homme qui serait bien dirigé, passerait tout naturellement de ce genre d'études à celle de la création des richesses, d'où il serait conduit à celle de leur distribution ; laquelle, à son tour, amènerait celle de la propriété, de sa consécration nécessaire, du droit, de la bienfaisance qui tempère le droit, de la morale qui se rattache à la religion par la nécessité d'une dispensation parfaite du bien et du mal physique, suivant nos mérites et nos démérites.

C'est ainsi que toutes les branches de la vie sortent chacune à son tour de leur tige commune, la vie physique. Mais il faut que celle-ci ne soit point exclusive, qu'elle conserve ses rapports avec toutes les autres, qu'elle soit largement conçue et convenablement dirigée. Sans cette étendue, ces restrictions et ces règles, le développement de la vie physique pourrait prendre un accroissement disproportionné, qui tendrait à envahir tout le reste, et qui pourrait absorber la séve entière de la vie. Il est surtout des tendances organiques dont il faut retarder l'éclosion et le développement par la sage distribution des forces physiques : les tenir assoupies, les contenir, c'est les servir encore, en servant tout le reste.

Mais pour arriver à ce résultant si important, il faut recourir aux armes mêmes de l'ennemi : il faut qu'un plaisir et des joies honnêtes remplissent assez l'âme pour prévenir l'invasion au moins prématurée des voluptés.

Un travail habituel, devenu lucratif et honorable, est déjà par lui-même une jouissance. Mais il faut d'autres plaisirs encore, et s'ils ne peuvent se rencontrer dans d'autres genres d'occupations; s'ils demandent quelques loisirs, de la distraction, des jeux un peu bruyants, le grand air et un beau soleil, les prairies, les champs et les bois, quelque légère dépense : le père de famille calculera sagement en ménageant à ses enfants des parties de plaisir, des réunions de parents ou d'amis, des fêtes de famille. Enfin une gaieté douce, franche, honnête, s'établira sans peine au sein d'une petite société de proches et d'amis, dont le but est de faire trêve aux fatigues, aux peines et aux soucis de la vie. Les joies de cette nature viennent d'autant plus sûrement quand on les appelle, que le reste du temps est mieux et plus honnêtement employé. Il n'y a de vraie et facile gaieté que celle de l'innocence. Un repos de ce genre répare heureusement les forces et dispose à reprendre la tâche avec une ardeur nouvelle. La perspective d'un repos et d'un plaisir prochains, soutient des forces qui, sans cela, commenceraient à languir. La gaieté dans le travail semble l'abréger et le rendre plus facile. Et c'est par le travail surtout, qu'à un certain âge, nos forces physiques se développent et se conservent. La tristesse, les chagrins cuisants, les passions qui dévorent l'âme, — et quelles sont celles qui la laissent intacte ? — affaiblissent le corps, y font germer ou éclore les maladies, amènent prématurément la vieillesse et la mort. C'est une partie essentielle de l'art de se bien porter, d'être vigoureux et de vivre longtemps, que de savoir garantir son âme des grandes passions, de conserver, au sein d'un travail soutenu, mais modéré, l'innocence, le calme et la gaieté qui font qu'on est bien avec les autres comme avec soi-même. Or, une certaine aisance et les plaisirs modestes qu'elle permet, sont un des plus sûrs moyens d'arriver à un résultat physique et moral aussi précieux qu'il est peu recherché (1).

Mais autant ces sortes de plaisirs sont bienfaisants pour le corps et pour l'âme, autant ils sont propres à réaliser ce beau vœu d'un poète ancien :

Orandum est ut sit mens sana in corpore sano (2),

autant aussi les jouissances excessives ou coupables sont à craindre. Et comme la sensibilité n'a en soi ni règle ni mesure, cette tendance a besoin d'être dirigée et contenue. C'est le troisième devoir à remplir à l'occasion de la vie physique.

CHAPITRE III

Devoirs relatifs à la vie intellectuelle.

La vérité est l'aliment de l'intelligence, comme le bien celui de l'amour.

On manquerait au triple devoir qui régit la vie de l'esprit comme toutes les autres, si l'on portait atteinte à ses facultés, soit en les étouffant, soit en les faussant par un exercice irrégulier, soit en les pervertissant par un aliment empoisonné, soit en rompant leur harmonie.

---

(1) Voir, sur ce sujet, quelques belles pages de M. de Gérando, *Du Perfectionnement moral*, t. II, p. 365-376. Nous n'avons pas parlé, en ce qui regarde les développements de la vie organique, des moyens qu'on pourrait employer à cet effet dans l'éducation, telle que la gymnastique jointe à la musique, comme le faisaient les anciens. Ces considérations appartiennent plutôt à un traité d'éducation. Nous négligeons beaucoup trop cette branche de la formation de l'homme.

(2) Juvénal, *Sat.* X, 356.

On serait encore répréhensible à cet égard, si on les laissait sans exercice et sans culture, ou si on les égarait sur des objets plus propres à les affaiblir ou à les corrompre qu'à les fortifier et à les perfectionner, ou si enfin la mesure qu'on doit garder entre elles avec les autres éléments de la vie était rompue par l'excès de développement donné à quelqu'une d'elles ou à leur ensemble.

L'exercice et le développement régulier des facultés de l'esprit est d'ailleurs une source de jouissances nombreuses, durables et pures. Tous les genres de contemplation sont de ce nombre. Les sciences les plus abstraites ont leurs charmes, et peuvent passionner les esprits qui les cultivent avec succès. Les sciences pratiques ont un côté utile qui inspire souvent un très vif intérêt.

Mais il est un ordre de pensées, ou plutôt une manière de conduire sa vie, qui appartient tout à la fois à la spéculation et à la pratique, à la logique, à la morale et à l'économie politique, qui peut être une vertu et un calcul, la prudence, et qui mérite ici une étude spéciale. Nous la ferons après avoir dit un mot des bienfaits de l'instruction, des avantages attachés à l'exercice et à la culture de nos facultés intellectuelles en général.

L'homme est fait pour connaître, puisqu'il en est capable, et que c'est pour lui un besoin d'autant plus pressant qu'il l'a déjà satisfait à un plus haut degré. Plus on connaît, plus on apprécie le plaisir attaché à la possession du vrai, plus on sent le prix des vérités qui ne sont encore qu'entrevues. Il faut déjà connaître quelques vérités pour éprouver le besoin de lumières supérieures ; c'est ce qui explique l'indifférence, la paresse intellectuelle et le mépris même des ignorants pour les travaux de la pensée et l'agrément de leurs résultats. C'est ce qui explique aussi le zèle, l'activité infatigable et l'enthousiasme des savants pour la vérité. Elle a ses adorateurs, ses dévouements et ses martyrs. Cela se conçoit d'autant plus que la vérité est la manifestation la plus élevée et la plus pure de la divinité à l'esprit humain. C'est le but de l'aspiration intellectuelle, de l'activité spirituelle ; de cette activité qui n'appartient qu'à la meilleure partie de nous-mêmes. C'est dans sa possession qu'il y a plénitude d'existence pour l'âme. Qu'est-ce, en effet, que la vie de l'esprit, sinon la contemplation du vrai? L'aspiration, la possession, la jouissance, telles sont les trois grands moments de toute force qui a conscience d'elle-même.

Si la vérité est vraiment divine, toute science, comme on l'a dit, est un culte, et les méthodes scientifiques sont comme des rituels. Leur sévérité moderne, comparée aux aberrations dont elles étaient autrefois remplies, sont comme une réforme dans le culte du vrai, réforme qui a chassé l'erreur du sanctuaire des sciences comme les réformes religieuses dignes de ce nom chassent du temple les superstitions qui les déshonorent. Cette réforme a tellement discipliné les esprits qu'ils sont aussi moins accessibles aux erreurs nouvelles.

C'est surtout à propos du travail intellectuel qu'il est vrai de dire que : *Qui travaille prie*. Travailler ainsi c'est chercher à se mettre en communication avec Dieu, source de toute vérité ; c'est s'élever à lui de la manière la plus désintéressée. L'artiste prie aussi en cherchant le beau. Ils le sentaient, ces anciens qui commençaient une œuvre d'art ou de science par une invocation aux divinités mères des grandes pensées. Il le sentait l'illustre naturaliste suédois, Linnée, lorsqu'il mettait en tête d'un de ses traités ces magnifiques paroles : *Deum sempiternum, omniscium, omnipotentem a tergo transeuntem vidi et obstupui.*

Il y a, du reste, chez les savants deux sortes d'hommes :

ceux qui ne sont religieux que par instinct, et ceux qui le sont avec une pleine conscience. Les premiers ne pensent qu'au vrai, sans le rattacher à Dieu, ou l'en croient même indépendant. Les athées de bonne foi, ces athées qui ont cru démontrer régulièrement la non-existence de Dieu, sont des croyants et des adorateurs de la première espèce. Leur intelligence a besoin de Dieu, y aspire, le cherche avec emportement, quelquefois avec passion, tout en niant avec chaleur ce qu'elle ne croit pas être lui. Mais elle se rattache avec d'autant plus d'avidité à toutes les sublimes manifestations de Dieu dans l'ordre du vrai et du beau. Il faut leur laisser dire qu'ils n'admettent pas en un principe suprême de toutes choses ; ils croient ce qu'ils peuvent ; c'est assez. Il n'y aurait d'athée possible que le parfait sceptique ; mais le sceptique absolu n'existe pas, n'est pas possible : un vrai sceptique est un homme qui fait de son intelligence un temple en l'honneur de la vérité, et qui ne fait fumer aucun encens sur l'autel, incertain de la nature du culte qui convient à la divinité qu'il adore, et jaloux qu'il est à l'excès de ne mêler rien de profane ou d'indigne à ses témoignages de piété. C'est Socrate qui ne sait comment honorer les dieux, parce qu'il ignore ce qui leur est le plus agréable ; les dieux seuls le savent. C'est le centurion, plein du sentiment de son indignité, qui ne demande qu'un seul mot. C'est la chananéenne qui se contente des miettes qui tombent de la table du maître ; c'est la femme incurable qui veut seulement toucher les bords de la robe du sauveur ; c'est Zachée qui ne demande qu'à le voir passer. Le sceptique de bonne foi est animé de deux grands sentiments, d'un profond respect pour le vrai, et d'une extrême défiance de ses forces. C'est la vénération jointe à l'humanité, c'est-à-dire les deux sentiments les plus rares dans l'homme, mais aussi les plus précieux et les plus recommandés. Il est si difficile de sortir de soi, d'entrer dans l'abnégation et de reconnaître un mérite étranger ! L'orgueil, fondé sur l'exagération de ses moyens et de sa valeur propre, est comme un prisme qui rapetisse et dénature toute valeur personnelle étrangère. Je ne fais pas l'éloge des esprits sophistiques, ridiculement et systématiquement entêtés : c'est là le fruit de l'orgueil, bien plus que celui de la modestie. Mais je parle de l'homme sage, réfléchi, plein de circonspection et de défiance, qui sait ce grand savoir dont parle Malebranche, puisqu'il sait douter.

Je ne m'étonne donc pas qu'un assez grand nombre d'écrivains religieux et autres aient vu, dans un certain scepticisme, comme une terre merveilleusement préparée pour recevoir la semence de la foi chrétienne. Il y a donc injustice et aveuglement à les poursuivre d'une haine dogmatique implacable. Ils croient à leur manière et ce qu'ils peuvent. Laissez-les achever le travail intérieur qui s'opère en eux : ils mûrissent pour la foi. Mais pour quelle foi? dira-t-on. Que vous importe, et qu'y pouvez-vous, surtout par la calomnie et la persécution ? Viendront-ils à maturité ? Que vous importe encore, si vous n'êtes pas le soleil de vérité et de bonté qui peut les faire éclore, développer et mûrir?

L'autre espèce de savants, dont l'amour pour le vrai est aussi un culte religieux, mais un culte plus parfait, puisqu'il est accompagné de la connaissance du rapport de toute vérité avec Dieu comme source de toutes les réalités et de toutes les lois qui les régissent, de tous les ordres d'idées et de tous les systèmes ou enchaînements formés par elle ; cette espèce de savants, disons-nous, est essentiellement religieuse dans ses travaux en apparence purement scientifiques : ce sont des dévots pour ainsi dire surhumains, comparables à ceux qui nous sont représentés dans une incessante contemplation des ineffables perfections divines, éternellement occupés à les célébrer dans des élans d'allégresse infinie. C'est Aristote qu'un saint transport ravit lorsqu'il parle du moteur immobile de l'univers ; c'est Galien qui voit dans une démonstration anatomique un hymne au Créateur ; c'est Galilée qui se conçoit le premier contemplateur du véritable mécanisme du monde, contemplateur attendu de Dieu parmi les humains pendant plus de cinq mille ans ; c'est Newton qui trouve en y pensant toujours la loi suprême du mécanisme universel ; c'est Kant qui signale à Herschell la région de l'espace infini où il doit reconnaître, à l'aide d'un instrument qui est lui-même une merveille de l'industrie humaine, une planète que Dieu ne peut avoir oubliée. En effet, Dieu la montre aussitôt, et le prophète de ses œuvres divines peut, lui aussi, entonner le sublime cantique du grand-prêtre de la science, d'un autre Siméon : « Dans le silence général de « la nature, et le calme des sens, la raison de l'esprit im- « mortel parle un langage sans nom, et donne des idées « enveloppées qui se sentent bien, mais qui ne s'expriment « pas. » Voilà quelques-uns des adorateurs privilégiés du Dieu de vérité, et dont la vie entière n'a été qu'une prière incessante, dans laquelle ils ne demandaient ni les richesses, ni les honneurs, ni le pouvoir, lorsque tant d'autres humains qui se croient peut-être bien plus près de Dieu se montrent si avides de ces biens inférieurs. Ils demandaient le royaume du ciel dans toute sa pureté, sans penser même que le reste pourrait leur être donné par surcroît. Combien, hélas ! d'autres hommes non moins purs ni moins désintéressés, sont morts à la recherche du vrai, victimes de leur saint et sublime dévouement, ne recueillant de leurs constants et pénibles efforts, que fatigue, misère, infirmité, moquerie et persécution ! Soutenus seulement par la foi en la vérité, par un amour inaltérable pour elle, par l'espoir à toute épreuve de la goûter un jour : ces nobles esprits, après avoir mené dans l'infortune et la peine des années pleines de labeur, de calme et de résignation, auront vu, n'en doutons pas, leurs âmes inondées pour jamais des ineffables délices attachées à la contemplation de l'infinie vérité.

Mais Dieu n'a pas voulu laisser l'homme ici-bas sans encouragement, sans une certaine récompense anticipée de ces généreux efforts, puisque l'attrait n'existe pas sans une certaine jouissance antérieure. Cette jouissance est donc plus ou moins grande pour chacun de nous.

L'intérêt attaché aux connaissances les plus vulgaires se révèle à un degré très élevé dans la curiosité tranquille ou passionnée de l'enfant, avec laquelle il étudie ses sensations et ses perceptions. La vue et l'ouïe surtout, sont fécondes en idées et en jouissances.

Inutile de rappeler l'influence de la musique sur l'esprit ; tout le monde en connaît la puissance et les effets. L'ouïe est aussi le véhicule de la parole et de la pensée, l'organe de l'instruction et l'un des liens sociaux les plus forts. La vue joint à tous ces avantages celui de nous mettre constamment en rapport avec les merveilles de la création. Aussi quelle privation que celle de l'aveugle qui a joui du bienfait de la lumière ! quelle joie, quel transport, s'il vient à recouvrer contre tout espoir l'usage d'un sens si précieux ! Rhamsès le Grand se tua, dit-on, pour avoir perdu la vue, et des sourds-muets devenus tout à coup capables d'entendre ont failli en perdre la raison.

Mais ce ne sont pas proprement les sens qui donnent la connaissance, la vérité. Les animaux en sont pourvus, ainsi que l'homme, et se montrent peu ou point sensibles au plaisir de percevoir. Ce n'est pas tout en effet d'avoir des perceptions, il faut encore savoir qu'on en a ; il faut en connaître le prix, éprouver le besoin d'en avoir. Tout cela suppose la réflexion, la conscience, et une nature intellectuelle qui n'a pas seulement pour fin la conservation de l'individu, mais encore cette autre fin bien supérieure en un sens, la connaissance de la vérité. C'est l'entendement, la raison, qui donne aux perceptions leur lumière, qui les rend intelligentes et les convertit en connaissances humaines.

Les abstractions profondes, les idées très étendues, les rapprochements ingénieux et délicats sont autant de jouissances intellectuelles. Je ne parle point de ce qu'il y a de flatteur dans l'estime publique, dans l'honneur rendu au savoir et au talent, puisque cet avantage est souvent payé bien cher. N'envisageons que l'exercice solitaire de la pensée.

Il y a quelque chose d'analogue entre les opérations de l'entendement et les intuitions sensibles. Une analyse approfondie à l'aide d'un système quelconque de signes peut occasionner une sorte d'étourdissement semblable à celui qu'on éprouve en plongeant le regard dans ses abîmes, ou en l'attachant à des monuments ou à des pics d'une grande élévation. La principale différence résulte d'un sentiment particulier qui vient se mêler à celui dont nous parlons, lorsque nous venons à penser à la fragilité de notre personne physique, abandonnée à la force attractive de la terre. L'infini en étendue horizontale est moins saisissant, mais l'œil aime à l'embrasser encore : l'élément du sublime est toujours là. De même, les hautes généralités intellectuelles nous plaisent, lors surtout qu'elles sont colorées par l'imagination. A ne les prendre cependant que comme genres ou espèces, elles ont aussi leur charme. Ces idées deviennent une puissance ; c'est à leur aide que l'esprit embrasse un nombre indéfini d'êtres ou de qualités. Aussi Buffon recommande-t-il, comme un agrément du style, d'employer les expressions à signification générale, plutôt que les termes propres. Le conseil peut être bon au point de vue oratoire : une certaine obscurité n'est qu'un agrément de plus pour l'esprit ; mais dans les sciences, il doit être suivi avec plus de circonspection, et la critique que fait Laromiguière de ce passage de l'illustre écrivain naturaliste devient tout à fait juste.

Il y a un autre plaisir pour l'esprit dans l'emploi des idées générales, c'est celui qui résulte de la symétrie logique de leurs combinaisons par genres et par espèces, comme dans les classifications en histoire naturelle. Ici le plaisir vient de la conception de l'ordre.

Le rapprochement des idées éloignées, les rapports ingénieux de ressemblance et de différence, surtout s'ils sont rendus d'une manière figurée, vive et piquante, constituent l'esprit proprement dit, dans le sens français du mot. En amusant les autres, quelquefois en les blessant, on se montre à ses propres yeux d'une adresse qui plaît. Mais si l'on veut ici une jouissance sans amertume, comme l'amour-propre n'est peut-être jamais plus visiblement en jeu, il faut avoir grand soin de le cacher. On sait le conseil de Voltaire au sujet de cette dangereuse jouissance : l'image est juste, et le conseil prudent. Il lui appartenait de le donner.

Une mémoire puissante est aussi une source immédiate de jouissance : aussi n'est-ce pas toujours par vanité que ceux qui en sont doués aiment si fort à la mettre à contribution. C'est comme une création de second ordre, qui ne coûte aucun effort. Une autre jouissance d'un genre analogue, c'est celle de l'association heureuse et rapide des idées dans l'improvisation. Une certaine exaltation des facultés intellectuelles élève, transporte alors l'orateur, et lui donne conscience d'un degré de force qu'il se croyait à peine. Il se sent donc alors plus de valeur, plus de réalité, plus d'être pour ainsi dire que dans son état ordinaire. La vanité vient encore ajouter à ce sentiment déjà si fort par lui-même. Il n'y a qu'un grand intérêt étranger, comme celui de la religion, de la patrie, de l'humanité, qui puisse jusqu'à un certain point excuser un orateur à ses propres yeux de se dresser des autels et d'y faire brûler son encens. Si l'on étudie bien Bossuet, l'orateur le plus naturel et en apparence le plus oublieux de soi, on s'apercevra que l'art a passé par là, et que le diable a dû lui tenir souvent le même langage qu'à Massillon. Le dialecticien me semble plus à l'abri de ce reproche, et je croirais volontiers que Bourdaloue a reçu moins de compliments de la part du Mauvais par excellence.

L'imagination, cette faculté intermédiaire entre la raison et les sens, ce sens des sens, foyer du monde externe, qui tient déjà du monde interne, de celui des idées non sensibles; l'imagination, mère de l'industrie et des arts; l'imagination dont on a dit tant de mal et tant de bien, avec une raison ou une déraison égale, suivant le rang qu'on lui assigne par rapport au jugement et à la raison; l'imagination, vraie fée domestique, *intus et in cute*, peut non seulement nous amuser, nous bercer, nous séduire, nous charmer, nous subjuguer par ses fantaisies gracieuses, sublimes ou terribles, suivant les couleurs qu'elle emploie et les sujets qu'il lui plaît de présenter à notre esprit. Mais ce n'est pas là toute son action sur nous; il y a, dans son exercice seul, une jouissance intime plus secrète, moins puissante que celle qui résulte de l'influence de ses productions sur l'esprit même qui les conçoit. Cette faculté est une de celles dont l'exercice et la culture sont un des besoins les plus impérieux dans un grand nombre d'hommes. C'est un besoin de cette nature qui fait ces vocations industrielles ou plutôt industrieuses, *artielles* et littéraires, qui ne sont pas toutes aussi vraies, ni aussi heureuses qu'elles sont ardentes. C'est une force intérieure qui veut se déployer. C'est le souffle d'une divinité, une inspiration, un génie, une obsession, un Dieu en personne qui nous mène, et auquel nous obéissons bien moins librement qu'on ne pense. Agir, pour elle, est nécessaire. Mais agir, c'est concevoir, réaliser ses conceptions, les modifier, les changer complétement, y ajouter, et y ajouter encore. C'est un poème qui n'est jamais achevé, mais que la mort termine. Il ne pourrait pas être fini autrement, puisque l'imagination ne veut pas de fin. C'est l'action qui est son besoin et son but. Ce n'est pas le repos. Le sommeil, loin de l'engourdir, ne semble que lui laisser la carrière plus libre. Par elle nous vivons encore de la vie extérieure, alors que nos sens sont plongés dans l'inaction la plus profonde. Elle est à elle seule tout un monde, mais cependant un monde de souvenirs ; aucune forme primitive ne lui est propre.

Le jugement et le raisonnement, ou la faculté des rapports, la raison scientifique proprement dite, sans être aussi féconde en jouissances que l'imagination, en procure quelquefois de plus grandes et toujours de plus pures. L'art n'a sans doute jamais occasionné des transports plus vifs que ceux racontés de Pythagore et d'Archimède. Et peut-être que la partie la plus élevée de l'art, de la poésie, n'est jamais plus ravissante que par l'endroit même qui se rapproche le plus de l'idée, de la vérité, de l'invention scientifique. La découverte d'un procédé artiel est assurément propre à procurer une grande satisfaction ; mais quelle différence entre découvrir une idée et un moyen de l'appliquer ! entre produire ou plutôt reproduire un phénomène naturel, et mettre en lumière une loi éternelle de la création ! Agrandir l'intelligence de l'homme, c'est pour ainsi dire agrandir le monde ; c'est tôt ou tard ajouter aussi à la puissance humaine.

Il n'y aurait que ce dernier avantage attaché à l'exercice de la raison qu'il serait encore de nature à nous élever singulièrement à nos propres yeux. Aussi la science du rapport des moyens aux fins, la téléologie, comme l'appellent les philosophes allemands, l'industrie, dans son acception la plus étendue, est un magnifique témoignage de la grandeur de l'homme. Il faudrait, comme le dit Bacon, obéir à la nature pour lui commander plus sûrement ; elle n'obéirait en définitive qu'à elle-même, qu'il y aurait toujours un certain triomphe à savoir ainsi la mettre au service de l'humanité. L'animal n'a pas cette puissance ; son industrie ne se transforme et ne se développe point sous l'influence de la pensée ; faisant lui-même partie de la nature, et n'ayant rien en lui qui s'en distingue et la domine, il n'étend point son empire sur elle. Il n'a pas même, selon toute apparence, la supériorité de la conscience, supériorité à elle seule qui mettrait déjà l'homme au-dessus de l'univers, en fût-il écrasé. C'est là une des pensées de Pascal les plus justes et les mieux senties.

Les forces de la nature, leurs combinaisons harmoniques, l'ordre, la grandeur, l'infinité de certains aspects de l'univers, sont une source désintéressée de jouissances dont la raison est encore le principe. C'est elle qui conçoit l'ordre, la beauté, la sublimité ; et c'est à la suite de ces conceptions que naît le plaisir pur qu'on appelle esthétique par excellence. L'art plaît donc à un double titre : il est une source de beautés nouvelles, et il a sa raison immédiate dans le génie de l'homme.

Si le beau n'était, comme dit Platon, que la splendeur du vrai, ce serait donc de ce vrai sublime, insensible, purement rationnel, rêvé par les pythagoriciens, mais conçu plus nettement par Platon, dépouillé enfin de tout mysticisme et réduit à un fait analysé et compris par le philosophe de Kœnigsberg.

Déjà nous avons dit un mot du plaisir attaché à la découverte du vrai scientifique, en parlant de l'instrument rationnel de toute science, le raisonnement. — Mais, on le comprend, ce n'est pas le raisonnement comme tel ou son usage qui excite notre enthousiasme en matière scientifique, quoiqu'il soit déjà un procédé admirable de l'esprit ; ce n'est pas non plus la science même du raisonnement, quoiqu'elle soit une œuvre peut-être plus admirable encore : c'est l'intuition rationnelle d'un ordre de vérités sublimes, par des moyens qui attestent la puissance de l'esprit humain. Toute vérité, tout raisonnement, quels que soient le prix de l'une et la beauté de l'autre, ne transportent pas notre esprit : ce qui est habituel, de tous les moments, et qui ne coûte aucun effort, a pour nous si peu de valeur qu'il passe inaperçu.

Mais c'est dans l'ordre moral ou du bien que la jouissance contemplative de la raison est le plus élevée. Nous n'avons pas seulement de l'admiration pour la vertu, nous avons aussi du respect. C'est surtout par là qu'on s'élève au-dessus du vulgaire des humains. Si l'antiquité à déifié la force physique, l'industrie, l'art, la science ; le christianisme, plus habile appréciateur de la valeur humaine propre, et de la partie la plus pure, la plus noble de cette même valeur, le christianisme n'a pris ses saints que parmi les hommes d'une éminente *bonne volonté*. C'est par la volonté que nous sommes nous, que nous nous appartenons, que nos actes sont nôtres : la science, le talent, la force, tout cela est l'œuvre de la nature en nous ; le seul usage que nous faisons de tout cela nous appartient. La puissance du caractère, lorsqu'elle n'est pas réfléchie, nous appartient déjà peu. Et cependant, comme elle tient encore de la volonté, on a déjà pour elle une sorte d'estime, et pour le défaut de caractère une espèce de mépris.

La jouissance intellectuelle, à tous ses degrés, manque à l'animal, suivant toute apparence, par la raison qu'il n'éprouve pas le besoin de connaître, qu'il n'est pas doué des capacités intellectuelles les plus propres à le faire, et qu'il n'a pas la conscience ou la réflexion nécessaire à la contemplation et à la jouissance de l'utile, du beau, du vrai et du bien. Il manque donc aussi de l'attention réfléchie, de toute volonté délibérée, et par conséquent du libre arbitre véritable. Il ne peut donc rien faire qui exige une volonté soutenue, calculée et indépendante de l'instinct, ou même contraire à l'impulsion secrète des mobiles corporels. Encore ces instincts sont-ils bien plus bornés que ceux de l'homme, quoique plus sûrs et plus étonnants dans leur sphère. De tous les êtres vivants à nous connus, l'homme est bien le seul qui ait des instincts religieux, *animal religiosum*. La superstition prouve assez que l'idée et le sentiment du divin ne sont point l'effet de la culture intellectuelle. Pour peu que l'homme ne soit pas abruti, pour peu qu'il soit homme, son caractère religieux se révèle. Mais aussi, plus il est homme, plus sa raison est élevée, plus son instinct religieux se purifie, s'ennoblit, plus il devient digne de son objet. L'idée religieuse, lorsqu'elle prend un caractère instinctif à l'aide de l'imagination, produit un degré d'exaltation inconnu dans tout autre ordre de pensées : le raisonnement extatique en est l'apogée. Cette jouissance intellectuelle ne diffère pas seulement en degrés de toutes les autres, elle est aussi d'une nature diverse. Cette idée n'agit pas ainsi lorsqu'elle n'est mêlée à rien de sensible, lorsqu'elle est purement rationnelle. Elle a, dans ce dernier cas, un caractère plus scientifique, et si elle devient le rapport de tous les rapports, l'unité des unités, le lien suprême de toutes les existences, de toutes les possibilités, l'unité par conséquent de toutes les réalités, l'idée de toutes les idées, elle conduit au panthéisme, qui est une sorte de mysticisme scientifique ou de raisonnement, comme l'autre mysticisme est l'œuvre de l'imagination. Dans la manière plus ordinaire de concevoir Dieu et son action dans le monde, la vie future, l'idée religieuse est encore une source de jouissance intellectuelle qui, pour être plus calme, n'en est pas moins salutaire et pleine de douceur. La résignation, jointe à l'espérance, donne à l'âme une sérénité toute particulière.

Il suit de tout ce qu'on vient de dire que connaître, c'est-à-dire sentir, percevoir, concevoir avec conscience, c'est être intellectuellement ; que connaître davantage, c'est pour ainsi dire être plus encore. La connaissance diminue à proportion qu'elle remplit le vide de notre capacité intellectuelle, et fait ainsi disparaître la privation ou le néant de notre être à cet égard. Il y a comme accroissement, par suite de l'assimilation de la vérité, et en raison même du nombre ou de l'importance des vérités acquises.

L'instruction nous donne ainsi un empire incontestable sur la nature extérieure, et sur nos impulsions instinctives. L'habitude de la réflexion, de la vie des idées, donne à l'activité vitale une direction plus noble et plus pure. L'homme acquiert plus d'empire sur lui-même, ses principes d'action s'agrandissent et s'élèvent comme la sphère de ses connaissances et de ses pensées. Il se forme des convictions dans l'ordre moral, politique et religieux qui tendent à l'affranchir sous ce triple rapport de la tyrannie des sens et d'une autorité imaginaire, en même temps qu'à le soumettre davantage à l'empire de la raison et à la seule autorité qu'elle impose elle-même.

Il est facile maintenant d'apprécier à sa juste valeur la spécieuse déclamation de Rousseau contre l'influence morale des lettres, des sciences et des arts. L'homme qui réfléchit et qui agit en conséquence, peut bien être dépravé comme animal, mais il n'est homme qu'à cette condition. Reconnaissons toutefois que sans la culture morale, toute instruction peut être plus nuisible qu'utile, puisqu'elle peut mettre la perversité à la place d'une grossièreté plus ou moins innocente. Si c'est là ce que Rousseau a voulu dire, il a eu raison. Mais s'il a prétendu que l'éducation morale ne peut marcher de front avec le développement de toutes nos autres facultés, qu'il n'y a pas en nous le germe d'une raison pratique destinée à régler toutes nos actions pour le plus grand bien commun, et singulièrement pour celui de l'agent, c'est là une erreur des plus graves.

Au surplus, ce qui prouve l'attrait indicible attaché au plaisir de connaître, c'est que l'homme ne renonce jamais volontairement aux lumières : une fois qu'il a touché au fruit de l'arbre de la science, il n'en perd jamais le goût ; il veut s'en nourrir au risque de s'empoisonner. Il a l'instinct que cet arbre peut être greffé, et ne porter que des fruits salutaires. C'est là le sens du mot de Socrate, que l'homme n'est méchant que parce qu'il ignore ; il faut qu'il ait un jour la science parfaite du bien et du mal ; alors il fera l'un et évitera l'autre avec choix, avec passion : il reviendra, à l'aide d'un savoir supérieur, à la pureté de l'innocence. Il y aura de plus, en lui, intelligence et amour du bien. C'est le positif qui succède au négatif, l'être moral au non-être. Il faut entendre de même le mot de Bacon sur le rapport de l'instruction à la religion, comme condition l'une de l'autre.

On le voit, la culture des facultés intellectuelles appartient à la morale à plus d'un titre : elle est obligatoire en soi, puisqu'elle fait partie d'un perfectionnement voulu par la nature des choses ; elle élève l'âme en développant en elle la passion du vrai, du beau et du bon. En mettant la sensibilité morale au service de la raison par la jouissance qui s'attache à la contemplation des choses de l'ordre spirituel, elle affaiblit d'autant les inclinations inférieures. Plus l'homme éprouve de goût et d'entraînement pour ses idées, moins les sens ont d'empire sur son âme, moins les intérêts matériels le préoccupent. C'est pour cette raison que nous avons cru devoir expliquer, un peu longuement peut-être, un fait d'ailleurs très certain, à savoir, le plaisir attaché à l'exercice raisonné ou à la culture de nos facultés intellectuelles.

L'exercice habituel ou le développement de nos facultés morales n'est pas moins obligatoire, comme on le pense bien, que celui de l'intelligence proprement dite. Il n'est pas non plus moins fécond en pures et nobles jouissances, et ces jouissances à leur tour ne peuvent pas être moins salutaires.

CHAPITRE IV

Devoirs qui résultent plus spécialement de nos rapports religieux et sociaux, ou devoirs d'affection.

Les idées de l'ordre moral apparaissent et se développent assez tôt dans la vie, quoique pas des premières ; mais leur autorité et le respect qu'elle entraîne n'a toute la force qu'elle doit avoir pour chacun de nous que dans la dernière période ; plus les instincts et les passions perdent de leur entraînement, plus les préoccupations des nécessités de la vie laissent à l'âme de recueillement et de liberté, plus l'existence acquiert de gravité et de sérieux par l'expérience et la réflexion, plus aussi les idées et les sentiments de l'ordre moral prennent d'empire sur la volonté. La vie morale, qui est tout à la fois une vie d'idées, de sentiments et d'action, gagne donc en raison des pertes éprouvées par les vies inférieures, et peut-être dans une proportion plus forte. C'est la pratique surtout qui constitue la vie morale; autrement cette vie ne serait encore que la vie intellectuelle ou même affective.

Déjà la morale a ses droits sur les inclinations inférieures, puisqu'elle est appelée à les régler et à les tempérer. Elle ne s'en distingue donc que par un empire plus étendu sur la volonté, par une régularité plus accomplie. Ce qui caractérise surtout l'empire de la moralité dans la vie, ce qui la constitue plus spécialement, c'est la retenue, l'empire de soi. On sait supporter et s'abstenir. On juge aussi les hommes avec plus d'indulgence et de sympathie, en même temps qu'on devient plus sévère pour soi-même.

Si l'époque de la grande maturité a moins de cette fougue physique qui appartient aux âges précédents, elle a par contre plus de sagesse et de profondeur dans la réflexion, plus de dignité dans le caractère et de force dans la volonté. Son courage moral semble donc avoir gagné à cet âge ce que le courage physique pourrait avoir perdu. L'inclination à l'emportement et à la colère fait également place à une douceur relative. La dignité devient comme la conséquence inévitable, quoique plus ou moins sentie, de l'accroissement de toutes ces vertus, et surtout de la gravité que prend de plus en plus la vie avec les années.

Mais il est une autre vertu qui renaît d'une manière peut-être plus sensible encore à mesure qu'on avance dans le péril de la vie et dans ce qui la suit, c'est le respect. La jeunesse y est peu sensible, parce qu'elle est présomptueuse. Plus consciente de sa force que de sa faiblesse, ou plutôt ne connaissant pas assez l'une et l'autre, sans réflexion comme sans expérience, elle prend son ardeur pour de la force, son ignorance ou son manque d'idées pour une absence absolue nécessaire d'idées en ce qu'elle ignore. Mais ce qui est pis encore, elle prend naïvement des idées irréfléchies, superficielles, et depuis longtemps condamnées par l'expérience et la réflexion, pour des illuminations de génie. Rien plus n'égale son outrecuidance et son dédain pour ce qui est, pour ce que le temps a éprouvé et consolidé, que le ton naïf dont elle débite ses vieilles, puériles ou fausses nouveautés. L'expérience et la réflexion, c'est-à-dire le temps bien employé, pourront seuls la désabuser sur la valeur de ses utopies, lui en montrer le néant et lui apprendre à connaître ce qu'il y a de vrai, de bon, d'utile, de nécessaire, de salutaire enfin dans les institutions qui ont vieilli, dans tout ce qui est encore debout, hommes et choses. Frappée des vices et des imperfections, bien plus que des vertus et des mérites, la jeunesse qui sent que le monde dans lequel elle fait son entrée, lui appartient plus qu'aux générations qui s'en vont, se persuade, dans sa simplicité crédule, qu'il n'est rien de plus facile que de le transformer suivant ses goûts et ses convenances. Architecte novice, elle mettrait volontiers en ruine tout ce qui a servi d'abri à ses pères, persuadée qu'il est aussi facile d'édifier que d'abattre. De là ce jugement décisif, cette hauteur et ce mépris pour les conceptions et les nécessités qui ne sont ni ses idées ni ses vertus. De là un mépris à peine contenu, et dont tout l'effort se réduit à garder un silence suffisamment dédaigneux.

Tels sont les vices qu'une maturité avancée est appelée à corriger. Telles sont les vertus contraires qu'elle doit développer en nous, et qui caractérisent excellemment la vie morale. Il nous suffit de les avoir indiquées.

Disons toutefois, en ce qui touche les affections dont le dérèglement n'est que trop ordinaire, que le tout n'est pas d'aimer ce qu'on doit aimer ; il faut encore n'aimer que cela, et l'aimer raisonnablement.

Il y a des affections possibles naturellement qui sont contraires à l'ordre du monde physique ou moral, et qui dès lors sont déréglées. Il y en a d'autres qui, sans avoir un objet condamnable, pèchent par intempérance. Ce qui est un autre déréglement. L'excès d'une affection légitime a pour inconvénient de compromettre cette affection même, d'amener des déceptions, de corrompre à certains égards celui qui en est l'objet, de la rendre exclusive, de nuire ainsi aux autres affections légitimes. S'il est un bien qui comprenne visiblement tous ses biens, il peut seul être aimé sans partage et de toutes les forces de l'âme. Ici-bas, si tout autre amour doit être ramené à l'amour divin, toujours est-il que l'un est compatible avec l'autre, qu'il doit même exister, et qu'il y aurait inintelligence profonde de la condition humaine et des devoirs qu'elle impose, si l'on ne voulait absolument rien aimer que Dieu, sous prétexte d'être plus parfait. Que la perfection infinie, cause universelle et dernière de toute perfection finie, soit le but suprême de toutes les aspirations instinctives ou intelligentes du cœur ; que toute affection terrestre par conséquent s'y rapporte, s'y subordonne, comme à la fin dernière de tout amour, que le cœur pas plus que l'intelligence ne se confine tout entier dans un amour inférieur, rien de plus naturel et de plus raisonnable ; mais il n'en est pas moins vrai que cet amour subordonné est aussi raisonnable et naturel, et que vouloir l'anéantir ce serait vouloir briser les liens qui nous unissent providentiellement au reste du monde, et sortir prématurément de notre condition d'homme.

Une vie morale est déjà une vie religieuse ; c'est même la principale. Mais elle peut l'être davantage encore, lorsqu'animée par la pensée du bien, elle peut l'être aussi par l'idée que le bien est un ordre établi de Dieu, qu'il est la conséquence nécessaire de sa sainteté parfaite, qu'il en est voulu, et que le pratiquer c'est être dans l'ordre avec Dieu, comme on l'est avec les hommes, avec soi-même et avec le reste de l'univers.

La vie qu'anime le sentiment religieux a cet autre avantage de donner à la morale un caractère divin, non seulement en ce qu'elle la rapporte à sa source première, mais encore en ce qu'elle la fortifie en la présentant comme l'expression de la volonté souverainement raisonnable d'un législateur juste et saint, qui ne peut souffrir que l'ordre physique ne réponde pas à l'ordre moral, et dont la volonté toute-puissante doit infailliblement rétablir l'harmonie un instant troublée, du moins en apparence, entre l'ordre moral et l'ordre physique, entre le bien et le bonheur.

La morale, ainsi rapportée à la religion, y trouve l'explication d'une grande énigme, qui autrement serait désolante : la vertu malheureuse n'est plus sans consolation et sans espoir; le crime heureux n'est plus sans inquiétude et sans effroi.

Les idées religieuses ont aussi l'immense avantage moral de faire naître les sentiments très élevés et très puissants d'une admiration, d'un respect, d'une crainte, d'un amour et d'une confiance sans bornes, comme les attributs divins qui les inspirent sont eux-mêmes sans limites.

Ces sentiments et ces idées sont les ailes par excellence de l'âme. Et c'est la contemplation religieuse qui les fait pousser. Le germe en est dans toute âme humaine, il est vrai ; mais il peut rester engourdi et sans force comme sans vie, si l'intelligence ne vient pas le féconder. Nouvelle importance morale à reconnaître à la culture de l'intelligence.

Le sentiment religieux, parvenu à un certain développement, lors surtout que les idées qui l'excitent ne sont pas entièrement dépouillées de toute imagination, comme il arrive à l'immense majorité des hommes, ce sentiment, disons-nous, tend à se traduire au dehors par des actes plus ou moins propres à le manifester, à le nourrir et à le fortifier. Ces actes constituent le culte extérieur, comme les sentiments qu'ils expriment constituent le culte intérieur. Ils sont au sentiment religieux ce que la parole est à la pensée.

Faire le bien, quel qu'il soit, c'est honorer Dieu sans doute ; mais cet honneur n'est qu'indirect, tant qu'il n'a pas Dieu pour but immédiat. Or, la morale religieuse proprement dite, ou la religion pratique, consiste dans les actes de piété divers.

Cette partie de la vie totale de l'homme est en un sens supérieure à toutes les autres que nous avons vues déjà, de toute la supériorité de Dieu sur le monde, sur les idées mêmes qui s'élèvent au-dessus du monde. Elle est comme un commerce régulier entre l'homme et Dieu. Jusque-là il n'y a pas action et réaction de l'un et l'autre ; Dieu seul agit, l'homme reste passif. Déjà l'homme peut connaître, mais il ne sent pas encore, puisqu'il reste inactif. Pour qu'il devienne actif, il faut donc que le germe de la vie religieuse s'échauffe pour ainsi dire, se développe et fasse sortir du cœur des élans de foi, d'amour et d'espérance. Ce sont là les trois vertus mères de la morale religieuse.

Mais pour que ce phénomène moral s'accomplisse ; pour que la vie religieuse soit vivante, réelle, véritable dans l'homme, et non purement orale et extérieure, pour qu'elle soit un besoin, il faut ou une disposition toute spéciale que les mystiques appellent avec raison la grâce, ou bien avoir vécu longtemps déjà, et avoir réfléchi beaucoup et profondément sur le monde, sur son origine, sa fin, sur la nature et la destinée de l'homme en particulier, sur la nature divine et ses rapports avec le monde et l'homme. Il faut surtout que, désabusé du monde, et sentant pour ainsi dire la terre s'affaisser de plus en plus sous ses pas, se sentant descendre et pénétrer tous les jours plus avant dans la tombe, jusqu'à ce qu'enfin la mort l'y attache immobile tout au fond, l'homme s'élève par son âme d'un mouvement proportionnellement plus rapide vers Dieu.

Tel est l'ordre ; et celui-là n'y est point qui, parcourant à grands pas l'échelle descendante de la vie, ne s'élève pas du cœur et de l'esprit, de l'âme tout entière, à pas plus rapides encore, vers le terme dernier de notre existence spirituelle. Il faut l'avoir atteint par la foi, l'amour, le désir le plus vif, quand l'autre partie de notre personne humaine se trouve rendue aux éléments d'où elle vient. L'âme doit être au ciel quand le corps appartient sans partage à la terre. Alors la mort vient à point ; elle tranche le dernier lien par lequel les deux éléments de notre nature tiennent encore ensemble. Ou plutôt la mort n'est en ce cas que le dernier moment d'une séparation qui n'a cessé de s'accomplir graduellement, du jour où l'âme a pris pour la première fois son essor vers le lieu de sa patrie dernière et véritable.

De ce moment, en effet, si lente, si troublée, si interrompue même qu'ait pu être sa marche, elle a senti sa destinée, elle a su la direction qu'elle avait à prendre pour y parvenir ; de ce moment décisif, elle a été orientée dans la vie ; et si sa course a pu être un instant suspendue ou ralentie, jamais cependant l'âme n'a oublié qu'elle devait la reprendre ; elle n'a pas un instant cessé de connaître le but de son voyage ; toujours elle est restée convaincue de la nécessité de reprendre sa marche, et de l'activer d'autant plus sur la fin, que l'heure du départ avait sonné plus tard pour elle, ou qu'un plus grand nombre d'obstacles avaient ralenti ses pas.

Mais si la vie religieuse a son lieu et son temps marqués dans la vie totale de l'homme, elle doit, comme les autres vies élémentaires, être soumise à des règles. Elle tombe aussi sous l'empire de la réflexion et de la volonté. Le principe peut en être ou sacrifié à d'autres tendances, ou étouffé, ou faussé, ou bien encore mal dirigé, ou développé outre mesure, de manière à opprimer les autres genres de vie, qu'il doit au contraire éclairer, échauffer et vivifier.

Le moyen le plus sûr d'éveiller l'âme à la vie religieuse, de ne point laisser cet instinct assoupi, d'éviter qu'il soit comme étouffé par toutes les autres tendances spéculatives ou pratiques, de le convertir en une idée juste et en un sentiment raisonnable, de préparer ainsi la saine contemplation religieuse et le culte légitime qui en est la conséquence, c'est d'étudier, d'approfondir l'idée même de Dieu ; nous ne pouvons en connaître l'objet sacré d'aucune autre manière ici-bas. Et cependant, la vie religieuse est si noble et si importante, qu'on manquerait à la meilleure partie de la destinée humaine, si on la laissait sans culture, ou si on l'abandonnait sans réflexion aux premières influences qui se présenteraient pour la développer et la régler.

CHAPITRE V

De la prudence ou de l'amour de soi, surtout dans ses rapports avec les autres vertus.

Après avoir parcouru les principaux devoirs de l'homme, considéré comme être moral chargé de sa destinée, il importe, croyons-nous, de jeter un coup d'œil plus approfondi sur une vertu qui tient de si près à l'intérêt, que c'est à peine si parfois elle s'en distingue, mais qui a cependant une place très importante dans la vie. Nous voulons parler de la prudence ou de la sagesse, qui est la vertu du succès, et qui, à ce titre, passerait volontiers aux yeux de beaucoup de gens pour l'unique vertu. Si elle n'est pas la seule, elle tient du moins si étroitement aux autres vertus cardinales, la force, la tempérance et la justice, qu'elle semble être comme la règle des deux premières, et que la troisième a souvent à s'en défier. Sans doute, la prudence qui porterait atteinte à la justice ne mériterait plus le nom de vertu ; mais la limite qui sépare l'habileté honnête encore de celle qui ne l'est plus, est souvent si facile à franchir, qu'il importe en vérité de tenir la conscience en éveil.

La prudence est en outre, comme nous l'avons déjà remarqué, une de ces vertus susceptibles de plus ou de moins dans leur objet, et qui, par une transition insensible, par une sorte de sorite sophistique, peut conduire d'autant plus aisément du bien au mal, que la passion peut y pousser secrètement encore.

Remarquons aussi que cette vertu de l'égoïsme n'est pas

CHAPITRE V. — L'AMOUR DE SOI EN MORALE.

seulement une règle de mesure, *ne quid nimis;* elle conseille aussi de faire ou de ne pas faire ce qui peut être contraire à notre intérêt. Elle a donc pour objet, non seulement le degré, mais la nature même de l'action. Mais nous l'envisagerons plus particulièrement sous le premier de ces aspects, par la raison qu'il est peut-être plus rare et plus difficile de garder une juste mesure dans une position bien prise que de savoir choisir la position elle-même.

La prudence, cette vertu des heureux (*medium tenuere beati*), serait inutile une fois que le choix a été ce qu'il devait être, sans le penchant au *trop* ou au *trop peu*. Mais le trop peu n'est encore que l'effet d'un penchant et positif, non, comme on pourrait le croire au premier abord, une sorte de défaut d'énergie ou d'impulsion naturelle. Ainsi, la paresse ou le *trop peu* dans le travail, n'est qu'une autre manière d'envisager le *trop* dans le penchant au repos. Le trop peu dans la dépense n'est également que l'excès ou le *trop* dans l'épargne. La poltronnerie ou le *trop peu* dans le courage physique, n'est que le trop dans le penchant à fuir les occasions de souffrance physique. En général, toute action, même négative en apparence, a une cause positive. Le mobile sensible qui lui correspond est également positif. Il n'y a donc proprement *défaut* en degré contre la prudence que par *excès* positif. En sorte que la modération est le caractère propre de cette vertu.

La prudence ne peut donc avoir lieu que dans les circonstances où nous sommes portés à dépasser la juste mesure. Les principales sont relatives à l'usage des aliments, à celui des amusements et des plaisirs, au travail et au repos, à la dépense, aux mouvements de l'âme et du corps qu'excite en nous toute agression, enfin à un abandon plus ou moins dangereux dans le commerce des hommes.

La tempérance est la modération dans l'usage des aliments. On pèche contre cette vertu par recherche et par excès. Le premier de ces vices, beaucoup plus excusable que le second, est proprement la gourmandise. Mais si la finesse du goût devient trop exigeante, elle peut facilement dégénérer en intempérance et devenir ruineuse. C'est moins cependant pour être intempérant, dans le sens le plus ordinaire du mot, que pour être trop raffiné dans les plaisirs de la table, que l'un des Apicius dépense 500,000,000, et se tue de peur de mourir de faim, en voyant qu'il ne lui restait plus que la centième partie de cette immense fortune.

La recherche dans les aliments n'est pas même le meilleur des calculs en fait de gourmandise. La tempérance vaut mieux ; et je ne suis pas étonné qu'un roi de Perse, un jour pressé de la faim, et obligé de manger du pain noir et du cresson, ait trouvé qu'il n'avait jamais fait de meilleur repas. Le premier des assaisonnements, c'est l'appétit ; ce condiment indispensable pour satisfaire la faim avec volupté manque presque toujours aux gourmands d'habitude. Ils se surchargent l'estomac, se blasent le goût, et n'ont plus qu'un appétit factice.

Admirons l'ordre naturel : il n'y a pas de gens qui se nourrissent avec plus de plaisir, qui fassent les meilleurs repas, que ceux dont les aliments sont le plus simples, les gens de la campagne, les ouvriers, les soldats ; en un mot, les hommes de peine, tous ceux qui prennent de l'exercice, et avec l'exercice un robuste appétit. Ceux-là ne dînent jamais mal pour avoir trop bien déjeûné ; jamais ils ne cessent de trouver bon pour avoir voulu l'exquis. Quelquefois cependant lorsqu'ils veulent, comme ils le disent, noyer leurs chagrins dans le vin, ils y laissent leur raison, n'en deviennent que plus tristes, et quelquefois furieux.

Ce n'est pas du reste pécher contre la tempérance que de céder un peu à l'animation générale d'une table bien composée. La gaieté qui en résulte, indépendamment de ce qu'elle a d'agréable en soi, est favorable à l'expansion, à la dilatation du cœur, des sentiments affectueux, et contribue ainsi à unir et à rapprocher les hommes. L'homme, en général, vaut mieux pour ses semblables lorsqu'il est heureux et gai que lorsqu'il souffre et qu'il est triste. On dit de Caton lui-même que sa vertu ne se trouvait pas mal d'un bon dîner. Une autre raison plus imposante en faveur des innocentes jouissances de la table, c'est la bonté pleine d'indulgence de celui qui changea l'eau en vin aux noces de Cana. Rien donc ici de blâmable que l'excès.

Il en est à peu près de même des amusements tels que le jeu, les spectacles, la musique, la lecture, l'exercice, les relations sociales.

Nous n'entrerons à ces différents égards dans aucun détail; seulement, comme le besoin d'éclairer et de guider l'inexpérience est très ordinaire, et qu'il n'est jamais plus grand que dans le cas où le cœur est le plus exposé à s'engager follement, on nous permettra peut-être de dire un mot sur un thème tout à la fois inépuisable et usé, mais dont l'intérêt est toujours immense.

Il y a trois sortes d'amour, le platonique ou contemplatif, tout de sentiment, et qu'on pourrait appeler esthétique; — l'amour sensuel et brutal; — et l'amour mixte. Rien ne se prête moins à la morale que ce sentiment, quelle qu'en soit la forme. Et cependant, alors même qu'il est le plus innocent, il est encore très dangereux. On ne peut guère l'empêcher; mais il est possible d'en ajourner l'explosion, et d'en prévenir jusqu'à un certain point les conséquences souvent déplorables.

La tempérance, la fuite des occasions, celle de l'oisiveté, de la mollesse, sont les principaux préservatifs.

Ce serait beaucoup d'avoir attendu d'être épris qu'on fût en état de faire un choix raisonnable, et de ne placer ses affections qu'à demeure. Malheureusement il est difficile, dans notre état social, surtout dans les rangs un peu élevés, de s'établir convenablement sans avoir ce qu'on appelle une position faite. Cette position arrive tard, et le cœur ne sait pas attendre. C'est une très grande dissonance dans notre société présente.

Tout ce qui reste à faire, au point de vue de l'eudémonique, c'est de mettre en relief les transports insensés, les désappointements, les douleurs qui sont presque toujours la suite de l'amour même le plus pur. Quant à l'autre, ou aux autres, on a tout dit depuis longtemps sur ses conséquences : perte de dignité, de fortune, de santé, d'intelligence, de vertu, d'estime de soi, de considération, etc. Tout cela n'est que trop vrai, trop connu. S'il fallait un enseignement plus frappant, il n'y aurait qu'à ouvrir les statistiques criminelles : on trouverait que la passion de l'amour réclame souvent le chiffre le plus effrayant dans la classification des causes éloignées ou prochaines du crime. On ne tient pas assez compte des premières : il est à présumer qu'elles redresseraient, si elles étaient bien connues, plus d'une erreur dans notre sens, et que le vice, qui effraie trop peu par lui-même, inspirerait plus de crainte si on le voyait conduire comme par la main ceux qui s'y abandonnent à des actions bien autrement coupables.

Et comme il faut un commencement peu sensible à toutes choses, le vice lui-même s'explique d'abord par l'initiation. De là l'extrême importance des liaisons dans la jeunesse.

CHAPITRE V. — L'AMOUR DE SOI EN MORALE.

Nulle affaire n'est plus capitale dans l'éducation. Le mal est presque toujours là, rarement le bien. C'est encore là une de ces vérités qu'il suffit de rappeler.

Certains caractères sont peu réfléchis. Mais l'irréflexion se manifeste ou par la légèreté, ou par la colère. Il y a moins de remède à la première qu'à la seconde. La légèreté tient davantage à l'esprit, la colère au sentiment et à la constitution. Toute colère est faiblesse, et plus l'on s'y abandonne, plus on pèche contre la prudence, plus on se livre, plus on se trahit. L'emportement n'est pas le courage : celui-ci, comme le prouve admirablement Platon, n'existe qu'à la condition de la connaissance et de la réflexion. Aussi rien n'est moins stable ni moins sûr que l'ardeur emportée. La réflexion n'exclut point la chaleur. Une seule chose suffit pour qu'un mouvement de l'âme ne soit pas faiblesse, il faut seulement qu'il y ait empire de soi, que la raison tienne toujours les rênes de l'activité.

Si l'on voulait toucher tous les sujets auxquels la prudence s'applique, il faudrait parler de toutes les passions. Nous nous bornerons à dire encore un mot du désir de posséder, et de l'usage de la fortune.

La fortune est d'un très grand prix, et la sagesse ne veut pas qu'on la dédaigne. Mais elle ne veut pas non plus qu'on lui abandonne son repos. Elle contribue plus qu'on ne pense à la dignité, au respect de soi-même, et par conséquent à une certaine moralité réfléchie qui a son prix dans tous les temps, mais surtout à une époque de servilisme et de corruption. On est naturellement plus fier quand on est plus fort. Et la fable d'Antée est l'histoire de presque tout le monde : on n'est fort qu'autant qu'on tient à la terre. La propriété est la richesse par excellence ; je veux dire la source la plus immédiate d'une richesse honnête et stable. La fortune donne la sécurité et rend l'esprit plus libre.

Bossuet disait qu'il aurait perdu les trois quarts de son esprit s'il avait été obligé de s'occuper de son intérieur. L'indépendance est au même prix. Il est des circonstances où c'est un devoir d'encourir une disgrâce, une destitution, ou d'abandonner une fonction publique. L'héroïsme de la vertu ne sera jamais commun : on ne peut pas même le demander. Les vertus les plus faciles et les plus ordinaires sont les seules qu'il soit raisonnable d'attendre.

Un autre prix de la fortune, c'est qu'elle permet de faire du bien à ceux qui en sont privés. Quelle source de jouissance pour des cœurs généreux ! L'égoïsme, qui ne connaît pas ce besoin, est plus facile à contenter. Mais aussi quelle différence entre son bonheur et celui qui est dû aux bienfaits qu'on peut répandre dans le sein de ceux qui éprouvent les rigueurs de la fortune !

Heureux ceux qui n'ont que la peine d'hériter ! Mais plus heureux encore ceux dont l'aisance est le fruit d'un travail honnête et mesuré ! C'est déjà une grande jouissance de voir ses efforts couronnés de succès.

Jusqu'ici nous n'avons guère parlé de la prudence que par rapport aux choses : mais ce n'est pas à cet égard que la conduite est le plus difficile. Les intérêts des autres, leur amour-propre, la jalousie, l'envie, l'esprit de dénigrement, la méfiance, la prévention, la susceptibilité, l'irritation occasionnée par le malheur, la fausseté de l'esprit : tout cela rend la vie sociale plus ou moins difficile, et s'oppose plus ou moins efficacement au succès de nos entreprises. Le grand art de la prudence à l'égard des hommes, c'est de les mettre pour soi. Il n'y a pour cela qu'un moyen sûr, c'est de mériter leur estime et leur affection.

On se rend estimable par le respect pour la justice et la

vérité ; par la sagesse de ses paroles, par la discrétion et la modestie.

On se rend aimable par la simplicité, la bonne humeur, la politesse, l'affabilité, l'indulgence, la serviabilité, les égards, la bienveillance et l'humanité.

L'art de la vie ne s'acquiert bien que par l'usage ; encore faut-il en outre un certain tact, une certaine disposition naturelle à profiter des leçons de l'expérience.

Rien ne déconsidère comme la légèreté dans les paroles, et rien n'est plus indignement léger que le mensonge. Je ne parle pas du mensonge qui nuit aux autres, car celui-là est une méchanceté et une injustice ; mais je parle du mensonge inoffensif, officieux même, lors surtout qu'il ne peut être excusé par aucun intérêt grave à procurer, par aucun mal sérieux à détourner. Si nous avons un si grand mépris pour le menteur, c'est que nous sentons qu'il n'y a plus de sécurité avec lui dans le commerce de la pensée et de la vie. Un homme qui ment est à l'homme qui dit la vérité, comme la fausse monnaie à la bonne. Le menteur est donc une fausse apparence d'homme plutôt qu'un homme véritable. Par quoi l'homme est-il homme essentiellement, si ce n'est par la pensée? Par quoi est-il tout particulièrement sociable, membre d'un grand corps dont il reçoit toute sa valeur acquise, et auquel il doit rendre à proportion de ce qu'il a reçu, si ce n'est par la parole? Notre dégoût, notre mépris pour le menteur n'est donc que trop justifié, et il faut être infiniment peu soucieux de l'estime de ses semblables, être profondément dépourvu du sens de la dignité humaine, pour s'avilir par le mensonge. Il suffirait d'un peu d'expérience et du soin de son intérêt propre pour respecter la vérité, n'eût-on pour elle rien de cet attrait qu'elle inspire cependant à tous ceux qui ont quelque intelligence de sa sévère beauté.

A la franchise, il faut joindre la réserve. Il faut être sincère sans affectation, unir la finesse à une certaine bonhomie, la dignité à la familiarité. L'art de se tenir à distance sans s'éloigner, d'y tenir les autres sans les repousser exige beaucoup de tact et de vigilance sur soi-même. Tout ici est extrême à éviter, et le milieu à suivre n'est qu'une arête très difficile à tenir. Comment témoigner toujours un convenable intérêt sans se rendre suspect ou de flatterie, ou de froideur? Comment, sans paraître indiscret, éviter de paraître indifférent? La gaieté peut sembler voisine de la légèreté ou d'une trop grande aisance. Trop de mesure dans les paroles peut faire naître l'idée de la froideur, de la méfiance, ou bien elle passera pour de la taciturnité ou de la bêtise. Si la spontanéité plaît, l'étourderie, qui en est voisine, empêche l'estime. Le mieux encore est de réfléchir, de sembler quelquefois s'abandonner, mais sans le faire presque jamais. Nous ne sommes pas plutôt disposés à nous livrer, que les autres le sont à s'emparer de nous. La politesse a sa mesure, sans quoi le ridicule l'attend. Dans les prévenances même, il faut encore de la réserve.

Une considération très importante ici, et qui domine tout le reste, c'est le rang des personnes. Dès que la position relative est bien comprise et bien sentie, la ligne de conduite est plus facile à suivre. Encore n'est-ce pas assez : il faut aussi connaître le caractère de ceux auxquels on a affaire. Le premier soin doit donc être d'arriver à ce point. Les hommes, comme les choses, ont deux anses, l'une bonne et l'autre mauvaise. Il y a cette différence toutefois qu'il est plus facile de se laisser prendre aux apparences dans un cas que dans l'autre. Quand les choses mentent, ce sont encore les hommes qui les font mentir.

Il est plus facile et plus utile quelquefois de louer les

absents que les présents. Pourquoi donc faisons-nous presque toujours le contraire? C'est qu'au fond nous manquons de bienveillance; si nous sommes retenus, mesurés, justes dans nos propos sur le compte des absents, nous nous en dédommageons trop souvent par le ton même de l'apologie ou de l'éloge ; ou bien notre intérêt propre nous fait une loi de l'équité.

Les hommes d'esprit, et ceux-là surtout qui ont envie de le paraître, sont rarement indulgents. La malice de l'esprit les fait même tomber trop souvent dans l'esprit de la malice. Il y a des hommes qui n'ont d'autre esprit que celui qui leur est inspiré par la malignité : c'est un mauvais esprit; il est indigne de ceux qui sont en même temps bienveillants et spirituels. On devrait donc se défier d'une saillie désavouée par le cœur ou par les simples égards obligés entre gens bien élevés, et bienveillants comme il faut l'être pour tous les hommes.

Sans se faire complice des sots, il ne faut pas les révolter en attaquant leurs préjugés de front. On n'y gagnerait que leur haine pour soi et pour la vérité.

Il est sage de ne disputer avec personne sans nécessité ; très sage de s'en abstenir avec ceux qui n'entendent rien à la question, surtout en présence de gens ignorants ou prévenus.

La faute est aggravée par le ridicule quand la fatuité ou le pédantisme se joignent à l'incapacité.

C'est sur le terrain des autres qu'il faut se placer, en les y rappelant eux-mêmes s'ils l'abandonnent: il y aura double profit : on s'instruira en les flattant. Mais il faut savoir interroger et répondre avec sens et politesse.

Eviter le *moi*, laisser mettre celui des autres en saillie, lui accorder avec dignité les hommages et l'estime qui lui reviennent, c'est le moyen non seulement de ne pas offenser, mais encore d'être agréable.

Les précautions oratoires sont souvent nécessaires : elles se réduisent à des associations d'idées dont l'enchaînement représente comme une transition de l'indifférent ou même de l'agréable au fâcheux, au déplaisant, au pénible, au douloureux même.

* * *

Jamais la prudence ne doit être consultée avec plus de docilité que dans le choix d'un ami ou d'une femme. Je suppose qu'on ne se conduise pas avec ses amis comme s'ils devaient un jour être nos ennemis; s'il en devait être ainsi, la précaution dans le choix serait beaucoup moins nécessaire : il n'y aurait même pas d'amis. Toutefois, le respect qu'on doit aux autres, à ses amis même, prescrit le silence sur les côtés de notre vie qui pourraient être honteux : il faut savoir se taire, même avec ses amis. Mais si l'on a le tort de parler sans nécessité, sans intérêt d'aucune sorte, l'ami devenu ennemi en aurait un bien plus grand de révéler des épanchements imprudents.

Les conditions nécessaires à une solide amitié, en expliquent la rareté : il faut qu'il y ait des différences de contraste qui s'harmonisent et forment un tout, mais non des différences discordantes, répugnantes, incompatibles. Une valeur réelle qui mérite l'estime, des qualités de cœur qui rendent vraiment aimable, en deux mots, respect et affection fondés, tels sont les deux éléments essentiels de l'amitié. Il faut de plus qu'ils soient de part et d'autre dans des proportions convenables, non seulement deux à deux, d'estime à estime, d'affection à affection, mais encore d'affection à estime et réciproquement. Il y a là un accord, une combinaison de sentiments dont l'idéal est rare :

<small>Rara avis in terris, nigroque simillima cycno.</small>

Outre les deux éléments constitutifs de l'amitié, l'amour en veut un autre, l'agrément : et il le veut dans une certaine mesure avec les deux premiers sentiments. S'il leur est trop inférieur ou trop supérieur, l'amour peut prendre un autre nom, ou compromettre des sentiments destinés à lui survivre et à former ce qu'il y a de plus estimable, de plus solide et de plus nécessaire dans l'union conjugale.

Ces trois sentiments doivent se combiner dans l'homme et dans la femme d'abord, suivant une juste proportion ; de plus, ils doivent se correspondre de l'homme à la femme, suivant une loi harmonique dont l'idéal réalisé n'est guère moins rare que celui de l'amitié. Nous aimons à penser cependant qu'il y a moins de couples de bons amis que de bons ménages : il ne faut pas attribuer au sentiment ce qui n'appartient souvent qu'à la nécessité.

L'importance d'un bon choix dans le mariage ne touche pas seulement les époux, mais encore les enfants qui doivent naître de leur union. Il y a, sous ce rapport, bien des choses à considérer : la constitution d'abord, à laquelle on fait rarement attention. Il faut tenir compte de la sienne propre, pour la corriger ou la tempérer. Hufeland donne à ce sujet des conseils excellents, la santé, l'âge, les formes, le caractère, l'instruction, l'éducation, les goûts, le parentage, la fortune, sont autant de données qu'il n'est pas permis d'oublier. Les mariages de raison sont souvent peu raisonnables : ceux d'inclination le seraient davantage, si l'inclination était éclairée, fondée sur des qualités solides. Mais il n'en est pas toujours ainsi. En sorte que les mariages qui devraient être les plus raisonnables, parce qu'ils seraient les plus naturels, sont encore trop souvent les plus fous.

Nous avons déjà dit que la fortune, si avidement recherchée dans les alliances, est une des causes les plus ordinaires des mauvais ménages : toute autre considération est sacrifiée à celle-là. Il serait facile de remédier à ce mal : il suffirait de mettre les hommes dans le cas de ne plus prendre les femmes que pour leur valeur personnelle. Les avantages seraient les mêmes au fond pour les familles, et de graves inconvénients auraient disparu. Les déplacements sociaux, et les maux qui en résultent, s'en trouveraient également très amoindris. On ne spéculerait plus sur un vain titre dans l'espoir d'une dot.

Quant au sort des veuves et des vieilles filles, il serait facile d'y pourvoir d'une manière équitable. Il ne faudrait pas, qu'en voulant donner à la femme toute sa valeur, on la rabaissât de manière à la sacrifier dans sa propre famille.

Ce sont là au surplus des questions incidentes qui peuvent être résolues de plus d'une manière, et qui ne pourraient être un obstacle à la mesure salutaire dont nous parlons.

CHAPITRE VI

Accord des moralistes dans la détermination des principaux devoirs.

§ I.

Devoirs religieux proprement dits.

Tous les devoirs, à parler strictement, sont religieux, puisque tous peuvent être considérés comme étant l'expression de la volonté divine. Mais il en est dont Dieu est plus particulièrement l'objet, et qui, pour cette raison, sont proprement appelés religieux. Les moralistes ont donc généralement admis trois grands rapports pratiques : le religieux, le social et le réfléchi. On les retrouve dans l'Evangile, qui résume tous les devoirs en deux principaux, l'amour de Dieu par dessus tout, et celui du prochain comme soi-même. Il suppose donc l'amour de soi. Il l'ordonnerait par là même s'il n'était pas fatal. L'esprit de ce triple devoir répond à cette maxime d'un sage chrétien : « Aime, et fais ce que tu voudras, » bien sûr que le véritable amour ne permettra rien qui puisse être opposé au droit, à l'intérêt même de l'objet aimé.

Si le véritable esprit du culte, sa pureté, son élévation, son désintéressement, dépend de la saine connaissance de Dieu et de ses perfections, de ses rapports avec l'homme, on ne peut nier qu'Anaxagore, Socrate, Platon, Aristote, Cicéron et une multitude d'autres, qui se faisaient de Dieu une idée si élevée et si pure, ne dussent avoir sur le culte à lui rendre des opinions d'une haute sagesse. Saint

Augustin lui-même convient qu'un grand nombre de philosophes païens étaient à cet égard aussi près que possible de la vérité (1). Il reconnaît que Platon proclame l'amour de Dieu comme un des devoirs du sage (2). On sait que les néoplatoniciens ont porté loin, trop loin peut-être, tout ce qui tient au sentiment religieux. Porphyre assure que Plotin était si embrasé de l'amour divin qu'il passait souvent les nuits dans la contemplation des perfections de Dieu (3). Le pythagoricien Sextius, dont l'ouvrage a pu être interpolé dans le sens chrétien, mais parce qu'il y prêtait fort par un caractère profondément chrétien déjà, veut qu'on aime Dieu plus que son âme (4). Sénèque (5), Hiéroclès (6), Maxime de Tyr (7), enseignent également l'amour de Dieu. Des législateurs anciens ont parlé du culte dans des termes admirables. Je ne citerai qu'un fragment de la préface de Zaleucus à ses lois : « On doit adorer les Dieux comme auteurs de tous les biens réels dont nous jouissons. Il faut donc préparer et disposer son cœur de manière qu'il soit exempt de toutes sortes de souillures et se persuader que la divinité n'est point honorée par le culte des méchants ; qu'elle ne prend aucun plaisir à de pompeuses cérémonies, et qu'elle ne se laisse point fléchir comme les misérables humains par des oblations de grand prix, mais uniquement par la vertu, et par une disposition constante à faire de bonnes actions. C'est pourquoi chacun doit travailler autant qu'il peut à devenir honnête, et dans

---

(1) *De Doct. christ.*, II, 40.
(2) *De civit. Dei*, VIII.
(3) Fabricius, *Bibl. Gr.*, t. IV, p. 137.
(4) Sext. Pyth., p. 648. Amst., 1648. Platon avait déjà dit qu'il faut aimer Dieu plus que son âme (*Théétète*).
(5) *Epist.* 47.
(6) *In carm. aur.*, p. 281. Par. 1673.
(7) *Dissert.* XXVIII, p. 462. Oxon. 1677.

ses principes, et dans sa conduite ; ce qui le rendra cher et agréable aux Dieux. Chacun doit appréhender ce qui conduit au déshonneur et à l'infamie plus que la perte de ses richesses et de ses biens, et estimer comme le meilleur citoyen celui qui sacrifie tout ce qu'il possède plutôt que de renoncer à l'honnêteté et à l'amour de la justice. Mais ceux dont les passions sont si violentes qu'elles les empêchent de goûter ces maximes, doivent avoir devant les yeux la crainte des Dieux, réfléchir sur leur nature, et sur les jugements terribles qu'ils réservent aux méchants. Ils doivent toujours avoir à l'esprit le redoutable moment de la mort où tous arrivent tôt ou tard ; moment auquel le souvenir des crimes que l'on a commis remplit l'âme des pécheurs de remords cruels, accompagnés du regret infructueux de n'avoir point réglé leur conduite selon les maximes de la justice. Que chacun donc veille sur ses démarches, comme si la mort était proche et devait suivre chacune de ses actions ; c'est le vrai moyen de ne s'écarter jamais des égards dus aux règles de la justice et de l'équité, etc. (1). »

Que de belles maximes encore ne trouve-t-on pas dans Cicéron, dans Sénèque et dans une foule d'autres philosophes sur les honneurs à rendre à la divinité ! Déjà Pythagore avait enseigné que le véritable culte, je veux dire ce qui en fait l'essence, ce sont les sentiments d'une piété vraie (2). L'orateur romain, continuant la pensée du philosophe grec, veut que ces sentiments soient exempts de superstition, et surtout que la piété ne soit pas regardée comme un moyen d'expier des forfaits (3). De tout temps les hommes ont donc été disposés à croire qu'ils pouvaient

---

(1) Stobée, t. I, p. 397. Aureliæ Allobr. 1602 ; trad. de Silhouette.
(2) Cicér., *De leg.*, II, 11.
(3) Id., *Pro Cluent.*, 68.

traiter avec Dieu comme avec un potentat sans conscience, qui serait tout disposé à vendre la justice ou l'impunité pour l'odeur de quelques sacrifices. Ces idées grossières, résultat d'un monstrueux anthropomorphisme, toujours combattues par les sages (1), avaient bien un peu leur raison dans l'institution des sacrifices sanglants, si justement repoussés déjà par plusieurs prophètes de l'ancienne loi (2), et par les sages du paganisme (3).

Pourquoi faut-il que malgré la condamnation si formelle de ce culte matérialiste et sanguinaire par la loi nouvelle (4), il en reste encore des traces si dangereuses dans certaines institutions chrétiennes (5)? L'alliance sacrilége de la dévotion et de la mauvaise conscience, de l'hypocrisie en particulier, a toujours soulevé les âmes droites et généreuses (6). C'est en se rendant semblable à Dieu, comme le voulait déjà Platon, c'est en l'imitant, en pratiquant la prudence, la justice, la bonté, en acceptant ses décrets avec une résignation filiale, que nous honorons véritablement Dieu (7).

Ne croirait-on pas entendre, dans les paroles suivantes d'un humble esclave, quelqu'un de ces dialogues si intimes et si tendres que l'auteur de l'Imitation établit entre l'âme, le fidèle et Jésus-Christ? Si ce n'est pas la même onction, la même douceur, c'est du moins le même esprit d'abnégation et d'obéissance : « Voulez-vous que j'existe

---

(1) Cicér., *Pro domo sua*, 41; P. Syr., v. 421.
(2) *Psalm.* XXX, 7; XLIX, 14; L, 19; — Isaïe, I, 11, 13-18; — Jérémie, VI, 20; — Amos, V, 21.
(3) Senèc. ap. Lact., *Div. Inst.*, VI, 25.
(4) Matth., IX, 13.
(5) Voir de Maistre, sur les sacrifices, *Soirées de Saint-Pét.* — Cf. Charron, *De la Sagesse*, p. 158, édit. in-8° Lefèv.; — Pascal, édit. Havet, p. 212.
(6) Diog. Laert. in Biam; — Terent., *Adelph.*, act. IV, sc. V; — Senec., *Ep.* 95; — Sext., *Sent.*
(7) Platon, *Théétète*; — Epictète, *Enchirid.*; — Marc-Aur., *Pensées*, VIII, 45.

encore quelque temps? Je vivrai en homme libre et de bonne origine, ainsi que vous l'avez voulu; car vous m'avez fait avec de telles facultés que rien ne peut m'arrêter dans les choses qui dépendent de moi. N'avez-vous plus à faire de moi ici? A la bonne heure, je n'y ai demeuré jusqu'à ce moment que pour vous seul; et maintenant, pour vous obéir, je m'en vais. — Comment t'en vas-tu? — De la façon dont vous l'avez voulu : comme un être libre, comme votre bon serviteur, comme pénétré de vos commandements et de vos défenses. Mais pendant que je demeure ici-bas, quel homme voulez-vous que je sois? Homme public, supérieur, ou personne privée, sénateur ou plébéien, soldat ou capitaine, précepteur d'enfant ou père de famille? Dans quelque poste, dans quelque rang que vous m'ayez mis, je mourrai mille fois, comme dit Socrate, plutôt que de l'abandonner. Mais encore où voulez-vous que je sois? A Rome, à Athènes, à Thèbes, aux îles Gyares? Ah! Souvenez-vous souvent de moi où que je me trouve (1)! »

C'est ce même philosophe qui, dans la plus dure servitude, faisait consister le souverain bien absolu dans la perfection divine, et pour l'homme dans les qualités de l'âme qui le rapprochent le plus de la divinité (2). Il s'élève presque à la hauteur d'Aristote (3) dans l'idée qu'il se fait de Dieu. S'il reste au-dessous du stagirite, son Dieu n'en est que plus humain, plus provident, et plus vive sa reconnaissance pour tous les bienfaits qu'il en reçoit. C'était aussi le sentiment d'une très grande partie des philosophes

---

(1) Arrien, III, 24. — Cf. *De Imitatione Christi*, III, 11; — Pascal, édit. Havet, p. xxxv; — Sénèq., *De vita beata*, XV.
(2) Arrien, II, 8.
(3) *Mor. à Nic.*, X, 9, 1; *Gr. Mor.*, II, 7, 2; *Mor. à Eud.*, VII, 12, 17; — *Métaph.*, XII.

de l'antiquité. Ils ont reconnu que tout vient de Dieu directement ou indirectement. Il en est même qui sont allés jusqu'à lui rendre hommage de leur vertu, comme d'une grâce directe et spéciale (1). Il serait superflu d'insister sur ce point, quand les preuves surabondent (2).

La croyance à un Dieu provident les conduisit, la plupart, à reconnaître l'utilité de la prière, mais aussi la nécessité de ne demander à Dieu rien qui ne soit digne de sa sainteté et de sa justice (3). Une nation indienne ne demandait aux dieux que le respect de la justice (4). N'était-ce pas demander avant tout le royaume de Dieu et sa justice (5)? On peut, comme Marc-Aurèle (6), et d'autres sages, donner une plus grande étendue apparente à la prière, mais si l'esprit en est véritablement religieux, jamais rien d'indigne de Dieu ne sera demandé, ni d'une manière indigne (7). L'adoration en esprit et en vérité, en sentiments et non par des paroles ou des actes purement extérieurs (8), ont été recommandés par les sages païens avant de l'être par le christianisme. C'est par le même esprit de piété qu'ils professaient la plus grande horreur pour le parjure, et qu'ils recommandaient la sobriété et la convenance dans l'usage du serment (9).

(1) Platon, *Ménon.*, et Bias avant lui.—Diog. Laert. in *Biam.* — Voir aussi Cicér., II, *De nat. Deor.*, 165, 79; — Marc-Aur., I, 17.
(2) V. Cicéron, *De nat. Deor*, I, 1, 2, 11, 13, 20, 57, 131; *Acad.*, II, 37; *De legib.*, II, 16, etc., etc.; — Sénèque, *De Provid.*, etc.
(3) Xenoph., *Mem.*, I, III, 2; — Plut. in *Alcibiad.*; — Sénèque, *Ep.* 10; — Apollonius, dans Philostr., 1, 2.
(4) Nic. Dam., dans le *Selectæ e prof. script.*
(5) Matth., VI, 33.
(6) *Refl.*, VI, 23.
(7) Cic., *De nat. Deor.*, I, 42; *De legib.*, I, 15; *Pro Cluent.*, 68; *Pro domo sua*, 41.
(8) Id., *De nat. Deor.*, II, 28; *De legib.*, II, 11.
(9) Jambl., *De Vita Pyth.*, XXVIII, 150; — Hiérocl., *In carm. aur.*; — Diog. Laert. in Socr. et Zen.; — Athen., IX, 2; — Aristoph. in *Avib.*; — Cicér., *De off.*, III, 29; cf. III, 107, 108; — Juvén., *Sat.* XV; — Tertull., *Apolog.*; — S. Basile, *De leg. libr. gent.*

Qu'on ne croie pas que des idées si saines en matière de culte, ces sentiments d'une piété si éclairée soient le partage exclusif des plus grands génies de la Grèce et de Rome : non ; la Chaldée, la Perse, l'Inde, la Chine, ont eu également leurs sages, qui ont enseigné une doctrine analogue. C'est ainsi, par exemple, que la Mimansa théologique fait de la morale proprement dite, ou des grands devoirs à remplir envers l'humanité, une partie du culte. Elle recommande au même titre la répression des mauvais penchants, la vigilance sur soi-même, la confiance en Dieu, la soumission absolue à sa volonté sainte, le pardon des injures, la rétribution du bien pour le mal. Les lois de Manou font aussi cette dernière recommandation. Il est vrai que la Mimansa théologique admet la prédestination, et par suite une sorte de fatalité. Elle pousse le mysticisme jusqu'à placer le souverain bien dans l'union avec Dieu par absorption, dans l'anéantissement au sein de la divinité, et, dès ici-bas, dans une contemplation si profonde que le ravissement, l'extase fasse perdre le sentiment de l'existence terrestre et de toutes ses misères. Il est vrai que la Mimansa de Djaïmini accorde une si grande part aux pratiques du culte, aux sacrifices, comme moyens de plaire à Dieu et de s'élever à lui, que l'immolation de soi-même, le suicide religieux, devient comme la conséquence nécessaire d'une semblable théorie. Mais le christianisme n'a-t-il pas eu ses prédestinations, son *fatum*, ses fanatiques qui couraient au martyre, où qui allaient à la mort d'un pas moins rapide, mais non moins certain ? Si la doctrine de Gôtama, la Nyaga (1), n'aspirait qu'à la fin, à la délivrance ; si elle professait un tel éloignement pour tout ce qui peut dépendre des sens, qu'elle tenait le plaisir

(1) Voir Colebroke, *Mémoires sur la philosophie des Hindous*, traduct. de M. Pauthier.

comme entaché de mal, comme une peine, comme du miel mêlé de poison, n'a-t-on pas vu des ascètes chrétiens déclarer la guerre aux jouissances les plus innocentes? Si les Maesvaras attribuent aux ablutions, aux prières, à des pratiques qui nous sembleraient insignifiantes ou insensées des vertus moralement cathartiques merveilleuses, ne retrouve-t-on pas au milieu de nous des croyances et des institutions analogues?

Il faut bien distinguer, du reste, les croyances et les pratiques populaires, les institutions sacerdotales de l'antiquité, d'avec les croyances et les pratiques des hommes supérieurs, des sages ; et si nous voyons les philosophes indiens partager quelquefois les préjugés et les pratiques insensés des vulgaires adorateurs de Brahma, nous voyons au contraire les philosophes chinois admirablement fidèles aux inspirations les plus saines de la raison (1), soit en religion, soit en morale.

La vie future, il est vrai, ne joue pas un aussi grand rôle dans la philosophie chinoise, non plus que dans celle des grecs et des romains, que dans le christianisme. Mais on n'en peut pas conclure que pour y être formulée moins positivement, elle n'y soit pas, ou que dans la pratique elle reste sans effet. Elle y est plus en tout cas que dans le Pentateuque, où Bossuet lui-même ne la trouvait pas. Si cet enseignement est aussi peu précis quant à la nature de la vie à venir, c'est que la raison n'en sait pas davantage. Cette ignorance, quand on sait s'y tenir, est d'ailleurs un moyen de prévenir une foule d'idées fausses, superstitieuses et de pratiques abusives. Ne serait-ce

---

(1) Voy. leur philosophie dans divers ouvrages traduits par MM. Stanislas Julien et G. Pauthier, et qui ont été insérés pour la plupart dans les *Livres sacrés de l'Orient*, par ce dernier traducteur.

point là l'explication du silence du législateur des Hébreux?

La grande affaire en ceci est d'être persuadé de la justice, de la sainteté, de la connaissance universelle et infaillible, enfin de la toute-puissance de Dieu. Et cette persuasion était générale parmi les sages de l'antiquité. Il suffit de lire Cicéron pour s'en convaincre.

Pour nous résumer sur la manière dont les sages de l'antiquité païenne concevaient les devoirs envers Dieu, nous ne croyons pas pouvoir faire mieux que de citer un passage du poète grec Philémon, rapporté par saint Justin et par saint Clément d'Alexandrie; on verra si le christianisme l'a conçu plus purement : « Si quelqu'un, mon cher Pamphile, s'imagine qu'en sacrifiant en grand nombre des boucs et des brebis, en revêtant des habits de pourpre et d'or, en employant l'ivoire et les pierres précieuses dans ces cérémonies sanglantes, il attirera les faveurs du ciel ; il se trompe lourdement. L'homme de bien doit non seulement se commander, éviter l'adultère, la séduction, le vol, la cupidité, qui conduit à l'homicide ; mais il ne convoitera même pas la femme; les biens, la maison, l'esclave, la servante, le cheval, le bœuf, la jument, ou quoi que ce soit qui appartienne à son prochain. Bien plus, il n'enviera pas même une agrafe. Car en nous réside un Dieu qui nous voit, qui approuve les bonnes actions et désapprouve les mauvaises. Pratique l'équité, c'est la victime agréable à Dieu. Que ton cœur ait plus d'éclat que ton manteau. Tu n'auras pas peur du tonnerre, si ta conscience est sans reproche (1). »

---

(1) *Comic. græc. sent.*, p. 377-379. 1569.

§ II.

Devoirs sociaux.

La société serait impossible ou plus nuisible qu'utile si la justice et l'assistance mutuelle n'en étaient la règle. Et cette règle n'est pas seulement le résultat d'un calcul dont l'intérêt serait la donnée, c'est une idée et un sentiment que la nature a mis dans toute âme humaine, et que la passion seule peut un instant obscurcir ou étouffer.

Il serait parfaitement inutile de citer à l'appui de cette assertion l'Évangile d'un côté et les philosophes de l'autre : mais il n'est pas inutile de montrer que la révélation et la philosophie, la sagesse divine et l'humaine, si tant est qu'il y ait là une différence d'origine aussi profonde que certains docteurs le prétendent, ont tenu à peu près le même langage sur des points qui touchent à la perfection même de la morale sociale. L'amour de l'humanité, *caritas generis humani*, comme dit le philosophe romain (1), a embrasé l'âme de plus d'un sage : elle était mise au-dessus de la piété par le réformateur de la religion brahmanique, par le Bouddha Cakia-Mouni, comme elle le fut plus tard par le fondateur du christianisme. Et si les premiers disciples de Jésus voulurent faire cesser entre eux la distinction absolue du mien et du tien, on sait que la propriété fut bannie de l'institut de Pythagore, que Platon avait rêvé la communauté des biens pour sa république (2), et que des philosophes

---

(1) Cicér., *De finibus*, V, 23.
(2) La communauté des biens, des femmes et des enfants n'était qu'une exception au profit, ou, si l'on veut, au préjudice d'une fonction sociale, celle des défenseurs de la République : ils ne pouvaient, dans un intérêt public, ni posséder rien en propre ni se marier. La propriété et le mariage existaient pour les deux autres classes de citoyens.

chinois la repoussaient également d'une société dont les membres voulaient sincèrement contribuer de leur travail à la création de la richesse commune (1).

Et parmi les philosophes qui n'ont pas cru possible la communauté des biens, presque tous n'enseignent-ils pas de la manière la plus pressante, et comme l'un des devoirs les plus sacrés, l'amour du prochain, la bienfaisance? Quoi de plus beau que ces maximes du pythagoricien Sextius : le sage est après Dieu celui qui est le plus bienfaisant. Agissez envers les hommes, comme si, après Dieu, vous étiez chargés de leurs intérêts. C'est en vain que celui qui refuse de secourir le pauvre adresse à Dieu des prières. Donnez gratuitement ce que vous avez reçu gratuitement de Dieu (2)?

Le culte de l'amitié, qui tient de si près à celui de la fraternité, a été recommandé par les philosophes anciens, en termes qui ne nous permettraient pas de douter, encore que l'histoire n'en dît rien, qu'ils connaissaient bien ce genre d'affection et les devoirs qu'elle impose. Les Pythagoriciens, les Platoniciens, les Epicuriens eux-mêmes avaient sur ce sujet les plus nobles maximes, et s'y sont montrés fidèles. On ne peut en parler avec plus d'élévation qu'Aristote, et plus de sensibilité que Cicéron. « L'amitié, dit celui-ci, n'est pas autre chose que l'accord parfait, plein de bienveillance et de tendresse, de tous les intérêts, divins et humains : à tel point que je doute si les dieux immortels ont fait aux hommes un don plus précieux, excepté seulement la sagesse (3). »

Aristote, dont la raison domine presque toujours le sen-

---

(1) Marten., *Hist. sinic.*, V, p. 181.
(2) Voir à la page 424 ce que nous avons dit de l'authenticité de ces pensées.
(3) *De amicit.*, VI.

timent, semble s'échauffer en parlant de la bienveillance et surtout de l'amitié : c'est qu'ici la raison et le sentiment se confondent pour ainsi dire : « Quand les hommes s'aiment entre eux, il n'est plus besoin de justice. Mais ils ont beau être justes, ils ont encore besoin de l'amitié ; et ce qu'il y a sans contredit de plus juste au monde, c'est la justice qui s'inspire de la bienveillance et de l'affection (1). On appelle bienveillants les cœurs qui veulent ainsi le bien d'un autre, quand même ils ne seraient pas payés de retour par celui qu'ils aiment (2). Les sentiments d'affection qu'on a pour les amis, et qui constituent les vraies amitiés, semblent tirer leur origine de ceux qu'on a pour soi-même. Ainsi, l'on regarde comme aimé celui qui vous veut et qui vous fait du bien, apparent ou réel, uniquement pour vous-même ; ou encore celui qui ne désire la vie et le bonheur de son ami qu'en vue de ce même ami... (3). L'homme de bien est toujours envers un ami comme on est envers soi personnellement ; l'ami étant un autre nous-même, il s'ensuit que l'amitié semble se rapprocher beaucoup de ce que nous venons de dire, et qu'on doit appeler amis ceux qui sont dans ces relations réciproques (4). »

Y a-t-il si loin de ces sentiments généreux à l'amour du prochain comme soi-même ? Et si l'esprit de fraternité universelle n'y était point encore suffisamment marqué, nous trouvons cette fraternité magnifiquement décrite en plusieurs endroits de Cicéron, qui en marque en même temps les degrés naturels et légitimes : « Il n'y a pas de vertu qui aille mieux à la nature humaine que la bienfaisance et la générosité. Mais elle doit être éclairée, c'est-à-dire qu'elle

---

(1) *Mor. à Nic.*, VIII, 1, 3, trad. de M. Barth.-Saint-Hilaire.
(2) *Ibid.*, 2, 3.
(3) *Ibid.*, IX, 14, 4.
(4) *Ibid.*

ne doit ni tourner contre celui qui en est l'objet, ni s'exercer aux dépens d'autrui, ni dépasser les moyens de celui qui la pratique, ni être déplacée ou mal réglée. Ici encore une certaine justice distributive est nécessaire : tous les hommes n'ont pas les mêmes droits à nos bienfaits, et comme on ne peut secourir toutes les infortunes, il faut choisir. Il est naturel que nos proches, nos amis, nos compatriotes soient préférés. Les liens du sang sont en même temps les liens du cœur. Qu'on ne s'y trompe pas cependant : l'intérêt de la patrie l'emporte quelquefois sur ceux de la famille et de l'individu, et doit être préféré ; mais quelque sacré qu'il puisse être, la justice est plus respectable encore et ne peut jamais lui être immolée. Point donc de magnanimité ni de gloire véritable sans justice (1). » Nous affaiblissons singulièrement, en lui ôtant toutes ses couleurs, les admirables paroles de Cicéron.

Il en est d'autres où l'amour de l'humanité est proclamée non moins magnifiquement ; nous voulons parler surtout de cet endroit du *de Finibus* (2), où l'auteur se résume en disant : «Toutes les vertus, et cette honnêteté qui en découle, qui en est inséparable, doivent être recherchées pour elles-mêmes. Mais dans toute cette honnêteté dont nous parlons, rien n'a plus d'éclat ni d'étendue que la liaison des hommes avec les hommes. De là une certaine association, une communauté de services, et cette tendresse même pour le genre humain, qui, descendue de la première paternité, est le principe de l'affection des parents pour les enfants. De là l'union de la famille par le mariage, c'est-à-dire par sa base ; union qui se projette et rayonne de proche en proche, qui s'étend de la famille aux alliés, aux voisins, aux

---

(1) *De off.*, I, 14-22.
(2) Id., V, 23.

concitoyens, aux confrères et aux amis, et qui à la fin enveloppant l'humanité tout entière, faisant rendre avec amour à chacun le sien, devient l'équitable et généreuse garantie de ce premier devoir de la société humaine qu'on appelle la justice, et à laquelle doivent s'ajouter la piété, la bonté, la libéralité, l'indulgence, l'urbanité, tous sentiments de même nature au fond. C'est ainsi que la justice a pour caractère propre de servir de fondement commun à toutes les autres vertus. »

N'est-ce pas là le christianisme avant l'Evangile ? L'abolition de l'esclavage, l'égalité juridique de la race humaine est certainement au fond de cette doctrine, quoique la servitude n'y soit point expressément condamnée comme une injustice. Mais elle ne l'est pas davantage dans les paroles du Christ (1) et de ses disciples (2). D'éminents docteurs chrétiens ont même soutenu la légitimité au moins relative de l'esclavage (3). Sans vouloir traiter ici la question de la justice ou de l'injustice de l'état de servitude, nous ferons remarquer que si les sociétés antiques l'ont admis, que s'il a été consacré par la loi mosaïque elle-même contre l'étranger, ce qui ne ressemble pas mal à l'*adversus hostem œterna auctoritas esto* de la loi des XII Tables ; si des philosophes, tel qu'Aristote, en ont cru le fondement naturel : plusieurs législateurs et un grand nombre d'autres philosophes de l'antiquité, Aristote lui-même, ont traité les esclaves avec douceur, ont édicté en leur faveur des lois protectrices, ou enseigné des maximes d'humanité à leur égard (4).

Si l'Evangile fait plus, s'il comble l'abîme qui séparait

---

(1) Matth., X, 24, 25.
(2) Saint Pierre et saint Paul, dans leurs *Epîtres*.
(3) Bossuet. Voir aussi Bouvier, *Institutiones philosophicæ*, t. III, p. 244. Par. 1841.
(4) Tacite, *Mœurs des Germains*.

toujours l'esclave du maître, s'il les met l'un et l'autre au même rang devant Dieu, devant le Créateur et le Rédempteur, s'il tend même à rendre la condition de l'esclave supérieure à celle du maître ; les jurisconsultes romains professaient qu'il n'y a pas d'esclave par nature. Et si le stagirite a dit le contraire, il a dit aussi qu'il n'y a pas d'autre noblesse que celle de l'âme, et qu'elle peut se rencontrer parmi les esclaves comme parmi les hommes libres. Cette nature servile ou non n'était donc pas, aux yeux du prince des philosophes, une condition servile ; deux choses qu'il faut soigneusement distinguer. Chez des peuples moins policés que les Grecs et les Romains, l'humanité envers les esclaves était portée si loin que c'était un crime de les battre de verges ou de les enchaîner. Suivant Diodore de Sicile, l'esclavage était défendu par les lois indiennes (1), et la trop grande inégalité des conditions, qui est l'une des causes de la servitude, y était également proscrite. Est-ce un poète chrétien qui a écrit cette maxime admirable : « Quoique celui-là soit esclave, il n'en est pas moins homme, puisque, ô maître ! la nature l'a fait ainsi ? » Non, c'est Philémon, antérieur à Ménandre. C'est un poète latin qui a dit :

> Quum fueris servos proprios mercatus in usus,
> Et famulos dicas, homines tamen esse memento.

Le Bouddha Cakia-Mouni abolit l'extrême inégalité des conditions dans l'Inde, en rendant le sacerdoce accessible à toutes les castes. Une véritable égalité virtuelle fut par là reconnue et proclamée. A côté des offrandes de fleurs, de fruits, de parfums ; à côté des autres pratiques de dévotion, d'un culte qui repoussait les sacrifices sanglants, ou plutôt

(1) II, p. 124. Hanov. 1606.

au-dessus de tout cela se trouvaient proclamés par le réformateur de la religion brahmanique, les devoirs de l'hospitalité, des repas publics, de la charité universelle, de la vie commune avec des règles de pauvreté, de chasteté, de confession publique, avec le repentir mis à la place des tortures et des supplices volontaires imaginés par le fanatisme des brahmanes (1). Qui a montré pour le pauvre peuple un intérêt comparable à celui qu'on trouve dans les écrits de Lao-Tseu, de Confucius et de Mencius ? Si on les compare aux sermons de nos prédicateurs royaux, à la *Politique tirée de l'Écriture-Sainte* du fameux évêque de Meaux, on trouvera les philosophes chinois pour le moins aussi fermes à l'endroit des abus du pouvoir public, que ces successeurs des apôtres du Christ.

Pour en revenir à l'esclavage et aux philosophes de l'Occident, Bias recommandait de secourir les malheureux et de racheter les captifs (2). Cicéron veut que les esclaves soient traités comme des ouvriers qui gagnent leur salaire (3). Sénèque leur reconnaît des droits communs avec le reste de l'humanité, et veut qu'on les traite comme on voudrait soi-même être traité par un supérieur (4). Si des lois concernant la servitude ont été dures, des maîtres ont été plus durs encore que les lois ; d'autres lois, d'autres hommes chez les païens ont montré plus d'humanité. La douceur de Cicéron, de Sénèque et de Plutarque consolent un peu de l'avarice insensible de Caton. Sied-t-il bien d'ailleurs à des chrétiens qui ne peuvent ignorer la conduite barbare d'autres chrétiens envers leurs esclaves, et la tenacité toute particulière que des moines possesseurs de

---

(1) V. Burnouf, *Introduction*, etc.
(2) Diog. Laert. in Biam.
(3) *De offic.*, I, 13.
(4) *De clementia*, I, 18 ; *Epist.* 47, et passim.

serfs ont opposée à l'exécution des ordonnances que la philosophie généreuse du XVIII siècle, autant au moins que la religion, avait fini par arracher à nos rois, d'élever si haut l'influence chrétienne en faveur de la liberté, que de nier toute autre action civilisatrice dans les convictions plutôt encore que dans les mœurs des temps modernes, en ce qui regarde la liberté considérée comme un droit naturel et universel? La servitude ou le servage, une injuste inégalité de conditions ne couvrent-elle pas encore la face presque entière du monde chrétien? La faute assurément n'en est pas au christianisme, mais aux passions humaines. Pourquoi donc la philosophie serait-elle responsable du mal qu'elle n'a pu empêcher, du bien qu'elle n'a pu faire?

Quoique l'esclave ne fasse pas essentiellement partie de la famille, *familia* (1), il y est attaché, et fait partie de la maison, *domus*. C'est donc une raison de rappeler encore ici que cette triste condition, et le juste intérêt qu'elle inspire, n'ont point échappé aux philosophes de l'antiquité : « Souvenons-nous, dit le sage de Tusculum, que la justice descend jusqu'à la dernière classe des hommes, tels que les esclaves. Ce qu'on a dit de mieux à cet égard, c'est qu'il faut les traiter comme des hommes salariés, en exiger le service, et leur fournir les choses raisonnables (2). Cicéron était encore plus humain dans sa conduite que dans ses principes : les lettres qu'il adressait à Tyron sont vraiment touchantes. Si Caton l'ancien, raisonnant en économiste sans entrailles, voulait qu'on vendît les esclaves devenus vieux, au lieu de les nourrir sans profit, Plutarque en est si révolté qu'il déclare, quant à lui, que loin de chasser

---

(1) Ils en étaient membres dans les anciens temps; de là le nom de *familiares* qu'on leur donnait. L'appellation de *servus* était une injure (Sénèq. *Ep.* 47 et 31).

(2) *De off.*, I, 13, 40.

de sa maison un vieux serviteur, il n'en voudrait pas même chasser un vieux bœuf (1). Sénèque dit : « Il est louable de commander aux esclaves avec modération ; tu dois voir dans ton esclave, ajoute-t-il, non pas tout ce que tu peux lui faire souffrir impunément, mais ce que te permet l'équité qui t'ordonne d'épargner les captifs et les hommes achetés, et quoique tout semble permis envers un esclave, parce qu'on l'a payé, il y a cependant quelque chose que le droit commun de l'humanité n'admet pas comme licite à son égard : car il est de même nature que toi. On connaît le proverbe, *autant d'esclaves autant d'ennemis*; mais c'est nous qui en faisons des ennemis, en oubliant qu'ils sont hommes, en les traitant comme des bêtes de somme. Faisons attention que celui que nous appelons notre esclave a reçu la même existence que nous, jouit du même ciel, respire, vit, meurt, comme nous. Sois donc avec celui qui t'est soumis, comme tu voudrais que ton supérieur fût avec toi (2). »

Comme le christianisme, et avant lui encore, elle a porté l'amour de l'humanité jusqu'au pardon des injures, jusqu'à la rétribution du bien pour le mal, condamnant ainsi la vengeance et tous les mauvais sentiments envers les hommes, plaignant les méchants, et laissant le soin de les punir à l'autorité publique qui en a la sévère mission. La sagesse de l'Orient est encore d'accord en ce point avec celle de l'Occident. Djaïmini, Lao-tseu, Confucius, Pythagore et ses disciples, Épictète, Marc-Aurèle, etc., tiennent à peu près le même langage.

« Le sage n'a pas un cœur inexorable ; il traite tous les hommes comme un père ses enfants. — Il venge ses in-

---

(1) Plut. in Cat. maj.
(2) Senec., I, *De clem.*, c. 18; *Epist.* 47.

jures par des bienfaits (1). — Reconnais les bienfaits par d'autres bienfaits, mais ne te venge jamais des injures..... La vérité et la justice doivent toujours vous guider, et il faut rendre des bienfaits pour des injures et des haines (2). — Venge-toi en méritant l'amitié de ton ennemi (3). — Si vous vous vengez vous-mêmes, Dieu vous jugera (4). Pythacus défendait de parler mal des ennemis (5). Si votre frère vous fait quelque injustice, n'ayez point d'attention à ses procédés (6). Plutarque veut non seulement qu'on ne rende pas injure pour injure, mais qu'on fasse du bien à son ennemi ; et, ce qui est mieux encore, qu'on le fasse avec affection, avec zèle (7). Le propre de l'homme est d'aimer ceux qui l'offensent ; et tu le feras, dit Marc-Aurèle en s'adressant à lui-même, si tu te souviens qu'ils sont tes parents, qu'ils pèchent malgré eux et par ignorance; si tu te souviens que vous mourrez les uns et les autres au premier jour, et, sur toute chose, qu'ils ne t'ont pas offensé, puisqu'ils n'ont point rendu ton âme pire qu'elle n'était auparavant..... La meilleure manière de se venger d'un ennemi, c'est de ne pas lui ressembler (8). »

Les poètes mêmes n'ont pas été moins heureusement inspirés. On lit dans Horace :

. . . . Æquum est
Peccatis veniam poscentem reddere rursus (9).

Si quelques-uns ont dit qu'on peut rendre le mal pour le

---

(1) *Le livre de la voie et de la vertu,* trad. de M. Stanislas Julien, c. XLIV, XLIX.
(2) Confuc., *Maxim.,* LIII; *Scient. sinic.,* III, p. 106.
(3) Diog. Laert. in vit. Pyth.
(4) Sextius le Pyth., p. 650.
(5) Diog. Laert. in vit. Pyth.
(6) Epictète, *Ench.,* XXXVII, cf. XXXVI.
(7) *Œuvres mor.*
(8) *Réfl. mor.,* III, 22 ; VI, 6.
(9) *Sat.* I, 4.

mal (1), outre qu'ils avaient raison en droit strict, ce n'est pas seulement dans le talion mosaïque ou dans les emportements lyriques du psalmiste qu'on retrouvait cette doctrine, mais encore dans l'Evangile, où il faudra payer jusqu'à la dernière obole (2). Il est vrai que c'est Dieu lui-même qui l'exigera, comme c'est lui qui vengera (3) ; mais et la vengeance et la justice pénale la plus stricte n'en sont pas moins présentées dans la loi nouvelle comme dignes de Dieu. Il est vrai encore que la bonté et la miséricorde divines s'y lisent en caractères plus éclatants, et que l'un de ces enseignements veut être interprété et tempéré par l'autre.

Mais pourquoi s'étonner si fort de la diversité de doctrine chez les philosophes ; chacun d'eux est-il donc plus en contradiction avec lui-même et avec les autres que l'Ecriture et ses différentes parties ? Vous expliquez ces contradictions, vous l'essayez du moins ; vous interprétez, vous oubliez un texte quand vous en citez un autre, et vous faites bien sans doute. Traitez donc les philosophes avec la même indulgence ou la même justice. Il est certain que si l'on ne voulait pas interpréter l'Evangile, si on voulait le prendre à la lettre, et ne tenir compte que des passages choquants, si on les prend à la lettre et sans tenir aucun compte de l'esprit et de l'ensemble littéral des textes sacrés, on y relèverait plus d'une maxime médiocrement édifiante et d'une application fort dangereuse : on y trouverait l'intolérance, la haine (4), la division de la famille et de la société (5); une certaine irrévérence au moins

---

(1) « Par pari referre non est injuria. » (Phèdre.)
(2) Matth., V, 26.
(3) *Hebr.*, X, 30.
(4) Jean, *Epist.* II, 10 ; — Matth., X, 34.
(5) Matth., X, 35 ; — Luc, XIV, 16 ; II, 43-49 ; XII, 51-53 ; — Jean, II, 4.

apparente envers ses parents (1), un encouragement à l'injustice (2), le mépris des lois et de l'autorité civile (3), l'espionnage et la délation (4), l'encouragement fanatique à la mutilation (5), à la misère (6), le mépris de la justice (7), des institutions religieuses (8), un zèle violent (9), le privilége et l'arbitraire (10), la consécration de la servitude et du despotisme (11), etc., etc. C'est donc avoir deux poids et deux mesures que de traiter les livres saints d'une façon, et ceux des philosophes d'une autre.

Les devoirs envers l'humanité en général ont été trop bien compris par les philosophes, pour que ceux plus sacrés encore qui nous rattachent à la patrie, à la famille en aient pu être méconnus. Aussi les Pères de l'Eglise les plus disposés à nier les vertus païennes sont-ils obligés d'en convenir; et l'on peut regarder comme un excellent résumé de la morale publique des païens, comparée à la morale chrétienne, avec un avantage assez marqué en faveur des premiers, le chapitre xviii du livre V de la *Cité de Dieu* de saint Augustin, où il est dit entre autres choses : « Que les chrétiens n'ont pas à se glorifier de ce qu'ils font pour l'amour de la patrie céleste, quand les romains ont fait de si grandes choses pour une patrie terrestre et pour une gloire toute humaine. » On sait en effet l'amour des peuples libres de l'antiquité pour leur patrie ; et si l'on était

---

(1) Matth., XII, 48 ; — Marc, III, 33-35.
(2) Matth., V, 38-41.
(3) *Actes*, V, 29.
(4) Matth., XVIII, 17.
(5) Matth., XIX, 12; Marc, IX, 41, 42.
(6) Id., *ibid.*, 24.
(7) Marc, V, 13-14 ; XI, 13-14.
(8) Id., VII, 15.
(9) *Ibid.*, 15, 16.
(10) Luc, VIII, 18.
(11) *Rom.*, XIII, 1-2 ; — I Petr., 13, 18.

tenté de leur adresser un reproche, ce ne serait assurément point celui d'avoir méconnu les droits de la chose publique, mais bien de les avoir souvent exagérés au point d'y sacrifier ceux des autres nations ou ceux des citoyens. Mais c'était l'opinion et le sentiment communs, et ceux-là mêmes qui étaient victimes de cette espèce d'idolâtrie, plus excusable que l'autre, ne pensaient pas différemment. L'intérêt public était placé au-dessus de tous les autres intérêts, au-dessus même de tous les droits privés, en ce sens du moins que si l'on ne pouvait immoler le citoyen à la chose publique, l'honneur, le patriotisme lui faisaient un devoir de s'y dévouer (1). Si la justice est la vertu maîtresse et reine de toutes les autres, l'amour de la patrie comprend tout le reste des affections : « Una virtus omnium est domina et regina virtutum...; nihil enim honestum esse potest quod justitia vacat... » Et le philosophe romain avait dit longtemps avant Fénelon : « Cari sunt parentes, cari liberi, propinqui, familiares, sed omnes omnium caritates patria una complexa est : pro qua quis bonus dubitet mortem oppetere, si ei sit profuturus ? »

Enseigner l'amour de la patrie, c'est proclamer les devoirs du prince et des simples citoyens. Les anciens n'ont rien laissé à dire à cet égard : « Ne manque jamais de fidélité à ton prince, dit Confucius, ne lui cache rien de ce qu'il est de son intérêt de savoir, et ne trouve rien de difficile lorsqu'il s'agira de lui obéir (2). Cultiver son âme, la perfectionner, révérer les sages et les consulter, aimer ses parents, honorer les ministres et les principaux magistrats de l'empire, traiter ses officiers avec bonté, avoir pour la

---

(1) Cicér., *De offic.*, I, 10, 17, 18, 19, 57, 58, 59; III, 1; *De legib.*, II, 2; *Pro Sext.*, 47; *Pro Planc.*, 90; *Somn. Scip.* — Voir England, *An inquiry into the morals of the ancients*, ou le *Traité des études* de Rollin.

(2) Pastoret, *Zor., Confuc. et Mah. comparés*.

nation des entrailles de père, et partager les sentiments de joie qu'elle éprouve, appeler de loin les gens à talents et les favoriser..., éloigner d'eux-mêmes avec courage les ministres infidèles, intéressés, les courtisans vicieux : tels sont les devoirs d'un prince. Le nom glorieux de père des citoyens n'est dû qu'à celui dont les actions entraînent au bien tous les cœurs que le ciel a soumis à ses lois. Un prince défend en vain ce qu'il se permet ; mais qu'il attende tout de la nation, s'il est exempt des vices qu'il proscrit, et s'il a les vertus qu'il exige. »

« Que le magistrat sache, dit Cicéron, qu'il représente l'Etat ; qu'il en doit soutenir la gloire et la dignité ; que les lois et la justice lui sont confiées. Dans une condition privée, il faut vivre avec ses concitoyens, suivant les lois de l'égalité, sans bassesse, sans orgueil, et ne désirer que l'honneur et la tranquillité de la république (1). »

« Que ceux qui sont destinés à gouverner, dit encore Cicéron, se pénètrent bien de ces deux préceptes de Platon : le premier est de prendre à cœur l'utilité publique, d'y rapporter toutes leurs actions sans songer à soi-même ; le second est de pourvoir au bien de tout l'Etat, de ne pas s'attacher à une partie au préjudice des autres. Les charges sont une espèce de tutelle qu'il faut régir selon l'intérêt, non du tuteur, mais des pupilles. Ces magistrats, zélés pour les uns et indifférents pour les autres, ouvrent la porte aux plus grands de tous les désordres, à la discorde et à la sédition. Aussi y a-t-il les amis du peuple, les partisans de la noblesse, et presque personne qui soit l'homme de tous (2). »

Tous les devoirs publics sont renfermés dans ces pa-

---

(1) *De off.*, I, 34, n° 124.
(2) Id., I, 25, n° 85.

roles. On ne serait pas embarrassé de prouver par de grands exemples pris de l'antiquité, que les sujets et les rois ont compris tout ce qu'ils se devaient mutuellement : Marc-Aurèle n'est point trop au-dessous de saint Louis, et Zopire n'a rien à craindre de la comparaison d'aucun dévouement moderne.

Sans doute il y a toujours, dans le système chrétien, une sanction plus haute, plus forte et plus sûre pour les croyants ; mais on ne voit pas qu'elle ait avantageusement remplacé l'amour de la chose publique ni chez les souverains, ni chez leurs ministres ; et si l'histoire des empires depuis le christianisme et sous son influence montre parfois un peu moins de barbarie dans les cours, grâce aux progrès de la civilisation, elle ne laisse pas apercevoir beaucoup plus de sagesse qu'on n'en trouve dans les conseils des antiques monarchies, et surtout dans les gouvernements des anciennes républiques. Pour ma part, j'aurais beaucoup moins de confiance en un prince chrétien qui, par une fausse conscience sans doute, mais par un raisonnement d'ailleurs aussi naturel qu'il est ordinaire, ajournerait son baptême à ses derniers moments, ou qui dirait comme Louis XIV, « on tâchera de bien finir, » qu'en celui dont la raison morale un peu plus saine, et voyant de plus haut, serait pénétré de ces sentiments de moralité vraie proclamés par Cicéron : « Si omnes deos, hominesque celare possemus, nihil tamen avare, nihil injuste, nihil libidinose, nihil incontinenter esse faciendum (1). »

S'il est arrivé au philosophe romain d'être parfois trop fidèle à certaines maximes férocement républicaines (2), bien des casuistes ne pourraient lui en faire un crime, sans

---

(1) *De off.*, III, 9.
(2) Id., 7.

compter qu'il aurait pour lui l'ancienne université de Paris, sans avoir contre lui le concile de Constance (1).

Les anciens n'avaient pas moins bien compris l'importance des devoirs domestiques, tant pour la famille elle-même que pour l'Etat. « La famille, dit Aristote, est antérieure à l'Etat, et elle est encore plus nécessaire que lui, parce que la procréation est un fait plus commun que l'association chez les animaux..... L'espèce humaine cohabite non pas seulement pour procréer des enfants, mais aussi pour entretenir tous les autres rapports de la vie. Bientôt les fonctions se partagent ; celle de l'homme et de la femme sont très différentes. Mais les époux se complètent mutuellement, en mettant en commun leurs qualités propres... Les enfants deviennent en général un lien de plus entre les conjoints (2). »

Ces vues supérieures du philosophe de Stagire, où la profondeur des aperçus ne peut porter aucun préjudice aux sentiments, mais au contraire en donner la raison et la règle, sont complétées par des réflexions qui, à part le caractère scientifique étranger aux livres canoniques, ce qui n'est qu'un avantage relatif, ne seraient point déplacées dans un commentaire de ce qu'il y a de plus naturel dans quelques épîtres de saint Paul et de Saint Pierre (3).

« L'association du mari et de la femme constitue une forme de gouvernement aristocratique. L'homme y commande conformément à son droit, et seulement dans les choses où il faut que ce soit l'homme qui commande ; il abandonne à la femme tout ce qui ne convient qu'à son sexe. Mais quand l'homme prétend décider souveraine-

---

(1) Voir aussi une note de Gerbet, dans sa *Philosophie de l'histoire.*
(2) *Mor. à Nicom.*, VIII, 12, 7, trad. de M. Barth.-Saint-Hilaire.
(3) I *Cor.*, VII ; *Ephes.*, V ; *Coloss.*, III ; 1 Petr., 3.

ment de tout sans exception, il passe à l'oligarchie ; il agit alors contre le droit. Il méconnaît son rôle, et il ne commande plus au nom de sa supériorité naturelle (1). »

La part du sentiment, qui d'ailleurs appartient plus à la poésie qu'à la science et à la philosophie, et que le manque de goût pourrait seul regretter dans une discipline aussi sévèrement raisonnée que celle d'Aristote, se trouve dans les écrits d'autres philosophes, d'un caractère moins scientifique, par exemple dans Tschoung-Kia-Pao, disciple de Confucius : « Qu'un mari ne cesse jamais de chérir sa femme, de l'estimer ; si elle n'a pas une naissance distinguée, si sa figure n'est pas séduisante, si la nature ne lui a pas prodigué les dons de l'esprit, ce n'est point une raison pour la haïr ou la mépriser. Outre que ces avantages sont presque toujours plus nuisibles qu'utiles, songez que vous avez choisi cette épouse que vous dédaignez aujourd'hui, et que la rendre malheureuse, c'est nécessairement vous rendre malheureux vous-mêmes ; songez surtout qu'elle est la mère de vos enfants (2). »

Le bon Plutarque ne pouvait guère manquer de tenir en ce point un langage digne des sentiments de bénignité qu'on lui connaît, et dont l'affection s'étend jusqu'aux animaux. Aussi dit-il qu' « Il faut que le mari domine la femme, non comme le seigneur fait son esclave, mais comme l'âme fait le corps, par une mutuelle direction et réciproque affection dont il est lié avec elle. Comme l'âme peut bien avoir soin du corps sans s'asservir aux voluptés ni aux appétits désordonnés d'icelui, aussi peut bien le mari dominer la femme en lui complaisant et la gratifiant. »

---

(1) *Mor. à Nicom.*, VIII, 10, 4.
(2) Pastoret, *Zor., Conf. et Mah. comparés.*

Si le respect pour la femme se montrait surtout dans le cas qu'on fait de sa personne, nulle part et dans aucun temps peut-être elle n'aurait été placée plus haut dans l'esprit de l'homme que chez les anciens Germains. Elle n'était pas seulement la compagne de l'homme, son égale aux yeux des lois ; une opinion, fondée sans doute sur ce qu'il y a de plus impressionnable, de plus sensible et de plus instinctif dans la femme que dans l'homme, opinion très vraie, la mettrait au-dessus de lui, entre l'humanité et le ciel, faisant d'elle une sorte de divinité, un être inspiré. Mais sans parler de ce côté mystique, et pourtant fondé de l'opinion des Germains sur la femme, ils avaient une coutume d'une profonde sagesse, aussi honorable pour la femme qu'elle pouvait être salutaire pour la nouvelle famille dont elle devenait la mère : ils ne dotaient point les jeunes épouses.

C'est sans doute ce qu'il y a de bas et de honteux à stipuler finances dans un contrat où la considération de la fortune ne doit être que secondaire, qui donne l'idée à d'autres peuples de ne point demander de dot ou de n'en demander que pour la forme, ou même de faire doter les femmes par les maris, ou bien enfin de ne permettre à l'un des époux de ne recevoir en dot que l'équivalent de ce que son conjoint aurait reçu à ce titre. Ainsi Solon et Lycurgue défendirent aux hommes de rien recevoir en dot de leurs femmes (1). Chez les Cantabres, il n'y avait contrat de mariage qu'autant que l'homme avait payé une dot à la femme (2). Des peuples indiens dotaient avec une paire de bœufs (3). Les Gaulois voulaient que le mari mît autant

---

(1) Plutarq., *Vies.*
(2) Strab., III.
(3) Id., lib. XV.

que la femme en communauté, et que le tout appartînt au survivant des époux (1). Les Égyptiens avaient un tel mépris pour celui qui pouvait être soupçonné d'épouser une dot plutôt qu'une compagne, qu'ils le déclaraient esclave de sa femme (2).

La piété filiale, qui est comme le pivot de la vie sociale en Chine, ne pouvait manquer d'être enseignée par les sages du Céleste-Empire : « Qui aime son père, dit l'auteur de l'Hiao-King, ne peut haïr personne ; qui n'aime pas ses parents ne peut aimer personne. » Si cela n'est pas très évident, ou si le philosophe a voulu dire simplement qu'on doit aimer ses parents plus que toute personne étrangère, au moins voit-on par là combien il croyait la piété filiale nécessaire.

Plutarque prétend que « il n'y a point de plus certain signe d'un athéiste que de mettre à nonchaloir, ou de commettre quelque faute à l'encontre de son père et de sa mère ; » et Platon veut que l'on chasse de la société ceux qui les maltraitent, et qu'on les extermine s'ils ont la témérité d'y rentrer. Aristote expose avec sa simplicité, sa brièveté, sa haute raison habituelles les devoirs des enfants à l'égard des parents : « L'amour des enfants envers les parents, et des hommes envers les dieux, est comme l'accomplissement d'un devoir envers un être bienfaisant et supérieur. Les parents et les dieux nous ont donné les plus grands de tous les bienfaits : ce sont eux qui sont les auteurs de notre être ; ils nous élèvent, et après notre naissance, ils nous assurent l'éducation (3). Personne ne peut jamais rendre aux dieux et aux parents tout ce qui leur est

---

(1) Cæsar, VI.
(2) Tiraq., *Leges connubiales.*
(3) *Mor. à Nicom.*, VIII, 12, 5.

dû ; mais celui qui les adore et les vénère autant qu'il le peut, a rempli tout son devoir... Comme un fils n'a jamais pu rien faire d'équivalent à ce qu'il a reçu, il reste toujours le débiteur de son père (1).

On ne finirait point si l'on voulait reproduire tout ce qui a été dit de bien par les moralistes anciens sur les liens sacrés du mariage, sur les droits et les devoirs qui en sont la conséquence (2), sur les rapports des parents et des enfants (3), des frères et des sœurs (4). Les législateurs ont traduit souvent en décrets les maximes des sages (5), et les poètes les ont proclamées dans leur langage naturellement plus animé. Et ce qu'il y a de mieux encore que les préceptes ce sont les exemples. On sait qu'ils abondent.

Si l'on comparait les résultats de l'éducation chrétienne avec ceux que la sagesse antique obtenait en suivant les simples indications d'une raison supérieure, il serait peut-être assez difficile de se prononcer. Mais à s'en tenir aux préceptes, il nous semble malaisé de concevoir quelque chose de plus sensé et de plus moral, de plus religieux même dans l'acception supérieure du mot, que les préceptes qu'on lit dans Platon, dans Xénophon, dans Plutarque et dans Quintilien. Il est peut-être permis de croire aussi que l'éducation des Grecs et des Romains ne portait guère moins de fruits que la nôtre, qu'elle n'était pas moins propre en tout cas à former des hommes et des citoyens.

---

(1) *Mor. à Nic.*, VIII, 14, 4.
(2) Cicér., *De off.*, I, 55 ; II, 71 ; —Plut., *Apoph.*
(3) Cicér., *De off.*, I, 78 ; III, 62, 112 ; *De finib.*, I, 23, 52 ; *Tusc.*, X, 79.
(4) Cicér., *De off.*, III, 54.
(5) V. la définition du mariage dans les lois romaines et les dispositions qui en sont la conséquence.

§ III.

Devoirs réfléchis.

Le premier de ces devoirs, puisqu'il est la condition de la connaissance de tous les autres, c'est de se connaître soi-même. Ce précepte a semblé si excellent ou si nécessaire que la sagesse antique l'avait fait proclamer par une divinité. Qui se connaît, connaît par lui-même sa propre nature, sa destinée, et sait ce qui doit être fait pour la remplir. C'est surtout dans un but de perfectionnement que la connaissance de soi-même est utile : elle montre les défauts à corriger, les vertus à acquérir (1). Elle donne à chacune des qualités que nous pouvons ou devons avoir leur importance relative, et classe les devoirs en conséquence (2). Si elle nous montre nos imperfections, nos faiblesses, spectacle qui, s'il était seul, serait propre à nous décourager, elle nous relève et nous ranime en nous faisant voir dans la raison, qui nous distingue du reste des créatures, des traces d'une parenté divine (3).

La sagesse ou la connaissance de la vérité, la culture de l'intelligence devient donc une nécessité de vocation, un devoir (4). Un philosophe indien, Kapila, avait même exagéré tellement cette nécessité, qu'il en avait fait le devoir par excellence ; la science était suivant lui le moyen essentiel de l'affranchissement de l'âme. Gotama, autre philosophe indien, donnait aussi la science comme la fin de l'homme ici-bas. Si Confucius n'allait pas jusque-là, il recomman-

---

(1) Cicér., *Tuscul.*, III, 30.
(2) Id., *De finib.*, V, 12.
(3) Id., *De legib.*, I, 7-9.
(4) Id., *De off.*, I, 4 et 5.

dait néanmoins la culture de la raison, le retour sur soi-même. Comme Pythagore, il prescrit l'examen journalier de la conscience, et recommande particulièrement le chapitre des omissions, non pas comme le plus important, mais parce qu'il pourrait être plus facilement inaperçu. Dans le catalogue des devoirs qu'il a passés en revue par cet examen, nous remarquons le désintéressement, la charité universelle, la pureté des pensées comme celle des actions, la méditation et le travail (1).

Une intelligence aussi vaste et aussi profonde que celle d'Aristote, ne pouvait manquer d'attacher la plus grande importance à la culture intellectuelle. Si, comme Gotama et Kapila, il n'en faisait pas le principal devoir, comme moyen d'arracher l'âme aux choses terrestres, aux vicissitudes des renaissances, à elle-même enfin, ce qui était la grande, la suprême affaire pour les sages indiens, puisque le bonheur était là ; il la considérait du moins comme la condition de l'élément le plus pur et le plus doux de la félicité humaine.

La connaissance et l'examen impartial de soi-même par rapport à l'idéal que nous sommes appelés à réaliser, fait naître le sentiment de nos imperfections, et engendre l'humilité. Sentiment louable, connu, pratiqué et recommandé par plusieurs philosophes païens. Le sage pratique l'humilité, dit Lao-Tseu ; il redoute la gloire comme l'ignominie (2). Le saint fait le bien et ne s'en prévaut pas (3). Savoir et croire qu'on ne sait pas est le comble du mérite ; ne pas savoir et croire qu'on sait, c'est la maladie des hommes. Le sage se plaît dans la situation la plus humble (4). La vie de Socrate est remplie de traits où respire

---

(1) *Grande Etude*, trad. par M. Pauthier.
(2) *Le livre de la voie*, etc., ch. VIII et XIII, trad. Stan. Julien.
(3) *Ibid.*, ch. LXXII, LXXVII.
(4) *Ibid.*, ch. LXXI ; VIII.

l'humilité. Son plus célèbre disciple avait le sens de l'idéal trop délicat et l'amour du bien trop prononcé pour ne pas comprendre la convenance et l'utilité de ce mépris relatif de soi-même (1).

Il y a bien un peu de fierté encore dans la manière dont Platon veut qu'on endure les outrages, les violences même; mais il n'en est pas moins certain que les sages de l'antiquité avaient un idéal du bien et qu'ils faisaient consister la vertu dans les efforts persévérants pour en approcher indéfiniment. Ce qui n'était possible qu'à la condition de se trouver toujours imparfait. C'est là l'humilité véritable, celle qui ne s'incline que devant la perfection, mais qui, tout en reconnaissant les misères d'autrui, se garde bien d'oublier les siennes propres, ou de concevoir de l'orgueil pour quelques avantages souvent plus apparents que réels. Cicéron veut même qu'on soit d'autant plus modeste qu'on pourrait être plus élevé (2). Sextius le pythagoricien disait : « L'élu de Dieu agit selon la volonté divine et ne s'attribue rien à lui-même. Cherchez plutôt à être probe qu'à le paraître. Vous ne serez pas sage si vous pensez l'être. Le sage aime celui qui le reprend. Il vaut mieux servir les autres que d'être servi par eux (3). » Les stoïciens ne confessaient-ils pas que Dieu seul est sage ?

Toute autre humilité, celle, par exemple, qui consisterait à se mettre trop bas au-dessous des autres, n'était pas comprise des anciens ; elle aurait passé pour un vice, un défaut de dignité, de juste estime de soi-même. Elle était regardée comme une faiblesse, aussi bien que l'orgueil (4). Cette morale nous semble d'autant plus vraie que l'autre

---

(1) *Gorgias*, in fine.
(2) *De off.*, I, 26.
(3) *Sentences*, 176, 178, 188, 247, 326.
(4) Sopater, dans Stobée, *De magistratu*.

manière d'entendre l'humilité ne fait souvent que des hypocrites et des insolents (1).

Nous reconnaissons donc sans peine que la sagesse antique était plus portée à tendre les ressorts de l'âme qu'à les relâcher, et que tout vice était à ses yeux faiblesse, toute vertu étant force, la grande affaire était d'avoir l'énergie du bien. « Ce qui constitue essentiellement le grand homme, dit Cicéron, c'est ce qui fait les âmes sublimes, ce qui les met au-dessus des choses humaines. On les reconnaît à deux signes : si elles n'attachent l'idée de bien qu'à ce qui est honnête, et si elles sont libres de toutes passions (2). » On connaît le *sustine et abstine* des stoïciens.

Une autre vertu dont les ennemis de la philosophie déshériteraient volontiers la nature humaine, sauf à la lui rendre d'une autre manière, c'est la chasteté. Il est certain que le christianisme a élevé cette vertu plus haut qu'elle ne l'avait été jusque-là ; mais resterait à savoir s'il n'y a pas eu dans cette exaltation un degré de mysticisme peu d'accord avec les grandes lois de la Providence ; si ce genre d'excès n'en a pas amené d'autres d'une nature bien contraire, non moins fâcheux, et si, à tout prendre, le culte excessif de la continence a toujours été plus profitable à ceux qui en ont

---

(1) Voici, en ce sens, quelques maximes de Ménandre très dignes de remarque : « Le précepte de se connaître soi-même est utile en toutes choses. — Il faut chercher à plaire à tout le monde et pas seulement à soi-même.— N'oublie pas un instant que tu es homme. — Pense que tout est périssable et que tu es mortel. » Voir également, dans les *Comic. græc. sent.*, ce qui regarde l'orgueil, p. 317. L'histoire de l'antiquité offre de beaux traits de mœurs et de caractère à ce même point de vue. V. par exemple, dans les Erasm. *Apophtegm.*, Agésilas, Socrate, Dion, Antisthène, Arcésilas, Métroclès, Pythagore, Isocrate, Aristote, p. 60, 240, 498, 781, 827, 836, 902, 909. Mais l'homme et l'auteur qui offre tout à la fois l'exemple et le précepte, c'est l'empereur philosophe Marc-Aurèle, espèce de Pascal et de saint Louis du paganisme : « Petitesse de l'homme comparé au reste du monde! Que sa vie est peu de chose ! A quoi tient-elle! — La valeur de l'homme est dans sa pensée, sa volonté et ses bons sentiments. » (*Réflex. mor.*, II, 2, p. 24.)

(2) *De off.*, I, 20. Voir le beau développement de cette pensée.

fait profession, ainsi qu'au reste de la société chrétienne, que n'eût pu l'être l'éloignement moins absolu pour une des tendances et des fins essentielles de la nature humaine. En tout cas, il est faux que la pudeur, la chasteté, la continence même, n'aient pas été reconnues par les sages comme un mérite au moins relatif.

Tout ce qui est effort en morale plaît naturellement; et quand même il n'y aurait ni inconvénient ni honte à céder à la volupté, précisément parce qu'elle cherche à dominer l'homme, il y aurait toujours quelque noblesse à la mépriser, à s'en affranchir, ne fût-ce que pour avoir la satisfaction de se sentir plus libre; car servir volontairement, servir même avec passion, c'est toujours servir. En triomphant de la volupté, l'âme acquiert d'ailleurs de la force, et la satisfaction, la gloire même, de se vaincre en ce point n'est qu'un des moindres avantages que l'on retire de la continence. Sans parler des maladies graves dont la volupté est souvent la cause très prochaine, ne suffit-il pas de savoir qu'elle tend sans cesse à ravaler l'homme, qu'elle peut émousser toutes ses facultés, allâchir son courage, corrompre son jugement, affaiblir la mémoire et les autres facultés, pour avoir la raison du prix que les anciens attachaient à l'extrême tempérance à cet égard. Ils sentaient que rien plus que la volupté n'est opposé à la vie contemplative, à la vie spirituelle, qui est un besoin pour tous les esprits d'un certain ordre. Aussi louent-ils à l'envi la chasteté, mais moins pour elle-même, il est vrai, qu'en vue du bien public; et Aristippe lui-même ne veut pas être esclave des plaisirs. Ajoutons que l'histoire nous fait connaître des actes de pureté qui supposent un attachement toujours rare pour cette vertu. Xénocrate passerait encore aujourd'hui pour un héros difficile à imiter. Et ce n'est pas seulement une chasteté extérieure qui était recommandée par les

CHAPITRE VI. — SUR LES PRINCIPAUX DEVOIRS. 457

sages, mais celle aussi qui est le principe de l'autre, la pureté de l'âme. C'est à ce titre que Zoroastre disait : « Tu feras alliance avec tes cinq sens : avec tes yeux, afin qu'ils ne regardent rien de honteux ; avec tes oreilles, afin qu'elles n'écoutent aucun mauvais propos ; avec ta langue, afin qu'elle ne profère rien de répréhensible ; avec ton palais, afin qu'il ne goûte rien de mauvais, comme du vin ou de la chair des créatures vivantes ; avec tes mains, afin qu'elles ne touchent rien qui soit souillé (1). »

Les moralistes chinois ont aussi attaché la plus grande importance à la pureté de cœur. « Travaille à justifier tes pensées, dit Confucius ; si elles ne sont pas mauvaises, tes actions ne le seront pas. — Un esprit qui s'abandonne à ses désirs déréglés n'est plus maître de soi-même ; quoiqu'il regarde les yeux ouverts, il ne voit pourtant pas ; quoiqu'il goûte, il ne savoure pas (2). » Les philosophes grecs et romains n'ont pas eu en moins grande estime une vertu si essentielle. On connaît l'admirable allégorie où Platon décrit les tendances ignobles ou supérieures de la luxure et de la continence (3).

Des rares avantages que les dernières années de la vie apportent avec elles, l'un des plus grands, si ce n'est pas le premier de tous aux yeux de Cicéron, c'est d'émousser l'aiguillon de la chair (4).

L'antiquité avait fait plus, sans peut-être faire mieux, puisqu'elle avait ses prêtres et ses prêtresses, ses vestales obligés à une virginité perpétuelle. Des institutions semblables s'étaient établies parmi les Incas ; le soleil y avait

---

(1) *Hist. de la relig. des Banians*, par Henri Lord, p. 58
(2) *Max.*, 8, et *le Tahio* ou *la Grande Etude*.
(3) Dans le *Phèdre*.
(4) *De senectute*.

ses vierges, comme Vesta les siennes dans la ville éternelle. Ici et là c'était le culte du feu, de l'élément qui purifie tout et qui est le symbole le plus frappant de la divinité. Si, pour d'autres religions ou pour honorer d'autres divinités, une continence absolue et perpétuelle n'était pas exigée, une abstention temporaire et relative était du moins nécessaire (1). Est-ce donc que le célibat soit absolument préférable au mariage? Il est difficile d'être pour l'affirmative en thèse générale, sans se mettre en contradiction avec l'ordre même des choses; le mariage est dans la nature, dans les desseins manifestes de la Providence, et les vertus qu'il demande ne sont ni moins nombreuses déjà ni moins pénibles à remplir, ni surtout moins profitables à la société que celles d'un chaste célibat. Aussi les motifs qui le font recommander à saint Paul (2) semblent-ils tenir un peu d'une vertu assez personnelle pour n'être pas sans parenté avec la préoccupation excessive de ses convenances propres. On peut donc dire, si nous ne nous trompons, que la virginité vraie est une vertu de sa nature exceptionnelle, qu'elle n'a guère de raison d'être que lorsqu'elle est un besoin de l'âme, un goût spécial et marqué. C'est une vertu qui, pareille à une fleur de luxe, peu commune, qu'on cultive comme ornement ou pour son parfum, n'est cependant point comparable, quant à l'utilité, aux plantes les plus usuelles et les plus vulgaires.

Les autres devoirs réfléchis ou à l'occasion de soi-même, on en convient, se rencontrent chez tous les moralistes de l'antiquité. Inutile donc de parler des quatre vertus cardinales, qui forment comme la division ordinaire de la plupart des traités de morale, la prudence, la justice, la force

---

(1) Herod., II, 64; — Plutarq., *Sympos.*, II; — Servius, *ad Æneid.*, VI, v. 66.
(2) *Ad Corinth.*, VII, 32, et seq.

ou le courage, et la tempérance. Nous n'avons pas à rechercher non plus si cette division est complète, ni si elle ne serait pas redondante : il nous suffit de savoir qu'elle est très ancienne, et que les moralistes rattachaient à ces quatre chefs toutes les vertus, sans en excepter la piété, que Cicéron rapporte à la justice. Ce sont là des questions de méthode, de technique ou d'école, qui ne font rien au fond des choses. Qu'importe, par exemple, à la question de savoir si les philosophes de l'antiquité ont eu des idées saines sur la conservation de soi-même, qu'ils en aient rattaché le devoir à la justice ou au courage? Ce qui prouve que ceux-là mêmes qui ont fait du suicide une sorte de vertu, les stoïciens, ont compris que l'abandon de la vie n'était point d'un mérite ou d'une innocence absolue, c'est qu'ils ont recherché et déterminé avec soin les cas où le sage pouvait en conscience, suivant eux, jeter le fardeau de l'existence. Le porter était, à leur sens, le principe et le devoir commun. D'autres philosophes, les pythagoriciens et les platoniciens ont été plus fermes sur cette question. Et parmi les stoïciens eux-mêmes, il s'en est trouvé qui n'ont point partagé le sentiment général de leur secte à cet égard, puisqu'ils ont su attendre une mort cruelle, infligée par de féroces tyrans, plutôt que d'abréger des jours qui ne devaient pas avoir de lendemain.

CHAPITRE VII

La morale considérée par rapport aux croyances religieuses.

Il est facile de voir, d'après tout ce qui précède, que nous sommes de l'avis de ceux qui pensent que la morale, comme science, ne relève que de la raison, qu'à ce titre elle se suffit pleinement. Aussi ne ferions-nous pas de cette question une étude particulière, si elle n'était pas à l'ordre du jour, et si des hommes influents n'avaient plus d'une fois, dans leurs discours et dans leurs écrits, voulu contester en ce point à la raison son droit et sa valeur, et compromettre en réalité la morale en la dérivant dans une certaine mesure des croyances religieuses.

Nous ne répéterons pas ce que nous avons dit sur la distinction nécessaire à établir entre la morale et sa sanction; sur les rapports entre l'autorité morale de la raison et toute autre autorité de même genre qu'on pourrait accepter; nous nous bornerons à établir sept points essentiels : 1° que la morale existe chez des hommes qui n'ont pas ou presque pas de croyances religieuses, et qu'ils la pratiquent; 2° qu'il est des croyances religieuses dont l'influence est funeste à la morale; 3° que les croyances les plus propres à fausser la morale n'y ont pas toujours réussi, tant la morale est naturellement saine et forte dans l'esprit et le cœur de l'homme; 4° enfin qu'il n'est pas sans danger de rattacher trop fortement la morale aux plus saines croyances religieuses; 5° que l'inévitable diversité des religions qui est un fait et un droit des consciences, doit porter les esprits sages à constituer la morale indépendamment des dogmes des religions positives ; 6° que l'opinion et la pratique contraire ont été une source de calamités et de démoralisation pour le genre humain ; 7° enfin que l'athéisme lui-même, s'il était possible, serait toujours infiniment restreint, et, en tout cas, qu'il n'est point du tout exclusif de la morale, et qu'il serait moins funeste que la superstition et le fanatisme.

§ I.

La morale, la moralité même, est naturelle, et, comme telle, indépendante des croyances religieuses.

La morale est une science expérimentale par sa matière et une science rationnelle par sa forme.

Elle est naturelle comme l'instinct, comme le sentiment, comme la logique.

La preuve qu'elle est naturelle de sentiment, d'instinct, de raison même, c'est qu'elle se rencontre chez les sauvages et les barbares, surtout la morale sociale.

Diodore de Sicile parle de la sincérité, de la probité, de la simplicité des habitants de la Grande-Bretagne peu de temps après l'expédition de César.

Dans la Frise, dans la Hollande en général et en d'autres provinces maritimes des Pays-Bas, les serrures et les clés furent inconnues tant que le commerce n'eut pas enrichi les habitants. On s'y contentait du simple nécessaire, que chacun avait en abondance.

Les Lapons ne connaissent pas le vol (1). Quand ils font une excursion vers le Nord dans les mois d'été, ils laissent

---

(1) C'est du moins ce que disait lord Kaimes au siècle dernier. Plusieurs des faits suivants, donnés comme actuels par le même auteur, se rapportent à la même époque.

leurs habitations ouvertes, sans craindre qu'on leur dérobe quoi que ce soit. Ils étaient autrefois d'une parfaite honnêteté dans leur commerce d'exportation, qui consistait à échanger des peaux, des bêtes sauvages, contre du tabac, de l'eau-de-vie et des draps grossiers. Mais ayant été souvent trompés par des étrangers, ils sont devenus plus rusés.

Crantz, dans le tableau qu'il donne des mœurs islandaises, avant qu'elles eussent été corrompues par les relations avec des étrangers, dit que ce peuple vivait mêlé à son bétail, que tout y était en commun, excepté les femmes et les enfants ; qu'il était d'une simplicité de mœurs extrême, ne désirant que le nécessaire.

La communauté des femmes, lorsqu'elle a existé, ne semble pas avoir rendu les liens de la société beaucoup plus fragiles. Ainsi, Hérodote, en nous peignant les mœurs des Auses ou Ausences, petite nation africaine, qui habitait entre le lac Triton et la petite Syrte, ne nous dit pas qu'ils aient été moins unis que d'autres. Quant aux enfants, quoique sans doute élevés en commun, ils avaient des pères putatifs. Les hommes s'assemblaient tous les trois mois, et quand les enfants étaient devenus assez forts auprès de leurs mères pour marcher tout seuls, on les conduisait à cette assemblée, et les premiers auxquels ils s'adressaient en étaient réputés les pères (1). Certes, ce mode de paternité n'est ni le plus sûr ni le meilleur, et les peuples civilisés n'ont pas à le regretter. Mais quand il est dans les mœurs, accepté de tous, il ne préjudicie sensiblement à personne. Le mien et le tien n'en souffre pas.

Du temps du roi de Northumberland, Edwin, un voyageur pouvait parcourir le pays la bourse garnie d'or sans rien craindre, tandis que dans les temps de luxe la peine de

---

(1) Herod., IV, 18.

mort s'est trouvée impuissante à le garantir des voleurs de grands chemins.

Procope dit des peuples slaves, tels que les Huns, qu'ils étaient innocents, exempts de malice.

On ne peut faire un plus magnifique éloge d'un peuple, au point de vue des vertus sociales, que celui des Scythes par Justin. Ils pratiquaient la justice naturellement, par goût, sans y être contraints par des lois. Le vol était à leurs yeux le plus grand crime, sans doute parce que le meurtre était inconnu. Ils laissaient à ciel ouvert tout ce qu'ils possédaient. Point de passion pour l'or et l'argent dont ils n'avaient que faire. Ils se nourrissaient de miel et de lait, et avaient pour vêtements des peaux de bêtes sauvages.

De nombreux païens qui habitent encore la Sibérie, et quoique très ignorants, surtout en matière de religion, ne laissent pas d'être un peuple fort moral. Rarement, nous dit lord Kaimes (1), il y est question de parjure, de vol, de fraude ou de violence, si ce n'est chez ceux qui vivent parmi les chrétiens russes, et qui en ont les vices. Strahlenberg rend témoignage à leur honnêteté et en donne plusieurs exemples.

Plancarpin, envoyé du pape auprès du khan de Tartarie en 1246, dit que les Tartares ne sont pas adonnés au larcin, et qu'ils laissent tout ouvert. Nicolas de Damas disait la même chose en parlant des Celtes.

Les originaires de l'île de Bornéo, expulsés par les mahométans des côtes de l'île et refoulés vers le centre, sont honnêtes, industrieux, obligeants les uns pour les autres. Ils ont quelque notion de la propriété, mais ils n'y tiennent pas au point de la désirer avidement.

Les serrures ne furent en usage chez les Caraïbes que

(1) *Sketches of the history of man.*

depuis leurs relations avec les européens. Quand ils s'apercevaient qu'ils leur manquait quelque chose, ils disaient naïvement, mais peut-être pas sans un certain sentiment peu favorable : « Les chrétiens ont passé par là. »

Les Hottentots n'ont pas la moindre idée du vol, et quoiqu'ils soient passionnés pour l'eau-de-vie et le tabac, les Hollandais leur confient le soin de maisons remplies de ces marchandises. C'est un exemple de probité au-dessus de tout éloge, même parmi les sauvages du dernier degré de la vie sociale.

Des Espagnols établis sur les côtes du Chili font avec les sauvages voisins un commerce de brides, d'éperons, de couteaux et d'autres objets en fer, et reçoivent en échange des bœufs, des chevaux, et même des enfants comme esclaves. Or il n'y a pas d'exemple qu'un indien ait manqué à ses engagements. Ils servent de garde à l'espagnol lorsqu'il emmène hors de leur territoire tout ce qu'il a acheté.

Les sauvages du Brésil sont également fidèles à leur promesse et aux traités qu'ils font avec les Portugais. Dans certaines occasions ils peuvent bien être accusés d'erreur, de faux jugement, mais jamais d'injustice ou de fourberie.

Les Californiens sont fous de quincaillerie et d'instruments tranchants ; et cependant ils sont encore aujourd'hui d'une probité si sévère qu'ils ne touchent pas à des outils de charpentier abandonnés pendant la nuit.

Les sauvages du nord de l'Amérique ne ferment rien. La plus réelle de leurs vertus, c'est l'hospitalité. Un hôte est sacré pour un indien. On lui sert ce qu'il y a de meilleur dans le wigwam ; on lui donne le siége le plus commode ; on lui réserve la couche la plus douce. Il demeure autant qu'il lui plaît ; on organise des fêtes en son honneur ; on l'accable de repas.

Colomb était extrêmement touché des preuves que les

Haïtiens donnaient à chaque instant de leur bon naturel : « Ce peuple, dit-il dans le journal qu'il écrivait pour ses souverains, ce peuple aime son prochain comme lui-même ; sa parole est douce, engageante et accompagnée d'un gracieux sourire. J'affirme à Vos Majestés que le monde n'a pas de meilleur peuple ni de meilleure terre. »

Tous les voyageurs s'accordent à dire que les naturels du Canada sont d'un entier désintéressement, qu'ils abhorrent la fraude et le mensonge. Ces sauvages ont entre eux les égards les plus bienveillants. Ils se prodiguent des marques d'estime en retour de celle que chacun exige pour soi-même. Prévenants et réservés, ils pèsent leurs paroles, ils écoutent avec attention. Leur gravité qu'on prendrait pour de la mélancolie, est partout remarquable dans leurs assemblées nationales ; chacun y harangue à son tour, selon son âge, son expérience et ses services. Jamais on n'est interrompu ni par un reproche indécent ni par un applaudissement déplacé. Les affaires publiques y sont maniées avec un désintéressement inconnu dans nos gouvernements. Il n'est pas rare de voir un orateur qui est en possession des suffrages avertir ceux qui défèrent à ses conseils, qu'un autre est plus digne de leur confiance. Leibniz disait d'eux : « Je sais, à n'en pouvoir douter, que les sauvages du Canada vivent ensemble et en paix, quoiqu'il n'y ait parmi eux aucune espèce de magistrat. On ne voit jamais ou presque jamais dans cette partie du monde de querelles, de haines et de guerres, sinon entre hommes de différentes nations et de différentes langues. J'oserais presque appeler cela un miracle politique, inconnu à Aristote, et que Hobbes n'a point remarqué. Les enfants mêmes jouant ensemble, en viennent rarement aux altercations ; et lorsqu'ils commencent à s'échauffer un peu trop, ils sont aussitôt retenus par leurs camarades. Ces peuples ont une horreur naturelle de l'inceste ; aussi la chasteté dans les familles est admirable : et un frère n'oserait prononcer en présence de sa sœur une parole un peu trop libre. Au reste, qu'on ne s'imagine point que la paix dans laquelle ils vivent soit l'effet d'un caractère lent et insensible : car rien n'égale leur activité contre l'ennemi ; et le sentiment d'honneur est chez eux au dernier degré de vivacité, ainsi que le témoigne l'ardeur qu'ils montrent pour la vengeance, et la constance avec laquelle ils meurent au milieu des tourments. Si ces peuples pouvaient à de si grandes qualités naturelles joindre un jour nos arts et nos connaissances, nous ne serions auprès d'eux que des avortons (1). »

« Comme les sauvages n'ont point de richesses, ils sont bienfaisants. On le voit, on le sent dans le soin qu'ils prennent des orphelins, des veuves, des infirmes. Ils partagent libéralement ce qu'ils ont de provisions avec ceux dont la chasse, la pêche ou les récoltes ont trompé les espérances. Leurs tables et leurs cabanes sont jour et nuit ouvertes aux voyageurs et aux étrangers. C'est dans les fêtes surtout que brille cette hospitalité généreuse qui fait un bien public des avantages d'un particulier..... Les produits d'une chasse de six mois sont souvent distribuées en un jour. La constance en amour n'est pas pour eux une vertu ; ils aiment moins les femmes que les peuples policés ; mais les liens de l'amitié sont plus durables... C'est là que le cœur d'un homme se choisit un cœur pour y déposer ses pensées, ses sentiments, ses peines, ses plaisirs ; tout devient commun entre deux amis. Ils s'attachent pour jamais l'un à l'autre ; ils combattent à côté l'un de l'autre ; meurent sur le corps l'un de l'autre. Alors même ils ont la douce persuasion que leur séparation ne sera que momen-

---

(1) *Epist. ad Bierling.*, t.V, p. 362, éd. Dutens.

tanée, et qu'ils se rejoindront dans un autre monde pour ne plus se quitter et se rendre à jamais les plus grands services... Ils semblent avoir une idée d'une autre vie ; mais comme ils ont une faible idée de la justice pénale (1), ils ne la croient pas destinée à la punition du crime, à la récompense de la vertu. Les chasseurs infatigables, les guerriers sans peur et sans pitié, passeront dans une terre abondante ; les indolents et les lâches seront à jamais relégués dans un sol stérile, où la famine et les maladies les assiégeront éternellement... Les prisonniers faits à la guerre sont incorporés dans une famille, y deviennent cousins, oncles, pères, frères, époux ; enfin, ils prennent tous les titres du mort qu'ils remplacent ; et ces tendres noms leur donnent tous ses droits, en même temps qu'ils leur imposent toutes ses obligations. Loin de se refuser aux sentiments qu'ils doivent à la famille dont ils sont faits membres, ils n'ont pas même d'éloignement à prendre les armes contre leurs compatriotes... L'union entre les amis est plus forte que celle entre parents (2). »

On pourrait ajouter indéfiniment à ce tableau, surtout en consultant les mémoires de Las Casas, les récits des voyageurs, les lettres des missionnaires et autres ouvrages du même genre. On y trouverait, à côté du bien, ce qui semble inévitable dans notre condition humaine, le mal. Mais on serait souvent obligé de reconnaître deux choses : que le contact des peuples civilisés n'a généralement pas contribué à rendre les sauvages meilleurs, et que leur moralité tenait plus de leur bon naturel, d'une bonté native, du sentiment, en un mot, que de l'éducation, de ce qu'on peut

---

(1) L'auteur dit qu'ils n'ont aucune idée de moralité, ce qui contredit les faits qu'il atteste lui-même.
(2) *Hist. des découv. et conq. de l'Amér.*, p. 23, 235-253.

appeler principes, et qu'en conséquence leurs idées religieuses, quand ils en ont, sont presque sans influence ou n'en ont qu'une mauvaise.

Dans leur contact de tribu à tribu, ou dans leurs rapports avec des peuples de race différente, ou avec les peuples civilisés, les sauvages se montrent quelquefois très cruels. Les barbares ne le sont guère moins, comme le prouvent les grandes et nombreuses invasions qui ont inondé l'empire romain, et les excursions dévastatrices des Attila, des Gengiskan et des Tamerlan. Mais les annales des peuples civilisés, des peuples chrétiens ne sont-elles pas remplies de faits qui les déshonorent? Que de guerres injustes, sacriléges; que de cruautés, de brigandages, d'oppressions, de crimes de toute nature commis au nom même de la religion de paix, de justice et de charité!

On dirait que la croyance au génie du mal, dont l'idéal s'est conservé jusqu'au sein de la religion chrétienne, a tellement exalté parfois les idées et les passions dans le sens de la division et de la haine, que des chrétiens auraient pris à tâche de réaliser ici-bas contre leurs semblables l'idée qu'ils se faisaient de l'horrible méchanceté de l'éternel ennemi du genre humain.

Il y a cette différence entre eux et les sauvages qu'ils ont eu fréquemment des mœurs aussi détestables que s'ils n'avaient reconnu que des divinités sanguinaires, tandis que les sauvages et les barbares ont été souvent, malgré leur ignorance en religion ou leurs croyances superstitieuses et fausses, d'une simplicité et d'une douceur de mœurs dignes de vrais chrétiens.

Laissons encore parler les faits.

« Il faut avouer, dit Leibniz, qu'il y a des points importants où les barbares nous passent, surtout à l'égard de la vigueur du corps; et à l'égard de l'âme on peut dire que sous certains rapports leur morale pratique est meilleure que la nôtre, parce qu'ils n'ont point l'avarice d'amasser, ni l'ambition de dominer. Et on peut même ajouter que la conversation des chrétiens les a rendus pires en bien des choses. On leur a appris l'ivrognerie (en leur apportant l'eau-de-vie), les jurements, les blasphèmes, et d'autres vices qui leur étaient peu connus. Il y a chez nous plus de bien et plus de mal que chez eux. Un méchant européen est plus méchant qu'un sauvage ; il raffine sur le mal. Cependant rien n'empêcherait les hommes d'unir les avantages que la nature donne à ces peuples, avec ceux que nous donne la raison (1). »

Au nombre de ces barbares dont la moralité pourrait bien valoir la nôtre, sont plusieurs tribus que Volney semble avoir bien connues. « Il faut l'avouer, dit-il, il est peu de nations policées qui aient une moralité aussi généralement estimable que les Arabes-Bedouins ; et il est remarquable que les mêmes vertus se trouvent presque également chez les hordes turkmanes et chez les Kourdes, en sorte que ces mœurs semblent être le partage de la vie pastorale. Il est d'ailleurs singulier que ce soit chez ce genre d'hommes que la religion a le moins de formes extérieures, au point que l'on n'a jamais vu chez les Bédouins, les Turkmans ou Kourdes, ni prêtres, ni temples, ni culte particulier (2). »

La religion des Indiens du Nord de l'Amérique, dont le caractère moral nous est connu, n'est qu'une superstition sans grande influence sur les mœurs, ou qui ne tendrait qu'à donner des craintes et des espérances également chimériques par ce côté-là. Samuel Hearne, dans le récit de

---

(1) *Nouveaux essais sur l'entendement humain*, p. 55, éd. Dutens.
(2) Voyages.

ses voyages (1769-1772), rapporte que des Indiens du nord de l'Amérique qu'il visita, n'ont aucun système religieux, et conçoivent à peine l'idée d'une autre vie. Ils croient cependant à l'existence d'esprits d'une nature supérieure, auxquels ils donnent le nom de Nant-é-Na. Ils leur attribuent tout ce qu'il leur arrive, soit en bien, soit en mal; mais ils n'ont pas d'opinion arrêtée sur leur pouvoir, et c'est en général les jongleurs qui règlent ce qu'ils ont à craindre ou à espérer de chacun de ces esprits.

S'il faut en croire les capitaines Ross et Parry, qui visitaient les régions polaires en 1818, les montagnards les plus septentrionaux n'ont aucune connaissance d'un être suprême, aucune idée d'une autre vie. Ils croient aux sorciers, qu'ils appellent Anghekoks, et qui passent pour avoir la puissance d'exciter les orages, de produire le calme, d'éloigner les veaux marins ou de les attirer.

Les Esquimaux ne savent compter que jusqu'à dix; ils ne connaissent pas la navigation, quoique vivant au bord de la mer, dont ils tirent presque toute leur nourriture, leurs vêtements, l'huile qui est leur combustible. Cependant ces sauvages, au rapport d'Edward Parry, qui les visitait de nouveau de 1824 à 1826, et qui ne les trouva ni moins superstitieux ni plus religieux qu'en 1818, leur reconnut les mêmes qualités et les mêmes défauts. Dans leurs relations avec les Anglais ils se montrèrent d'abord probes et loyaux; mais en devenant familiers ils se livrèrent à de nombreux larcins. Entre eux, lorsque plusieurs familles demeurent ensemble, elles vivent dans la plus parfaite concorde. Mais, soit dureté naturelle de caractère, soit l'effet d'une certaine nécessité résultant de l'insuffisance des ressources, leur conduite envers les vieillards et les infirmes qui ne sont plus qu'un fardeau, trahit un degré d'insensibilité qui paraît presque féroce. S'ils n'adorent pas un Dieu unique, ils croient cependant à l'existence d'êtres supérieurs, nuisibles, avec lesquels des sorciers passent pour avoir, en certains cas, des entretiens mystérieux dans une hutte sombre, et d'une voix étrangement modulée. Ces sorciers sont leurs prêtres, et les oracles qu'ils passent pour obtenir inspirent la plus grande confiance.

Les Esquimaux de l'Ouest n'ont pas d'autre religion que celle des plus septentrionaux, dont nous venons de parler. Mais ils semblent croire à une vie future. Leur vie commune ou sociale est des plus libres ; à tel point que le capitaine Beechey, qui voyageait dans ces régions de 1825 à 1828, ne leur a reconnu aucune espèce de gouvernement: les familles vivent dans le voisinage les unes des autres, sans autorité commune. Là, dans chaque famille, les vieillards sont vénérés et obéis. Ce sont eux qui règlent les différends de famille à famille, quand il en survient. De sorte que s'il y a un gouvernement intermittent, quoiqu'il n'y ait pas d'intérêt public proprement dit, c'est un gouvernement patriarcal.

Le navigateur Ross, dans son voyage de 1829 à 1833, n'eut qu'à se féliciter de la conduite des Esquimaux qui l'accompagnèrent. Une seule fois ils montrèrent des sentiments hostiles envers les Anglais. Bach, autre navigateur anglais, les trouva toujours bons et obligeants.

On peut se faire une idée de la funeste influence de certaines croyances religieuses sur le caractère et la moralité, quand on voit des peuples, tels que les Kassyah ou Kossyah (dans le Djintiahpour), qui sont d'une honnêteté exemplaire, d'une fidélité absolue à leur promesse, d'une telle probité que le vol est inconnu parmi eux, mais qui n'ont la plupart aucune idée d'une vie future, qui ne possèdent que des traditions vagues et contradictoires sur leur origine et leur religion, mais qui cependant immolent encore des victimes humaines à leurs dieux.

Ailleurs, chez les Gallas, race de nègres africains, la superstition met la vie de l'homme au-dessous de celle des animaux sacrés. Le culte du serpent y est si profond que, suivant Pearce, quiconque tue un de ces reptiles est puni de mort, avec aggravation de peine s'il y a préméditation. Quant au meurtre, à l'assassinat, il y a moyen d'échapper à la poursuite ou à la peine.

Le même voyageur, en parlant des Abyssins, chez lesquels les croyances sont plus pures, mais où par conséquent les ministres de la religion devraient avoir autant d'humanité au moins que les simples fidèles, raconte un usage qui n'est pas exclusivement propre à cette localité, pas plus que l'abus qu'il signale : c'est que les enterrements ne coûtent rien aux familles du défunt ; ce sont les voisins qui se chargent de cet acte de miséricorde. Mais les prêtres exigent une somme exorbitante des gens riches, et arrachent aux pauvres tout ce qu'ils peuvent. J'ai vu, dit-il, deux ecclésiastiques se disputant la robe d'une pauvre femme morte, seul objet passable qu'elle eût possédé. Il faut croire, et nous estimons que c'est justice, que tous les prêtres abyssins n'ont pas ces sentiments, pas plus que ceux d'un autre pays que je ne nomme point, mais où l'on a vu un ecclésiastique, un vieillard bien renté, occupant un poste élevé dans une grande ville, s'emparer, aux yeux d'une pauvre agonisante, d'un meuble de quelque prix, avec ces paroles consolantes : « J'emporte cette glace pour les frais d'enterrement. »

Ces traits, heureusement isolés, rappellent cette réflexion d'un auteur anglais, Holland : « On peut tellement corrompre la religion, qu'au lieu de servir de frein aux passions, elle leur sert de prétexte, les autorise, et les rend même plus ardentes. Bien loin d'aider la raison et le sentiment, elle les contrecarre fortement, et l'on comprend par là pourquoi un athée raisonnable est moins dangereux qu'un fanatique (1). »

C'est du moins la thèse soutenue par Bayle, et l'histoire se chargerait de prouver qu'elle n'est pas aussi paradoxale qu'on l'a prétendu, alors même qu'il ne serait pas clair de soi : 1° que les hommes sont rarement au niveau de leurs croyances, bonnes ou mauvaises ; 2° que les croyances erronées ne font pas tout le mal qu'elles semblent devoir occasionner, pas plus que des croyances plus vraies ne produisent tout le bien dont elles semblent contenir le principe ; 3° que la civilisation et l'instruction personnelle ont aussi leur influence morale ; 4° que la morale sociale, la morale par excellence, est tout à la fois affaire d'instinct, de sentiment, d'intérêt et d'éducation ; 5° enfin que plus une religion a d'influence pour le bien, plus aussi elle peut en avoir pour le mal, par suite des conséquences que la logique des passions humaines en tire naturellement.

De ces réflexions et de ces considérations capitales : que le dogme ou les croyances religieuses peuvent varier au gré des imaginations ; qu'elles sont sujettes à mille aberrations, suivant les temps, les lieux, les personnes ; qu'elles sont d'ailleurs incomparablement moins certaines que les notions essentielles de la morale ; que les pratiques souvent arbitraires, superstitieuses ou insensées et immorales des cultes peuvent affaiblir, supplanter ou vicier les vraies règles de la vie pratique ; que les plus saines peuvent être altérées, faussées, corrompues, empoisonnées de mille manières ; qu'elles passionnent cependant les hommes au point de les jeter dans une fureur homicide ; de ce fait en-

---

(1) *Réfl. sur le syst. de la nature*, t. II, p. 164.

core que les dogmes doivent être éprouvés par la morale, et non la morale par les dogmes, puisque la première est incomparablement plus naturelle, plus simple, plus uniforme, plus sûre, plus facile à connaître que les seconds : de tous ces faits résulte cette conséquence, que la morale proprement dite, la morale sociale surtout, doit être prise à sa source naturelle, à la raison ou conscience morale ; qu'elle ne doit jamais s'en écarter ; que toute inspiration ou suggestion d'une autre nature ne doit être écoutée qu'autant qu'elle serait parfaitement d'accord avec l'oracle de la conscience. Ce qu'on va dire de la fâcheuse influence des superstitions religieuses sur la morale, des conséquences déplorables que les passions les plus terribles ont su tirer des croyances les plus saines pour énerver, fausser, dénaturer la morale véritable, confirmera pleinement ces aperçus.

§ II.

Il est des croyances religieuses qui sont funestes à la morale.

S'il est vrai de dire avec saint Thomas, et nous le croyons, que les règles de la morale sont naturelles, et divines à ce titre (1) ; si elles sont même, suivant Leibniz et la vérité, plus sensiblement gravées dans nos âmes que la notion de Dieu, qui passe cependant pour innée ; si cette origine est incontestable aux yeux de tous les théistes ; si la loi, considérée comme d'origine surnaturelle, n'a pas ce caractère pour tous, il s'ensuit de là deux choses : la première que la loi révélée ne peut tout au plus que confirmer, étendre, compléter la loi naturelle, sans jamais la contredire ; la seconde qu'il y a des vertus naturelles. Et

---

(1) *Contra Gent.*, l, 7.

alors, la loi naturelle devient comme un *critérium*, au moins négatif, pour reconnaître si une loi positive qui se donne comme révélée n'a rien d'indigne d'une pareille origine. A cet égard, la loi naturelle jouit d'une primauté incontestable, et l'on ne peut la mettre sans danger sur le même rang que les lois traditionnelles ou d'institution ecclésiastique (1). Le danger serait encore plus grand si on l'y subordonnait. Aussi Bergier n'hésite-t-il pas à reconnaître au contraire la subordination des lois cérémonielles en général : « Une bonne partie du culte cérémoniel n'avait, dit-il, qu'une utilité relative au climat, au génie national, aux circonstances dans lesquelles les juifs se trouvaient (2). Dieu peut dispenser l'homme d'observer la loi cérémonielle ; il en a dispensé plus d'une fois les prophètes (3). Mais il ne peut dispenser personne d'observer la loi naturelle ou morale ; il ne l'a jamais fait : cette dispense serait contraire à sa sainteté infinie. La loi naturelle ou morale est plus importante, plus nécessaire, plus indispensable que la loi cérémonielle ou positive. Lorsqu'un devoir de la loi naturelle se trouve en concurrence avec un devoir de la loi positive, et qu'on ne peut les accomplir tous les deux, on doit donner la préférence au devoir moral. C'est dans ce sens que Dieu dit par la bouche des prophètes que l'obéissance vaut mieux que les victimes, qu'il veut la miséricorde et non le sacrifice (4). »

Il suit aussi de ce qui précède, sans même arguer du texte positif de saint Paul, qu'il y a des vertus naturelles, et que celles des païens sont ou qu'elles ont pu être autre chose que des péchés éclatants, *splendida peccata*, comme

---

(1) Cf. Bergier, *Traité de la vraie religion*, t. III, p. 218.
(2) Ubi supra, p. 217.
(3) Ubi supra, p. 225.
(4) Ubi supra, p. 226.

les appelait un Père de l'Eglise d'une grande autorité. Si donc les vertus sont accomplies en considération de leur nécessité morale, considération qui est naturelle, tout en supposant même que l'agent connaisse historiquement le dogme chrétien de la rédemption, mais sans pouvoir l'adopter, ces vertus doivent avoir une valeur sanctifiante. Je doute donc qu'on puisse prendre à la lettre les paroles suivantes d'un prince de l'Eglise, que j'honore à tous les titres : « Si les vertus morales nous font agir par un motif naturel, elles ne sont que des vertus purement morales, naturelles, humaines, stériles pour le salut. Si elles ont un motif tiré de la foi, elles deviennent surnaturelles et chrétiennes. » Son Eminence sait mieux que nous que « l'Eglise a condamné ceux des théologiens qui ont enseigné que toutes les actions des infidèles étaient des péchés, et que toutes les vertus des philosophes étaient des vices (1). » Telle est du moins l'opinion de Bergier, opinion qui n'est pas du tout inconciliable avec la précédente, et qu'il appuie de l'autorité de saint Augustin. Suivant Bergier donc, ce Père de l'Eglise « prouve au contraire contre les Pélagiens, par des textes formels de l'Ecriture-Sainte, que Dieu par sa grâce a souvent inspiré de bonnes œuvres aux païens (2). »

Comment d'ailleurs pourrait-on nier la valeur morale des actes de piété d'un grand nombre de païens, quoique ces actes ne fussent en eux-mêmes ou que de vaines superstitions, ou des erreurs infiniment regrettables, tels que les sacrifices humains ?

Il faut aller jusque-là cependant, jusqu'à sanctifier ce qu'il y a de plus atroce dans les égarements religieux, par

---

(1) Cardinal Gousset, *Théolog. mor.*, éd. 1852, t. I, p. 104.
(2) Ubi supra, p. 213.

rapport au culte et à la morale, ou reconnaître qu'il eût mille fois mieux valu pour l'humanité qu'elle eût été sans Dieu, ou peu s'en faut, que d'avoir une idée si fausse et si funeste de la divinité. Elle eût encore pu avoir une morale très étendue, très pure même, comme le prouve admirablement la philosophie chinoise, et n'avoir d'autre culte que celui des ancêtres, qui est encore une vertu.

Ce qui prouve également le danger dogmatique de rattacher exclusivement la morale au dogme, c'est qu'il n'y a pas de religion si absurde ou si sanguinaire qu'elle soit, à laquelle on ne puisse attribuer tout ce qu'il y a d'événements heureux chez un peuple. C'était la manière de raisonner de Libanius et des derniers païens pour repousser le christianisme. Les Phéniciens, les Carthaginois, tous les adorateurs de Moloch, de Baal, de Siva, d'Odin, d'Ertha, ou d'autres dieux de sang ont pu raisonner de la même manière. On ne peut donc juger de la vérité d'une religion, d'un système de croyances surnaturelles, par l'heureuse influence qu'il plaît de lui attribuer. La religion de l'ancienne Rome, qui a exercé un grand empire sur les esprits, et une action salutaire sur le gouvernement et sur les citoyens, n'était cependant qu'un déplorable tissu de superstitions. Saint Augustin, dans sa *Cité de Dieu*, en fait le tableau le plus propre à la rendre souverainement ridicule. Et cependant c'est à ce chaos de fantaisies que tout un peuple, qui vaut mieux que ses dieux, fait honneur du fruit de ses propres vertus. Eh quoi, « l'intrépide romain qui sacrifiait à la peur, la chaste Lucrèce qui adorait l'impudique Vénus, » n'eussent-ils pu estimer encore le courage et la pudeur, sans croire à ces divinités mensongères !

Je pourrais énumérer toutes les autres vertus qui ont fait la grandeur de Rome, et montrer qu'elles se trouvaient en opposition avec un vice ou un autre de quelques-uns des dieux qu'elle adorait. C'est donc malgré sa croyance, ou par un choix instinctif et moral qu'ils faisaient de ces dogmes, c'est-à-dire par leur moralité naturelle et propre, que les Romains se sont élevés si haut. Il faut en dire autant de toutes les autres influences du même genre dans l'antiquité.

Mais il est des influences d'une autre nature qui reviennent plus incontestablemement aux croyances. Ainsi, quand je vois la superstition indienne immoler ses victimes à des divinités monstrueuses, je ne puis douter que ces sacrifices volontaires, ces mutilations de soi-même, ces suicides pieux et en grand, ces fêtes dignes de l'enfer ne soient des inspirations du fanatisme.

S'il plaît en outre d'estimer une religion d'origine surnaturelle par les tours de force ou d'adresse que peuvent déployer naturellement ou par fraude les fanatiques qui les professent ou les fourbes qui en vivent, à quels égarements n'est-on pas exposé? Car du moment qu'un système de croyances passe pour divin d'origine, il doit avoir ses prêtres, sa caste sacerdotale, ses mages, ses brahmanes, ses faquirs, ses bonzes, ses ulhémas, etc., qui peuvent dresser au nom du ciel un code religieux où la fantaisie, l'idolâtrie, le vice et parfois le crime usurpent la place de la raison, de la piété et de la vertu véritables. Le sens moral et religieux, et avec eux le sens commun en deviennent à la longue tellement affaiblis ou pervertis qu'il est presque impossible de faire entendre à des esprits si profondément façonnés à l'erreur et à l'absurde, le langage du bon sens et de la simple raison, ou de leur faire goûter une doctrine religieuse d'un caractère historique et dogmatique moins étrangement merveilleux. Comment, par exemple, si je donne pour base à ma foi religieuse le dévouement à l'idée jusqu'à l'immolation de soi-même, ou le miraculeux seulement, ne croirais-je pas au brahmanisme, quand je serai témoin avec William Heude des faits suivants : « Un dévot hindou imagina de se suspendre au-dessus d'un puits étroit pendant près de trente ans. Le seul repos que ce pauvre enthousiaste se permettait, c'était de poser quelquefois son pied sur le roc où était creusé le puits, et l'empreinte qui en est restée prouve suffisamment sa persévérance et son fanatisme..... A Cananor, où j'étais en garnison, il est de notoriété publique qu'on y voyait autrefois un faquir qui avait tenu si longtemps le poing fermé au-dessus de sa tête, qu'il avait fini par rester fixé dans cette attitude, et que son bras ne put jamais reprendre sa position naturelle, tandis que ses ongles, en continuant à pousser, avaient traversé la paume de la main, et couvraient le bras jusqu'au coude. A la grande pagode de Jagernat, j'ai vu le dévot hindou étendu dans toute sa longueur, sur une planche couverte de pointes de fer. Je rencontrai dans mes voyages un autre de ces enthousiastes qui mesurait par la longueur de son corps le chemin de Bénarès à Jagernat, distance de six cent milles ; il y avait trois ans qu'il s'était mis en route, et il n'avait fait que cent milles dans l'année où je le vis ; un de mes amis l'avait rencontré sur la route quelques mois auparavant, occupé à ce pénible exercice. Ils expirent souvent au milieu de semblables entreprises, et j'en ai entendu citer un qui fut mis en liberté malgré lui, lorsque le colonel Harcourt prit Cuttack, et qui était resté enfermé pendant vingt ans dans une petite cellule en pierre de quatre pieds de haut sur deux de large (1). »

Le brahmine Scheschal possédait, dit-on, la faculté ap-

---

(1) *Voyage de William Heude.*

parente de se détacher de terre et de se tenir à la hauteur de quelques pieds, sans qu'on pût soupçonner comment il était suspendu, et cela pendant plus d'une demi-heure chaque fois (1). C'est un secret que possédaient déjà les sages ou prêtres de l'Inde du temps d'Apollonius de Tyane, qui l'aurait appris d'eux, s'il faut en croire son historien (2). Simon le magicien, si son histoire n'est pas un conte, aurait possédé le même secret.

Le moyen maintenant d'émerveiller ces gens-là, d'ébranler leurs imaginations par des récits légendaires ou autres d'un genre analogue? On comprend qu'ils répondent à nos missionnaires, dont l'œuvre devient par là si difficile : « Nous en avons, nous ou nos pères, bien vu d'autres ! » Ce n'est donc point par ce biais qu'ils peuvent être pris et gagnés à des croyances plus saines que celles qu'ils professent. Ce n'est pas à leur imagination excessive et sans règle qu'il faut s'adresser; c'est au peu de raison qui leur reste, et qu'il faut tâcher de raviver et de fortifier. C'est à la raison morale surtout qu'il faut faire appel. C'est la seule prise possible contre l'extrême superstition, de même que contre le scepticisme et la sophistique. Fleury en avait sans doute le sentiment, sinon l'idée bien nette, lorsqu'il disait (3) : « Les missionnaires et les catéchistes ne craignent point assez de débiter des histoires tirées du *Pédagogue chrétien* et de la *Fleur* des exemples que l'on met entre les mains de tous les peuples, des vies des saints, la plupart apocryphes, et que nos histoires ecclésiastiques les plus sérieuses, je dis même celle de Baronius, ne sont pas assez correctes sur ce point. On

---

(1) *Beautés des Voyages*, par de Chantal, t. I, p. 209-210.
(2) *Philostrate*.
(3) *Mémoire pour les études des missions orientales*, p. 297 et suiv., édit. de 1784.

remarque aussi que la plupart des missionnaires sont trop crédules sur le point des sorciers ou des apparitions des esprits, ou des miracles. Plus vous trouverez de crédulité dans les néophytes, plus vous devez être scrupuleux à n'en pas abuser. »

Je pourrais citer des exemples nombreux et frappants de cet abus de la crédulité du peuple, au sein même de notre France ; mais tout le monde en connaît. Tout n'est pas profit, tant s'en faut, dans cet impur moyen d'alimenter la foi par la superstition ; ce qu'on perd d'un côté est bien au-dessous de l'avantage très douteux qu'on croit tirer de l'autre.

Pour revenir à l'influence relative des croyances sur la morale, et montrer par des faits, que si les moins pures ne sont pas les plus bienfaisantes à certains égards, elles ne sont pas non plus les moins pernicieuses à d'autres points de vue, et que la plus terrible, la plus désastreuse, la plus antisociale de toutes les passions, le fanatisme, n'a sévi nulle part aussi cruellement qu'au sein des peuples dont les croyances étaient les plus pures ; il suffit de comparer à cet égard la tolérance relative des religions païennes de l'antiquité, à l'impitoyable sévérité du judaïsme, à la haine du mahométisme pour le nom chrétien, aux guerres religieuses et aux exterminations régulières de l'hérésie parmi les chrétiens eux-mêmes.

Si les juifs avaient fait les assyriens et les babyloniens captifs, il est probable qu'ils les auraient traités un peu plus durement, surtout au point de vue religieux, qu'ils n'en furent eux-mêmes traités. On convient que cette captivité fut douce, qu'elle n'était point l'esclavage ; que les juifs ne furent pas tous empressés de retourner dans leur ancienne patrie dès qu'ils en reçurent la permission (1).

---

(1) Bergier, op. cit., t. IV, p. 509. Besanç., 1827.

C'était en effet une belle occasion pour ceux d'entre eux qui avaient du goût pour l'idolâtrie de le satisfaire. Au reste, ils ne s'en firent pas complétement faute en Palestine, même depuis le retour de la captivité, jusque sous les Antiochus (1).

En supposant qu'il y ait des affinités secrètes entre les religions et les races, et que chaque race ait la religion qui lui convient, comme chaque peuple a le gouvernement qu'il mérite, il y a dans ce fait une sorte de cercle vicieux. Si la race fait sa religion, la religion la maintient dans ses erreurs et ses vices. Elle l'y rend comme immobile, l'y pétrifie en quelque sorte. Rien n'est par conséquent plus opposé au progrès, au développement moral. Le mahométisme en est un des plus frappants exemples, par son dogme de la fatalité providentielle, par son intolérance, comme aussi par sa charité inintelligente. « Le Coran ordonne à ses sectateurs de prélever la quatrième partie de leurs revenus pour les indigents. Cette loi du Coran est une véritable taxe des pauvres imposée par Dieu lui-même et levée par la conscience des contribuables ; les Turcs passent pour être fidèles à cette obligation sainte. Il y a de plus une foule de péchés pour lesquels un musulman est obligé de nourrir des pauvres ; aussi les pauvres ne manquent-ils pas plus que les péchés, et la moitié de la nation vit d'aumônes ; mais rien ne se montre au dehors, rien ne se fait à la clarté du soleil ; point de mouvement, aucune exaltation extérieure ; à peine voit-on les pauvres dans les rues et sur les places publiques ! Chose singulière : la religion musulmane défend à un pauvre de demander l'aumône lorsqu'il a recueilli de quoi vivre une journée. Est-ce pour donner aux

---

(1) 1 *Machab.*, I, 12.

mendiants quelque retenue, ou pour que les mendiants restent toujours dans la pauvreté? La loi veut aussi qu'on soulage l'indigence ; mais elle ne veut pas que l'indigence puisse disparaître tout à fait, ne fût-ce que pour peu de jours. Il y a là, ce me semble, quelque chose d'incomplet, qui montre assez bien ce qui manque à la charité des Turcs (1). » A tout prendre, cette charité religieuse vaut-elle mieux que si elle n'était que l'effet naturel de la bonté d'âme, encore bien qu'elle fût moins largement pratiquée? La mendicité, la fainéantise, l'hypocrisie, la bassesse, ne perdraient-elles pas avec avantage d'un côté, ce que la charité semble gagner de l'autre?

§ III.

Les croyances les plus propres à fausser la morale n'ont pas toujours eu cet effet.

En rattachant la morale à un système de croyances religieuses, à des textes sacrés, à des traditions, le moindre danger que l'on court, c'est d'affaiblir le sens naturel de la loi morale, de tendre à la résoudre dans une loi positive. Cela se voit jusque chez les meilleurs esprits. C'est ainsi que nous lisons dans un théologien célèbre de notre temps : « Si la loi naturelle, qui était la base de la loi mosaïque, est toujours obligatoire, ce n'est point en vertu de la promulgation qui en a été faite par le législateur des Hébreux, mais bien parce qu'elle est éternelle, et qu'elle appartient à l'Evangile (2). » Pourquoi la résoudre pour ainsi dire dans l'Evangile, après avoir reconnu qu'elle est éternelle? serait-elle moins obligatoire si elle ne se trou-

---

(1) Michaud, *Histoire des croisades.*
(2) Cardinal Gousset, op. cit., p. 50.

vait pas dans l'Evangile ? obligerait-elle moins les chrétiens qu'elle n'obligeait les juifs avant Moïse, et ne conviendrait-il pas de reconnaître qu'elle ne tire qu'une force accessoire de la promulgation qu'en a faite le législateur moral des chrétiens? Je ne doute point que tel ne soit le sentiment de l'illustre théologien dont j'ai reçu les leçons. Mais nous verrons bientôt qu'il peut y avoir quelque danger à interpréter la loi naturelle par les Ecritures, par l'Evangile même ou par son esprit, au lieu d'interpréter les Ecritures par la loi naturelle.

On sait que les Ecritures sont comme un arsenal où toutes les opinions, toutes les sectes, prennent également des armes, sinon des armes égales ; on y voit tout ce qu'on veut y voir. Elles sont comparables, suivant un écrivain allemand, à des matériaux que la raison est appelée à mettre en œuvre, mais cette œuvre varie au gré de l'architecte.

Je crois donc qu'il y a plus d'inconvénients à voir la raison morale dans l'Evangile qu'à voir l'Evangile dans la raison. Ce dernier point de vue était celui de Buffier lorsqu'il disait : « Les lumières surnaturelles, toutes divines qu'elles sont, ne nous montrent rien par rapport à la conduite ordinaire de la vie, que les lumières naturelles n'adoptent par les réflexions exactes de la pure philosophie. Les maximes de l'Evangile, ajoutées à celles des philosophes, sont moins de nouvelles maximes que le renouvellement et l'éclaircissement de celles qui étaient gravées au fond de l'âme raisonnable. On sait le mot de Tertullien : O âme de l'homme qui êtes naturellement chrétienne (1) ! »

Ce point de vue, celui qui consiste à interpréter les

---

(1) *Traité de la société civile*, I, 3.

Ecritures par la raison, plutôt que la raison par les Ecritures, aurait-il permis à Bergier d'être aussi accommodant sur la polygamie des patriarches, et d'établir par le fait un précédent qui, malgré toutes les restrictions possibles de l'auteur, pourrait avoir ses inconvénients? Nous sommes tentés d'en douter, sans, du reste, que nous inclinions à la sévérité pour des temps et des lieux si différents de ceux où nous vivons; mais la raison de notre indulgence n'est pas tout à fait la même que celle du théologien que nous venons de nommer, et dont voici les paroles : « Les effets fâcheux de la polygamie étaient abondamment compensés par les avantages, dans l'état de société purement domestique. — Les Pères de l'Eglise n'ont donc pas été mal fondés à soutenir que, dans cet état, la polygamie n'était défendue par aucune loi; que Dieu l'avait permise pour favoriser la population et la prospérité des familles; que les patriarches n'étaient point coupables pour en avoir fait usage. (V. S. CLÉMENT ALEX., *Strom.*, I, 12 ; TERT., I, 2, *Ad uxor.* ; *De exhort. ad cast.*, 6 ; THÉOD., 9-67, *in Genes.*; S. J.-CHRYS., *Homel.* 56 *in Genes.*; S. JÉRÔME, *epist.* 91, *Ad Agerach.*; S. AUGUST., III, 12 et VI, *De doct. christ.*; *de Civit. D.*, XXII, 38; *contr. Faust.*, 27 ; *contr. adv. legis.*, 2.) Comment condamner les patriarches, lorsque Dieu semble les avoir approuvés (1) ? »

Ainsi, avec cette double hypothèse, ou, si l'on aime mieux, ce double principe : Dieu est auteur du Coran, des Védas, etc., Dieu a permis ou ordonné telle chose, la loi naturelle pourra recevoir de graves échecs. C'est le raisonnement de tous ceux qui ont déshonoré la religion, en la donnant pour prétexte à leurs passions; c'est celui de tous les fanatiques. Sans doute, le fanatisme et les pas-

---

(1) *Traité de la vraie religion*, t. III, p. 78, 80. Besanç., 1827.

sions sont possibles sans cela ; mais ils y trouvent un puissant aliment, un moyen d'illusion, d'exaltation, de propagande furieuse ou erronée.

C'est par un raisonnement analogue qu'on peut jeter le trouble dans les consciences, et quelquefois le désordre dans une société. En supposant qu'il plût au chef suprême d'une communion religieuse de condamner les lois d'un pays dont il n'est pas souverain, ou d'y introduire des croyances qui fussent en désaccord avec les principes du droit privé ou public de ce pays, il y aurait là un danger d'autant plus grave que l'autorité du chef religieux serait moins contestée de la part de ses subordonnés. Je voudrais donc une explication à cette doctrine qu'on lit dans un traité, devenu aujourd'hui le manuel de tous les séminaristes de France : « Une bulle du souverain pontife ne devient en France loi de l'Etat qu'autant que la publication en a été autorisée par ordonnance du roi. Mais cette formalité n'est qu'extérieure ; les constitutions du pape tirent toute leur force de l'autorité qu'il a reçue de Jésus-Christ (1). » Il nous semble : 1° qu'une bulle quelconque, à moins de tout confondre, ne devient jamais loi de l'Etat, autorisée ou non ; 2° que si le contenu est converti en loi de l'Etat, cette loi ne tire sa force que de l'autorité publique qui fait sienne la mesure proclamée ; 3° que la publication d'une bulle peut être autorisée sans que la bulle cesse de s'adresser uniquement au for intérieur des fidèles, sans par conséquent qu'elle ait la moindre autorité comme loi civile, et sans que les pouvoirs administratif ou judiciaire puissent être appelés à la faire respecter ; 4° que si les constitutions papales ont une force, ce n'est point une force légale, ou de droit, mais une simple force morale,

---

(1) Cardinal Gousset, op. cit., p. 54.

résultant de la croyance qu'on est civilement libre d'avoir ou de n'avoir pas à l'autorité spirituelle du pape.

On comprendra mieux encore la nécessité de ces distinctions si l'on suppose que le pouvoir ecclésiastique parvint à faire ériger en loi civile, dans tous les pays de la catholicité, toutes ses lois cérémonielles et disciplinaires. Je ne prendrai qu'un petit nombre d'exemples. Les obligations aujourd'hui purement religieuses deviendraient civiles, et leurs infractions, qui ne sont maintenant que des péchés, seraient des délits, des crimes. Ainsi, on serait en vain persuadé que le culte consiste essentiellement dans des sentiments de respect, de soumission, d'adoration envers Dieu, que le souverain Seigneur et maître de toutes choses ne peut avoir besoin de rien, qu'il n'y a pas d'autre sacrifice à lui faire que celui de nos mauvaises passions ; n'importe, pour peu qu'on eût affaire à une autorité qui conservât un reste de judaïsme, il faudrait faire des sacrifices, des oblations de choses extérieures, peut-être immoler des victimes, « pour reconnaître le souverain domaine de Dieu sur toutes choses (1), » comme s'il n'était pas suffisamment reconnu par la pensée seule !

Attacher à une pratique, à un mode de pratique même sans valeur morale intrinsèque une importance sérieuse, n'en pas attacher assez à un acte d'une haute gravité, mal distinguer, mal classer, mal estimer les fautes ; mettre, ou sembler mettre sur le même rang des actes de pure piété secondaire, de culte de dulie, des *dévotionettes* enfin, avec des devoirs naturels des plus stricts; assimiler les omissions de ces pratiques de convention, d'institution humaine, qui auraient pu n'être pas érigées en devoirs surérogatoires

---

(1) Cardinal Gousset, ubi supra, t. I, p. 168.

ou autres, avec des omissions de devoirs stricts, ou des infractions aux devoirs les plus sacrés : tel est le grand danger. Le culte, le culte public surtout, doit avoir ses rites, j'en conviens; mais n'y a-t-il pas quelque inconvénient à porter la réglementation jusqu'à la minutie, quand, d'autre part, on met si peu de précision dans l'estimation de la valeur relative des devoirs, et de la gravité des fautes (1)?

Nous ne pouvons guère avoir meilleure opinion d'autres pratiques estimées cependant plus nécesssaires, telles que le jeûne, « auquel les lois de l'Eglise obligent sous peine de péché mortel (2). »

Que serait donc l'assassinat ? Un péché mortel, sans doute. Mais n'y a-t-il pas quelque danger de troubler le sens moral en mettant sur la même ligne, en appelant du même nom, malgré les degrés qu'il plairait d'établir, l'infraction à une règle purement disciplinaire, arbitraire par conséquent, et la transgression de l'un des principaux devoirs absolus ? Est-ce là une sage économie des péchés ?

---

(1) Ces réflexions me sont suggérées par le passage suivant: « La prière de l'*Angelus* doit être dite à genoux, à l'exception du samedi soir et du dimanche, où elle doit se faire debout. Durant le Temps pascal, qui se termine aux premières vêpres du dimanche de la Trinité, au lieu de l'*Angelus*, on dit debout l'antienne *Regina cœli*, avec le verset et l'oraison. Néanmoins, les personnes qui ne sauraient point cette antienne gagneraient pareillement l'indulgence en continuant de réciter l'*Angelus*. » (Card. Gousset, p. 172.) J'ai peine à croire que toute cette morale formaliste ne tombe dans une sorte de pharisaïsme chrétien.

(2) « Et l'on commet autant de péchés que l'on a mangé de fois dans un jour défendu, lorsqu'il y a une interruption morale (?) entre les différentes reprises. Mais il peut y avoir ici légèreté de matière. Ainsi, par exemple, il nous paraît que celui qui mangerait une portion ordinaire d'un plat de jardinage ou de légumes assaisonnés au lard ou à la graisse, s'il n'en mangeait qu'une fois dans la journée, ne pécherait que véniellement. Il en serait de même, à notre avis, pour celui qui mangerait de la soupe grasse. Mais s'il en mangeait deux ou trois fois par jour, ou s'il mangeait de plusieurs mets préparés au gras, le péché pourrait facilement (?) devenir mortel; car plusieurs matières réunies, quelque légères qu'elles soient, peuvent former une matière grave. » (Card. Gousset, p. 115.)

On voit même par les détails donnés dans la note, de quelle manière des délits peuvent, par leur nombre, changer de nature, et devenir des crimes. C'est là, je le sais, une théorie qui n'est pas admise en droit criminel; mais on voit qu'elle pourrait l'être en raisonnant par analogie d'après la méthode de nos casuistes, qui ont bien aussi leur influence et même autorité.

Et si, par hasard, les prescriptions ecclésiastiques parvenaient à rentrer dans nos codes criminels, un péché mortel ne pourrait-il pas être puni de mort, comme il arrivait quelquefois aux beaux temps de la subordination de l'Etat à l'Eglise? Et combien de péchés mortels qui ne sont pas même de simples délits.

A la vérité, l'illustre théologien où je prends mes exemples dit très sagement qu' « un prédicateur, un catéchiste, un confesseur, doit être extrêmement circonspect sur cet article, ne se permettre de traiter un acte de péché mortel, pour ce qui regarde la matière ou l'objet du péché, que lorsque l'Ecriture, ou la tradition, ou l'Eglise, ou l'enseignement général des docteurs, se prononcent clairement à cet égard (1). »

Si des actes qui n'ont rien à voir avec l'ordre public, avec la morale naturelle même, peuvent être regardés comme très répréhensibles lorsqu'ils sont envisagés du point de vue théologique, il en est d'autres que la loi naturelle excuse plus difficilement que la théologie. Et cela se comprend jusqu'à un certain point, quand on part du conseil de la charité, quand on le prend pour un précepte absolu. Mais tel conseil, qui est parfaitement à sa place dans l'Evangile, dans une certaine pratique individuelle, comme celui de se laisser dépouiller, maltraiter, etc., n'est

---

(1) Cardinal Gousset, ubi supra, p. 97.

pas admissible en droit, dans une société policée, et l'autorité civile, protectrice du droit, ne peut régler ses actes en conséquence.

Nous serions donc disposé à voir dans les lignes suivantes, où le droit de propriété, le respect qui lui est dû se trouve mis en présence du devoir de bienfaisance, une autre preuve du danger de rattacher trop fortement la loi naturelle aux croyances religieuses : « Quand quelqu'un se trouve dans une nécessité extrême (mot élastique), nous sommes obligés, sous peine de péché mortel, à défaut d'autres, de l'aider non seulement des biens superflus à notre rang, mais même des biens superflus à la vie et nécessaires à notre condition..... On doit même le secourir des biens d'autrui, quand on ne peut le secourir de ses propres biens..... Quant à la nécessité commune (qui n'est pas extrême), elle n'impose point d'obligation à ceux qui n'ont absolument que ce qu'il faut pour soutenir convenablement leur rang, leur condition (1). » A ce compte, on n'aurait pas pendu en Angleterre ce fou de Ditton, qui s'était fait voleur par charité. Peut-être, au moins, eût-on trouvé dans son fait des circonstances atténuantes.

Mais voici qui est encore plus délicat, alors surtout qu'on ne distingue pas nettement les devoirs stricts des devoirs larges, et qu'on n'a pas de règles pour faire une juste estimation des uns et des autres, ni quant à la matière, ni quant à la forme. Et c'est le cas de nos théologiens. J'ai tâché ailleurs (2) de porter quelque lumière dans cette partie difficile et délicate de la morale. J'ai distingué mathématiquement dix-huit situations où l'on peut comparer, en cas de collision, des devoirs de même na-

---

(1) Cardinal Gousset, ubi supra, p. 150-151.
(2) *Éthique ou Science des mœurs*, p. 114-115.

ture, comme les mathématiciens comparent des quantités homogènes. J'aurais pu distinguer dix-huit autres cas où les devoirs entrent difficilement en comparaison, parce qu'ils ne sont pas de même genre. Ces trente-six positions, absolument possibles, forment la base scientifique de l'application des principes, à défaut de laquelle la casuistique n'est qu'une affaire de tâtonnement et d'incertitude. L'éminent cardinal, que nous aimons à citer, parce que c'est un de nos théologiens moralistes des plus justement autorisés, va nous en fournir un exemple : « Des théologiens croient qu'il est permis de conseiller un moindre mal (qu'est-ce qu'un moindre mal ? à quel caractère le reconnaît-on ? ne pourrait-il pas être moindre par la matière et plus grand par la forme, ou *vice versa ?*) afin d'arrêter l'exécution du projet qu'on a formé d'en commettre un plus grand. C'est l'avis de saint Alphonse (de Liguori) et de l'auteur (1). »

On ne pourrait évidemment se prononcer sur cette solution sans reprendre la question d'une manière plus positive, en entrant dans toutes les distinctions nécessaires. Ce qui n'est pas notre objet. Mais précisément parce que cette solution porte sur une question beaucoup trop vague, elle a le défaut d'exposer des casuistes à se tromper.

Voici une solution du même genre, mais dubitative cette fois, qui n'est guère moins périlleuse cependant que la précédente : « Plusieurs auteurs, dont l'opinion paraît *assez probable* à saint Alphonse de Liguori, permettent même de fournir à un enfant, à un domestique, à un ouvrier, l'occasion de voler, afin qu'on puisse prévenir les délits qu'ils pourraient commettre dans la suite. Mais ne

---

(1) Cardinal Gousset, ubi supra, p. 163-164.

serait-ce pas les induire en tentation? Nous n'osons prononcer (1). » Question trop vague encore. Et d'ailleurs qu'entend-on par probabilité? Est-ce celle des casuistes dont Pascal a fait si bonne justice? Quelle est la base de cette probabilité? Quel en est le degré? Qu'est-ce qui en fait le peu, l'assez, le beaucoup, etc.? Question que nous avons également examinée ailleurs, et où nous croyons encore avoir apporté plus de précision qu'on n'y en avait mis jusque-là. Mais nous n'avons consulté à cet effet que la raison, car en nous jetant dans l'autorité, c'est-à-dire dans l'opinion des docteurs, nous nous serions trouvé dans l'impossibilité d'avoir un autre critérium que celui du nombre ou de la *gravité* des docteurs. Et comme le nombre ne fait rien ici, puisqu'il n'est souvent qu'une affaire d'imitation, et que, d'un autre côté, la *gravité* ne peut s'estimer que par la justesse et la force de la raison (ce qui oblige de raisonner soi-même les questions, et qui revient par conséquent soit à un travail superflu, soit à une sorte de pétition de principe), il en résulte que la probabilité dont on parle ici n'est guère qu'un mot trompeur, et d'un emploi dangereux. Tout ce que dit à ce sujet, par manière de principe, notre vénérable théologien moraliste est de nature, croyons-nous, à confirmer cette opinion. Nous devons en tout cas le mettre sous les yeux du lecteur. « On distingue l'opinion faiblement probable, l'opinion probable, l'opinion plus probable, très probable, et l'opinion moralement certaine. L'opinion faiblement probable est celle qui s'appuie sur des motifs insuffisants (?) pour attirer l'assentiment d'un homme prudent (?)... Une opinion n'est vraiment probable que lorsque les raisons ou les autorités (?) qu'on peut alléguer en faveur de cette opinion sont générale-

(1) Cardinal Gousset, ubi supra, p. 164.

ment (?) jugées assez fortes (?) ou assez graves (?) pour déterminer un homme prudent (?)... Il n'est pas permis de suivre une opinion faiblement probable (?), qui est pour la liberté, contre celle qui est certainement ou notablement (?) plus probable (?)... On ne doit pas même suivre l'opinion moins sûre (?), fût-elle plus probable, très probable (?) (1). »

« On doit encore prendre le parti le plus sûr (?) lorsqu'il s'agit de faire un acte périlleux pour le prochain... Ce cas d'exception admis, nous disons qu'il est permis de suivre une opinion très probable (?), quoique l'opinion contraire soit plus sûre (?)... De même, quand les deux opinions contradictoires sont également (?) ou à peu près également (?) probables, on peut, suivant saint Alphonse, suivre l'opinion la moins sûre (?). Dans le doute, on n'est pas tenu de prendre le parti le plus sûr (?), soit parce qu'une loi douteuse n'étant fondée que sur une opinion (?), n'est pas suffisamment promulguée pour être obligatoire, soit parce que l'homme demeure en possession de la liberté, dont l'exercice ne peut être gêné que par une loi claire et certaine... Il est permis de suivre une opinion moins sûre, mais probable, de préférence à l'opinion plus sûre, qui est également ou à peu près également (?) probable, pourvu qu'au moyen de quelque principe réflexe (?) on forme prudemment (?) sa conscience sur la licité de ses actes (2). »

Les intentions de Son Eminence sont, j'en suis sûr, excellentes. Je le dis avec une entière conviction, avec le respect le mieux senti, parce qu'il est fondé à tous égards. Mais, je le demande, est-ce là un langage précis, sûr de lui-même, expression d'une doctrine nette, ferme, qui se sait jusque dans le doute, dans l'ignorance, c'est-à-dire

---

(1) Cardinal Gousset, *ubi supra*, t. I, p. 38, 39.
(2) Id., *ibid.*, p. 40, 41.

qui sait aussi bien quand et pourquoi elle ne peut dire ni oui ni non, que la raison qui lui permet dans d'autres cas affirmer ou nier? La raison réflexe, pour nous servir d'une locution de l'auteur, donne seule cette assurance; c'est elle qu'il faut cultiver, exercer, consulter, pour apprécier la *gravité* même des docteurs, gravité à laquelle on ne connaît rien sans ce moyen.

Les intentions et la loyauté d'un autre théologien fort estimable, l'abbé Bergier, le principal adversaire des libres penseurs du dernier siècle, ne sont pas moins certaines, ni ses lumières moins grandes. Or, je serais tenté de croire qu'il fait un devoir à chacun d'examiner dans la mesure de ses forces, et dans la parfaite sincérité de sa conscience, la religion dans laquelle on est né, lorsqu'il dit : « Personne n'est autorisé à persévérer dans la religion de ses pères, à moins qu'elle ne soit munie de preuves évidentes de révélations divines (1). » Tel est aussi notre avis. Mais s'il est permis d'examiner, il est permis de conclure. Et si les conclusions devaient être erronées, où pour l'abandon de la religion dans laquelle on est né, comment justifierait-on alors,—ou le droit d'examen, qui est naturellement celui de tout être raisonnable, et qui ne peut avoir pour condition l'infaillibilité,—ou le droit que s'est arrogé l'autorité religieuse, et si longtemps avec elle et d'après elle l'autorité civile, de prévenir toute dissidence, d'en réprimer les manifestations, de contraindre par tous les moyens possibles à y renoncer? Comment justifierait-on alors une nouveauté dont nous allons parler, et qui se conçoit d'autant moins que l'on reconnaît que la foi est un don de Dieu, une vertu surnaturelle, qu'elle se donne, et ne se prend pas à volonté? Comment faire alors d'un formulaire de foi

---

(1) *Traité,* etc., t. III, p

quelconque une obligation morale ou tout au moins religieuse? N'y a-t-il pas dans cette obligation même quelque chose, je ne dis pas seulement d'illibéral, mais de contraire à la destinée d'un être raisonnable? On en convient aisément s'il s'agit de persévérer par ce moyen dans une croyance hétérodoxe? Mais quelle est la croyance un peu fortement constituée, ayant son sacerdoce, qui ne s'estime orthodoxe, qui ne puisse interdire au même titre, subjectivement, tout examen sérieux? Se fonder pour cela sur la possession de la vérité objective, c'est faire une pétition de principe. Arguer de la possession de la vérité subjective, c'est se contredire, puisqu'elle est la même pour tous, quelles que soient les dissidences. Or, cependant : « On est très spécialement tenu de faire des actes de foi : 1°.....; 2° lorsqu'on est tenté contre la foi : le moyen de vaincre ces sortes de tentations est de les repousser par un acte de foi, soit explicite, en s'attachant fortement à la vérité (?) contre laquelle on est tenté, soit implicite, etc,, et en détournant en même temps son esprit de l'erreur (?) qui se présente à la pensée..... Du reste, ces formules, dit le P. Palavicini, n'étaient point usitées il y a quarante à soixante ans; aucun de ceux qui sont nés avant 1720 n'en a jamais entendu parler... (1) »

La raison, cette fois encore, peut seule mettre d'accord les théologiens des diverses communions religieuses, ou ceux d'une même communion, en usant de ses droits.

(1) *Théol. mor.*, I, p. 132-133 et 143.

§ IV.

Il n'est pas sans danger de rendre la morale trop dépendante des plus saines croyances religieuses.

Il est d'ailleurs impossible de ne pas faire à la raison une très large part, une part décisive, dans l'hypothèse même la plus favorable à une autre autorité qu'elle. Je suppose, en effet, que je veuille prendre la révélation comme guide essentiel de ma croyance et de mes actions, j'aurai d'abord à m'assurer s'il y a véritablement une révélation ; si elle se rencontre en réalité partout où se trouvent des hommes qui assurent le fait et qui se disent en possession d'un corps de doctrine qui en est, suivant eux, l'expression. Je suppose que j'aie, par une première élimination, reconnu comme seules révélées les Ecritures des juifs et des chrétiens, ne faudra-t-il pas encore que je choisisse entre l'ancienne loi et la nouvelle ? Si je préfère l'ancienne, par des raisons qu'il n'est pas nécessaire de déduire, j'aurai fait un acte d'autorité rationnelle de la plus grave conséquence. Mais cet acte sera-t-il moindre si je donne la préférence à la loi nouvelle sur l'ancienne ? Quel que soit le parti que je prenne, je me trouve en présence de difficultés nouvelles, d'où la raison seule peut me tirer, soit d'ailleurs que je prenne ou non le parti de la vérité. En effet, si je me déclare pour l'ancienne loi, j'aurai par exemple à me décider pour le sacrifice sanglant ou pour un culte plus spirituel, c'est-à-dire pour un Dieu, en réalité plus ou moins charnel, suivant que je donnerai la préférence au Lévitique ou à certains prophètes. La morale pourra même prendre dans mon esprit la place du culte, comme étant elle-même l'expression la plus digne, la seule propre même à rendre des sentiments religieux exempts de superstition et d'anthropomorphisme. Je trouverai des autorités en ce sens, non seulement dans les Prophètes (1), mais aussi dans leurs interprètes chrétiens : « Dieu a souvent déclaré aux Juifs par ses prophètes que le culte extérieur n'avait par lui-même aucun mérite ni aucune efficacité pour les purifier de leurs péchés ; qu'il le rejetait lorsqu'il n'est pas accompagné de l'innocence et de la vertu. Donc, ce culte avait été institué, non à cause de sa propre excellence, mais par des raisons particulières, tirées du caractère national des Juifs et des circonstances où ils se trouvaient au sortir de l'Egypte. Donc il était naturel que ce culte fût aboli, lorsque les circonstances ont été changées et que les raisons de son institution ne subsistaient plus (2). »

Si l'on m'oppose d'autres textes des mêmes prophètes, par exemple le *tunc imponent super altare tuum vitulos* du psaume 50°, v. 21, je répondrai par les versets 18 et 19 du même psaume : *quoniam si voluisses sacrificium dedissem utique, holocaustis non delectaberis. Sacrificium Deo spiritus contribulatus ; cor contritum et humiliatum non despicies.* Et quand même je serais à bout de textes, comme le nombre n'y fait rien, qu'un seul suffit, je m'empare de celui-là, qui va le mieux à ma manière de concevoir le culte, et tout le reste n'a plus pour moi qu'un sens ou inintelligible, ou figuré et qui doit être interprété de manière à ne point mettre Dieu en contradiction avec lui-même.

De cette façon, peut-être, j'arriverai à donner la préférence à la loi nouvelle sur l'ancienne. Mais ici encore j'aurai à choisir plus d'une fois : j'aurai des textes d'une part à concilier entre eux ; j'aurai des interprétations, des tra-

---

(1) V. Ps. XLIX, 7 ; L, 18 ; Isaïe, I, 16 et suiv. ; VI, 2 ; Jérémie, III, VII, 21 ; Ezéch., XX, 5 ; Michée, VI, 6.
(2) Bergier, op. cit., t. V, p. 211.

ditions, des institutions mêmes qui ne me sembleront pas toujours l'expression fidèle des textes sacrés, qui ne seront point concordantes entre elles. Il faudra donc ou que je laisse choisir pour moi, c'est-à-dire que je reste passif, que je m'anéantisse autant que possible comme être raisonnable, tout en faisant un choix (car c'est opter encore que d'abdiquer tout usage personnel et propre de sa raison), ou que je fasse acte plus marqué d'être raisonnable en jugeant par moi-même du sens des Ecritures, et du culte qui s'y trouve prescrit. Je vais donc me trouver en face du catholicisme et du protestantisme. Prendrai-je l'un, serai-je pour l'autre? Si je choisis le premier, serai-je moliniste ou janséniste? Serai-je avec Fénelon ou avec Bossuet? Mais pourquoi pas avec l'un et avec l'autre suivant les cas? Pourquoi pas individualiste même s'il le faut, si ma conscience l'exige? Je ne serai alors ni catholique, ni protestant. Peut-être ; mais je serai moi, une personnalité religieuse; ce qui ne m'empêchera point de trouver fort belles ces paroles de Fénelon : « L'encens des hommes n'est pour vous qu'une vile fumée ; vous n'avez pas besoin de la graisse de leurs victimes ; leurs cérémonies ne sont qu'un vain spectacle ; leurs plus riches offrandes sont trop pauvres pour vous, et sont bien plus à vous qu'à eux : leurs louanges mêmes ne sont qu'un langage menteur, s'ils ne vous adorent point en esprit et en vérité. On ne peut vous servir qu'en vous aimant. Les signes extérieurs sont bons quand le cœur les fait faire ; mais votre culte essentiel n'est qu'amour ; et votre royaume est tout entier au dedans de nous... Le fond de la religion (société de culte de Dieu entre les hommes) ne consiste dans aucune cérémonie extérieure ; car elle est tout entière dans l'intelligence du vrai et dans l'amour du bien souverain... La religion païenne déshonorait la divinité et corrompait les hommes... Ce qui me paraît le caractère du vrai culte n'est pas de craindre Dieu comme on craint un homme puissant et terrible qui accable quiconque ose lui résister... Il n'y a point d'homme sur la terre qui voulût être craint par ses enfants sans être aimé : la crainte seule des punitions n'est point ce qui peut entraîner un cœur libre et généreux. Quand on ne pratique les vertus que par cette seule crainte, sans avoir aucun amour du vrai bien, on ne les pratique que pour éviter la souffrance ; et par conséquent si on pouvait éviter la punition, en se dispensant de pratiquer les vertus, on ne les pratiquerait point.(1). »

Tout en distinguant de la morale le culte comme ensemble de rites destinés à honorer Dieu ; tout en reconnaissant que la morale est le meilleur des cultes, il faut admettre deux choses : la première, que des cérémonies religieuses bien choisies, d'un esprit vraiment spirituel, sont de nature à élever l'âme et à la porter au bien, à fortifier la morale ; la seconde, que cet effet salutaire est d'autant plus sensible que les pratiques de dévotion sont plus pénétrées de l'esprit religieux, qu'elles sont moins mécaniques et plus sincères. Il y a ici un double, un triple danger : celui de tomber dans l'habitude machinale par la répétition trop fréquente; celui du mensonge intérieur si le sentiment n'est pas d'accord avec l'expression ; celui de

---

(1) *Lettres sur divers sujets de métaphysique et de religion*, ch. IV, 2, 4 ; V et VI. — Cf. *Lettres sur les moyens donnés aux hommes pour arriver à la vraie religion*, n° V, où l'amour de Dieu est présenté comme révoltant l'amour de soi, comme ne pouvant être par conséquent d'invention humaine, non plus que la religion qui l'enseigne comme étant le culte essentiel. — Cf. aussi : *Lettres sur le culte de Dieu, l'immortalité de l'âme et le libre arbitre*, ch. I ; *Lettre sur la vérité de la religion et sur sa pratique* ; *Lettre sur le culte intérieur et sur la religion juive*. Nous aurions plus d'une observation à faire sur tous ces écrits.

l'hypocrisie, si des considérations intéressées ou de respect humain prennent un caractère déterminant.

C'est par là qu'on explique les fausses consciences, les dérèglements profonds de certaines gens qui ont cependant prétendu vivre d'une vie plus particulièrement religieuse, et dont saint Bernard a flétri les désordres et l'impiété véritable ; ce qui n'a pas empêché H. C. Agrippa et d'autres après lui de les signaler quelques siècles plus tard comme une sorte d'état de choses trop habituel encore.

C'est également le moyen de se rendre compte de certaines dissonances morales et religieuses, qui prouvent qu'on serait dans le faux en accordant à la dévotion, aux pratiques du culte, aux croyances religieuses de telle ou telle communion une influence morale constante et propre. On a fait, il y a quelques années, une revue statistique de ce genre fort curieuse. Le comte d'Angeville a classé les départements français d'après leur degré de catholicité, qu'il évalue proportionnellement au montant de leur souscription pour la propagation de la foi de 1827 à 1834. D'après ce tableau, où la criminalité est mise en regard de la souscription religieuse, on voit, dit M. A. Guillard, se former quatre catégories. La première embrasse toute la Bretagne, s'étend dans le bassin de la Loire et dans ceux du Rhône et de la Garonne. Là se rencontre avec la foi un moindre degré de criminalité, une innocence relative. La deuxième comprend les bassins de la Seine, de l'Ain, de l'Eure, de l'Orne, et quelques départements épars. Là se montre avec l'abaissement de la foi, l'abaissement de l'innocence. La troisième forme un seul tènement de la Nièvre, du Cher, de l'Indre et de la Creuse, qui s'arrondit par Maine-et-Loire, les Deux-Sèvres et la Dordogne. Ici l'innocence va sans la foi. La quatrième enfin, comprend tous nos pays de montagnes : Vaucluse, Cantal, Ardèche, Puy-de-Dome, Calvados, Doubs, etc. Ici la foi et le crime se donnent la main. En Suisse, on voit aux deux premiers rangs de la criminalité Fribourg le catholique, et Zurich le protestant; aux derniers rangs, Argovie et Saint-Gall, cantons mixtes, cantons de tolérance et de rivalité dans le bien.

§ V.

La diversité des religions étant inévitable, c'est une raison de plus de constituer la morale indépendamment des religions.

Cette dernière considération nous conduit à nous demander si l'unité de religion est moralement aussi désirable qu'on serait tout d'abord disposé à le croire ; si la pluralité, la dissidence, surtout quand il ne s'agit que des branches d'un même tronc, ne serait pas encore assez avantageuse à la morale publique, à la politique même ou comme moyen de gouvernement, alors encore qu'elle ne serait pas un droit des plus sacrés, et s'il ne conviendrait pas de remplacer la formule connue de Vincent de Lérins : *in necessariis unitas, in dubiis libertas, in omnibus caritas,* par celle-ci : *in omnibus libertas?* Il n'y a rien ici de nécessaire absolument ; chaque secte a sa manière de voir à cet égard, et prendre de l'une d'elles les dogmes qu'elle regarde comme essentiels pour des dogmes qui seraient tels absolument, serait lui subordonner toutes les autres sectes. Mais de quel droit ? Si la liberté doit être reconnue en une matière de cette importance, comme il serait impie et injuste d'en douter, la charité n'a rien à faire ici, pas plus que la tolérance : la justice est tout.

En matière de religion, il n'y a donc plus qu'une maxime à l'usage des gouvernements civilisés, et des hommes suffisamment éclairés pour savoir ce que c'est que la conscience et quels en sont les droits, c'est la maxime *in omnibus libertas*. Comparée à celle de Vincent de Lérins, elle fait voir toute la différence qui sépare le VI° siècle du XIX° siècle. Mais la maxime de ce saint personnage a toujours sa beauté, sa vérité même et son à-propos dans chaque communion religieuse.

Ne serait-il pas possible aussi d'élever son esprit et ses sentiments assez haut, en politique au moins, pour trouver entre toutes les religions une certaine unité ? C'est le point commun qu'il conviendrait de chercher, et auquel il faudrait s'attacher pour commencer à s'entendre. Mais on tient bien plutôt aux diversités. Ce qui passionne le plus, ce qui paraît le plus important, c'est, non pas ce qui fait la ressemblance, mais ce qui constitue la différence. On s'inquiète peu de ce qu'il y a de commun ; on fait consister toute ou presque toute la vérité et l'erreur dans ce qu'il y a de divers : « C'est en cela que nous avons raison, c'est en cela qu'ils ont tort. » Comme s'il n'était pas possible que vous eussiez tort les uns et les autres dans vos manières de voir contraires ! Comme s'il n'était pas plus probable que la vérité est dans la croyance commune ! Comme si cette probabilité n'était pas de plus en plus grande à mesure que les croyances sont de plus en plus générales.

Mait soit : supposez que vous soyez dans le vrai, et que ceux qui pensent autrement que vous n'y soient pas. Reconnaissez au moins qu'ils sont d'aussi bonne foi que vous. Vous ne le voulez pas, je le sais, mais pour quelle bonne raison ? Savez-vous au juste ce qu'ils croient et ce qu'ils ne croient pas et pourquoi ? Avez-vous réfléchi à l'empire de l'éducation et de l'habitude ? Avez-vous pénétré au fond de leur conscience ? Non : ils pensent autrement que vous ; donc ils ont tort, donc ils sont de mauvaise foi. Voilà votre raisonnement. Puis il vous est appliqué avec la même justice par ceux que vous condamnez. De là les inimitiés, les guerres.

Supposons encore que ceux qui ne partagent pas nos opinions, nos croyances, soient de mauvaise foi. Qui donc en souffrira le plus, d'eux ou de nous ? Et s'ils sont dans une erreur volontaire, ne sont-ils pas nécessairement dans le vrai ? Qu'est-ce qu'une erreur volontaire ? N'est-ce pas une erreur reconnue, voulue ? Mais si elle est reconnue, elle n'est plus une erreur ?

Est-ce au contraire une erreur qu'on ne veut pas se donner la peine de découvrir, qu'on ne veut pas regarder, de crainte de l'apercevoir ? Je conviens qu'il y aurait faute morale à négliger de s'instruire, à ne pas chercher le vrai sous toutes ses formes. Mais ce n'est pas chose facile pour tout le monde, et le bon sens qui le sait, qui se défie de ses forces, reste dans les préjugés où la naissance le fait naître.

Quant aux hommes instruits, c'est une loi de notre esprit, de ne trouver vrai que ce que nous croyons déjà ; on ne nous démontre que nos propres préjugés ; et tous les préjugés ont des démonstrations de ce genre. Il y a mille raisonnements auxquels nous ne trouvons rien à reprendre qui sont sans force pour ceux qui ne pensent pas comme nous ; ils les trouvent faux ou suspects ; ils y répondraient ou croiraient en sentir vaguement le vice. On ne connaît pas l'esprit humain quand on ignore cette disposition. C'est petit à petit, à force d'y penser, et peut-être surtout par suite de la manière de sentir, que nous changeons de croyances : on est d'abord persuadé lentement ; la conviction arrive ensuite sans se presser davantage. Je ne parle pas des conversions intéressées.

Les zélés ne cessent de crier : « *Nous sommes* dans le vrai, croyez comme nous, croyez-nous ! » Passe encore, quoique cela ne signifie au fond qu'une chose, à savoir qu'ils *se croient* dans le vrai. Mais ce qui ne peut s'excuser ni s'interpréter d'aucune bonne manière, c'est ce qu'ils ajoutent : « Ou je vous tue ! » — S'ils sont les plus forts, ils n'y manquent guère, et cela s'appelle extirper l'hérésie, et c'est bien. S'ils sont les plus faibles, ils ont la sagesse de ne pas menacer, de n'y pas même penser peut-être ; mais comme on les devine, ou qu'on croit les deviner, on les tue. Et cela s'appelle martyre, et c'est mal. Mais c'est mal de tuer les hérétiques : eux aussi sont martyrs de leurs croyances.

Pourquoi donc les hommes tiennent-ils si fort à ce qu'on pense comme eux? D'où vient cette rage de ne vouloir être de l'avis de personne, et de forcer tout le monde à penser comme soi ?

C'est que nous sommes dans le vrai !—Tant mieux pour vous ; si vous voulez qu'on y entre à votre suite, prêchez, enseignez, persuadez, démontrez, édifiez, soyez justes et bons surtout ; ne vous rendez pas odieux en persécutant. Vous êtes dans le vrai ! Qu'en savez-vous ? Vous le croyez, c'est bien : mais j'en crois autant. Vous seriez dans le vrai, que c'est au moins la question pour moi. Peu m'importe d'ailleurs ce que vous êtes et ce que vous croyez être, et si je ne me soucie point de le savoir, vous n'avez pas même le droit de me forcer à vous en entendre parler.

Mais le zèle pour la maison du Seigneur?— J'entends ; vous voulez capter les faveurs de votre Dieu à mes dépens. Vous le croyez jaloux comme vous pourriez l'être vous-mêmes; vous lui donnez vos passions, afin d'avoir le mérite facile de les satisfaire.

Mais l'amour du prochain, la charité, un intérêt si grand? — C'est trop de bonté vraiment de massacrer les gens pour leur plus grand bien, ou de les forcer à des actes réprouvés par leur conscience, dans leur plus grand intérêt moral et spirituel.

Pour savoir quels sont les motifs secrets qui poussent à la persécution, il n'y a qu'à se rendre compte de la position de ceux qui s'en rendent coupables :

Sommités religieuses;

Populace fanatisée;

Gouvernements despotiques;

Complaisants ambitieux;

Unitéistes spéculatifs, mais indifférents;

Croyants inquiets sur la vérité de leur foi, mais qui y sont attachés du reste : voilà, si je ne me trompe, les six grandes classes de gens portés à la violence en matière de foi.

L'orgueil et l'intérêt expliquent surabondamment la conduite des premiers, et ces deux mobiles seront d'autant plus acerbes dans les moyens, que la foi exigée sera plus aveugle et plus absolue, sous prétexte d'une vérité plus ou moins pure et certaine dans la doctrine. Je ne dis pas que d'autres passions ne viennent pas se mêler à ces deux-là, mais elles ne sont pas caractéristiques.

La seconde catégorie est mue par un zèle passionné, c'est-à-dire par une haine irréfléchie, prévenue, dont elle se fait un mérite auprès de ses conducteurs spirituels, et auprès de Dieu. Demandez à ces forcenés la raison de cette haine; ils ne pourront la donner, ou bien ils supposeront aux dissidents des torts réels ou possibles, des inimitiés, des injustices, des principes antisociaux, des monstruosités morales et religieuses. L'amour-propre se trouve également offensé dans ces sortes de gens : ils voient une bravade, une sorte d'injure dans une négation ou une affirmation qui n'est point de leur goût.

Toute dissidence religieuse pouvant un jour ou un autre aboutir au désordre, les gouvernements qui ont plus de souci d'avoir entre les mains un sacerdoce docile, ou de lui servir d'instrument, que de s'en affranchir en professant la religion de la seule justice, craignent les dissidences comme des embarras possibles, comme des causes de faiblesse ou des actes d'hostilité.

Mais s'ils ont le droit de la répression, si c'est même leur devoir, ils ne peuvent cependant pas licitement empêcher les dissidences, ni la propagation des doctrines religieuses quelconques, si ces doctrines n'ont rien de directement attentatoire à l'ordre public. Qu'ils laissent faire seulement ; c'est aux opinions à redresser les opinions ; la liberté suffit à cette tâche. Plus il y aura de sectes, moins chacune d'elles sera tentée de faire la loi au prince, ou d'être persécutrice : s'il n'y a que deux religions dans un pays, dit Voltaire, elles se couperont la gorge ; s'il y en a trente, elles vivront en paix.

Elles seront d'autant plus disposées à se tyranniser que leurs docteurs s'estimeront moins sujets à l'erreur. Dès qu'on sent qu'on peut se tromper soi-même, on supporte plus facilement ce qu'on appelle l'erreur dans les autres ; on se rabat sur sa conscience et ses intentions ; l'amour de la vérité remplace la vérité même. La religion prend nécessairement un caractère subjectif, personnel, individuel, le sentiment en devient l'essence ; et comme il est le même dans tous les hommes, quel que soit l'objet auquel il s'attache, l'estime, l'amour, la paix et la bienveillance deviennent possibles. La religion prend par là un certain caractère moral qu'elle n'a point au même degré lorsqu'elle se croit si sûre de son fait. Avec moins de persuasion d'être dans le vrai, on est inévitablement plus modeste, plus indulgent, plus porté à se contenter pour soi et pour les autres de la forme de la vérité religieuse, c'est-à-dire de l'amour de cette vérité.

Un gouvernement qui ne voudrait que la dignité humaine, l'ordre et la paix par la liberté, ne redouterait pas la multiplicité des croyances ; mais il en serait autrement d'un pouvoir qui fonderait des espérances sur l'abrutissement du peuple, et qui songerait à faire de la religion un instrument d'obéissance passive ; il ne lui faudrait qu'une religion, et de toutes les religions la plus propre à tenir les esprits dans l'engourdissement et la torpeur. Il aurait à compter, il est vrai, avec ses puissants auxiliaires ; mais s'il bornait son ambition à régner pour eux quoique en son nom, il se tromperait peu, car ce double mensonge paraît incomparablement plus utile à l'une et à l'autre puissance que les vérités contraires. Le pouvoir, devenu l'instrument des ambitions et des haines du sacerdoce, serait proclamé sacré. L'autel, à son tour, serait trois fois saint et inviolable, parce que toutes les libertés civiles y seraient régulièrement sacrifiées. Le ministre de la religion enseignerait la légitimité du despotisme, à charge par le despotisme d'être libéral jusqu'à l'extrême privilége en faveur d'un clergé si utile en apparence. Les deux puissances faisant ainsi les affaires l'une de l'autre paraissent moins égoïstes et moins odieuses que si elles travaillaient d'une manière plus apparente chacune dans son intérêt exclusif. Mais ce pacte liberticide n'en est que plus détestable. Vienne le jour de la grande colère, on se rappellera que l'un a dit à l'autre en parlant du peuple : Donne-moi son âme, et je te donnerai son corps. Puis les droits de la conscience religieuse et morale sont abandonnés à l'inquisition ; le glaive du prince se lève et tombe au gré du prêtre ; puis le prêtre enseigne au peuple que toute puissance est légitime, que le prince est l'oint du Seigneur, que la résistance passive même est un crime civil et un sacrilége : le tout jusqu'à ce qu'un intérêt contraire fasse enseigner à Mariana, à Busembaum et à plus de cinquante autres l'horrible et pernicieuse doctrine du régicide ; car cette coalition criminelle contre l'humanité finit tôt ou tard par se rompre, et le plus fort de ces deux grands coupables se défait momentanément de l'autre, en attendant que le peuple, devenu encore plus passionné que clairvoyant, cherche à se défaire à son tour de tous les deux. C'est là de l'histoire, ce n'est pas de la doctrine, à moins que l'histoire ne soit aussi un enseignement, et même un enseignement providentiel. Mais alors c'est Dieu qui parle, quoique par l'humanité : l'historien ne parle ni par l'un, ni par l'autre : il lit, quelquefois même sans comprendre ; il assemble les faits qui sont comme autant de syllabes et de mots.

Un quatrième genre d'intolérants, ce sont les ambitieux qui flattent le pouvoir ou qui s'en font les instruments aveugles. Ceux-là sont faits pour obéir servilement et pour perdre le pouvoir ; leur vertu, c'est la fidélité dans la mesure de leur intérêt. Quant à la conscience religieuse, ils n'en ont pas ; c'est par cette raison que toutes les religions sont pour eux d'un prix égal, et qu'il n'est pas permis d'en avoir une autre que celle du prince. Ils raisonneraient de même à Pékin, à Constantinople, à Londres ou à Rome. La religion pour eux, c'est la volonté du maître.

Une cinquième classe de persécuteurs, mais d'un genre tout particulier, ce sont ces admirateurs passionnés de l'unité sans diversité ; les enthousiastes de l'harmonie mécanique des âmes. Ils ne voient rien au-delà d'un *Credo* chanté en chœur. Ils s'inquiètent peu du reste si le *Credo* est bien compris ou s'il l'est mal, s'il dit trop ou pas assez, s'il est entendu de la même manière par tous ceux qui le récitent. L'important pour eux n'est pas là ; qu'il soit débité par tous, de la même manière, aux mêmes heures, sur le même ton : voilà le beau de la foi. Unité extérieure, superficielle, de mots plutôt que d'idées et de sentiments ; unité sans profondeur, sans pensée, sans amour, sans vie ; unité sans enthousiasme d'amour parce qu'elle est sans liberté ; unité qui cependant peut être passionnée quelquefois, parce qu'elle est ignorante et dévouée, c'est-à-dire essentiellement fanatique, puisqu'elle n'est que la passion mise au service de l'ignorance systématique ou autre. Ce n'est point là, disons-le, la véritable unité, l'unité qui fait la beauté : celle-ci veut, dans les hommes comme dans les choses, l'harmonie plutôt que l'identité, et par conséquent cette diversité vivante, qui résulte de la liberté et de la combinaison des contraires. La vérité est une, dit-on, et la croyance doit être également une. Oui, la vérité est une, mais elle n'apparaît pas de même à tous ; et c'est comme elle se montre et non comme elle est en soi, qu'il faut permettre aux hommes de l'adorer et de l'aimer. Contentons-nous donc d'être un dans l'amour du vrai, et laissons à la vérité même le soin de se montrer à nous comme il lui plaît ; mettons-nous, si nous le voulons, au point de vue les uns des autres, essayons de nous l'expliquer ; comparons, raisonnons, discutons, concluons ; mais respectons la manière de voir de chacun, comme on respecte sa manière d'être organisé.

Il est dans la nature de l'homme d'être effrayé de l'isolement et d'être rassuré par l'union avec ses semblables. Indépendamment donc de l'amour-propre blessé, de l'intérêt compromis, de l'orgueil abaissé par la dissidence, il y a aussi moins de sécurité dans la vérité de nos opinions, quand nous les voyons repoussées par un grand nombre de nos semblables. Nous pouvons y tenir très fermement encore, mais il faudra plus d'effort que si la dissidence n'existait pas. Un doute secret, dont on n'a pas d'abord conscience ; un degré de sécurité de moins, degré inappréciable d'abord, s'insinue dans notre esprit ; il s'étend, se fortifie, donne conscience de lui-même, puis une conviction contraire à la première finit par la remplacer insensiblement. Voilà ce qui se voit, ce qui se fait, ce qui se devine instinctivement au moins, et ce qui peut donner naissance à une dernière classe d'intolérants qu'on n'a guère remarquée jusqu'ici.

Mais s'ils réfléchissaient un peu, ils s'apercevraient d'une part que la communauté de pensées et de croyances n'est jamais aussi parfaite qu'ils se plaisent à l'imaginer ; d'une autre part, que l'isolement n'est point complet, qu'il est non pas une rupture, mais un simple relâchement d'un lien trop serré. Jamais la rupture ne sera si complète qu'il n'y ait encore communion en une multitude de points. En se séparant des uns on ne les quitte pas, on ne fait que s'en éloigner un peu pour se rapprocher en même temps de quelques autres. Il est beau, il est bon que tous les extrêmes de la pensée religieuse soient pour ainsi dire comblés de la sorte, et que le système dans lequel elle se meut ne souffre aucune solution de continuité. Tous ainsi tiendront à tous, et les extrêmes se maintiendront dans une sorte d'équilibre qui préviendra en eux tout égarement, tout excès. Les uns seront ainsi moins éloignés du foyer de la vérité, les autres le seront davantage, cela est vrai ; mais de quel droit prétendrait-on que tous doivent occuper la même place, tourner dans le même orbite? Serait-ce là un monde spirituel, un tout harmonique?

N'ayons donc aucune peur des changements d'autorité, des variations en matières de croyance, de la formation incessante de nouveaux groupes religieux, du mouvement des uns aux autres : rien là que de vivant, de naturel, de légitime et d'utile. Point d'entraves ; toute contrainte amènerait la souffrance et le trouble. Laissez les affinités religieuses s'établir, comme les chimistes, les affinités électives des éléments divers. Laissez se former les groupes des croyants suivant ces mêmes affinités, si vous voulez que chaque principe pensant forme un accord avec d'autres. Les cristaux les plus purs, les plus réguliers, sont ceux qui n'ont pas été troublés dans leur formation secrète. Cette analogie n'est pas une vaine comparaison ; l'unité des lois de la nature est ici très réelle.

§ VI.

La dépendance de la morale à l'égard des religions a été une source de crimes et de calamités.

La conduite opposée à ces principes a été, pour le monde chrétien surtout, une source de malheurs, de désolations et de crimes. Si je n'ai pas retracé ici l'histoire lamentable des persécutions religieuses, il est de mon sujet d'en dire assez pour faire comprendre tout le dommage porté à la morale par un principe d'intolérance qui a sa source dans la fausse dépendance où l'on place la morale à l'égard des croyances religieuses.

Dès qu'on suppose que l'homme comme individu ou comme prince est tenu de veiller au maintien de sa foi, à l'accomplissement des pratiques religieuses, dans le prochain, dans la société tout entière, on sème par là même l'indiscrétion, la malveillance, la haine, la vengeance, et tout ce qui s'ensuit. C'est comme un souffle empoisonné qui atteint le cœur des individus et des peuples, et qui ne peut manquer de produire les horribles ravages attestés par l'histoire.

Je me vois donc obligé encore, quoi qu'il m'en coûte, de contredire de nouveau un ancien et vénéré maître, sans vouloir exposer ici toutes les réflexions critiques qu'a fait surgir dans mon esprit la lecture de sa *Théologie morale*. Je crois donc pouvoir me demander aussi jusqu'à quel point il n'y a pas plus de danger que de profit pour la charité, pour la justice même, à conseiller trop haut le devoir de la dénonciation ? L'histoire de l'Inquisition et de ses épouvantables abus, tels seulement qu'ils nous sont dépeints par un homme qui les avait vus de près, par le père Spé, jésuite allemand, mort en 1640, ne laisse pas le moindre doute à cet égard.

Je sais de quelle autorité on se prévaut ; mais l'expérience universelle prouve qu'à moins de vivre au milieu d'une société de saints, le conseil dont il s'agit ici est fort dangereux à répéter, qu'il ne doit pas être encouragé, et que la pratique en est incomparablement plus nuisible qu'utile à la société. C'est donc un double tort, selon nous, d'ériger en précepte ce qui n'est qu'un conseil, et un conseil qui ne peut être suivi avec fruit pour le dénonciateur, pour le dénoncé, pour le supérieur, pour la société même, que dans une communauté d'élite. Voici le passage qui m'a suggéré ces réflexions : « Lorsque le péché du prochain est secret, on doit faire la correction (*corripere*) en particulier ; s'il ne se corrige pas, il faut le reprendre en présence ou par l'intermédiaire d'une ou de deux autres personnes prudentes (?), et capables d'exercer une certaine autorité sur lui ; s'il ne se rend pas, s'il persévère dans son péché, on est obligé d'en avertir son supérieur : *Dic ecclesiæ* (1). »

Les faits qui suivent et qui auraient pu être beaucoup plus nombreux, seront ma réponse,

« Je passe sous silence, dit un évêque du Ve siècle, persécuté pour cause de nestorianisme, les chaînes, les confiscations de biens, les notes d'infamie, les massacres dignes de compassion, et dont l'énormité est telle, que ceux mêmes qui ont le malheur d'en être témoins, ont peine à les croire véritables. Toutes ces tragédies sont jouées par des évêques... Parmi eux l'effronterie passe pour une marque de courage ; ils appellent zèle leur cruauté, et leur fourberie est honorée du nom de sagesse (2). »

Je me bornerai à rappeler la sanglante persécution qu'endurèrent les Pauliciens, et qui, au rapport du père Maimbourg (3), en fit périr près de cent mille en Asie ; l'extermination de leurs coréligionnaires en Manichéisme, les Albigeois et les Vaudois ; la pieuse cruauté des Espagnols qui leur fit immoler en un jour plus de Mexicains que les prêtres de Diane ne sacrifièrent de victimes humaines en Tauride pendant toute la durée du paganisme ; les guerres de religion qui désolèrent la plus grande partie de l'Europe au XVIe et au XVIIe siècle (4) ; les innombrables victimes de l'Inquisition dans presque tous les pays de la chrétienté depuis le XIIIe siècle. Les détails de ces horreurs et de ces iniquités se trouvent partout. On ne peut les

---

(1) *Théol. mor.*, t. I, p. 156.
(2) Ethérius, tyrannorum episcopus, inter oper. Theodoreti, t. V, p. 688.
(3) *Hist. des Iconoclastes*, VI, p. 263, édit de Holl., à l'année 845.
(4) Suivant le cardinal d'Ossat, dans sa lettre datée de Rome, septembre 1599, à la nouvelle du massacre de la Saint-Barthélemy, « ajouta Sa Sainteté que le cardinal Alexandrini dit : Loué soit Dieu ! le roi de France m'a tenu sa promesse. Disoit (encore) Sa Sainteté savoir tout ceci, pour ce qu'elle étoit lors auditeur dudit cardinal, et fut avec lui en tout le voyage. »

nier. Mais comment peut-on chercher encore à les justifier de sang-froid ? Je ne sais vraiment ce qu'il y a de plus cruel, de plus immoral et de plus affreux, ces atrocités mêmes ou le principe systématique de les justifier. Laissons, si elle le veut, l'Eglise persister dans des sentiments dont ses organes, avoués ou non, lui font un mérite (1) ; mais du moins reconnaissons qu'il importe au plus haut degré à la justice, au bien public, au maintien et au progrès de la civilisation, au respect de la religion elle-même, que les puissances temporelles cessent absolument d'être les exécutrices jusqu'ici trop dociles de ces pieuses exterminations. Alors l'Eglise sera forcément réduite au seul rôle qui est dans ses attributions et dans son droit, celui d'excommunier ceux qui ne pensent point comme elle.

La séparation absolue de l'Eglise et de l'Etat, la distinc-

---

(1) « L'Eglise ne peut accorder, sans se déshonorer, la liberté religieuse... Il y a trois siècles que la liberté religieuse s'est ébranlée à la voix de Luther... Il y a soixante ans que la liberté religieuse, assoupie, épuisée de sa première éruption, a fait explosion dans le monde. L'opinion publique lui était alors bien plus généralement favorable que la première fois. De tous les droits de l'homme, c'était celui qui paraissait le plus évident. Cependant, la papauté ne fut ni intimidée ni persuadée... On peut lire dans une édition authentique (celle de Rome, 1800) la volumineuse collection des actes pontificaux relatifs à la Révolution française, et l'on verra que l'Eglise, désarmée à la fin du XVIIIe siècle, persiste dans ses anathèmes de la liberté religieuse, comme elle les lançait quand aux foudres du Vatican répondait le bras séculier de Philippe d'Espagne et de Ferdinand d'Autriche. Pas un mot d'indulgence, pas un mot d'espoir pour un meilleur avenir. Rien qui signifie : Attendez encore ; les temps ne sont pas assez mûrs ; l'anathème pur et simple. Et c'est quand les Encyclopédistes ont bâclé la déclaration des droits de l'homme, que Franklin en a fait la philosophie de l'Amérique, que l'Angleterre s'est parée de l'hypocrisie de la liberté religieuse, que tous les révolutionnaires l'ont inscrite sur leurs drapeaux, c'est là le moment où l'Eglise se convertirait ! Elle ferait du libéralisme quand tout le monde en est repu ! Elle arriverait la dernière, elle qui a toujours été dans le monde le grand révélateur et le grand initiateur ! Non, non ! l'Eglise ne peut pas ressembler à ce chef ridicule et honteux que le torrent de l'émeute entraînait, et qui exprimait assez sa position par cette réponse : *Il faut bien que je les suive puisque je suis leur chef.* » (L'abbé Jules Morel, l'*Univers*, cité par la *Presse* du 13 mars 1852.)

tion profonde de la morale et du droit, celle de la morale naturelle et de la morale ecclésiastique, celle de la religion positive et de la religion naturelle; tel est le remède propre à guérir des maux nombreux dont notre temps souffre encore profondément, non pas plus qu'il ne le sent, mais plus qu'il ne le sait.

Laissons au temps, aux lumières, à la libre discussion, c'est-à-dire à la providence, la tâche de séparer la vérité de l'erreur, de la mettre de plus en plus en évidence et d'en assurer le triomphe définitif. Il y a plus d'un sophisme dangereux dans cette phrase d'un théologien considérable que j'ai déjà cité souvent : « L'erreur (où est-elle ?) qui favorise les passions (n'y en aurait-il pas aussi chez ceux qui se croient en possession exclusive de la vérité ?) a plus d'attrait que la vérité qui les réprime (on le voit par l'impuissance trop fréquente du droit à réprimer le fanatisme); celle-ci a donc besoin du secours des lois pour se soutenir (1). » C'est ce que dira l'erreur elle-même qui s'ignore, mais qui se prend pour la vérité; et voilà le monde livré au fer et au feu.

Ne soyons pas étonnés de voir le même auteur féliciter les Juifs d'avoir fait de l'idolâtrie un crime d'État, et tous les peuples policés d'avoir voulu qu'une famille sévît contre un de ses membres en pareil cas (2). Le même théologien est logiquement conduit à dire que « les lois de Moïse devaient être intolérantes; que la seule vraie religion (?) a le droit de l'être; qu'il est impossible qu'elle subsiste avec l'indifférence des philosophes pour toute religion; que les lois de sang qui proscrivaient l'idolâtrie n'étaient pas trop sévères; que les châtiments les plus rigoureux étaient im-

---

(1) Bergier, op. cit., t. V, p. 81.
(2) Id., ubi supra, p. 15.

puissants pour réprimer les Juifs (1). » A ce compte, et avec ce principe plus que draconien d'élever indéfiniment la peine tant qu'il y a des délits, on anéantirait le genre humain avant d'anéantir ses faiblesses et ses fautes. Je me trompe, on rendrait l'homme le plus féroce de tous les animaux.

Ce même auteur, qui faisait consister la règle suprême du droit naturel, non pas dans le respect de la justice, mais dans le bien général, et qui faisait varier le droit suivant les états du genre humain (2), devait, on le comprend, louer l'extermination des Chananéens par les Juifs, et la conduite de Judith à l'égard d'Holopherne. « De toutes les guerres dont l'histoire fait mention, celle des Hébreux contre les Chananéens est la plus aisée à justifier, puisqu'indépendamment de l'ordre de Dieu, les Hébreux y étaient forcés par la nécessité (3). » C'est, comme on voit, plus qu'une excuse, c'est une apologie : votre champ me convient, je n'en ai pas d'autre à prendre ; donc j'ai le droit de vous tuer et de m'en emparer.

C'est en vertu du même principe, et sous le prétexte que c'est une simple ruse de guerre, et non point une de ces perfidies essentiellement contraires au droit des gens, même en temps de guerre, afin de rendre la paix possible, et par un reste d'humanité ; c'est surtout, par une raison théologique que Judith est félicitée : « On n'a jamais nommé trahison ni perfidie, les ruses, les mensonges, les faux avis (mais il s'agit ici de bien autre chose) dont on se sert à la guerre pour faire tomber dans le piége. Judith (d'ailleurs) est louée par les prêtres et par le peuple ; ils

---

(1) Bergier, ubi supra, p. 31, 18.
(2) Id., op. cit., t. III, p. 113.
(3) Ubi supra, p. 43.

rendent grâces à Dieu de la défaite (défaite!) de leur ennemi ; peut-on les condamner? » Voilà ce que deviennent la morale et le droit quand on les fait relever d'une autre inspiration que celle de la conscience.

Joignez à ce grave dommage porté à la doctrine morale, le danger très prochain, certain même, de fournir à la fausse conscience, à l'hypocrisie sur le trône, l'occasion de commettre sans remords,—avec la persuasion peut-être de faire œuvre très méritoire,—de satisfaire des passions sanguinaires, ou d'expier par là des iniquités et des vices d'un autre genre. Holland a raison de dire que « les annales des nations nous font voir un grand nombre de princes qui ont allié la superstition avec les mœurs les plus corrompues, et qui ont su couvrir les plus horribles forfaits du manteau de la religion. Cet abominable Philippe, qui du fond de l'Espagne troubla tous les Etats de l'Europe, et mérita le nom de *Démon du Midi*, ordonna des meurtres le crucifix en main, se ligua avec d'infâmes prêtres contre ses propres sujets, fit égorger ou brûler à petit feu l'Espagnol, le Batave, le Piémontais et le Calabrais, sous prétexte de religion, et passait une partie de la journée dans sa chapelle entre deux récollets, tandis qu'on exécutait les ordres inhumains de son ambition, et qu'il roulait dans son âme noire de nouveaux projets de débauche et d'injustice ; ce monstre ne fut point athée, et je ne puis pas dire ce qu'il aurait fait de plus ou de moins s'il l'eût été ; mais quelle preuve cela peut-il fournir contre l'utilité de la religion en général (1)? » Aucune assurément ; mais cette conduite prouve deux choses : la première, que la moralité des hommes n'est pas toujours en raison de leurs croyances, et qu'on est dans l'erreur en pensant le contraire ; la se-

---

(1) *Réfl. philosoph. sur le système de la nature*, II, p. 174.

conde, l'extrême danger, l'abus nécessaire de la doctrine qui veut que l'Etat soit le serviteur armé de l'Eglise, au lieu d'être simplement le protecteur de la liberté religieuse ou du droit des consciences.

Nous sommes de l'avis de Bentham lorsqu'il dit : « Le législateur qui exige des déclarations de foi devient le corrupteur de la nation. Il sacrifie la vertu à la religion, au lieu que la religion elle-même n'est bonne qu'autant qu'elle est l'auxiliaire de la vertu... Trop peu puissante pour le bien, la religion l'a toujours été beaucoup pour le mal. C'est la sanction morale qui anime les Codrus, les Régulus, les Russel, les Algernon Sidney. C'est la sanction religieuse qui fait de Philippe II le fléau des Pays-Bas, de Marie celui de l'Angleterre, et de Charles IX le bourreau de la France (1). »

§ VII.

L'athéisme lui-même, s'il était possible, serait moins à craindre que le fanatisme.

Mais quoi, nous dira-t-on, vous voulez donc que l'Etat soit athée ? — Non, puisqu'il est astreint à la religion de la justice, la seule qu'il ait mission de pratiquer, qu'il lui soit donné de connaître ; la seule réellement universelle, et par conséquent d'accord avec les droits de toutes les consciences religieuses et morales. La religion de la justice, loin d'exclure les croyances positives, s'élève au contraire par la philosophie à ce qu'il y a de commun entre elles toutes, à la religion naturelle, et sans proscrire aucune dissidence, dont elle n'est point juge compétent, ne voit dans tous les citoyens que leur droit de penser et d'agir

---

(1) *Traité de la législation civile et pénale*, t. II, p. 322, 226 et 327.

en matière religieuse comme bon leur semble, sauf le respect obligé de la pratique et de la pensée d'autrui, déterminées du point de vue de l'ordre public.

Mais on insiste, et l'on demande avec Rousseau que l'athée du moins soit proscrit d'une société dont il ne peut être qu'un membre dangereux? — Et pourquoi serait-il proscrit s'il ne trouble en rien l'ordre public? Pourquoi punir préventivement, et par suite d'une présomption qui peut tout aussi bien être démentie par le fait, que la présomption que le théiste, le chrétien, le catholique, seront de bons citoyens? Est-il d'ailleurs si facile d'être athée d'un athéisme absolu? N'est-ce pas abuser de la parole, et se rendre coupable, que d'appeler athée quiconque ne nie qu'un Dieu de chair et de sang, un Dieu imaginaire, fait de main d'homme pour ainsi dire, une véritable idole dont l'effigie, d'abord dans l'esprit, se traduit ensuite en une image corporelle?

On confond donc à plaisir l'athéisme absolu et l'athéisme relatif. Et pourtant l'athée de la seconde sorte peut admettre un Dieu personnel, provident, juste et bon, une vie future, déterminée par la justice et la bonté tout ensemble. Que peut-on raisonnablement désirer de plus comme garantie morale, comme condition même de sociabilité religieuse au point de vue politique?

J'irai plus loin cependant; je prendrai l'hypothèse extrême, improbable, impossible de l'athéisme absolu. Je soutiens qu'alors encore l'Etat, pas plus que les particuliers, n'a rien à y voir. On peut être athée, nous l'avons vu, et rester homme par le côté moral. Autre est la loi du devoir, la conscience, autre la notion claire, évidente de l'existence d'un Dieu. Sans doute l'athée aura moins de raison de rester fidèle à la loi morale qu'il porte au-dedans de lui, comme tout autre homme, puisqu'il ne peut admettre que la vie future, — s'il en est encore une pour lui, comme cela peut bien être, — soit réglée par une puissance, une justice et une bonté souveraines. Mais combien d'hommes pour qui ces croyances sont entièrement stériles, tant elles sont faibles? Combien d'autres pour qui elles sont une occasion de mal, la cause d'une immense plaie sociale? Combien enfin dont le goût naturel du bien moral, l'heureuse nature enfin, est une raison suffisante d'être honnête et bon? Pourquoi donc l'athée ne serait-il pas du nombre? Pourquoi serait-il plus à craindre que le fanatique?

Quoiqu'il puisse être assez inutile de raisonner sur une hypothèse impossible, celle d'une société d'athées, comparée à une société de fanatiques (société qui n'est malheureusement que trop possible), j'avoue que l'une ne m'effraierait guère plus que l'autre, moins peut-être. Il me semble en effet que si l'on voulait bien reconnaître, d'une part, que l'athéisme a pour défaut essentiel, mais purement négatif, de ne pas élever la pensée et les sentiments de l'homme, de le laisser sans consolation et sans espoir dans les grandes douleurs et en face de la mort, tandis que le fanatisme, cette fureur sacrée, qui arme l'homme contre l'homme, au nom de Dieu, a le défaut essentiel et positif de rendre les mœurs féroces, de diviser et de soulever les uns contre les autres les membres d'une même famille, les citoyens d'un même Etat, les nations entre elles; de déshonorer la religion, de la faire détester, de porter à l'athéisme, de déchaîner sur la terre des passions d'une atrocité surhumaine; on n'aurait pas trop mal caractérisé les funestes effets de ces deux erreurs.

De quel côté maintenant le mal est-il le plus grand? J'incline à penser avec Bayle que c'est du côté du fanatisme, par la raison 1° que l'athéisme laisse subsister les sentiments de bienveillance et de justice ; 2° que le fanatisme étouffe les uns et pervertit les autres ; 3° parce qu'au fond, beaucoup de gens qui croient en Dieu agissent à peu près comme s'ils n'y croyaient pas ; 4° parce qu'enfin les sociétés païennes, qui ont eu leurs vertus publiques et privées, n'avaient en fait de religion officielle, publique, que des pratiques ou insignifiantes, ou ridicules, ou déplorables, comme les croyances qui les inspiraient.

Il faut, du reste, distinguer encore deux sortes d'athéisme absolu : l'un, qui n'est qu'un simple doute, une simple ignorance, et qui, par conséquent, peut encore exercer une sorte d'influence ; et l'athéisme positif, qui serait une conviction raisonnée de la non-existence de Dieu. Une pareille démonstration n'est pas possible ; mais on peut se tromper sur ce point et croire à la solidité de raisonnements frivoles. Toutefois, cette erreur ne peut être que fort restreinte, par la double raison que très peu de gens raisonnent, et que, parmi ceux qui raisonnent, un infiniment petit nombre peut s'abuser au point de croire à la démonstration de la non-existence de Dieu. L'athéisme est donc très peu redoutable ; incomparablement moins que le fanatisme.

Saint Bernard, et après lui Bacon, disait que ce qui déprave le plus le peuple, ce sont les indignes ministres de la religion. Ce moine éloquent allait jusqu'à prétendre qu'on ne pouvait plus dire : « Tel prêtre, tel peuple, parce que le prêtre était cent fois pire que le peuple. » Je crois que le peuple ne vaut déjà pas mieux que le prêtre, sans valoir beaucoup moins qu'aux XI° et XII° siècles. C'est sans doute que le clergé est devenu meilleur. Serait-ce parce qu'il est plus instruit ? Peut-être. Mais j'en trouve aussi d'autres raisons : c'est qu'il a moins de richesses, qu'il est plus occupé, que le choix de la vie religieuse se fait avec plus de réflexion et de liberté ; c'est que la Réforme a passé par là, et que cette communion rivale inspire au clergé plus de vigilance sur lui-même ; c'est aussi que la philosophie a profité au clergé d'une double manière, en l'obligeant à étendre ses connaissances, en le rappelant quelquefois à l'esprit de son institution, et en exerçant une critique sévère sur les doctrines morales ou autres des théologiens ; c'est enfin que l'autorité temporelle lui a presque entièrement échappé, et que, moins mêlé aux choses de ce monde, il s'occupe davantage de celles de l'autre. Le clergé séculier n'a plus d'ailleurs sous les yeux la vie passablement relâchée d'une infinité d'ordres religieux, où l'on entrait souvent moins pour faire son salut dans la pratique de travaux utiles et de saintes austérités, que pour y consommer de gras revenus d'une manière fort peu sanctifiante.

Ces réflexions se trouvent confirmées par la comparaison du clergé français avec celui d'Italie et d'Espagne.

Bacon reconnaît encore trois autres causes à l'athéisme : la diversité des croyances, les railleries qui ont pour objet le dogme ou le culte, et la culture des sciences. Il n'y a que des esprits très superficiels qui puissent conclure de la multiplicité des croyances contre toute croyance : c'est un raisonnement qui n'est pas meilleur contre la religion que contre la philosophie. Les railleries n'inspirent que du dégoût aux hommes bien élevés, quand elles ne tombent pas sur des superstitions vraiment ridicules. Quant aux sciences, j'avoue qu'elles peuvent être fatales aux religions positives qui ne peuvent supporter le regard de la raison, mais le théisme me semble au contraire ne pouvoir que gagner à leurs progrès. Bacon le reconnaît lui-même.

Le dernier mot de ce chapitre est celui-ci : la morale comme science est une science naturelle, rationnelle, indépendante de toute autre, de toute croyance en matière de religion positive surtout ; elle a toujours plus perdu que gagné à être dérivée d'une source étrangère à celle dont elle émane essentiellement ; cette dérivation n'a jamais été qu'apparente ; c'est la morale qui épure le dogme, bien plus qu'elle n'en est épurée ; si, à cet égard, des religions positives exercent une influence salutaire, elles ne font que rendre à la morale ce qu'elles en ont reçu ; mais le plus souvent les dogmes ont affaibli, altéré, corrompu la morale, moins cependant qu'il n'était dans la logique des choses qu'ils le fissent, parce que la morale est naturelle et qu'elle a résisté dans une certaine mesure aux influences pernicieuses de croyances erronées ; de même, les croyances moralement salutaires n'ont pas eu toute l'influence qu'elles auraient dû avoir sur la moralité, parce que les passions, elles aussi, sont naturelles. En distinguant, comme on le doit, la moralité et la morale, il faut donc dire que, si la morale naturelle, comme science, ne dépend pas du dogme, la moralité en dépend ; mais que cette dépendance est moindre que ne l'ont crue Voltaire, Montesquieu, et bien d'autres avec eux, par la raison qu'on vient de voir ; que l'histoire et l'observation de chaque jour prouvent surabondamment que des hommes qui doutent plus qu'ils ne croient sont encore naturellement très honnêtes, et qu'une multitude d'autres qui croient beaucoup plus qu'ils ne doutent n'ont qu'une très faible moralité. La morale et la moralité ne sont nullement incompatibles avec l'athéisme qui doute, ni même avec l'athéisme qui nie. A tout prendre, on peut dire : s'il n'y avait pas de morale naturelle, pas d'éducation en ce sens, mieux vaudrait une morale religieuse, d'autorité, telle que la foi païenne à des divinités vengeresses du parjure, qu'aucune morale, — quoique ici l'hypothèse soit contradictoire, puisqu'on n'admet des divinités protectrices de la justice que parce qu'on a l'idée même de justice, — et alors nous dirons avec Voltaire : « Il est infiniment plus utile d'avoir une religion, même mauvaise, que de n'en avoir point du tout. » Mais nous serons également de son avis, lorsqu'il dit : « L'athéisme et le fanatisme sont deux monstres qui peuvent dévorer et déchirer la société ; mais l'athée, dans son erreur, conserve sa raison qui lui coupe les griffes, et le fanatique est atteint d'une folie continuelle qui aiguise les siennes. »

RÉSUMÉ ET CONCLUSION

Après avoir déterminé l'idée de la morale, son objet, ses rapports avec les autres sciences analogues, nous avons dû nous demander par quelles raisons cette science, si naturelle, a pu être contestée.

Nous avons reconnu qu'elle devient logiquement impossible dans certains systèmes métaphysiques, théologiques surtout, et dans quelques systèmes psychologiques. Où est l'erreur : dans ces systèmes ou dans la morale ? C'est l'affaire de la théologie philosophique et de la psychologie d'examiner le premier de ces points, et nous n'aurions pu prendre la question par ce côté-là sans nous engager dans des dissertations qui nous auraient trop éloigné de notre sujet. Il suffisait d'ailleurs à notre objet d'établir directement la vérité de la morale, pour pouvoir conclure la fausseté des systèmes qui la rendraient impossible s'ils étaient vrais.

Il est d'ailleurs un autre ordre de faits et d'idées qui sont la base la plus ordinaire du pyrrhonisme en matière de morale, et sur lesquels notre attention était plus spécialement appelée ; ces faits et ces idées sont la diversité des mœurs et des lois, et celle des systèmes de philosophie morale.

Nous avons donc essayé de prouver que la diversité des mœurs, des coutumes et des lois, n'était pas aussi tranchée qu'elle paraît l'être au premier abord ; qu'elle s'explique par la différence même des circonstances du dehors ou du dedans ; qu'elle laisse très clairement apercevoir une aspiration constante et universelle vers un idéal pratique qui aurait lui-même le caractère d'unité, et par suite la triple universalité qui le fait concevoir comme applicable à toutes les actions, à tous les hommes et dans tous les temps.

Nous avons établi non moins clairement que les contrariétés et l'insuffisance qui se rencontrent dans les systèmes de philosophie morale proviennent de la diversité même des principes d'action ; du caractère exclusif ou d'universalité donné mal à propos à chacun d'eux ; par conséquent de la confusion des principes subordonnés avec les principes vraiment supérieurs.

L'importante question du libre arbitre, sans lequel toute loi morale serait lettre morte, a été discutée avec un soin particulier. Elle a été envisagée sous tous ses aspects ; aucune objection n'a été laissée sans réponse.

Ce long travail préliminaire devait abréger et faciliter la seconde partie de notre tâche. Elle consistait à dégager de tout le cortége de faits contingents qui les obscurcit par un alliage plus ou moins impur et contribue à les faire méconnaître ou à les dénaturer, les vrais principes de la morale.

Il nous restait donc à montrer quels sont ces principes par excellence, à faire voir comment ils se coordonnent, et constituent par là même la science du devoir.

Une étude approfondie de chacun de ces principes nous a paru indispensable pour achever de les mettre en lumière et pour en faire ressortir davantage la différence caractéristique.

Telles sont les conditions auxquelles nous a paru soumise la solution de cette question : « Universalité et certitude des principes de la morale. »

Nous aurions pu nous borner à cette série d'études. Mais nous avons pensé que nous pouvions utilement ramener tous les devoirs à un petit nombre de chefs, suivant qu'ils se rattachent plus sensiblement à telle ou telle de nos facultés, et qu'ils rentrent ainsi dans l'éducation et la direction de nous-mêmes et d'autrui. Ce sont là des généralités encore, mais des applications déjà. Des détails plus déterminés nous auraient conduit à la casuistique. Nous avons dû les éviter. Il nous suffisait de renvoyer aux règles générales que nous en avons données dans notre *Éthique,* et dont les points essentiels ont d'ailleurs été rappelés dans cet ouvrage.

Cependant, pour rendre notre travail plus complet, pour lui donner le caractère d'un *Traité de Morale,* il nous a paru convenable de jeter un coup d'œil, cette fois plus historique que dogmatique, sur la manière dont les principaux devoirs, tels qu'on les entend en général, ont été compris par les sages de tous les temps et de tous les pays. Cette étude nous a permis de constater l'accord des grands moralistes sur les devoirs essentiels.

Enfin, nous avons cru devoir examiner avec quelque étendue la question aujourd'hui si fort débattue de la subordination de la morale au dogme, ou de son indépendance à cet égard. Nous avons été par là conduit à distinguer la religion naturelle et les religions positives, la morale et la moralité, la loi morale et sa sanction, et beaucoup d'autres choses qui, si elles restent confuses, empêchent de résoudre la question de manière à satisfaire les esprits justes et bien intentionnés qui mettent la vérité au-dessus des intérêts de secte et des passions qu'ils engendrent.

Nous croyons donc avoir établi l'unité ou l'universalité et la certitude de la morale, avoir constitué cette science, et par conséquent avoir montré comment s'expliquent la diversité des principes secondaires d'action, suivant les points de vue systématiques et les individus, celle des mœurs, des usages et des lois suivant les temps et les lieux ; comment enfin cette diversité se concilie avec l'unité ou l'universalité des principes supérieurs. Il résulte également de notre étude que la morale est essentiellement naturelle, rationnelle, scientifique, par ses principes supérieurs ; qu'elle est naturelle encore, mais plutôt de sentiment que de raison, par ses principes secondaires ou inférieurs. Une dernière conséquence, c'est que par ses principes accessoires mêmes, comme par ses principes essentiels, elle se tire entièrement, exclusivement de la nature humaine, qu'elle est, à ce titre, indépendante de toute révélation ; qu'une révélation quelconque, si elle a trait à l'ordre moral, la suppose et doit être jugée par elle, loin de lui donner naissance et de servir à la juger ; que la morale est d'ailleurs le plus solide fondement des croyances religieuses naturelles ou philosophiques, puisqu'elle est la plus puissante raison que nous ayons d'admettre un Dieu personnel, juste et saint, et une vie future ; que cette théologie naturelle et la morale qui l'engendre dans sa plus grande pureté sont le meilleur et le plus sûr critère des religions positives, de leurs dogmes, de leurs lois disciplinaires, de leurs rites ou pratiques cérémonielles, de tout acte de culte privé ou public.

Mais une fois la saine croyance religieuse établie, la moralité peut en recevoir une influence salutaire par la foi en un Dieu qui a proclamé formellement la loi morale, qui en veut le respect pratique, qui en récompense tôt ou tard l'accomplissement, comme il en punit la transgression. La loi morale elle-même peut se conserver, dans la pensée et les sentiments d'un croyant d'ailleurs éclairé, plus pure et plus ferme contre les suggestions sophistiques des passions. Et s'il s'agit d'esprits qui n'ont reçu d'autre culture que celle de l'instruction religieuse, la loi morale peut tirer encore de cette source indirecte quelque chose de son caractère élevé, pur, impersonnel, obligatoire, et une véritable autorité.

La loi naturelle, en se montrant ainsi sous l'apparence d'une volonté étrangère, mais sainte et vraiment souveraine, revêt par là même une forme pour ainsi dire personnelle, et plus facile à saisir pour des intelligences qui ne conçoivent toute loi que comme l'expression d'une volonté supérieure, ayant, par le fait de cette supériorité même, le droit de commander. Elles ne sentent qu'imparfaitement ce que des intelligences plus développées conçoivent avec la plus entière netteté, à savoir, que cette volonté, si haute et si forte qu'elle puisse être, est elle-même assujettie à la loi absolue du bien, qu'elle n'est souveraine et sacrée, qu'elle n'existe par conséquent qu'à cette condition, et qu'ainsi la raison humaine n'accepte de Dieu même que le joug qu'il est dans sa nature de lui imposer, tant il lui est impossible de subir d'autres lois que les siennes propres.

FIN.

TABLE

Avertissement v
Introduction 1

LIVRE PREMIER.

Idée de la morale comme science. — Ses rapports avec les sciences analogues.

Chap. I. Objet de la morale comme science, — son utilité, — son importance, — sa possibilité. — Méthode à suivre pour la faire. — Sources accessoires où l'on peut puiser. 7
Chap. II. Rapports de la morale avec les sciences analogues : avec l'histoire, — le droit civil et politique, — l'économique, — l'esthétique, l'anthropologie pratique ou l'éthographie . . 24

LIVRE II.

Du Pyrrhonisme en morale. — Sa nature et ses fondements.

Chap. I. En quoi consiste le Pyrrhonisme en matière de morale . . . 45
Chap. II. De l'impossibilité de la morale dans le panthéisme, dans le mysticisme, l'occasionnalisme et l'harmonie préétablie . . 50
Chap. III. De l'impossibilité de la morale dans les systèmes exclusifs du sensualisme, du scepticisme et du fatalisme 55
Chap. IV. Impossibilité de la morale dans le système de l'empirisme historique. — Examen de ce système. 58
§ I. Contrariété des mœurs chez les différentes nations. — Jusqu'où elle s'étend, — Comment elle s'explique ou se dissipe . . 58
§ II. La diversité des lois, fût-elle aussi profonde qu'elle paraît l'être, ne prouverait rien contre l'existence d'une loi morale universelle 74

LIVRE III

Désaccord, au moins apparent, des écoles philosophiques sur les points les plus importants de la morale.

Chap. I. Désaccord des philosophes sur les principes d'action. 82
§ I. Des principes d'action en général. — Leurs espèces diverses.— Mobiles et motifs. 82
§ II. Des mobiles d'action. 83
   I. Des mobiles personnels ; du plaisir, de l'utile, du bonheur en général 83
     1º Des instincts, des inclinations, des passions, ou du plaisir. 83
     2º De l'intérêt plus ou moins bien entendu, ou de l'utile. . . 85
     3º Du bonheur comme principe suprême d'action. 95
     4º De l'eudémonisme comme cause de scepticisme en morale. 99
   II. Des mobiles impersonnels, ou de l'amour des hommes, de Dieu, du bien, comme principe suprême d'action. 103
     1º De la bienveillance universelle. 106
     2º De l'intérêt général. 110
     3º De l'amour de Dieu. 113
     4º De l'amour du bien. 115
     5º De l'identité de Dieu et du bien, suivant une opinion mystique. 116
     6º Du sentimentalisme comme cause de scepticisme en morale 128
§ III. Des motifs d'action. 131
   I. Du perfectionnement de soi-même 132
   II. Du bonheur d'autrui. 133
   III. Du bonheur d'autrui et du nôtre propre, ou du bien public. 137
   IV. De l'ordre universel. 139
   V. De l'opinion 141
   VI. Des usages, des coutumes et des lois 144
   VII. De la loi religieuse. 145
   VIII. Du sentiment moral. 159
   IX. De la loi morale naturelle. 161
§ IV. Réduction des divers systèmes de morale à deux : le sensualisme, pris dans le sens le plus large du mot, et le déontologisme 172
§ V. Alliance des deux systèmes, ou de l'attrait pour le bien et de l'éloignement pour le mal. 181
§ VI. Résumé du chapitre. 190
Chap. II. Désaccord des philosophes sur la nature même de l'activité de l'homme. 199
§ I. De l'activité. 201
§ II. Des principes de nos actions par rapport à l'activité elle-même. 207
§ III. Distinction entre la liberté externe ou de mouvement, et la liberté interne ou de volition, de libre arbitre. 223

§ IV. Si la volonté est déterminée à son insu par les motifs ou par les mobiles. 232
§ V. Le pari considéré comme argument en faveur du libre arbitre. 236
§ VI. De la délibération par rapport à la volonté ou à la détermination 237
§ VII. L'idée de liberté prouve à elle seule le fait du libre arbitre. 239
§ VIII. La statistique morale ne prouve rien contre le libre arbitre. 241
§ IX. Si l'enchaînement naturel des choses et la prescience divine portent atteinte au libre arbitre. 248
§ X. Si la satisfaction d'une bonne conscience, les remords, l'éloge, le blâme, les peines et les récompenses, toute notre économie pratique, individuelle et sociale, sont compatibles avec la fatalité de nos actions 255

LIVRE IV.

Principes constants et universels de la morale, qui ressortent même des contradictions théoriques et pratiques.

Chap. I. Du bien et du mal moral 260
  § I. Du bien moral. 262
  § II. Du mal moral. 293
Chap. II. Souveraineté absolue de la loi morale. 306
  § I. Souveraineté de cette loi. 306
  § II. Caractère de cette loi. 308
  § III. Objections et réponses 309
Chap. III. Le devoir 319
  § I. Matière et forme du devoir. 319
  § II. Divers caractères des devoirs; division des devoirs en conséquence. 322
  § III. Division des devoirs d'après leur objet. 325
  § IV. Autre division plus ancienne 327
  § V. Division de Gérando 328
  § VI. Concurrence possible des devoirs. Leur collision apparente. — De la casuistique 330
Chap. IV. De la vertu et du vice 338
  § I. Nature de la vertu et du vice. 338
  § II. Conditions de la vertu.— Distinction de la vertu et de la sainteté. 339
  § III. Idéal de la vertu. 342
  § IV. Si toutes les vertus sont égales et tous les vices égaux . . . 343
  § V. Si la vertu consiste essentiellement dans le milieu entre deux extrêmes 344
Chap. V. Du mérite et du démérite. 358
  § I. Jugement synthétique *a priori* énonçant le principe du mérite et du démérite. 358
  § II. Comment se forment les notions de mérite et de démérite. — Erreur possible dans leur application. 359
  § III. Liaison naturelle et légitime entre le bien moral et le bien physique, entre le mal moral et le mal physique. 362

§ IV. Désordre apparent. — Expliqué au point de vue providentiel. 363
§ V. Deux systèmes à cet égard. — Examen de l'un et de l'autre. . 366
Chap. VI. Caractère moral des actions 369
§ I. Critérium et formule 369
§ II. De la conscience et de ses qualifications 375

LIVRE V.

Application des principes précédents aux principaux devoirs.

Chap. I. Comment nous étudierons les différentes espèces de devoirs. 378
Chap. II. Devoirs concernant la vie organique en nous.......... 380
Chap. III. Devoirs relatifs à notre vie intellectuelle 386
Chap. IV. Devoirs qui résultent plus spécialement de nos rapports religieux et sociaux........................... 402
Chap. V. De la prudence ou de l'amour de soi dans ses rapports avec les autres vertus............................ 410
Chap. VI. Application des principes, considérée historiquement et par rapport à la division des devoirs plus généralement admise............................... 423
§ I. Devoirs religieux....................... 423
§ II. Devoirs sociaux........................ 432
§ III. Devoirs réfléchis....................... 452
Chap. VII. La morale considérée par rapport aux croyances religieuses; elle en est indépendante comme doctrine........... 460
§ I. La morale, la moralité même, est indépendante, quant à son essence, des croyances religieuses, parce qu'elle est naturelle............................. 461
§ II. Il est des croyances religieuses qui sont funestes à la morale. 474
§ III. Les croyances les plus propres à fausser la morale n'ont pas toujours eu cet effet....................... 483
§ IV. Il n'est pas sans danger de rendre la morale trop dépendante des plus saines croyances religieuses 496
§ V. La diversité des religions étant inévitable, c'est une raison de plus d'en rendre la morale indépendante........... 501
§ VI. La dépendance de la morale à l'égard des religions positives a été une source de crimes et de calamités.......... 511
§ VII. L'athéisme lui-même, s'il était possible, serait moins à craindre que le fanatisme........................ 519

RÉSUMÉ ET CONCLUSION............................ 526

DIJON, IMPRIMERIE J.-E. RABUTOT.

www.ingramcontent.com/pod-product-compliance
Lightning Source LLC
Chambersburg PA
CBHW051355230426
43669CB00011B/1652